괴짜의사 Dr. Araw의
쉽고 바르게 읽는 로마서 장편(掌篇)강의

살아도 주를 위하여, 죽어도 주를 위하여

살아도 주를 위하여 죽어도 주를 위하여

2022년 1월 26일 1판 1쇄 발행

지은이 이선일 · 윤요셉 이선호
펴낸이 조금현
펴낸곳 도서출판 산지
전화 02-6954-1272
팩스 0504-134-1294
이메일 sanjibook@hanmail.net
등록번호 제018-000148호

ⓒ이선일, 2022
ISBN 979-11-91714-05-0 03230

이책은 저작권법에 따라 보호받는 저작물이므로 무단전제와 무단복제를 금지합니다.
이 책의 전부 또는 일부내용을 재사용하려면 저작권자와 도서출판 산지의 동의를 받아야 합니다.
잘못된 책은 구입한 곳에서 바꿔드립니다.

D. M. Lloyd Jones를 꿈꾸는 괴짜의사 Dr. Araw의
쉽고 바르게 읽는 장편(掌篇) 강해서 4 - 로마서

살아도 주를 위하여
죽어도 주를 위하여

이선일 · 윤요셉 이선호 지음

산지

공저자 소개 ‖ 윤요셉

공저자는 저자의 조카(5대째 기독교인)로서 아주 어릴 적부터 성경 암송, 그리고 복음과 교리에 대해 엄한 훈련을 받았다. 돌이켜보면 당시엔 성경 암송이 채찍(힘듦)과 당근(용돈용 아르바이트)이었고 복음과 교리에 관한 반복적이고도 지속적인 교육은 약간의 '학대?'비슷한 것이기도 했다.

성인이 된 지금 그때를 되돌아보면 따스함과 더불어 잔잔한 미소가 절로 생긴다. 그것은 목사(부산 가나안교회 윤상갑 목사)인 아버지가 자신에게 주었던 최고의 선물 중 하나이다.

어릴 적부터 아버지는 학문적으로는 조금 늦게 가더라도 성경만큼은 뒤처지지 말라고 했다. 이해될 듯하면서도 이해가 안 되는 말이었으나 성장하면서 확실히 알게 되었다.

공저자는 모교회인 부산의 가나안교회에서 초등학교, 중학교, 고등학교, 대학교(한동대학교), 그리고 의전원에 이르기까지 성경 교사로서 온전한 신앙생활을 했다. 여러 차례에 걸친 국내외 단기선교와 Mercy Ship 사역을 하며 의료 선교사가 되기로 결심한 후 현재 안과 의사가 되었다.

그는 기획통이며 사람들을 잘 모은다. 번뜩이는 지혜가 뛰어나다. 격려의 은사가 남다른 그는 성품 또한 온유하다. 마음이 따사롭고 상대를 배려하며 무엇이든지 대화를 통해 잘 풀어간다. 그런 그가 로마서의 공저자로 용감무쌍하게 나섰다. 저자인 삼촌의 끊임없는 격려와 강력한 도전 때문이다.

만만치 않은 로마서에 대한 연구와 참고서적을 읽어내느라 많은 시간이 할애되었다. 바쁜 상황과 환경 속에서도 시간을 쪼개어가며 알차게 한 번 뿐인 지난 몇 달간을 보냈다. 그리하여 이 책이 나오는데 큰 기여를 했다

공저자 이메일 josephca@naver.com

공저자 소개 ‖ 이선호

공저자는 하나님의 신실함에 항복한 예수쟁이다. 부산의 듣는마음 이선호 정형외과의 원장으로 개원한 지 이제 1년이 되었다. 그는 솔로몬이 하나님께 구했던 지혜, 하나님의 말씀을 듣는 마음(레브 쇼메아)을 소유하고 지금까지 교회와 공동체를 위해 살아왔다. 앞으로도 육신의 장막을 벗는 그날까지 그렇게 살기를 원한다.

그는 청소년 시기부터 하나님의 마음에 합한 교회에 대한 꿈을 가졌다. 멘토이자 같은 정형외과 전문의인 저자 이선일 선생님과 청년사역 공동체인 HRC(소망학당) 속에서 함께 했다. 그는 이십수 년 전부터 멘토이신 선생님께 훈련을 받으며 선생님의 정체성을 따라 그도 성경 교사로 살아왔다. 그리하여 오늘 공저자로 참여하게 되었다.

대학시절, 같은 의과대학 같은 공동체(HRC, CMF)에서 만나 결혼한 아내 염명인 원장(안과 의사)과의 사이에 네 자녀를 두었다. 진정한 사명자(4명의 자식을 둔)이다. 주례자인 멘토 선생님의 권면을 따라 4개의 화살이 채워진 전통을 받기는 하였으나 오늘 육아의 단맛 쓴맛을 동시에 겪고 있는 중이다.

그는 아이들에게 무엇을 하며 살아야 되냐와 더불어 어떤 은혜를 받은 존재냐를 가르친다. 4명의 자녀를 둔 아비로서 자녀 교육의 방향이기도 하다. 그는 지난 10여 년 동안 민수기 6장 24-26절 말씀과 더불어 매일 아침 아이들 한 명 한 명 머리 위에 축복기도를 해왔다.

처음 멘토와의 공저자를 자처하는 일에 매우 쑥스러워했다. 그러나 멘토의 권면을 받아들였다. 공저자는 아직은 영성과 전문성이 부족하지만 그래도 뛰어난 것만은 사실이다. 교리를 통해 성경을 보는 눈이 제법 매섭다. 멘토인 저자와의 함께함은 동고동락을 결심하는 그의 결단이기도 하다.

공저자 이메일 leeseonho0119@gmail.com

추천사

말씀의 기쁨을 끌어 올리는 소중한 경험을 하게 되는 책

김범석 목사/호주 시드니 순복음교회 담임

Dr. Araw의 로마서 주석은 복음에 대하여, 또 로마서에 관하여 깊은 묵상과 올바른 이해를 하기 원하는 사람이라면 반드시 읽어야 하기에 이 책을 추천하며 꼭 일독하기를 권합니다.

목회를 시작한 지 25년을 지나오면서 여러 번 로마서를 설교했습니다. 그렇기에 이 책, 로마서 장편(掌篇) 강해 주석 〈살아도 주를 위하여, 죽어도 주를 위하여〉를 읽으면서 몇 번이나 무릎을 쳤는지 모릅니다. 새롭게 배우는 것이 있어서 그랬고, 또 저자의 해석에 전적으로 동의하면서 그랬습니다. 그렇게 몇 번을 읽었던 이 책이 저에게는 큰 기쁨이었습니다. 그저 감사였습니다.

의학박사 정형외과 전문의이자 성경 교사인 Dr. Araw는 '복음에 미친' 열정과 비전의 사람입니다. 많은 환자들을 진료하고 수술하면서도 늦은 시간까지 저술 활동을 하며 성경 교사가 되기 위해 끝없이 노력해왔던, 그리고 지금도 최선을 다하는 참으로 멋진 분입니다.

원고를 읽으며 묵상하는 내내 저에게도 그런 Dr. Araw의 뜨거운 열정이 전해져 지속적으로 강한 도전이 되었습니다. 저자를 안 지도 어언 이십여 년이 흘렀습니다. 관계와 교제를 중시하는 그와 긴밀한 삶을 나누며 우리는 즐거움 속에서 지난날을 함께 누렸습니다.

여러 가지 저서들과 강의로, 설교로 탁월한 성경 교사인 이선일 박사는 저 같이 변방에서 목회를 하는 사람에게도 권면의 글을 부탁할 정도로 겸손한 분입니다. 그와 인생을 함께하는 것 자체가 제겐 즐거움이요 기쁨입니다.

아무쪼록 이 책, 로마서 장편(掌篇) 강해 주석 〈살아도 주를 위하여, 죽어도 주를 위하여〉를 통해 복음의 진수를 사색하게 되길 바라며 더운 여름 날의 시원한 생수같은, 깊은 말씀의 기쁨을 끌어 올리는 소중한 경험을 할 수 있게 되길 바랍니다. 일독할 것을 강력히 추천합니다.

참신하다 못해 흥분과 전율이 이는 로마서 전개

송덕용 선교사/목원대 선교훈련원 원장

로마서는 모든 신학자나 목회자들이 붙드는 기독교 신앙의 핵심적인 말씀으로서 믿음의 근원이 되며 복음과 교리의 엑기스가 되는 정경입니다. 그러다 보니 로마서 주석이나 강해에 관한 수많은 책들이 출간되었습니다. 그러나 상당수의 책들이 학자들이나 신학교 교수들이 집필하다 보니 지나칠 정도로 신학적이고 사변적이어서 신학을 공부한 목회자들조차도 이해하기 어려운 부분들이 있었습니다. 결국 부담스러운 평신도들을 향하여는 접근을 못하게 했으며 아예 엄두를 내지 못하게 만들어 버렸습니다.

반면 어떤 강해집은 피상적이고 오히려 너무 얕아서 일반 평신도들에게조차 외면을 받거나 그들의 신앙과 믿음의 기초를 차근차근 채워주기에 역부족이였습니다. 그러던 차에 의학박사이자 정형외과 전문의인 이선일 박사가 나섰습니다.

이선일 원장님은 신학을 전공한 평신도 선교사로서 성도들의 가려움과 목회자들의 필요를 채워주는데 탁월한 성경 교사입니다. 이미 저자의 강해와 저서들을 통해 많은 분들이 영향을 받고 있습니다. 저자는 히브리어와 헬라어를 통한 문자적 접근과 그 말씀의 의미, 예표, 상징하는 부분을 정확하게 짚어냅니다. 전후맥락과 더불어 역사적, 문화적 배경을 살피며 성경을 해석합니다. 종국적으로 성령님께 무릎을 꿇고 겸손히 그분의 음성을 듣는 성경 교사입니다.

나는 이선일 원장님과 이십수 년을 교제하며 지내왔습니다. 그의 삶은 '오직 말씀, 오직 복음, 오직 예수'입니다. 그를 가만히 살펴보다 보면 정형외과 의사인지 선교사인지 헷갈릴 만큼 선교에 대한 열정으로 가득차 있습니다. 평생 선교사로 살아온 나보다 훨씬 더 선교사적 삶을 살아온 분입니다.

저자는 차세대 크리스천 청년 지도자 훈련, 젊은 목회자의 멘토링, 신대원 전도사들의 말씀 교육과 훈련, 부흥회, 코스타 강의 등등 일생이 수술만큼이나 복음 전하는 일로 가득차 있습니다. 그런 복음에 대한 열정과 선교에 대한 부르심과 보내심 속에 살면서 이번에 로마서 장편(掌篇) 강해

주석 〈살아도 주를 위하여, 죽어도 주를 위하여〉를 출간하게 되었습니다. 저 또한 기대가 크며 원고를 읽는 내내 감동이었습니다. 동시에 이 책을 읽는 많은 사람들의 필요를 채워주리라 확신합니다.

특별히 14장의 "살아도 주를 위해 죽어도 주를 위해"라는 말씀을 화두로 로마서를 전개한 것에 나는 참신하다 못해 흥분과 전율을 느꼈습니다. 저자처럼 저 또한 이 구절을 좌우명처럼 붙들고 그런 삶을 살아내기 위해 달려왔기 때문입니다. 저는 이 책이 많은 성도님들에게 큰 도전이 되고 믿음의 큰 기초를 세우는 주석서가 될 것으로 확신합니다.

원고를 읽으며 나는 무릎을 꿇고 기도하며 묵상하는 시간을 가졌습니다. 삼위하나님을 찬양하고 경배하며 믿음을 점검하고 지난 삶을 성찰하는 기회도 가졌습니다. 그러면서 창조주 하나님, 역사의 주관자 하나님, 심판주 하나님을 진정으로 다시 고백하며 로마서를 여행하는 행복한 시간을 갖게 되었습니다.

믿음으로 살기를 원하는 모든 진실된 크리스천들에게 이 책을 강력히 추천합니다.

쉽고 선명하며 때로는 깊이마저 느껴지는 로마서 주석

윤상갑 목사/ 부산 가나안교회 담임

괴짜 의사이자 성경 교사요 청년 사역자인 이선일 박사가 공저자와 함께 기독교의 핵심이라 할 수 있는 로마서를 주석했습니다. 처음 시작부터 청년들에게 강의하듯 쉽게 풀어나간 주석을 살펴보면서 저자와 공저자의 십자가 복음에 대한 뜨거운 열정과 깊은 사랑을 보게 됩니다

더 나아가 목회자들도 큰 마음을 먹지 않으면 선뜻 시도하기 힘든 헬라어와 히브리어를 바탕으로 개념을 중심으로 한 장편(掌篇) 주석이기에 쉽고 선명하며 때로는 깊이마저 느껴집니다. 또한 주석 곳곳에 간결하게 정리된 도표는 습득된 지식을 한번 더 점검하게 합니다. 또한 독자들이 이해하기 쉽도록 한 눈에 볼 수 있게 한 것은 성경 교사인 그의 배려로 느껴집니다.

4장의 소제목 '여기셨느니라'의 서론이 저의 눈에 들어왔습니다. 이곳 4장에는 이신득의(以信得義)의 실례로 아브라함이 등장합니다. 아브라함은 '믿음으로 의롭게 되었다'라는 것이지요. 그러다 보니 흔히 우리는 '과연 믿음의 조상 아브라함 답다'라고 생각합니다.

그러나 실상 창세기 12장의 아브라함은 큰 믿음의 소유자가 아니었습니다. 13장의 애굽에서의 사건과 롯과의 땅 선택 우선순위 사건, 14장의 큰 전쟁을 겪으면서도 믿음이 자라가기는 하였으나 여전히 연약한 믿음이었습니다. 16장에서는 아들을 주시마 약속하신 하나님의 약속을 기다리지 못하고 사라와 의논 후 하갈을 통해 이스마엘을 출생시키고야 맙니다. 이들 모두는 초기 아브라함의 믿음 상태를 적나라하게 드러내는 것입니다. 15장 6절에는 그 유명한 "여호와께서 이를 그의 의로 여기시고"라는 말이 나옵니다. 종합하면 아브라함은 믿음이 형편없었으나 하나님의 은혜로 훈련의 과정을 하나씩 거치며 믿음의 조상 아브라함이 되었다라는 것입니다. 그것은 아브라함을 향한 하나님의 '여겨주심'입니다.

전적인 하나님의 은혜!

이것이 바로 '여겨주심'입니다. 이신칭의, 이신득의라는 것입니다. 깜냥이 안 됨에도 불구하고 그렇게 '여겨주심'이라는 것이지요. 이 부분에서 깜냥이 안 되었던 저자가 '여겨주심'으로 성경 교사가 되었다라고 고백하는 것에 무릎을 쳤습니다.

십자가 복음의 핵심 내용을 놓치지 않으면서 독자들로 하여금 쉽게 접근할 수 있게 한 로마서 장편(掌篇) 주석 〈살아도 주를 위하여, 죽어도 주를 위하여〉라는 책을 기록하게 하신 하나님을 찬양합니다.

복음과 십자가로 살아가고 복음과 십자가를 자랑하며 신앙의 기초와 든든한 뼈대를 세워가길 원하는, 동시에 은혜의 깊은 자리로 나아가길 원하는 모든 분들께 이 책을 강력히 추천합니다.

특유의 필력으로 알기 쉽고 이해하기 쉽게 해석된 주석

하상선 목사/ 마성침례교회 담임. GEM(세계교육선교회) 대표

오늘의 시대적 상황을 믿음의 눈으로 가만히 살펴보면 마치 '빛의 굴절 현상'같은 꺾임 현상을 잘 관찰할 수 있습니다. 이는 한국교회가 나아가는 방향과 성도들의 삶에서도 그렇습니다. 그래서 오늘의 상황은 칙칙하고 우울합니다.

어느 누구할 것 없이, 심지어는 한국교회와 성도들조차 쓰나미처럼 몰려오는 세속문화에 빠져 윤리와 도덕이 너무 많이 변해버렸습니다. 상황

윤리가 판을 치고 있습니다. 급기야는 진리마저도…….

그 와중에 이단 사이비는 더욱더 기승을 부립니다. 그들은 신앙과 삶의 균형과 조화를 교묘하게 왜곡을 합니다. 예배도 오염시켜 버립니다. 더 나아가 성경을 잘못 인용할 뿐만 아니라 엉터리 해석까지도 당당하게 퍼뜨립니다. 그리하여 온 세상이 굴절되어 버렸습니다.

올바른 삶의 방향을 잃어버리고 급격하게 세속화 되어가는 성도들을 향해 이선일 박사님이 공저자와 함께 또 한 권의 큰 울림과 도전을 주는 로마서 장편(掌篇) 주석 〈살아도 주를 위하여, 죽어도 주를 위하여〉를 출간하게 되었습니다. 이는 마치 아모스 선지자가 말씀의 기갈을 설파했던 (암8:11) 그 장면이 오버랩됩니다.

"주 여호와께서 가라사대 보라 날이 이를찌라 내가 기근을 땅에 보내리니 양식이 없어 주림이 아니며 물이 없어 갈함이 아니요 여호와의 말씀을 듣지 못한 기갈이라" _암 8:11

오늘의 이 시대는 말씀으로 뒤덮인 듯한 홍수 시대입니다. 그러나 정작 진리의 말씀, 하나님의 은혜의 복음이 부족하여 너나 없이 영적 목마름에 아파하고 있는 아이러니를 보게됩니다. 마치 물이 흘러 넘치는 홍수 때에 정작 마실 물이 없듯이…….

교회사를 보면 많은 기독교 지도자들이 로마서를 통해 회심케 된 것을 알 수 있습니다. AD 386년경 방탕하게 살다가 회심했던 어거스틴(Aurelius Augustinus, 롬 13:13-14), AD1515년 로마서를 연구하며 강의했던 마틴 루터(Martin Luther, 롬 1:17), 천로역정의 저자 존 번연(John Bunyan), 1738년 루터의 로마서 서문을 통한 존 웨슬리(John Wesley)

의 회심 등입니다.

그렇습니다. 교회가 세속화되면서 타락하고 영향력을 잃어버릴 때마다 역사의 주관자 하나님은 로마서를 통해 사람들을 들어 쓰셨습니다. 로마서를 통해 다시 말씀으로 돌아가게 함으로 교회를 새롭게 하고 교회 지도자들을 일깨우셨습니다.

영적 육적으로 혼란스러운 오늘의 시대를 살아가는 모든 예수쟁이들에게 꼭 필요할 뿐만 아니라 반드시 일독해야 할 로마서 장편(掌篇) 주석 〈살아도 주를 위하여, 죽어도 주를 위하여〉는 이선일 박사님 특유의 필력으로 알기 쉽고 이해하기 쉽게 해석된 주석입니다.

나는 이 책이 어두운 세상 가운데 복음의 빛을 비춰주는 생명줄이라 여깁니다. 그렇기에 독자들이 본서를 통해 진리의 복음, 죽음과 부활의 참된 복음이 회복되기를 소망합니다.

또한 한국교회를 중심으로 열방이 주님의 마음으로 하나가 되며 코로나로 인해 왜곡되고 변질된 교회 사명과 목적이 정상화 되어지기를 간절히 기대합니다.

기독 교회사에서 로마서를 통해 많은 신앙의 리더들이 회심하고 돌아왔던 것처럼 본서를 통해 이 시대에 잠자고 있는 신앙인들이 일어나고 새로운 리더들이 세워져가는 거룩한 변화에 로마서 장편(掌篇) 주석 〈살아도 주를 위하여, 죽어도 주를 위하여〉가 거룩한 마중물이 될 것을 믿으며 기쁨으로 추천합니다.

체로 걸러 꼭 필요한 것만 선별하여 주는 듯한 로마서 강해

정성철 목사/안양 중부감리교회 담임

지난 역사상 로마서는 수많은 이들을 변화시킨 책이다. 이유는 우리가 누구를 믿고 무엇을 믿으며 어떻게 살아야 하는가에 대해 분명한 답을 주기 때문이다. 지금 당신이 복음과 교리에 대한 질문이나 깊은 묵상을 갈망한다면 이 책 로마서 장편(掌篇) 주석 〈살아도 주를 위하여, 죽어도 주를 위하여〉를 읽는 중에 풍성함을 얻게 될 것이다.

저자 이선일 박사와 공저자의 로마서 장편(掌篇) 주석을 읽노라니 부모가 자녀에게 잘못된 정보에 시간을 낭비하지 않도록 체로 걸러 꼭 필요한 것만 선별하여 주는 자상함이 느껴진다.

저자 이선일 박사는 어릴적부터 나하흐의 하나님, 에트의 하나님, 할라크의 하나님을 의지함으로 시간과 싸우고 환경과 싸우고 자신과 싸워 마침내는 성경 교사가 되었다. 그리고는 지금까지 복음과 십자가를 자랑해 왔다. 노년에 이르러서는 집필을 통해 그 사명을 감당하며 살아가고 있다.

수많은 시간을 기도하며 공들여 기록한 저자의 로마서 장편(掌篇) 주석 〈살아도 주를 위하여, 죽어도 주를 위하여〉를 마음 잡고 일주일에 촘촘하게 읽을 수 있다는 것은 놀라운 축복이다. 주석뿐만 아니라 중간 중간에 저자가 생활 속에서 실천 원리로 삼고 있는 깨달음을 나눈 부분이 있는데, 이로 인해 풍성함이 더할 수 있었던 것은 보너스이기도 했다.

로마서는 한 번만 읽으면 되는 말씀이 아니다. 반복해서 읽고 또 읽고 묵상하고 또 묵상해야 할 복음의 진수이다. 동시에 올바로 읽어야 할 책이다. 저자의 로마서 장편(掌篇) 주석 〈살아도 주를 위하여, 죽어도 주를 위하여〉는 장과 절로 주석을 하였지만 로마서 전체를 하나로 연결시켜주기도 한다. 이것은 저자가 숲에 널려있는 세세한 나무뿐만 아니라 숲 전체를 보여주고 있는 것이다.

먼저 성경을 펴고 로마서를 읽으라. 그리고 묵상하라. 바른 길을 가르쳐 주시고 잘못을 깨닫는 즉시 돌아갈 길을 보여주시는 성령님을 의지하라. 그리하여 주님 다시 오실 그날까지 이 진리의 길에서 벗어나지 않도록 '오직 말씀, 오직 복음, 오직 예수'만을 붙잡으라.

이해가 필요한 부분에서는 저자와 공저자의 로마서 장편(掌篇) 주석 〈살아도 주를 위하여, 죽어도 주를 위하여〉의 도움을 받으라. 이런 연유로 이 책을 강력히 추천한다.

저자의 열정과 신학적 지식을 기반으로 기록된 한 권의 주석서

김철민 대표/CMF Ministries

전 세계를 휩쓸고 있는 판데믹(pandemic, 전 세계적인 유행병)으로 인해 많은 사람들이 두려움에 빠져들어가고 있는 이때에 성도와 교회에 주시는 하나님의 메시지는 모이기를 폐하지 말고 주께로 나오라(히 10:22-25)는 것입니다. 그러나 안타깝게도 교회와 성도들은 깊은 잠에 빠져 아직도 깨닫지 못하고 있습니다. 이러한 때에 다시 복음으로, 다시 말씀으로 돌아가

자라는 외침을 들을 수 있는 Dr. Araw와 공저자의 로마서 장편(掌篇) 주석 〈살아도 주를 위하여, 죽어도 주를 위하여〉를 출간하게 되어 기쁘고 축복하는 바입니다.

저자와 공저자는 이 책을 통해 이 세상에 살되 이 세상에 속하지 않고 영적 싸움에서 이길 수 있는 유일한 길은 '오직 말씀, 오직 복음, 오직 예수, 오직 믿음, 오직 은혜'라고 외치고 있습니다. 곧 예수 믿음과 하나님의 계명을 붙들고 인내함으로 그날까지 당당하게 나아갈 것을 촉구하고 있습니다.

특히 이번에는 저자의 외조카인 윤요셉 교수님과 멘티인 이선호 원장님이 함께 공저자로 주석을 쓰게 되었습니다. 예수님 안에서 한 혈육으로서 동역자가 되길 원하는 간절한 마음으로 공저자가 되어 주석을 쓴 것은 매우 감동입니다

특별히 저자 이선일 박사는 성경 교사로서 오랜기간 동안 말씀 사역을 하면서 구원론(Soteriology)을 정립하기 위해 로마서, 히브리서, 갈라디아서가 믿음의 기둥(그의 표현에 의하면 믿음 3총사)이라는 것을 강조하며 시리즈 장편(掌篇) 주석을 쓰길 갈망해왔습니다. 그의 소망은 현실이 되었고 그리하여 갈라디아서 주석 〈오직 의인은 믿음으로 말미암아 살리라〉와 히브리서 장편(掌篇) 주석 〈오직 믿음, 믿음, 그리고 믿음〉은 이미 출판이 되었습니다. 그리고 이제 로마서 장편(掌篇) 주석 〈살아도 주를 위하여, 죽어도 주를 위하여〉를 마무리하게 되었습니다.

저자 이선일 선교사님의 꿈은 한평생 잘 준비된, 영성과 전문성의 균형과 조화를 갖춘, 실력있는 청년 리더들과 차세대 리더들에게 다음 세대를

맡기는 것이었습니다. 그를 위해 지금까지 전 세계를 마다하지 않고 복음과 말씀을 들고 자비량으로 달려갔습니다. 이곳 미국에도 몇 차례 오셔서 복음의 열정으로 청년들에게, 그리고 저희들에게 말씀을 전하실 때 그 열정을 보고 큰 도전을 받았습니다. 그 이후 이 박사와 저는 예수님 안에서 한 형제로, 서로 닮고 싶은 마음으로 지금까지 교제해 왔습니다.

이 로마서 장편(掌篇) 주석은 단순히 지식적으로 연구하여 쓰여진 학술지가 아닙니다. 오직 성령님의 인도하심을 따라 저자의 열정과 신학적 지식을 기반으로 하여 기록된 하나님의 음성으로서의 한 권의 주석입니다.

이 주석을 통해 하나님께서 영광받으시길 축복합니다. 동시에 많은 영혼들이 '오직 믿음'으로 뜨겁게 주님을 다시 만나는 놀라운 역사가 일어나기를 축복하며 로마서 말씀을 사모하는 청년 및 성도들에게 일독할 것을 강력히 추천합니다.

매너리즘에 사로잡힌 복음을 살아나게 하는 책

김형남 목사/멜번 한마음장로교회 담임

바울의 편지 가운데 로마서는 독보적이라고 나는 생각한다. 물론 하나님의 말씀인 정경 66권 중에 어느 하나 귀하지 않은 것이 없지만.

지난 역사상 로마서를 통해 참으로 많은 신앙의 선배들이 감동을 받아 하나님의 도구로 사용되었다. 아우구스티누스, 마틴 루터, 존 웨슬리 등이다. 더 나아가 알게 모르게 영향을 받은 인물들은 이루 헤아릴 수가 없다.

나 자신도 목회자로서 로마서를 이미 2번이나 강해설교를 했다. 그때마다 몰려왔던 그 은혜와 기쁨, 감사의 넓이와 깊이는 말로 형언할 수 없을 정도이다.

로마서는 복음과 십자가에 대해 어느 다른 정경보다도 생생하게 말씀하고 있다. 이 서신을 보냈던 로마에 있는 교회는 아이러니하게도 바울이 개척하지도 목회하지도 않았던 교회이다. 그럼에도 불구하고 로마서를 썼던 것은 하나님께서 자신에게 주셨던 크신 은혜(15:15) 때문이었다.

신실하신 성령님은 2,000년 전의 바울에게 그러하셨던 것처럼 동일하게 이런 은혜의 자리로 나의 친구 이선일 박사와 공저자들에게 임하셔서 로마서 장편(掌篇) 주석 〈살아도 주를 위하여, 죽어도 주를 위하여〉를 출간하게 하셨다.

나는 그동안 저자가 썼던 다른 주석들과 저작들을 보며 Dr. Araw는 말씀을 진심으로 사랑하는 자일 뿐만 아니라 복음과 십자가를 중심으로 살아가는 영적 에너자이저(Energizer)라는 것에 더욱 확신하게 되었다. 그는 '오직 말씀, 오직 예수, 오직 복음'이라는 시각을 늘 견지한다.

나는 강산이 두 번 바뀌는 동안 줄곧 목양을 하며 복음과 교리를 가르쳐왔다. 그러다 보니 어느 책을 읽든지 본능적으로 잘못된 부분이 없을까 염려하며 관찰한다.

이번에도 감사하게 이선일 박사는 로마서 장편(掌篇) 주석 〈살아도 주를 위하여, 죽어도 주를 위하여〉 원고를 보내왔다. 처음부터 끝까지 읽는 내내 술술 읽혀졌고 깊은 묵상으로 기쁨과 감사를 만끽할 수 있었다. 그는 탄탄한 개혁신학적 교리를 갖고 있으며 신앙과 삶의 균형과 조화까지 갖춘 깊은 영성의 소유자이다. 더 나아가 히브리어와 헬라어에 능통하다. 그래서 그의 글은 쉽다.

이번에 출간될 로마서 장편(掌篇) 주석 〈살아도 주를 위하여, 죽어도 주를 위하여〉는 단어의 원래 의미와 문맥을 쉽게 풀어놓았기에 신학적인 깊이가 없어도 쉽게 이해할 수가 있다. 한 구절도 빠짐없이 매 절마다 절제된 해석과 아울러 깊이 터치한 부분이 어우러져 있다. 뭔가 부족하다라고 느껴지는 부분에서는 하나님의 뜻을 더 구하게 만드는 묘한 매력이 풍겨 나온다.

결국 이 책 로마서 장편(掌篇) 주석 〈살아도 주를 위하여, 죽어도 주를 위하여〉는 복음과 십자가를 더욱 붙들게 하고 성령님의 통치하심에 기꺼이 복종하게 한다. 무엇보다도 획일화된, 매너리즘에 사로잡힌 복음을 풍성하게 하고 살아나게 하며 이신칭의, 이신득의에 대한 확실하고도 선명한 구원론을 제시하고 있다. 이를 허용하신 하나님을 찬양하며 일독할 것을 강력히 추천한다.

자신을 비추는 말씀의 거울이 될 책

이현희 목사/유엔NGO.사)세계가나안운동본부(WCM) 총재
재)가나안농군학교(영남)설립자 샤론교회(양산)담임

의학박사 정형외과 전문의인 저자 이선일 원장이 갈라디아서 장편(掌篇) 주석 〈오직 의인은 믿음으로 말미암아 살리라〉, 요한계시록 장편(掌篇) 주석 〈예수 그리스도 새 언약의 성취와 완성〉, 히브리서 장편(掌篇) 주석 〈오직 믿음, 믿음, 그리고 믿음〉에 이어 최근에 로마서 장편(掌篇) 주석 〈살아도 주를 위하여, 죽어도 주를 위하여〉를 출간하게 되었다. 그로서는 지독히 바쁜 시간을 쪼개어가면서까지 네 번째로 장편(掌篇) 주석을 출간하는 이유가 있다.

첫째는 그동안 철저하게 양육해 온 사랑하는 공저자들과 함께 육신의 장막을 벗는 그날까지 7권의 장편(掌篇) 주석을 쓰겠다는 그의 여생의 소망 때문이다.

둘째는 성경 말씀에 무지할 뿐만 아니라 사모함이나 관심조차 없는 그리스도인들을 향한 회복을 전제한 채찍질을 가하고자 함 때문이다. 오늘을 살아가는 그리스도인들은 말씀보다는 세상이라는 절벽을 향해 무섭게 달려가고 있다. 그런 그들에게 Dr. Araw는 고래고래 소리를 지르며 위험하다라고 외친다. 소위 사명감에서 우러나오는 꺼져가는 불씨를 지피려는 그의 안간힘이다.

셋째는 정치, 경제, 언론, 사회와 문화, 과학, 노동, 가정, 심지어는 종교의 영역 등 어느 하나 성한 것이 없는 시대를 바라보며 통렬한 울부짖음으로 회개기도 함과 동시에 말씀의 단비로 '오직 말씀, 오직 복음, 오직 예수'를 전하고자 이번에는 로마서 장편(掌篇) 주석 〈살아도 주를 위하여, 죽어도 주를 위하여〉를 출간하게 된 것이다.

넷째는 우리 안에 내주하시는 주인 되신 성령님께서 오늘을 살아가고 있는 종말 시대의 삐뚤어진 신앙생활을 보며 '다시 말씀으로 돌아가라'는 제 2의 종교개혁을 일으키는 일에 한 부분을 맡기시며 '들으라, 쓰라, 전하라'고 하신 그 명령을 이행하고자 함이다.

나는 저자가 장편(掌篇) 주석들을 한 권 한 권 써내려 갈 때마다 그 영감의 깊이가 더해져 감은 물론이요, 심오한 성경 해석의 능력을 지근거리에서 목도하고 있다. 이는 하나님께서 저자를 사용하고 계심을 확신케하는 것이다.

저자는 로마서의 구절 구절을 디테일하게 해석하면서도 전체의 흐름을 전혀 놓치지 않고 있다. 나는 보내온 원고를 읽으며 나 자신을 돌아보게 되었고 믿음을 점검할 수 있었다. 살아서 역사하시는 하나님의 말씀이 장편(掌篇) 주석을 통해 직접적으로 다가왔다. 그래서 더욱더 그 깊이와 울림이 크다.

저자는 성경 지식에서 그치지 않는다. 말씀을 기준과 원칙으로 삶의 현장에서 솔선수범하며 지독한 절제 생활을 하는 것을 나는 안다. 그의 삶은 자기를 부인하고 자기 십자가를 지고 온전히 주님을 따르는 삶이다.

오랜 기간 동안 나는 예수 그리스도 안에서 저자와 아름다운 관계와 친밀한 교제를 해 왔다. 저자의 정체성은 분명하다. 그는 자신을 성경 교사, 청년 사역자, 의료 선교사라고 언제 어디서나 서슴없이 밝힌다. 그렇기에 소명에는 즉각적으로 응답하고 사명에는 죽도록 충성이다. 지난날도 그러했고 지금도 그러하며 앞으로도 그럴 것이라 믿어 의심치않는다.

하나님의 뜻을 분별하고 그 뜻을 따라 살려는 그는 많은 일들을 감당할 뿐만 아니라 많은 이들을 일깨우고 있다. 이웃을 사랑하며 함께하고 배려하고 나누며 사는 것이 습관화된 사람이다. 가족들에 대한 사랑도 끔찍하다. 하나님에 대한 사랑은 더 깊고 넓다. 그는 자신의 삶을 하나님께 전부 드린 사람이다. 그래서 그를 본받으려는 사람이 주변에는 너무 많다. 인생은 후배이지만 나는 그 열정과 순수함에 저자를 좋아하고 존경한다.

나는 로마서 장편(掌篇) 주석〈살아도 주를 위하여, 죽어도 주를 위하여〉가 성령님의 인도하심을 따른 저자의 신앙과 삶에서 우러나오는 절제되고 폭넓은 해석이기에 독자들이 많은 것을 배우리라 확신한다. 또한 이 책이야말로 종말 시대를 살아가는 우리에게 자신을 비추는 말씀의 거울이 될 것이라 확신하기에 이 책을 강력하게 추천하는 바이다.

가장 쉽게 설명해주는 로마서

송길원 목사/하이패밀리 대표, 종교개혁 500주년 기념교회(청란교회) 담임

최근 나는 어깨의 회전근개파열로 격심한 고통을 받았다. 병원을 찾았다. MRI 판독기록을 들여다보던 의사가 말했다.

"안 좋은 소식이네요. 수술하셔야 합니다."

이럴 때 망연자실이다. 2~3개월 기브스를 하고 6개월가량 불편을 겪어야 한단다. 그리고는 다음 환자에게로 눈길을 돌린다. 나도 모르게 배신감이 든다. 물어보고픈 말도 다 까먹고 병실을 나선다. 허탈하다. 이럴 때

를 위해 우리 가족에게 주치의가 있다는 것이 얼마나 안심인지 모른다. 이번에는 주치의가 조분조분 말한다.

"많이 다치시기는 했네요. 그러나 다행히도 부분층 파열과 부분 파열만 보입니다. 이보다 한 단계 위는 완전 파열이고 전층 파열입니다. 파열의 경우 '넓이(width)'와 '깊이(depth)'가 중요합니다. 광범위 파열의 경우는 볼 것 없이 바로 수술을 해야 합니다. 통증이 극심해서 수면장애를 겪을 정도가 아니라면 수술을 권하고 싶지는 않아요. 너무 걱정 마세요. 치료 과정에 함께 할게요."

그의 말이 내겐 희망이었고 복음이었다. 정형외과 전문의 이선일 박사이다. 지난날 그는 내 아내가 다리를 다쳤을 때도 친절하게 원격진료(그는 울산에 우리는 경기도에 있어서)를 해 주었다. 그의 설명은 언제나 쾌도난마이다. 복잡했던 머리가 시원해진다. 나는 직업상 병원을 자주 찾는다. 어느 병원이고 들어설 때마다 나는 그 병원의 미션에 흥미를 가진다.

'가장 쉽게 설명하는 병원.'

지난날 나는 환자가 아니었지만 이 문구를 볼 때마다 감동하곤 했다. 환자는 진단(병명)도 중요하지만 쉬운 설명을 통해 자신의 상태를 정확하게 이해하기를 원한다. 이 원장은 이런 점에서 환자가 꼽는 최고의 의사다.

최근에 이 원장이 집필한 책이 있다. 로마서 장편(掌篇) 주석〈살아도 주를 위하여, 죽어도 주를 위하여〉이다. 로마서는 설교자들이 가장 도전하고 싶어하면서도 기실 가장 어려워하는 책이다. 그래서일까? 설교도 어렵다. 그런데 이 원장이 책의 부제로 단 글이 내 눈길을 확 사로잡았다.

'쉽고 바르게 읽는 로마서 장편(掌篇) 강의.'

마침 내가 로마서를 강해하고 있던 중이라 단숨에 읽어 내려갔다. 그리고는 무릎을 쳤다. '가장 쉽게 설명해주는 로마서'였던 것이다.

현대 철학계의 가장 난해한 철학자로 알려진 하버드 대학의 철학교수 화이트헤드(Whitehead)가 말한다.

"현대의 모든 철학은 플라톤의 주석이고 현대의 모든 신학은 어거스틴의 주석이다."

어거스틴을 변화시킨 말씀이 바로 로마서였다. 어거스틴만이 아니다. 루터를 흔든 말씀도 로마서다. 그렇게 해서 종교개혁의 불씨가 지펴졌다. 다시 18세기, 존 웨슬리를 흔든 것이 루터의 로마서 주석이다. 그렇게 해서 감리교가 세워졌다. 20세기, 스위스 산골짜기에 있던 작은 교회를 담임하던 칼 바르트가 있다. 1차 세계대전이 마무리된 후에 로마서를 강해한다. 이 로마서 주석에 대해 한 신학의 유명한 논평이 있다.

"칼 바르트가 자유주의 신학자들의 놀이터에 폭탄을 던졌다."

그들은 교회뿐만 아니라 인류 역사를 흔들었다. 위대한 인물들만이 아니다. 숱한 하나님의 자녀들이 로마서 앞에서 무릎을 꿇었다. 그들의 삶에 획기적인 변화를 가져왔다. 그래서 로마서는 변화의 책이다.

나도 변해야 한다는 몸부림이 있는가? 어거스틴이 그랬던 것처럼 로마서를 펼치자. 로마서는 다이너마이트다. 옴싹달싹 않고 진부해진 내 삶에 다이너마이트를 투척하자.

'쉽고 바르게 읽는 로마서 장편(掌篇)강의'가 드디어 내게 다가왔다. 2022년 새해를 눈앞에 둔 12월 5일에.

프롤로그

어느덧 2021년의 뜨거운 여름이 지나가고 있다.

갈라디아서 장편(掌篇) 주석〈오직 의인은 믿음으로 말미암아 살리라, 도서출판 탕구〉, 요한계시록의 장편(掌篇) 주석 1, 2권, 개정판 1, 2권, 그리고 합본판〈예수 그리스도 새 언약의 성취와 완성, 도서출판 산지〉, 히브리서 장편(掌篇) 주석〈오직 믿음, 믿음, 그리고 믿음, 도서출판 산지〉을 출간했다.

방대한 분량의 요한복음 장편(掌篇) 주석〈은혜 위의 은혜러라〉의 원고를 탈고 중이며 동시에 성령님의 인도하심을 따라 로마서 장편(掌篇) 주석의 원고를 써 내려가고 있다.

매사 매 순간 앞서 가시며 이끌어주시는 나하흐의 성부하나님, 함께하시는 에트의 성자하나님, 뒤에서 밀어주시며 동행하시는 할라크의 성령하나님께 그저 감사할 뿐이다. 이번에는 두 사람의 공저자가 있어 더욱 든든하다. 한 사람은 외조카인 윤요셉 교수(안과 의사)이고 다른 한 사람은 멘티인 이선호 원장(정형외과 의사)이다.

나는 기독교 집안의 4대째로 태어났다. 가장 먼저 복음을 접했던 증조할아버지를 필두로 순교자인 할아버지, 목사였던 아버지의 영향을 오롯이 받았다. 그 어른들은 내게 영적으로 자자손손 든든한 가문이 될 것을 엄히 명했다. 이른바 'Spiritual Royal Family'이다. 그래서 멘티인 사위, 그리고 딸과 두 아들에게도 신신당부하며 '오직 말씀'만을 강조하며 가르쳐왔고 가르치고 있다. 지나치다 싶을 정도로…….

어느덧 그들의 실력은 나를 추월하였고 공저자로서 나를 돕고 있다. 요한복음과 요한계시록 장편(掌篇) 주석의 공저자는 큰 아들 이성진 전도사(ER & IR Design 대표, BAM 리더)이다. 갈라디아서 장편(掌篇) 주석의 공저자는 사위 황의현 전도사(이롬 글로벌 사장)이다. 히브리서 장편(掌篇)주석의 공저자는 외동 딸 이성혜 대표(리빔, 국제 기독영화제 부위원장)이다. 로마서 장편(掌篇) 주석은 외조카인 윤요셉 교수(안과 의사)와 나의 멘티인 이선호 원장(정형외과 의사)이다. 이들이 내 곁에 있어서 무척이나 행복하고 든든하다.

나의 소망과 비전은 7권의 장편 주석을 집필하는 것

나는 육신의 장막을 벗는 그날까지 7권의 장편(掌篇) 주석을 쓰려고 한다 그것은 나의 소망(所望)이요 비전(Vision)이다. 아니 나의 갈망(渴望)이라는 표현이 더 적당할 수 있겠다.

수줍게 밝히고 싶은 비밀이 있다면 7권의 장편(掌篇) 주석 시리즈들은 그다지 대단한 것이 아니라는 것이다. 이 책을 굳이 쓰려는 것은 나처럼 말씀에 대해 고민하며 말씀을 있는 그대로 알기 원하며 하나님의 음성에 민감한 후학들과 청년들에게 성경 말씀을 있는 그대로 소개하고자 쉽게 풀어주려는 나의 갈망 때문이다.

그렇기에 대단한 학자적 논문이 아님을 밝힌다. 그런 유의 것을 원한다면 뒷편에 정리해 둔 많은 학자들의 책을 사서 읽으면 된다. 다시 말하면 무엇인가를 깊이 연구하려는 사람들에게는 내가 쓰고 있는 책들은 전혀 어울리지 않음을 부끄럽지만 살짝 밝히는 바이다.

앞서 언급한 7권의 장편(掌篇) 주석이란 요한계시록, 요한복음, 갈라디아서, 히브리서, 로마서, 사도행전, 창세기인데 요한계시록을 통하여는 기독론(Christology), 교회론(Ecclesiology), 종말론(Eschatology)의 기초를 세웠다. 요한복음을 통하여는 사복음서의 전체 개요를 세우며 복음과 교리에 관해 썼다. 구원론(Soteriology)을 정립하기 위해 로마서, 히브리서, 갈라디아서 즉 '믿음 3총사'의 기둥을 세우며 이제 막 모든 원고를 끝냈다. 탈고를 통해 로마서를 출간할 예정인 것이다. 사도행전을 통하여는 복음서와 서신서를 연결한다. 교회를 창립하신 예수 그리스도, 그 교회를 통해 오늘날의 교회공동체를 이끌어가시는 성령하나님, 이 모든 것을 허락하시고 계획하신 성부하나님을 찬양하고 경배하는 것에 초점을 맞추어 쓰고 있다. 나의 인생에서 마지막으로 창세기를 통해 신론(Theology)과 인간론(Anthropology)의 기초를 다룰 것이다.

돌이켜보면 나는 문과가 아닌 이과를 공부하고 의대를 졸업한 후 정형외과 의사가 된 사람이기에 글쓰기는 물론이요 논리력도 상상력도 부족한 사람이다. 그럼에도 불구하고 모든 것에 일천한 나를 택해주셔서 장편(掌篇) 주석을 쓰게 하신 신실하시고 고마우신 삼위하나님께 감사드릴 뿐이다. 그저 찬양과 경배드릴 뿐이다.

이번 로마서 장편(掌篇) 주석의 처음 시작은 그 내용의 깊이와 넓이가 방대함에도 불구하고 네 번째 출간인지라 이전과는 달리 마음이 제법 가볍다. 그동안은 어디서 어떻게 시작할지를 몰라 머뭇머뭇거릴 때가 많았다. 출발할 때마다 머릿속은 하얘졌고 손발은 아예 움직여주지 않았다. 그런데 이번 로마서 장편(掌篇) 주석은 익숙한 데다가 지난날 끄적거렸던 원고들이 있어서 가슴을 짓누르는 멍울이 없어서 좋다. 그래서 용감하게 시작했다.

곧 바로 문제에 봉착했다. 지난날의 원고는 생각보다 도움이 되지 않았다. 조금 더 잘 써보려는 욕심이 과했던 탓인지 여기저기 걸림돌이 나타났다. 게다가 로마서에 관한 책들은 너무 많았고 애매한 부분들이 나타났다. 주변의 학자들에게 물어보았는데 너무 심오하고 또 복잡했다. 목회자 친구들에게 물어보아도 비슷한 유의 대답이 왔다.

그래서 다시 무릎을 꿇고 그분의 음성을 기다렸다. 깊이 생각하고 고민하며 성령님의 세미한 음성을 갈망했다. 그런 때마다 변함없이 주인 되신 성령님은 차근 차근 알려주셨다. 그리고는 다시 확인시키시길,

"너는 기록자이고 내가 저자이다"

이후 나는 지금까지와 마찬가지로 주저없이, 나의 실력이나 형편에도 불구하고, 머뭇거림없이 곧장 내달렸다. 그렇게 시작을 했는데 어느새 끝

자락에 도달해 있는 것이다. 5권의 원고가 완성되었고 4번째 장편(掌篇) 주석(로마서, 〈살아도 주를 위하여 죽어도 주를 위하여〉)의 출간을 앞두게 된 것이다. 몰려오는 행복감은 벅찬 감정과 맞닿아있다. 동시에 배어 있던 진한 아픔도 느껴진다.

2021년 3월!
안팎으로 얼어붙은 땅이 봄기운으로 서서히 녹아들며 따스한 햇살이 내 곁에서 여유를 부리고 있다. 봄볕에 마음이 흐뭇하다. 문득 이상화 시인의 "빼앗긴 들에도 봄은 오는가"라는 시의 제목이 스쳐갔다.

작금의 우리나라를 둘러싼 정치와 경제, 사회, 종교 등등 모든 것은 완전히 얼어붙어 있다. 비단 추위 때문만은 아니다. 이상한 정치와 편향된 정치 지도자들, 왜곡되고 뒤틀어져버린 그릇된 정책들, 평등과 공정이 사라져버린 것들에 더하여 불의가 또아리 틀듯 자리잡아 버렸다. 너나 할 것 없이 모두의 자유와 인권을 위협하고 있다.

우리는 그동안 풍성함 속에서 감사함 없이 당연하게 살아왔다. 감사는 커녕 불평불만을 앞세웠다. 주저앉아버린 경제로 인한 추위는 체감의 강도를 더해가며 더욱더 감사를 사라지게 만들고 있다.

언제부터인가 바른 말을 하면 왕따가 되어버린다. 정직함이나 우직함의 결과는 언제나 밑바닥을 기어야만 한다. 거짓에도 불구하고 요령과 아첨, 눈치와 줄을 잘 서면 벼락같은 출세 가도에 들어선다. 실업자와 쓰리잡(three job) 알바나 일용직은 늘어만 가고 그나마 절대적인 숫자는 더욱 줄어들고 있다.

인권은 더 사라지고 자유는 점점 더 굴레가 두꺼워져 목이 감당하지 못할 정도에 이르게 되었다.

이념은 또 하나의 우상이 되었고 반사적으로 신앙의 자유는 굴레와 속박을 지나 박탈되어 버렸다. 무감각한 교회와 영안이 어두운 그리스도인들은 아직도 전혀 눈치를 못 채고 있다. 아예 관심 밖인 듯 보인다. 거들먹거리다 못해 마치 자신이 신(神)이라도 되는 듯이 착각하던 일부의 종교지도자들은 어디론가 숨었는지 도대체 보이지 않는다. 그들은 작금의 부정과 불법에 대해 전혀 말이 없다. 소금의 역할은 고사하고 부패한 곳에서 멀리 떨어져 불구경하는 듯하다. 그래서 절망스럽다. 그들이 암흑 속에서 빛의 역할이라도 해주면 좋으련만……

동성애(Homosexuality), 다자성애(polyamory), 성 정체성(Gender identity)의 혼란, 비정상적인 성생활(Abnormal Sexuality)로 인해 가정과 사회가 붕괴되는 요란한 소리가 이제는 천둥 치듯 한데 모두들 모르는 체 한다.

포스트모더니즘(Postmodernism, 1960년대에 일어난 정치, 경제, 사회의 영역과 관련되는 문화운동)의 결정적 한방으로 교회들은 난도질 당하는 것을 넘어 시나브로 해체되고 있다. 자유민주주의인지 인민민주주의인지 구별조차도 못한 채 국가 정체성마저 도둑맞고 있다.

우리는 이제껏 제법 세찬 바람을 맞았다. 한파에 더하여 폭설까지. 눈은 얼어붙어 빙판이 되어 버렸다. 어느새 불평이란 '불편한 친구'가 우리 곁에 바싹 붙어있다.

  나는 영적인 허기와 추위를 지속적으로 거세게 느껴왔다. 지금도 느끼고 있다. 다시 말씀으로 돌아가야 할 때이다. 성경공부를 할 때가 되었다. 그래서 나는 시간을 쪼개어가며 성경 교사로서의 정체성대로 신대원생들에게, 전문인들에게 말씀을 가르치며 함께하는 목회자들과 말씀을 연구하며 나누고 있다.

제 2의 종교개혁이 필요한 때이다

  500년 전에는 마틴 루터가 불씨를 살려냈다. 오늘은 누가 불씨를 지필 것인가? 누가 그 불씨를 살려 제 2의 종교개혁의 불꽃으로 피어올릴 것인가?

  '믿음 3총사.'

  〈오직 의인은 믿음으로 말미암아 살리라〉의 갈라디아서 장편(掌篇) 주석, 〈오직 믿음, 믿음, 그리고 믿음〉인 히브리서 장편(掌篇) 주석, 〈살아도 주를 위하여, 죽어도 주를 위하여〉인 '이신칭의, 이신득의'를 주창한 로마서 장편(掌篇) 주석의 3권을 일컫는 별칭이다.

  로마서는 어거스틴(St. Augustine, AD 354-430, 북아프리카)과 그의 어머니 모니카(Monica), 그리고 암브로시우스(Ambrosius, 340-397, 독일) 주교의 이야기를 알면 묵상에 향신료가 된다. 또한 마틴 루터(M Luther, 1483-1546, 독일), 얀 후스(Jan Hus, 1372-1415, 체코), 존 위클리프(John Wycliffe, 1320-1384, 영국), 윌리암 틴데일(William Tyndale,

1494-1536, 영국), 필립 멜랑히톤(Philipp Melanchthon, 본명: 필리프 슈바르체르트 Philipp Schwarzert, 1497-1560), 울리히 쯔빙글리(Ulrich Zwingli, 1484년 1월 1일 ~ 1531년 10월 11일, 스위스 종교개혁자), 요한 웨슬레(John Wesley, 1703-1791, 영국의 종교개혁자, 감리교 창시자, 신학자)를 알면 묵상에 훨씬 도움이 된다.

더 나아가 기록된 시대적 배경으로는 로마의 4대와 5대 황제인 클라우디우스(Claudius Caesar Augustus Germanicus, BC 10-AD 54, AD 49 나사렛 칙령)와 네로(Nero Claudius Caesar Augustus Germanicus, 37-68)를 알면 정확한 묵상에 도움이 된다.

로마서는 '로마인들에게(프로스 로마이오스, πρός Ῥωμαῖος)'라는 뜻으로 '로마 지역 교회의 성도들에게'라는 의미이다. 고린도에서 바울의 말년에 기록하였을 것으로 학자들은 말하고 있다. 뵈뵈(롬 16:1), 브리스길라와 아굴라(롬 16:3, 롬 16:23) 등등 로마서 16장의 인물들에 대해 관심을 가지는 것도 로마서를 이해하는데 큰 도움이 될 것이다.

나는 노년에 들어서며 오로지 성경 연구에만 몰두하고 있다

물론 성기적인(화, 수, 목, 금) 소그룹 말씀 공부모임과 국내외 여러 곳의 줌 강의는 인도하고 있다. 말씀을 공부하는 이유는 분명하다. 너도 살고 나도 살아나기 위해서다. 나와 함께하는 지체들은 모두가 다 앞서가는 전도사님들, 목사님들, 전문인들이다.

나는 점점 더 안타까운 현상을 목도하고 있다. 그리스도인들이 성경에는 무지요 교리에는 아예 무식하다라는 것이다. 말씀에 관심조차도 없는 사람이 대부분이고 관심이 있다고 하더라도 사모함이나 열망이 너무 적다.

나의 멘토 중 한 분이 나의 선친이신 이윤화 목사이다. 지난날 그분은 내게 말씀만큼은 살벌할 정도로 몰아부쳤다. 그런 지옥 훈련 덕분에 나는 성경과 교리만큼은 제대로 배우게 되었다. 아버지의 엄한 훈계를 따라 바른 정체성을 정립한 후 그렇게 살려고 몸부림을 쳐 왔다.

훌쩍 60년이 지났다. 나는 정형외과 의사로서 의료 선교사이다. 전문성을 놓치지 않기 위해서도 누구보다 많은 노력을 한다. 아직도 진료를 마친 늦은 저녁에는 진료실에 홀로 남아 해부학과 생리학, 그리고 정형외과학 책을 탐구한다. 각종 세미나와 심포지엄에 참석하고 정형외과 초음파 공부를 위해 대전 충청 지역의 한스초음파연구회(고광표 박사 외 십수 명)에 합류하여 시간 쪼개기를 시도하여 왔다. 매일매일 진료와 시술, 수술을 벅찰 정도로 감당하고 있다.

성경 교사이기에 새벽에 일찍 일어나 가장 먼저 병원에 도착한다. 그리고는 1-3시간 동안 성경을 연구하고 읽고 묵상하며 암송한다. 책을 쓴다.

하루의 진료가 끝나는 저녁이면 혼자 진료실에 남아 밤 늦게까지 앞서 가는 신앙 선배들의 책을 읽고 또 읽는다. 예전에는 다독을 즐겨했다면 지금은 엄선한 책을 정독하며 반복하여 읽고 있다.

곧 출간될 네 번째 로마서 장편(掌篇) 주석의 프롤로그를 쓰고 있는 것이 즐겁다.

"들으라, 쓰라, 그리고 기록해 나가라."

지금까지 그래왔던 것처럼 그렇게 듣고 쓰고 기록할 예정이다. 이것이 나의 행복이다.

지난 모든 책들의 프롤로그에서 매번 밝혔듯이 나는 일단 관심을 가지면 몇 시간이고 참고 서적들을 뒤적이며 골똘히 생각하고 상상하는 것을 즐긴다. 종국적으로는 반드시 끝을 보고야 만다. 일단 시작한 일은 반드시 끝낸다. 그러다 보니 그 바쁜 와중에서도 최근 2-3년 사이에 10여 권의 책을 썼다.

남들은 나더러 괴짜라고 평한다. 그런 면이 없지는 않다. 그러나 나는 시간을 알차게 쓴다. 한 곳에 몰두하고 집중하며 주인 되신 성령님의 음성을 잘 듣고 반응함과 동시에 땀과 눈물을 쏟은 결과라는 것이 가장 맞다.

앞서 밝혔지만 내게는 매사 매 순간 주인 되셔서 간섭하시고 함께하시며 뒤에서 밀어주시고 앞서서 이끌어가시며 인도하시는 삼위하나님이 계신다.

나하흐(ἐξάγω, נָחָה)의 성부하나님!

에트(את)의 성자하나님!

할라크(הלך)의 성령하나님!

나의 주인이신 성령님의 말씀대로 네 번째 로마서 장편(掌篇) 주석 〈살아도 주를 위하여, 죽어도 주를 위하여〉를 떨림으로 기대한다. 지난 장편(掌篇) 주석들과 마찬가지로 앞서간 신앙 선배들이나 학자들과 나의 생각을 주고받으면서 최종적으로는 주인 되신 성령님의 확인을 받을 것이다.

로마서는 전체 16장 433구절로 되어있다

요한계시록, 갈라디아서, 히브리서처럼 한 구절씩 순서대로 청년들에게 강의를 하듯 선명하게 주석을 달 것이다. 그렇기에 이 글 또한 크리스천 청년들을 대상으로 하는 장편(掌篇) 주석의 성격임을 밝힌다.

충실한 디딤돌의 역할!

이미 앞서 여러 번 반복하여 언급했듯이 손바닥만 한 지식의 '얕고 넓은 강의(장편(掌篇) 주석)'라는 의미이다. 마치 장풍(掌風)의 허풍(虛風)처럼…….

나는 로마서를 크게 둘로 전반부를 1-11장까지로, 후반부를 12-16장까지로 나눈다. 전반부가 이신칭의, 이신득의에 관한 복음 이야기라면 후반부는 복음과 십자가로 살아가고 복음과 십자가만 자랑하며 살아가라는 내용이다. 그에 따라 마지막 16장에서는 한 번 인생에서 만나게 될 귀한 동역자들을 경시하지 말고 서로 격려하고 사랑하고 존중하며 예수 그리스도 안에서 하나가 되어 바른 관계와 친밀한 교제 속에서 동역할 것을 명하셨다.

로마서 1장-16장의 개요

1장에서 16장까지의 전체 개요를 나의 표현으로 설명하면 다음과 같다.

1장의 1-17절까지는 오직 의인은 믿음으로 말미암아 살리라(1:17)고 말씀하신 이신칭의, 이신득의에 대해, 18-32절까지는 경건치 않은 자, 불의한 자의 실상과 그에 대한 정당한 하나님의 진노에 대해 기술하고 있다.

2장은 표면적 유대인(τῷ φανερῷ Ἰουδαῖός, the outward a Jew, 2:28)과 이면적 유대인(τῷ κρυπτῷ Ἰουδαῖός, the inward a Jew, 2:29)을 분류한다. 이방인들은 양심이 증거가 되어 죄를 깨닫게 되나 유대인들은 율법에 의해 죄를 깨닫게 된다고 했다. 그러다 보니 전자는 율법 없이 망하고 후자는 율법으로 인하여 심판을 받게 된다(2:12)라고 말씀하고 있다.

3장은 아담 이래로 모든 인간은 죄 아래 있으며(3:9) 영적 죽음 상태로 태어난다. 그런 인간들 중에는 '의인은 없나니 하나도 없다(3:10)'. 영 죽을 인간 중 하나님의 은혜로 만세 전에 택정된 자를 살리기 위해(3:24-26) 예수님은 오셨다. 십자가 보혈로 다 이루고(테텔레스타이) 가셨다. 우리의 의가 아닌 '하나님의 의'이다.

4장은 그렇게 우리는 믿음(피스토스)으로 살아났음을 말씀하고 있다. 그런데 그 믿음(피스티스)은 견고하고 강한, 크고 많은 믿음(피스튜오)이 아니라 만세 전에 택정된 자에게 때가 되매 복음이 들려져서 하나님이 허락하셔서 주신 믿음(피스티스)이다. 그 실례를 아브라함을 통해 보여주고 있다.

아브라함은 비록 연약했으나 믿음의 동사화 과정인 '신앙생활' 즉 그의 믿음(피스듀오)을 보시고 하나님은 그를 귀하게 '여기신(λογίζομαι, v, to reckon, to consider)' 것이다.

5장은 그렇게 주신 믿음으로 구원을 얻게 된 우리는 "우리 주 예수 그리스도로 말미암아 하나님으로 더불어 화평을 누리게(5:1)" 되었음을 말씀하고 있다. '샬롬(에이레네)'이다. 그 결과 우리는 하나님과의 바른 관계와 교제 속에 하나(영접과 연합)되었고 소망(미래형 하나님나라에로의 입성과 영생)을 갖게 되었다. 그러므로 지금 우리는 어떠한 환난이 닥쳐온다 할지라도 인내함으로 견딜 수 있다. 더 나아가 그 인내를 통해 연단함으로 그날까지 예수 그리스도만 붙들고 믿는 도리, 복음의 요체이신 예수님께만 집중하며 나아가야 할 것이다.

6장은 예수께서 십자가에 달려 죽으셨을 그때에 우리 또한 예수님과 함께 십자가에 못 박혔다라고 말씀하고 있다. 그러므로 "그리스도와 함께 죽었으면 그리스도와 함께 살 줄을 믿는(6:8)" 것이 우리의 믿음이다. 즉 우리는 예수님과 함께 죽었으며 예수님과 함께 살아났다. 죄로부터는 해방되고 하나님의 종(6:22), 자녀 곧 상속자(8:17, 후사)가 되었다. 아멘이다.

죄에 대하여 죽은 우리가 하나님의 은혜로 죄사함을 받았다고 하여 죄를 계속 지음으로 은혜를 누리겠다고 하는 것은 어리석은 생각이다. 우리는 죄와 싸우되 피 흘리기까지 싸우고 그러다가 넘어지면 십자가를 붙들고 철저히 회개해야 한다.

예수님을 믿음으로 구원된 우리는 그분의 무한하신 은혜 속에서 하나님의 자녀로, 하나님의 자녀답게 살아가야 할 것이다. 문제는 여전히 육신을 가지고 있기에(already ~not yet) "원하는 바 선보다는 원하지 않는 악으로 빨리 달려가곤(7:18-20)" 할 것이다. 그렇기에 내 속에 거하는 죄를 깨닫게 되면 내 안에 하나님의 법과 죄의 법 즉 두 마음의 법이 있게 된다. 그때 "오호라 나는 곤고한 사람이로다(7:24)"라는 탄성은 저절로 터져 나올 수밖에 없을 것이다. 종국적으로 나 스스로 할 수 있는 것은 하나도 없음도 고백하게 될 것이다. 이것이 7장이다.

8장은 '황금장'이라는 별명답게 구원의 확실성, 안전성, 최종성에 대해 말씀하고 있다. 그리스도 예수 안에 있는 자에게는 결코 정죄함이 없음을 천명한 후 생명의 성령의 법이 죄와 사망의 법에서 우리를 해방시켰다(8:1-2)라고 선포하고 있다. 그런 우리는 양자의 영을 받은 존재이다. 그렇기에 감히 하나님을 아바 아버지라고 부른다. 그런 우리는 어떤(환난, 곤고, 핍박, 기근, 적신, 위험, 칼) 상황과 환경 가운데 처할지라도, 비록 사망이나 생명이나 천사들이나 현재 일이나 장래 일이나 능력이나 높음이나 깊음이나 다른 아무 피조물이라도 "우리 주 예수 그리스도 안에 있는 하나님의 사랑"에서 결코 우리를 끊을 수 없게 되었음을 알아야 한다. 할렐루야!

9장은 믿음에서 난 의를 통해 육신의 자녀와 약속의 자녀를 구별하여 설명해주고 있다. "곧 육신의 자녀가 하나님의 자녀가 아니라 오직 약속의 자녀가 씨로 여김을 받게(9:8)"된다라고 말씀하고 있는 것이다.

10장에서는 약속의 자녀란, "마음으로 믿어 의에 이르고 입으로 시인하여 구원에 이르게 된(10:10)" 하나님의 자녀들을 가리킨다. 9-11절의 핵심말씀을 통해 하나님의 자녀가 된 자들은 부지런히 그리스도의 말씀을 듣고 믿음으로 살아가야 할 것을 말씀하고 있다.

11장에서는 영적 이스라엘과 육적 이스라엘을 대조하여 구분하며 곁가지(돌감람나무)와 원 가지(참감람나무)의 비유를 통해 당신의 섭리와 경륜을 말씀하고 있다. 하나님께서 어느 가지를 선택하든 그것은 하나님의 영역이다. 곧 누군가가 접붙임을 통해 참감람나무 뿌리의 진액을 받는 것은 그분의 주권 영역이며 하나님의 인자와 엄위(11:22)이고 동시에 우리에게는 비밀(신비, 11:25)이다. 그런 하나님의 은사와 부르심에는 후회하심이 없다(11:29)라는 말씀에서 오늘의 우리는 안도의 숨과 함께 감사의 찬양을 올리게 된다.

로마서 1-11장 그리고 12-16장

1-11장까지가 복음과 십자가에 관한 것이면 12-16장은 복음과 십자가로 살아가고 복음과 십자가만 자랑하며 살라는 것이다.

12장에서는 복음과 십자가로 살아가며 복음과 십자가를 자랑하는 것이 곧 "하나님이 기뻐하시는 거룩한 산 제사, 하나님이 기뻐 받으실 영적 예배(12:1)"임을 구체적으로 말씀해주고 계신다.

13장은 그런 우리들은 세상에 살되 세상에 속하지 않아야 함을 말씀하고 있다. 그렇다. 그리스도인들은 세상에 동화되지 말아야 한다. 세상과 타협하지 않으려면 "빛의 갑옷과 주 예수 그리스도로 옷 입어야 함(13:14)"을 말씀하시고 있다.

14장은 그런 예수쟁이 된 우리는 "살아도 주를 위하여 살고 죽어도 주를 위하여 죽나니 그러므로 사나 죽으나 우리가 주의 것이로다(14:8)"라는 고백과 결단으로 살아가야 할 것을 말씀하고 있다.

15장은 "소망의 하나님이 모든 기쁨과 평강을 믿음 안에서 너희에게 충만케 하사 성령의 능력으로 소망이 넘치게 하시기를 원한다(15:13)"라고 말씀하고 있다.

마지막 16장은 예수님안에서 한 피 받아 한 몸 이룬 소중한 지체들끼리의 바른 관계와 친밀한 교제를 명하고 계신다. 더 나아가 유한된 한 번 인생을 살아가며 "선한데 지혜롭고 악한데 미련하기를(16:19)" 촉구하고 있다.

이와는 달리 나는 로마서 433구절 전체를 14개의 핵심구절로 흐름을 이어가며 요약하기도 했다. 이른바 로마서 1장 16-17절, 3장 23-24절, 5장 1절, 8장 1-2절, 10장 9-10, 13절, 12장 1-2절, 14장 8절, 15장 13절이다. 이들 구절은 연결하면 다음과 같다.

'하나님의 의'인 '복음과 십자가'에는 하나님의 능력이 있어서 예수를 믿는 모든 자로 하여금 믿음(피스티스)으로 믿음(피스튜오)에 이르게 하며 하나님의 믿음(피스토스)으로 살아나게 된다라는 것이다(롬 1:16-17).

모든 인간은 예외없이 죄인으로서 영적 죽음 상태로 이 땅에 태어난다. 그렇기에 하나님의 영광에 이를 수 있는 사람은 단 한 명도 없다(롬 3:23-24). 오직 하나님의 은혜(Sola Gratia)로 예수 그리스도 안에 있는 구속으로 말미암아 의롭게 되어 살아난 것이다.

오직 믿음(Sola Fide)으로 말미암아 의롭게 된, 영적으로 부활된 그리스도인은 하나님으로 더불어 한 번의 유한된 인생과 영원 속에서 삼위하나님과 살롬의 관계를 누리며 살아가게 된다(롬 5:1). 그렇게 그리스도와 함께 살아가는 자들은 한 번 인생 동안 주인 되신 성령님의 통치와 질서, 지배 하에 현재형 하나님나라를 살아간다. 복음과 십자가로 살아가며 복음과 십자가를 자랑함으로 현재형 하나님나라를 확장하며 예수님 안에서 진리의 영이신 생명의 성령의 법 아래에서 참 자유함을 누리며 살아감으로 행복을 누리게 되는 것이다(롬 8:1-2).

돌이켜보면 그들이 믿음으로 구원된 것은 윤리 도덕적 행위나 혈통이 아니라 전적으로 예수 그리스도를 주(主)로 입으로 시인하고 마음으로 믿은 결과이다. 누구든지 주의 이름을 부르는 자는 구원을 얻는다고 하셨기 때문이다. 유대인이든 이방인이든 차별이 없다고 하셨기 때문이다(롬 10:9-10, 13).

그런 그들은 매사 매 순간을 하나님이 기뻐하시는 열납의 제사, 열납의 예배인 삶으로 드리는 예배를 드리며 그것이 하나님의 선하시고 기뻐하시고 온전하신 뜻이 맞는지를 분별하며 살아가야 한다(롬 12:1-2). 결국 우리는 살아도 주를 위하여 살고 죽어도 주를 위하여 죽는 것일 뿐이다(롬 14:8). 그런 그리스도인들을 향해 소망의 하나님은 예수 그리스도를 통해 소망(미래형 하나님나라에의 입성과 영생)을 주시며 성령 안에서 그날까지 모든 기쁨과 평강을 믿음 안에서 충만케 하셔서 한 번 인생을 복되고 풍성하게 하신다(롬 15:13). 이 모든 것은 하나님의 전적인 은혜요 믿음의 결과이다.

미주에 참고도서 목록을 모두 다 밝혔다. 그러나 주로 참고한 도서는 그랜드 종합주석(14권, p641-991), 두란노 HOW주석(39권), 조나단 에드워즈의 로마서 주석(복있는 사람, 김귀탁옮김, 2017), 마틴 로이드 존스의 로마서 강해시리즈 1권(속죄와 칭의, 서문 강 옮김, CLC(Christian, Literature Crusade, 기독교 문서 선교회, 2012)과 함께 강해시리즈 2권(확신), 3권(새 사람), 4권(율법의 기능과 한계), 5권(하나님의 자녀), 6권(성도의 견인), 7권(하나님의 복음), 8권(하나님의 의로운 판단), 9권(하나님의 절대주권의 목적), 10권(이신칭의), 11권(하나님의 영광을 위해), 12권(그리스도인의 행실과 윤리), 13권(두 나라와 그리스도인의 삶), 14권(그리스도인의 자유와 양심), 메시지 신약(유진 피터슨, 복 있는 사람, 2009), 게제니우스 히브리어 아람어사전(생명의 말씀사), 스트롱코드 헬라어사전(로고스), 로고스 스트롱코드 히브리어 헬라어사전(개혁개정4판), 핵심 성경히브리어(김진섭, 황선우 지음, 2012), 핵심 성경히브리어(크리스챤출판사, 2013), 직독직해를 위한 히브리어 400 단어장(솔로몬), 직독직해를 위한 헬라어 400 단어장(솔로몬), 성경 히브리어(크리스챤출판사), 신약성경 헬라어 문법(크리스챤출판사) 등이다.

참고도서들을 토대로 진료실에 파묻혀 나의 생각을 다시 조정하고 주시는 말씀(요 14:26)에 귀를 기울일 것이다. 그리고 성령님의 음성에 민감함으로 많은 부분을 첨삭할 것이다.

매번 주석을 쓸 때마다 정해놓은 5가지 대원칙이 있다

첫째는 문자를 면밀하게 세심히 살피는 일이다. 한글번역과 영어, 헬라어, 히브리어를 모두 다 찾아 비교해본다. 어려서부터 익숙했던 개역한글판 성경을 이용한다. 그러나 개역개정이나 공동번역도 터부시하지는 않는다. 더하여 표준새번역성경, 킹 제임스성경, 유진 피터슨의 메시지성경도 참고한다.

둘째는 단락을 떼어 읽지 않고 전후 맥락을 늘 함께 읽는다. 그리고는 왜 지금 이 사건을 그 부분에 기록했는지를 고민하며 이전 사건과 이후 사건의 연결고리를 파악하려고 애를 쓴다. 동시에 이 부분을 해석하기 위해 성경의 다른 부분을 찾아 연결시키려고 노력한다.

셋째는 말씀이 상징(symbolically)하고 익미하는 바나 예표하는(typologically) 바가 무엇인지를 살핀다.

넷째는 배경(background)을 면밀히 살피는데 특히 역사적 배경(Historical background)이나 문화적 배경(Cultural background)을 찾아 성경의 원저자이신 성령님께서 당시의 기록자들을 통해(유기영감, 완전영감, 축자영감) 하시고자 했던 말씀의 원뜻을 파악하려고 노력한다. 더 나아가 오늘의 나에게 주시는 말씀에 귀를 기울인다.

종국적으로는 성경의 원저자이신 성령님께 무릎 꿇고 가르쳐주시고 깨닫게 해주시라(요 14:26)고 조용히 듣는 기도를 올린다. 아버지하나님의 마음과 뜻을 알게 해 달라고 간구하는 것이다.

로마서의 기록 연대에 대하여는 의견이 다양하나 사도바울의 3차 여행(AD 53-58년) 말기로 생각하는 학자들의 의견에 줄을 섰다. 그러나 확실한 것은 저자이신 성령님이다.

앞서 기록한 갈라디아서, 히브리서 장편(掌篇) 주석들에서도 언급했지만 로마서 역시 "오직 의인은 믿음으로 말미암아 살리라(롬 1:17)"는 말씀을 강조하고 있는 바 이 말씀이 내게는 정겹다. 이 구절을 구분하면, 이신득의 이신칭의는 로마서를, 믿음(피스티스, 피스튜오, 피스토스)에 관하여는 히브리서를, 그렇게 '오직 믿음'으로 살아가라에 관하여는 갈라디아서이다. 나는 이들 3권을 '믿음 3총사'라고 명명했다.

믿음 3총사는 현재형 하나님나라를 살아가는 그리스도인들에게 삶의 바른 태도인 '6 Sola'로 인도하여 간다.

Sola Scriptura(오직 말씀)

Sola Fide(오직 믿음)

Sola Gratia(오직 은혜)

Solus Christus(오직 예수)

Solus Spiritus(오직 성령)

Soli Deo Gloria(성삼위하나님께만 영광)이다.

우리는 유한된 한 번 인생을 살아가며 우리가 붙들고 있는 복음과 십자가, 곧 믿음의 본질을 흔들려는 악한 세력들로부터 많은 도전과 위험에 직면해 있다. 이러한 때 숨죽이거나 뒤로 물러나면 필패(必敗)이다. 당당하게 담대하게 맞서야 한다. 실력을 갖추고 그들을 제압해야 한다. 그런 의미에서 가장 좋은 무기는 오직 믿음인데, 저자로서 '믿음 3총사 시리즈'의 장편(掌篇) 주석을 권한다.

이 책은 불씨를 살리고 싶은 선동이고, 디딤돌, 마중물의 역할이다

매번 장편(掌篇)주석을 쓸 때마다 느끼는 것이 어눌한 표현과 문맥의 미숙함, 그리고 일천한 지식이다. 그럼에도 불구하고 주석을 쓰는 이유는 분명하다. 불꽃의 충격이 아니라 미약하나마 불씨를 살리고 싶은 심정이다. 그런 후 여러분들이 불꽃을 만들어야 된다라는 일종의 선동이다. 디딤돌, 마중물의 역할이다.

오직 말씀! 오직 복음! 오직 예수!
다시 말씀으로 돌아가자!
이 책을 읽은 후 조금 더 깊이 알고자 한다면 뒷편에 참고도서를 깨알같이 엄청 많이 풍성하게 붙여두었으니 꼭 구입하여 읽어 보라. 그리고 신인양성의 예수님, 다른 하나님, 한 분 하나님이신 삼위일체 하나님을 주인으로 모신 당당한 그리스도인이 되기를…….

늘 감사하는 것은 지금까지 암투병을 의연하게 대처하고 있는 소중한 아내 김정미 선교사의 마음씀씀이다. 그녀(Sarah)는 나의 배우자(soul mate)이자 나의 영혼의 친구(Soulmate)이다. 내가 답답해 할 때마다 격려와 용기를 주었던 또 다른 나이다. 그가 했던 말이 여전히 귓가에 쟁쟁하다.

'당신은 영적 싸움을, 나는 암과의 싸움을."
사랑하는 아내에게 감사와 사랑, 존중을 전하며 네 번째 로마서 장편(掌篇) 주석을 헌정한다. 어설픈 주석을 쓰느라 매번 끙끙거릴 때마다 그녀는 용기와 격려, 위로를 아끼지 않았다. 아내 김정미 선교사를 아는 모든 사람들은 그런 그녀에 대해 나의 말을 자신있게 증언할 것이다.

아울러 외동 딸 성혜(히브리서 공저자, 리빔 대표, 국제 기독영화제 부위원장)와 사위 의현(갈라디아서 공저자, (주)이룸 글로벌 사장)에게, 큰 아들 성진(요한복음, 요한계시록 공저자, 전도사, BAM 리더), 막내 성준(사도행전 공저자 예정, 아직 특별 훈련의 과정이다)에게 감사와 사랑을 전한다.

특별히 그 바쁜 진료와 수술 와중에도 로마서 공저자로서 나의 말에 순종하고 땀과 눈물을 쏟은 외조카 윤요셉 교수(전, 울산대병원 안과/ 현, 이성수안과병원 원장)와 이선호 원장(정형외과 의사)에게도 감사를 전한다.

나는 나의 멘티들에게 쏟는 정성만큼이나 나의 육신적 혈육들에게도 신경을 쓴다. 그들 모두를 실력자로 만들어 나와 동역하기 위함이다.

이 책이 나오기까지 함께해 준 도서출판 산지의 김진미 대표와 나에게 글의 재미를 가르쳐 준 나의 친구 조창인 작가(〈가시고기〉, 〈가시고기 우리 아빠〉)에게 감사를 전한다.

추천사와 함께 따끔한 충고도 아끼지 않은 김범석 목사(시드니순복음교회 담임), 송덕용 목사(목원대 선교훈련원 원장), 윤상갑 목사(가나안교회 담임), 하상선 목사(마성침례교회 담임. GEM(세계교육선교회) 대표), 정성철 목사(안양중부감리교회 담임), 김철민 대표(CMF Ministries), 김형남 목사(멜번한인장로교회 담임), 이현희 목사(사, 세계 가나안운동본부(WCM) 총재, 유엔 NGO), 송길원 목사(하이패밀리 대표, 종교개혁 500주년 기념교회(청란교회) 담임) 등에게 감사를 전한다.

매번 책을 출간할 때마다 멘티들의 도움이 있었다. 이번에도 그들은 바쁜 시간을 쪼개어 교정과 문맥을 잡아 주었다. 음으로 양으로 도움을 준 모두에게 감사를 전한다.

샬롬!
오직 하나님께만 영광!

울산의 소망정형외과 진료실에서
Dr. Araw 이선일
hopedraraw@hanmail.net

☆ **일러두기**

_본문에 사용한 성경은 개역한글판으로 현재의 맞춤법을 무시하고 성경의 본문 그대로 인용했습니다.
_'하나님나라', '성부하나님', '성자하나님', '성령하나님', '삼위하나님' '사단나라'는 저자의 의도에 의해 일반적인 띄어쓰기 규칙을 적용하지 않은 하나의 명사로 취급했습니다.
_성경이나 학자들의 의견에서 인용한 단어 및 문장은 큰따옴표로 처리하였습니다.

목차·contents

추천사..... 6
프롤로그...... 25

레마이야기 1
오직 의인은 믿음으로 말미암아 살리라(1:17)...... 51

레마이야기 2
표면적 유대인(2:28) 이면적 유대인(2:29)...... 97

레마이야기 3
의인은 없나니 하나도 없으며(3:12)..... 125

레마이야기 4
여기셨느니라...... 157

레마이야기 5
우리 주 예수 그리스도로 말미암아
하나님으로 더불어 화평을 누리자(5:1)...... 183

레마이야기 6
그리스도와 함께 죽었으면
그리스도와 함께 살 줄을 믿노니...... 209

레마이야기 7
오호라 나는 곤고한 사람이로다(7:24)...... 237

레마이야기 8
죄와 사망의 법과 생명의 성령의 법(8:10)...... 261

레마이야기 9
육신의 자녀, 약속의 자녀...... 303

레마이야기 10
마음으로 믿어 의에 이르고
입으로 시인하여 구원에 이르느니라(10:10)...... 327

레마이야기 11
곁 가지(돌감람나무)와 원 가지(참감람나무)...... 347

레마이야기 12
하나님이 기뻐하시는 거룩한 산 제사, 영적 예배(12:1)...... 379

레마이야기 13
주 예수 그리스도로 옷 입으라(13:14)...... 405

레마이야기 14
사나 죽으나 주의 것이로다(14:8)...... 423

레마이야기 15
소망의 하나님(15:13)...... 445

레마이야기 16
선한데 지혜롭고 악한데 미련하기를(16:19)...... 475

에필로그...... 502
참고도서...... 507

하나님의 의가 드러난 십자가 복음
·
·
·
·
·

괴짜 의사 Dr. Araw의
쉽고 바르게 읽는 로마서 장편(掌篇) 강의

레마이야기 1

오직 의인은
믿음으로 말미암아 살리라(1:17)

모든 인간은 예외없이 죄 가운데 영적 죽음 상태로 태어난다. 아담 이후의 모든 인간은 연합의 원리(The principle of Biblical unity or Principle of Association)와 대표의 원리(Principle of representation)에 따라 그 원죄를 가지고 태어날 수밖에 없다.

감사하게도 성부하나님은 만세 전에 당신의 은혜로 당신의 자녀들을 택정해 놓으셨다. 그들이 누구인지는 그분만 아신다. 때(카이로스)가 되면 그들에게 복음이 전해지고 그 복음이 들려져서 그 믿음(피스티스)으로 믿음(피스튜오)에 이르게 되는데 이 모든 것은 하나님의 은혜 즉 당신의 신실하심, 미쁘심(피스토스) 때문이다. 그렇기에 로마서 1장 17절은 "복음에는 하나님의 의가 나타나서 믿음으로 믿음에 이르게 하나니 기록된 바 오직 의인은 믿음으로 말미암아 살리라 함과 같으니라"고 하셨던 것이다.

로마서 장편(掌篇) 주석의 제목인 '살아도 주를 위하여, 죽어도 주를 위하여'를 되새기다 보면 유한된 한 번 인생의 '길과 방향'이 선명해질 수 있다. 그리하여 "무슨 일을 하든지 마음을 다하여 주께(골 3:23) 하듯" 할 수 있게 될 것이다.

한 번 인생, 어떻게 살다가 죽을 것인가?
유한되고 제한된 일회 인생, 무엇을 하다가 죽을 것인가?
1장을 통하여는 믿음의 품사들(명사, 동사, 형용사)을 통해 하나님의 은혜를 되새기며 주님을 찬양하고 감사하는 시간이 되었으면 좋겠다.

흔히 '믿음'이라고 말할 때 일견 단순한 듯 보이기는 하나 막상 그 의미를 설명하라고 하면 좀처럼 입이 떨어지지 않는 것이 사실이다. 그러나 '믿음'이라는 헬라어 세 품사를 찬찬히 음미하면서 믿음의 차이를 정확하게 구분할 수 있다면 구원론(Soteriology)의 뼈대를 세우는 데 큰 도움이 될 것이다.

먼저 명사인 '믿음(피스티스)'은 '객관적 믿음, 주신 믿음, 허락하신 믿음'을 의미한다. 만세 전에 성부하나님의 은혜로 택정함을 받은 자들은 때가 되면 복음이 들려져서 예수를 믿게 된다. 이는 성령님의 사역인 바 고린도전서 12장 3절은 "또 성령으로 아니하고는 누구든지 예수를 주(主)시라 할 수 없느니라"고 말씀하셨다. 즉 믿음은 '있다, 없다'의 문제로서 명사라는 것이다.

　동사인 '믿음(피스튜오)'은 '주관적 믿음, 고백한 믿음, 반응한 믿음'을 의미한다. 성령하나님께서는 예수를 주(主, Lord)시라고 가르쳐주시면서 인간에게 믿음(피스티스)을 선물로 주셨는데 이때 택정된 자들은 믿음(피스튜오)으로 고백할 수가 있게 된다라는 것이다. 로마서 10장 9-10절은 "네가 만일 네 입으로 예수를 주로 시인하며 또 하나님께서 그를 죽은 자 가운데서 살리신 것을 네 마음에 믿으면 구원을 얻으리니 사람이 마음으로 믿어 의에 이르고 입으로 시인하여 구원에 이르느니라"고 말씀하셨다. 그리하여 "믿음으로 믿음에 이르게 된" 하나님의 자녀들은 성령님의 인치심을 통해 성령님을 주인으로 모신 성전 즉 현재형 하나님나라가 된다. 이후 그 나라는 성령님께 온전한 주권을 드리고 그분의 통치와 질서, 지배 하에서 살아가게 된다. 주인 되신 성령님은 그런 우리를 미래형 하나님나라에 들어가기까지 인도하신다.

　형용사인 '믿음(피스토스)'이란 성부하나님의 '신실하심과 믿음직스러움(미쁘심, Faithful, Trustworthy)'을 의미한다. 결국 우리에게 믿음(피스티스)을 주셔서 우리로 믿음(피스튜오)에 이르게 하신 것은 전적인 하나님의 은혜라는 것이다. 믿음(피스티스)으로 구원을 얻은 그 일에 우리가 한 일은 아무것도 없다라는 것이다. 그렇게 하신 하나님만이 미쁘신(피스토스) 분이시다.

　한편 하나님의 진노는 첫째, 불의로 진리를 막는 사람들의 모든 경건치 않음(불순종)에 대해, 둘째는 불의(불신)에 대해 하늘로부터 나타난다. 노하기를 더디하시는 하나님이시기에 진노의 심판을 늦추는 것일 뿐 그날이 되면 진노의 심판은 반드시 이루어질 것이다. 그럼에도 불구하고 저들은 마음에 하나님 두기를 싫어할 뿐만 아니라 더 악하여져서 하나님을 영화롭게도 아니하며 감사치도 않으며 살아갈 것이다. 그에 대한 하나님의 반응은 "내어 버려두사"라는 것으로 나타나게 된다.

"내어버려둠(1:24, 26, 28)"의 헬라어는 파라디도미[1]($\pi\alpha\rho\alpha\delta\acute{\iota}\delta\omega\mu\iota$, v)인데 이는 '다른 사람의 권세 아래로 넘겨주다'라는 의미로서 이와 가까운 신학적 용어가 바로 '하나님의 진노적 허용 혹은 분노적 허용(호 13:11)'이다.

한편 "모든 불의(1:29-31)와 경건치 않음(1:18)"에 해당하는 내용들은 추악, 탐욕, 악의가 가득한 것, 시기, 살인, 분쟁, 사기, 악독이 가득한 것, 수군거림, 비방, 하나님을 미워함, 능욕, 교만, 자랑, 악을 도모함, 부모 거역, 우매, 배약, 무정, 무자비함 등등이다.

1-1 예수 그리스도의 종 바울은 사도로 부르심을 받아 하나님의 복음을 위하여 택정함을 입었으니

예수(이에수스, Ἰησοῦς, nm)란 구원자(Savior)라는 의미이며 그리스도(크리스토스, Χριστός, nm, (from 5548 /xríō, "anoint with olive oil") –

---

[1] 파라디도미($\pi\alpha\rho\alpha\delta\acute{\iota}\delta\omega\mu\iota$, v)는 to hand over, to give or deliver over, to betray/from 3844/**pará**, "from close-beside" and 1325 / **dídōmi**, "give") – properly, to give (turn) over; "hand over from," i.e. to deliver over with a sense of close (personal) involvement)이다.

properly, "the Anointed One," the Christ (Hebrew, "Messiah"))란 메시야(마쉬아흐, מָשִׁיחַ)와 동일한 의미로서 성부하나님의 유일한 기름부음 받은 자(the Anointed one, the eternal pre-incarnate, Logos, Jn 1:1-18)라는 의미이다.

"종"의 헬라어는 둘로스[2](δοῦλος, adj, nf, nm)인데 이는 '노예'라는 의미이다. 동일하게 쓰인 곳이 고린도전서 4장 1절의 "그리스도의 일꾼"이다. 이때 '일꾼'의 헬라어는 휘페레타스(ὑπηρέτης, nm)인데 이는 '배(노예선) 아래에서 북소리에 맞추어 노를 젓는 사람'이라는 의미로 바로 그 노예선에 있는 노예를 가리킨다.

바울의 헬라어 이름 파울로스(Παῦλος, nm, little, 작은)는 라틴어 Paulus를 음역한 것으로 히브리식 이름으로는 사울(שָׁאוּל, 여호와께 구하다, asked (of Yah))이라고 불렸다. 이는 동사 사알(שָׁאַל, to ask, inquire)에서 파생되었다.

"사도"의 헬라어는 아포스톨로스[3](ἀπόστολος, nm)인데 이는 '보내심을 받은 자'라는 의미이다. 한편 '사도'는 초대교회에만 한시적으로 있었

---

[2] 둘로스(δοῦλος, adj, nf, nm)는 (a) (as adj.) enslaved, (b) (as noun) a (male) slave/properly, someone who belongs to another; a bond-slave, without any ownership rights of their own. Ironically)인데 이는 '노예'라는 의미이다. 휘페레타스(ὑπηρέτης, nm)는 a servant, an attendant, (a) an officer, lictor, (b) an attendant in a synagogue, (c) a minister of the gospel/(from 5259 /hypó, "under" and ēressō, "to row") - properly, a rower (a crewman on a boat), an "under-rower" who mans the oars on a lower deck; (figuratively) a subordinate executing official orders, i.e. operating under direct (specific) orders)이다.

[3] 아포스톨로스(ἀπόστολος, nm)는 a messenger, envoy, delegate, one commissioned by another to represent him in some way, especially a man sent out by Jesus Christ Himself to preach the Gospel; an apostle/(from 649 /apostéllō, "to commission, send forth") - properly, someone sent (commissioned), focusing back on the authority (commissioning) of the sender (note the prefix, apo); apostle)이다.

던 직분이다. '사도'의 조건은 3가지인데 첫째, 예수님의 부르심과 보내심을 받은 자, 둘째는 예수님께 직접 가르침을 받은 자, 셋째는 예수님의 부활을 목격한 자이다. 한편 초대교회에 사도를 두신 이유는 2가지인데 첫째는 성경을 기록하기 위함이요 둘째는 교회의 설립을 위해서이다.

"부르심"의 헬라어는 클레토스[4](κλητός, adj)인데 이는 흔히 '소명(Calling, 부르심)'이라고 번역된다. 나는 소명을 정체성(identity)이라고 칭한다. 우리는 한 번 인생을 주님의 부르심에 따른 정체성대로(소명을 따라) 알차게 살아가야(사명에는 충성되게) 한다.

"하나님의 복음"에 해당하는 헬라어는 유앙겔리온 데우(εὐαγγέλιον Θεοῦ, the gospel of God)이다. 원래 '복음'은 기독교 용어가 아니라 로마 황실에서 사용하던 단어이다. 당시 황제의 칙령이나 다음 황태자가 태어났을 때 '복음'이라며 발표하곤 했다. 그러므로 로마의 속국에서는 복음이 공표될 때마다 그것은 복된 소식이 아니라 끔찍한 소식이었다. 반면 우리가 목숨을 거는 '복음'이란 "하나님의 은혜의 복음(행 20:24)"을 가리킨다.

모든 그리스도인들은 '복음(행 20:24)'에 목숨을 걸어야 한다. 그러기 위해 복음을 정확히 알아야 한다. 복음의 정의와 그 핵심 콘텐츠(요소)는 다음과 같다.

---

[4] 클레토스(κλητός, adj)는 called, invited, summoned by God to an office or to salvation/literally, "called" (derived from 2564/kaleō, "to call, summon")/In the NT, 2822 /klētós ("divinely called") focuses on God's general call – i.e. the call (invitation) He gives to all people, so all can receive His salvation. God desires every person to call out to Him and receive His salvation (1 Tim 2:4,5). "Unfortunately, many choose not to – but all can; all don't but all can call out to God for His mercy (not just 'some')" (G. Archer)이다.

복음이란, 성부하나님은 인간의 구속을 계획하시고 성자하나님은 아버지 하나님의 인간에 대한 구속 계획을 십자가 보혈로 성취하시고 성령하나님은 바로 그 예수님이 그리스도 메시야라고 가르쳐주시며 우리에게 믿음을 선물로 주신 것을 말한다. 그리하여 우리는 '주신 믿음'으로 구원을 얻었고 하나님의 자녀로 인침을 받아 지금 현재형 하나님나라를 누리고 있으며 장차 미래형 하나님나라에 들어가 영생을 누리게 된다라는 복된 소식이 바로 '복음'이다.

복음의 6가지 핵심 콘텐츠(6 Core Contents)는 다음과 같다.

첫째, 예수님만이 구원자이시다.

둘째, 예수님만이 그리스도 메시야이시다.

셋째, 예수님만이 대속제물, 화목제물이 되셨다.

넷째, 예수님만 역사상 유일한 의인이셨고 우리를 위하여 십자가에서 수치와 저주를 몽땅 안고 가셨으며 삼일 후 부활하셔서 승천하셨다. 때가 되면 재림하셔서 우리를 미래형 하나님나라에 데려가신다.

다섯째, 예수님만이 길이요 진리요 생명이시다.

여섯째, 그 예수님을 나의 구주 나의 하나님으로 입으로 시인하고 마음으로 믿으면 아무 대가 없이 아무 공로 없이 은혜로 믿음으로 구원을 얻게 된다.

그러므로 '복음'이란 예수 그리스도로 말미암아 죄와 사망의 억압과 굴레로부터의 해방 즉 자유함을 얻게 되었고, 더 나아가 미래형 하나님나라에로의 입성(환향)과 영생을 누리게 된 것을 가리킨다[5]. 이를 '예수 그리스도 새언약의 성취(초림)와 완성(재림)'[6]이라고 하며 한 마디로 요약하자면 '천국 복음'이라고 한다.

"택정함"의 헬라어는 아포리조[7](ἀφορίζω, v)인데 이는 성부하나님의 은혜로 만세 전에 선택받은 우리들을 가리켜 '택정되었다'라고 한다.

2 이 복음은 하나님이 선지자들로 말미암아 그의 아들에 관하여 성경에 미리 약속하신 것이라

"하나님이 선지자들로 말미암아"라는 것은 로마서 3장 21절의 "율법과 선지자들에게 증거를 받은 것"이라는 의미이다. 여기서 선지자란 구약의 기록자들을 가리킨다.

"그의 아들에 관하여"라는 것은 누가복음 24장 44-45절, 이사야 7장 14절, 9장 6-7절, 11장 1절, 예레미야 23장 5-6절, 31장 31절, 미가서 5장 2절의 말씀으로 예수 그리스도를 가리킨다.

"또 이르시되 내가 너희와 함께 있을 때에 너희에게 말한바 곧 모세의 율법과 선지자의 글과 시편에 나를 가리켜 기록된 모든 것이 이루어져야

---

5 입성(환향)과 영생의 구약 이야기가 바로 출애굽과 가나안 입성, 바벨론 포로생활과 예루살렘에로의 귀환 이야기이다.

6 〈예수 그리스도 새 언약의 성취와 완성〉, 아이덴티티, 이선일, 2020

7 아포리조(ἀφορίζω, v)는 to mark off by boundaries from, set apart(from 575 /apó, "separated from" and 3724 /horízō, "make boundaries") – properly, separate from a boundary, i.e. a previous condition/situation (note the prefix, apo)이다.

하리라 한 말이 이것이라 하시고 이에 저희 마음을 열어 성경을 깨닫게 하시고"_눅 24:44-45

"그러므로 주께서 친히 징조로 너희에게 주실 것이라 보라 처녀가 잉태하여 아들을 낳을 것이요 그 이름을 임마누엘이라 하리라"_사 7:14

"이는 한 아기가 우리에게 났고 한 아들을 우리에게 주신 바 되었는데 그 어깨에는 정사를 메었고 그 이름은 기묘자라 모사라 전능하신 하나님이라 영존하시는 아버지라 평강의 왕이라 할 것임이라 그 정사와 평강의 더함이 무궁하며 또 다윗의 위에 앉아서 그 나라를 굳게 세우고 자금 이후 영원토록 공평과 정의로 그것을 보존하실 것이라 만군의 여호와의 열심이 이를 이루리라"_사 9:6-7

"이새의 줄기에서 한 싹이 나며 그 뿌리에서 한 가지가 나서 결실할 것이요"_사 11:1

"나 여호와가 말하노라 보라 때가 이르니 내가 다윗에게 한 의로운 가지를 일으킬 것이라 그가 왕이 되어 지혜롭게 행사하며 세상에서 공평과 정의를 행할 것이며 그의 날에 유다는 구원을 얻겠고 이스라엘은 평안히 거할 것이며 그 이름은 여호와 우리의 의라 일컬음을 받으리라"_렘 23:5-6

"나 여호와가 말하노라 보라 날이 이르니 내가 이스라엘 집과 유다 집에 새 언약을 세우리라"_렘 31:31

"베들레헴 에브라다야 너는 유다 족속 중에 작을찌라도 이스라엘을 다스릴 자가 네게서 내게로 나올 것이라 그의 근본은 상고에, 태초에니라"_미 5:2

한편 "성경"이란 거룩한 책이라는 의미로 그 헬라어는 그라파이스 하기아이스(γραφαῖς ἁγίαις)라고 하는데 이 구절에서는 '구약'을 가리키고 있다.

3 이 아들로 말하면 육신으로는 다윗의 혈통에서 나셨고

"육신으로는"이라는 것은 성육신(Incarnation)하신 예수님의 인성(人性) 자체 즉 '신체적인 육신으로는(롬 9:5)'이라는 의미이다.

"다윗의 혈통에서 나셨고"라는 것은 소위 '다윗 언약 혹은 등불 언약'을 가리키는 것으로 나단의 신탁(The oracle of Nathan, 삼하 7:5-16, 막 11:10, 행 2:30)에서 이미 말씀하셨다. 한편 "혈통"이라는 헬라어는 스페르마(σπέρμα, nn, (a) seed, commonly of cereals, (b) offspring, descendents)인데 이는 '부계의 혈통'을 의미한다. 그러나 예수님은 성령으로 말미암아 동정녀 마리아에게서 태어나셨다. 즉 '모계의 혈통'으로 오셨다. 그렇다면 이 구절은 처녀 탄생을 부정하는 것인가? 결코 아니다. 오히려 '하나님의 아들'이지만 인간의 가계(家系)에서 사람(성육신)으로 오셨다는 사실을 강조한 것이다.

"나셨고"의 헬라어는 게노메누(γενομένου, having come)인데 이는 기노마이(γίνομαι, to come into being, to happen, to become)의 부정과거 중간태 분사로 '새로운 상태로 들어가게 되는 상황의 변화'를 가리킨다(요 1:14, Wuest). 결국 예수 그리스도는 하나님의 본체이시지만 다윗의 혈통을 취하여 성육신(成肉身) 하셨으며 하나님의 인간 됨이라는 새로운 상태를 일으키신 것[8]이라는 의미이다.

4 성결의 영으로는 죽은 가운데서 부활하여 능력으로 하나님의 아들로 인정되셨으니 곧 우리 주 예수 그리스도시니라

"육신으로는"이라는 것은 예수님의 인성(人性)을 나타낸 것으로 이는 3절의 "다윗의 혈통"에 대한 말씀인 사무엘하 7장 5-17절을 통해 자세히 말씀하셨다. 하나님께서는 나단에게 "모든 말씀과 묵시대로 허락(삼하 7:17)"하셨는데 그 말씀을 나단이 다윗에게 고한 것이다.

반면에 "성결의 영으로는"이라는 것은 예수님의 신성(神性)을 나타낸 것이며 더 나아가 성령님은 거룩하신 영이라는 의미가 담겨있다. 동시에 존재론적 동질성(Essential Equality)상 성부와 성자도 당연히 거룩하시다. 삼위일체 하나님의 그 거룩하심은 하나님의 영이 숨쉬는 모든 곳에 존재하는데 그 하나님의 영을 '성결의 영'이라고 한 것이다. 이런 "성결의 영으로는"이라는 말에는 이중적 함의가 있는데 첫째는 '성령으로는(Bruce[9], Handriksen)'이라는 의미이며 둘째는 '예수 그리스도의 영, 즉 절대적으로 거룩하며 정결한 영이라는 특성을 표현(Johnson)'한 것이다.

한편 3-4절의 "육신으로는~성결의 영으로는"이라고 말한 것은 '육과 영'을 대조시켜 그리스도의 비하(Incarnation, 인성, 성육신)와 승귀

---

8 그랜드종합주석 14권, p667

9 Bruce에 의하면, '성령'을 가리키는 히브리적 관용표현(구체적으로 표현하는)을 헬라어로 옮기면 '성결'로 쓴다고 한다.

(Exaltation or Ascension, 신성)를 선명하게 드러내려는 의도(Manson, Smeaton)이다[10].

"죽은 가운데서 부활하여"라는 말에 내포된 그리스도의 신성은 '성결의 영'을 지니고 있다라는 것과 죽음을 이기시고 부활했다라는 것을 말하고 있다. 한편 이는 '죽은 자들의 부활로부터'라고 해석할 수 있는데 이에 해당하는 헬라어는 엑스 아나스타세오스 네크론(ἐξ ἀναστάσεως νεκρῶν, adj-GMP)으로서 복수로 사용되어 있다. 즉 부활의 첫 열매 되신 그리스도 예수의 부활의 특성(행 26:23)상 그 예수를 믿은 당신의 '모든 백성들'의 부활 또한 보장하기에 복수로 사용되었다.

"능력으로 하나님의 아들로 인정되셨으니"라는 문장에서 '능력으로'라는 말 다음에 '부활하여'를 넣어 해석하는 것이 훨씬 부드럽다. 왜냐하면 그리스도의 부활은 신적 능력으로 이루어졌고 이런 사실은 예수 그리스도의 신성을 객관적으로 드러내는 것이기 때문이다.

"주 예수 그리스도"라는 말 속에는 그리스도의 인성과 신성, 그의 사역과 결과가 모두 함의되어 있다. 곧 우리의 '주권자이신 구원자 예수님은 성부하나님의 유일한 기름부음을 받은 자'라는 의미이다.

예수님은 BC 4년에 성육신하셔서 AD 26년에 공생애를 시작하셨고 AD 30년 중반에 십자가에서 죽으시고 3일 만에 부활하시고 40일간 이 땅에 계시다가 승천하셨던 역사적 실존 인물로서 신인양성의 하나님이시다.

즉 인간으로 오신 예수님은 성부하나님의 유일한 기름부음 받은 자로

---

10 그랜드종합주석 14권, p 667-668

서 그리스도, 메시야이신데 성부하나님의 구속 계획을 성취하기 위해 성육신하신 것이다. 메시야닉 신비(Messianic Secret)와 메시야닉 사인(Messianic Sign)으로 당신을 증명하신 후 십자가 보혈로 모든 것을 다 이루셨다. 삼일 후 죽음 이기시고 부활하셔서 40일간 이 땅에 계시다가 승천하셨다. 그 예수님은 하나님의 보좌 우편에서 승리주 하나님으로 계시는데 모든 인간과 우주의 주관자가 되시는 '주(Lord)'이시다.

5 그로 말미암아 우리가 은혜와 사도의 직분을 받아 그 이름을 위하여 모든 이방인 중에서 믿어 순종케 하나니

"그로 말미암아 우리가 은혜와 사도의 직분을 받아"라는 것은 오직 주권적인 '하나님의 뜻(고전 1:1, 고후 1:1, 엡 1:1, 골 1:1, 딤전 1:1, 딤후 1:1, 롬1:1)'을 따라 우리 각자에게 사도의 직분이라는 은혜(롬 1:56, 고전 15:9-10, 엡 3:8, 마 19:29, 요삼 1:7, 계 2:3)를 주셨다라는 말이다.

"믿어 순종케"의 헬라어는 휘파코엔 피스테오스(ὑπακοὴν πίστεως, obedience of faith)인데 이는 소유격의 주격화로 해석하면 '믿음의 순종으로서(Denny, Vincent)'가 되어 '믿음이 순종으로 이끈다'라는 의미가 된다. 이때의 '믿음'은 명사 피스티스이다. 결국 '주신 믿음이 주인 되신 예수님께 순종함으로 나아가게 한다'라는 의미이다.

소유격의 목적격화로 해석하면 '믿음으로부터 생겨난 순종(Robertson, Calvin)'이 되는데 이는 '믿음을 통해 생겨난 순종'이 된다. 이때의 '믿음'은 동사인 피스튜오이다. 결국 '순종이란 믿음이라는 신앙

생활의 열매'라는 것이다. 나는 두 가지 해석을 다 받아들인다.

특별히 나는 '믿음의 열매는 순종'이라고 해석한다. 당연히 '불신의 열매는 불순종'이기에 히브리서 3장 18-19절에서는 출애굽 1세대가 가나안 곧 '남은 안식'에 들어가지 못한 이유라고 말씀하셨다.

6 너희도 그들 중에 있어 예수 그리스도의 것으로 부르심을 입은 자니라

"예수 그리스도의 것(소유)으로 부르심을 입은 자"라는 것은 하나님께 소유(소속)된 백성이라는 의미로서 하나님의 사랑하심을 받은(입은) 자(벧전 1:1-2, 벧후 1:1)라는 의미이다. 즉 '하나님의 뜻을 따라 그분의 사명을 감당키 위해 부르심(소명)을 받은 자'라는 것이다.

이 구절에서의 "부르심"은 구원에의 초청을 의미(롬 8:28, 30)하는데 이는 만세 전에 하나님의 은혜로 택정함을 입은 자만이 누리게 되는 '복'으로서 은혜 중의 은혜이다.

7 로마에 있어 하나님의 사랑하심을 입고 성도로 부르심을 입은 모든 자에게 하나님 우리 아버지와 주 예수 그리스도로 좇아 은혜와 평강이 있기를 원하노라

"성도"의 헬라어는 하기오스[11](ἅγιος, adj)인데 이는 '구별된 자, 다르게

---

11 하기오스(ἅγιος, adj)는 set apart by (or for) God, holy, sacred/properly, different (unlike), other ("otherness"), holy; for the believer, 40 (hágios) means "likeness of nature with the Lord" because "different from the world.")이다.

살아가는 자, 세상과 차이를 내는 자'라는 의미이며 히브리어는 카도쉬(in the Sept. for קָדוֹשׁ)이다.

"은혜와 평강"의 헬라어는 카리스 휘민 카이 에이레네(Χάρις ὑμῖν καὶ εἰρήνη, grace to you & peace)인데 이는 당시 기독교인들끼리 주고받는 인사의 전형(典型)이다. 특별히 친한 사이에는 '샬롬 샬롬'이라고 두 번을 사용했다. 디모데전후서(1:2)에는 '긍휼 혹은 자비'라는 단어가 추가 사용되어 "은혜와 긍휼(자비)과 평강"이라고 말씀하고 있다. 한편 '은혜(카리스, Χάρις)'를 통해서는 우리의 삶에 기쁨(카라, χαρά)과 감사(유카리스테오, εὐχαριστέω)가 넘쳐나게 된다.

'긍휼 혹은 자비(엘레오스, ἔλεος)'의 마음에는 공감(sympathy)과 감정이입(empathy)이 있다.

'평강(the Sept. chiefly for שָׁלוֹם; (from Homer down), εἰρήνη)'이라는 단어에는 4가지 주요한 의미가 담겨있다. 하나님과의 바른 관계 즉 하나 됨(from eirō, "to join, tie together into a whole"), 하나님 안에서의 흔들리지 않는 견고함과 안식을 누림(quietness, rest (God's gift of wholeness)), 번영(prosperity), 평화 혹은 화평(peace, peace of mind)이라는 의미이다.

8 첫째는 내가 예수 그리스도로 말미암아 너희 모든 사람을 인하여 내 하나님께 감사함은 너희 믿음이 온 세상에 전파됨이로다

"첫째는"이라는 말은 '우선적으로, 무엇보다도, 최고로'라는 의미로 "내

하나님께 감사함은"이라는 말에 연결된다.

"예수 그리스도로 말미암아"라는 것은 예수께서 하나님과 우리 사이의 중보자(Peacemaker, Moderator)가 되셨다라는 의미이다. 그러므로 성부하나님의 구원의 은혜는 중보자이신 성자 예수를 통해 주어지고 성도들의 감사는 중보자 예수 그리스도의 이름으로 하나님께 상달된다(엡 2:18).

"너희 믿음이 온 세상에 전파됨"에서의 '온 세상'이란 당시 팍스 로마나(Pax Romana)시대[12]의 로마제국령을 가리킨다.

9 내가 그의 아들의 복음 안에서 내 심령으로 섬기는 하나님이 나의 증인이 되시거니와 항상 내 기도에 쉬지 않고 너희를 말하며

"그의 아들의 복음 안에서 내 심령으로 섬기는"의 헬라어는 호 라트류오 엔 토 프뉴마티 무 엔 토 유앙겔리온 투 휘우 아우투($\tilde{\omega}$ λατρεύω ἐν τῷ πνεύματί μου ἐν τῷ εὐαγγελίῳ τοῦ Υἱοῦ αὐτοῦ, whom I serve in the Spirit of me in the gospel of the Son of Him)이다. 이때 '복음과 심령'이라는 말 앞에 전치사 엔(ἐν)이 있음으로 '하나님을 섬기는 구체적인 방법'을 드러내고 있음을 알아야 한다. 즉 진리인 하나님의 말씀을 붙들고 영적(spiritual)으로 하나님을 섬겨야 함을 강조하고 있는 것이다. 이는 요한복음 4장 24절의 "영과 진리로(in Spirit & in Truth, NIV)

---

12 세계의 패권국가를 지칭하는 말로서 Pax Americana(미국), Pax Britanica(영국), Pax Sinica(중국), Pax Searchca(웹 세상, 웹으로 인한 평화와 번영의 시대)등이 있다.

예배하라"고 하신 말씀과 상통한다.

"증인"의 헬라어는 마르튀스(μάρτυς, nm, a witness; an eye-or ear-witness)인데 이는 '직접 보거나 들은 사실을 단정적으로 증거해줄 수 있는 자 혹은 생명까지도 감수하며 증언대에 서는 자'를 가리킨다. 이 단어에서 영 단어 순교자(martyr)가 파생되었다.

"쉬지 않고"의 헬라어는 아디알레이프토스[13](ἀδιαλείπτως, adv)인데 이는 '중단없이, 계속하여'라는 의미로서 정해진 시간에 정해진 기도의 대상을 가지고 지속적으로 중보한다(행 16:13, 16)라는 의미이다.

10 어떠하든지 이제 하나님의 뜻 안에서 너희에게로 나아갈 좋은 길 얻기를 구하노라

"좋은 길 얻기를 구하노라"에서 '좋은 길'이란 제한되고 유한된 한 번 인생에 있어서 인간적인 가치에서의 '찬란한 꽃 길'을 말하는 것이 아니다. 오히려 '하나님의 뜻'에 가치를 둔 '좋은 길'을 말한다. 그렇기에 주변의 그리스도인들이 걸어가는 외로운 '길'을 바라볼 때면 인간적으로나 현실적으로 볼 때 의아할 경우가 많다.

예를 들면. 바울의 경우 로마 1차 투옥(AD 61-63, 행 28:30-31)을 위해 죄수로서의 로마행이 주어졌는데 이를 가리켜 바울은 '기도에 대한 신실하

---

[13] 아디알레이프토스(ἀδιαλείπτως, adv)는 unceasingly, without remission, incessantly/(an adverb, derived from 1 /A "not," 1223 /diá, "across" and 3007 /leípō, "to leave") - properly, nothing left between, i.e. without any unnecessary interval (time-gap)이다.

신 하나님의 응답'이라고 했다. 인간적으로는 약간 갸우뚱거려지기도 하지만 바울은 이것이야말로 하나님의 뜻 안에서 이루어진 '좋은 길'이라고 했던 것이다. 이사야 55장 8-9절의 말씀이 생각난다.

"이는 내 생각이 너희의 생각과 다르며 내 길은 너희의 길과 다름이니라 여호와의 말씀이니라 하늘이 땅보다 높음 같이 내 길은 너희 길보다 높으며 내 생각은 너희 생각보다 높으니라" _사 55:8-9

11 내가 너희 보기를 심히 원하는 것은 무슨 신령한 은사를 너희에게 나눠 주어 너희를 견고케 하려 함이니

"신령한 은사"란 '구원에 이르게 하는 지식'을 말하는 것으로 '신령한 지혜와 총명(골 1:9)', '신령한 복(엡 1:3)', '신령한 제사(벧전 2:5)'의 또 다른 말이다. 이는 로마서 1장 16절의 '진리의 말씀 즉 복음'을 가리키기도 한다. 로마서 11장 29절에는 성도들에게 주어진 구원의 은혜(Harrison)와 초대교회 사도들을 통해 주어졌던 성령의 특별한 은사 즉 특별한 이적적인 은혜(행 8:17-18, 고전 12:9-10, Bengel)라고도 말씀하고 있다.

"나눠 주다"의 헬라어는 메타디도미[14](μεταδίδωμι, v)인데 이는 '다른 사람과 더불어 나누다'라는 의미이다. 파라디도미(내어버려두다, 롬 1:24, 26, 28)와 연관하여 기억하길 바란다.

---

14 메타디도미(μεταδίδωμι, v)는 to give a share of, (lit: I offer by way of change, offer so that a change of owner is produced), I share; sometimes merely: I impart, bestow)이다.

"견고케 하려 하다"의 헬라어는 스테리크데나이[15](στηριχθῆναι, V-ANP/στηρίζω, v)인데 이는 수동형으로 되어 있다. 결국 바울이 수여자라거나 은사를 주는 시혜자가 아니라 하나님이 주체임을 드러내고 있는 것이다.

12 이는 곧 내가 너희 가운데서 너희와 나의 믿음을 인하여 피차 안위함을 얻으려 함이라

"이는 곧"에 해당하는 헬라어는 투토 데(τοῦτο δέ, that now)인데 이는 '그러나 이것은'이라는 의미이다.

"피차 안위함"이라고 말한 이유는 바울은 로마 교회의 지체들로부터 위로와 힘을 얻게 되고 그들은 바울로부터 신앙적 견고함을 얻게 될 것이기에 '피차'라는 말을 쓴 것이다.

13 형제들아 내가 여러 번 너희에게 가고자 한 것을 너희가 모르기를 원치 아니하노니 이는 너희 중에서도 다른 이방인 중에서와 같이 열매를 맺게 하려 함이로되 지금까지 길이 막혔도다

"형제"란 하나님을 영적 아버지로 모신 자들(롬 8:15)로서 예수(Ἰησοῦς), 그리스도(Χριστός), 생명(ζωὴν, life/αἰώνιον, eternal)

---

15 스테리크데나이(στηριχθῆναι, V-ANP/στηρίζω, v)는 (a) I fix firmly, direct myself towards, (b) generally met: I buttress, prop, support; I strengthen, establish)이다.

을 통한 '천국 복음(하나님나라 복음)'에 대한 동일한 믿음을 가진 '지체(kindred spirit)'라는 의미이다.

"여러 번 가고자 한 것"이란 로마서 1장 10-11절, 15장 22-24절, 32절로 미루어 보아 이 말 속에서는 로마 선교에 대한 그의 '열망과 소망'이 묻어있다. 또한 바울이 꿈꾸었던 간절한 소원이었음을 드러내고 있다.

"너희가 모르기를 원치 아니하노니"라는 말은 이중 부정(롬 11:25, 고전 10:1, 살전 4:13)으로서 강한 긍정을 나타낸 것인 바 "너희가 알기를 심히 원한다'라는 의미이다.

"열매"의 헬라어는 카르포스[16]($καρπός$, nm)인데 이는 복음 전파를 통한 구원의 결실 혹은 구원받은 성도들의 영적 성장과 성숙(갈 5:22-23, 행 28:30-31)을 가리킨다.

"지금까지 길이 막혔도다"라고 밝히는 이유는 바울에게 아직 어떤 일이 남아있다(롬 15:25-28)라거나 아니면 사단의 방해(살전 2:18)가 있다라는 의미가 내포되어 있다. 특히 고린도에서는 고린도 교회 내의 분파(바울파, 아볼로파, 게바파, 그리스도파등, 고전 1:12)로 인한 교회의 분열과 성적 부도덕, 우상 숭배등의 문제를 해결해야만 했다. 그렇기에 바울은 당시 디도를 통해(고후 2:13) '고린도서' 서신을 고린도 교회에 보내기도 했다.

14 헬라인이나 야만이나 지혜 있는 자나 어리석은 자에게 다 내가 빚진 자라

---

16 카르포스($καρπός$, nm)는 (a) fruit, generally vegetable, sometimes animal, (b) met: fruit, deed, action, result, (c) profit, gain)이다.

언뜻 보면 이 구절에서는 네 부류의 사람으로 나누어 말씀하신 듯하지만 실상은 당시 헬라 문화가 지배하던 세계에 살던 두 부류(유대인과 이방인)를 가리키고 있다. 결국 이 구절에서 말하는 네 부류(헬라인, 야만인, 지혜자, 어리석은 자)는 유대인을 제외한 '이방인 모두'를 총칭하고 있는 말이다.

"헬라인이나 지혜 있는 자"란 혈통직 헬라인, 헬라언어를 구사하던 자, 헬라 문화를 누리던 자를 가리킨다. 반면에 "야만이나 어리석은 자"란 헬라 문명을 받아들이지 못한 자를 가리킨다. "야만"의 헬라어는 바르바로스[17](βάρβαρος, adj)이다.

15 그러므로 나는 할 수 있는 대로 로마에 있는 너희에게도 복음 전하기를 원하노라

이 구절로 보아 바울은 로마에 잠깐 머물며 교제한 후 스페인으로 갈 생각(롬 15:23-24)을 품고 있었다. 그렇기에 8장에 이르기까지 예수 그리스도의 의(디카이오쉬네, δικαιοσύνη, nf, 1:17), 십자가 보혈에 의한 구속(아폴뤼트로쉬스, ἀπολύτρωσις, nf, 3:24), 예수님의 대속제물, 화목제물(힐라스테리온, ἱλαστήριον, nn, 3:25) 되심을 설명하면서 이신칭의(justification by faith, 以信稱義) 혹은 이신득의(以信得義)라는 긴 구원론(Soteriology)을

---

17 바르바로스(βάρβαρος, adj)는 barbarous, barbarian, a foreigner, one who speaks neither Greek nor Latin; as adj: foreign/properly, a barbarian; generically, anyone "lacking culture" (an "uncivilized" person, cf. Ro 1:14). 915 (**bárbaros**) is specifically used for all non-Greeks (non-Hellenists), i.e. anyone not adopting the Greek language (culture); a non-**Hellēn**)이다.

서술했던 것[18]이다.

16 내가 복음을 부끄러워하지 아니하노니 이 복음은 모든 믿는 자에게 구원을 주시는 하나님의 능력이 됨이라 첫째는 유대인에게요 또한 헬라인에게로다

"복음을 부끄러워하지 아니하노니"라고 고백한 것에서는 하나님의 능력인, 복음에 대한 바울의 무한한 자긍심이 드러난다. 당시 기독교로 개종한 유대인들은 유대교도들을 의식하여 복음 전파에 매우 소극적이었다. 더 나아가 예수께서 수치와 저주를 상징하는 십자가를 지신 것에 스스로 약간 위축되어 있었다. 또한 인간적인 시각으로 보기에 법적, 정치적, 군사적 패권국인 로마(Fax Romana)에 비하여 상대적으로 변방의 하찮은 지역, 유대에서 기독교가 시작한 것에 부끄러워하고 있었다.

그러다 보니 초기 기독교인들은 복음 전파에 소극적이었다. 이에 대해 바울은 의도적으로 '나는 복음과 십자가를 전혀 부끄러워하지 않는다'라고 당당하게 밝히며 큰 소리로 선포하고 있는 것이다.

그렇다. 하나님의 은혜의 복음은 "구원을 주시는 능력"이기에 전혀 부끄러워할 이유가 없다.

"이 복음은 모든 믿는 자에게 구원을 주시는 하나님의 능력이 됨이라"

---

18 (디카이오쉬네, δικαιοσύνη, nf)는 righteousness, justice(1:17)이며 십자가 보혈에 의한 구속 즉 아폴뤼트로쉬스(ἀπολύτρωσις, nf)는 a release effected by payment of ransom, redemption, 3:24)이다. 예수님의 대속제물, 화목제물 즉 헬라스테리온(ἱλαστήριον, nn)는 (a) a sin offering, by which the wrath of the deity shall be appeased; a means of propitiation, (b) the covering of the ark, which was sprinkled with the atoning blood on the Day of Atonement, 3:25)이다.

롬 1:16

"능력"의 헬라어는 뒤나미스[19](δύναμις, nf)인데 이는 인간들의 육체적이며 정신적인 구원을 가능케하는 타고난 본질적인 힘을 가리킨다.

"첫째는~또한"이라는 것은 그 민족(유대인)에 대한 우선순위(priority)나 가치(value)를 의미하는 것이 아니라 단순히 복음 전파에 대한 순서(order, sequence)를 가리키는 것이다.

참고로 이 구절에서의 '헬라인'이란 이방인을 의미한다. 헬라인이란 이방인을 가리키는 헬라어(헬레네스, Ἕλληνες, are opposed to Jews)가 있는가 하면 헬라파 유대인(헬레니스테스, Ἑλληνιστής, nm, a Hellenist, Grecian Jew, a Greek-speaking Jew, that is one who can speak Greek only and not Hebrew (or Aramaic))이 있다. 전자는 이방인을, 후자는 유대인 디아스포라로서 헬라말을 하는 유대인을 가리킨다.

17 복음에는 하나님의 의가 나타나서 믿음으로 믿음에 이르게 하나니 기록된 바 오직 의인은 믿음으로 말미암아 살리라 함과 같으니라

"하나님의 의(디카이오쉬네 데우, δικαιοσύνη Θεοῦ, the righteousness of God)"라는 것은 구약적 관점에서는 죄와 멀어진 상태 혹은 선민(選民)

---

19 뒤나미스(δύναμις, nf)는 (miraculous) power, might, strength, (a) physical power, force, might, ability, efficacy, energy, meaning (b) plur: powerful deeds, deeds showing (physical) power, marvelous works/(from 1410 /dýnamai, "able, having ability") – properly, "ability to perform" (L-N); for the believer, power to achieve by applying the Lord's inherent abilities. "Power through God's ability" (1411 /dýnamis) is needed in every scene of life to really grow in sanctification and prepare for heaven (glorification)이다.

의 원수들로부터 구원하시는 하나님의 열심(성품과 능력, 시 35:28, 사 56:1)을 말한다. 반면에 신약적 관점에서는 죄의 세력을 멸하시고 죄인 된 인간을 의(義)로 인도하는 구원의 주체되시는 하나님의 행위 그 자체로서 하나님과의 관계성(Cremer)을 가리킨다. 결국 '하나님의 의(義)'라는 것은 '하나님 자신의 의(義)'이기도 하며 '하나님께서 죄인들을 의(義)롭다 칭하시는 하나님의 의(義)'이기도 하다(Vermes). 더 나아가 당신의 성품 즉 '공의(쩨다카)와 사랑(헤세드)'의 완성인 '복음과 십자가'를 통해 죄인을 의(義)롭게 하신 하나님의 방법을 말하기도 한다.

공의(쩨다카)	사랑(헤세드)
냉철한 판단 대가 지불 십자가 보혈	포용, 덮어줌, 용서, 죄사함 아버지 하나님의 아픔 무조건적 은혜
구속	구원
하나님의 성품: 공의와 사랑-그 결정체=십자가보혈, 복음	

한편 하나님의 성품은 '공의와 사랑'이다. 공의가 대가 지불인 판단(미쉬파트)이라면 사랑은 포용으로서의 '따스한 덮어줌'이다. 공의가 구속(아포뤼트로시스)이라면 사랑은 구원(소테리아)을 함의하고 있다.

대가 지불인 십자가 보혈로 말미암아 우리는 구원을 얻게 되었다. 구속의 결과 구원이 된 것이다. 결국 하나님의 공의과 사랑의 결정체는 예수 그리스도의 십자가로 나타났다라는 의미이다. 복음의 주체이신 예수 그리스도는 성육신(Incarnation) 하셔서 십자가 보혈을 통해 우리를 살리셨다. 바로 예수, 그리스도, 생명이다(요 20:31). 그러므로 복음과 십자가는 떼려야 뗄 수가 없는 것이다.

"나타나다"의 헬라어는 아포칼륍토[20](ἀποκαλύπτω, v)인데 이는 '감취었던 것이 드러나다'라는 의미이다. 이 구절의 "나타나서"의 아포칼륍테타이(ἀποκαλύπτεται)는 현재형(V-PIM/P-3S)으로서 '계속적이고 지속적인 계시의 상황'을 나타낸다.

"믿음으로 믿음에 이르게 하나니"에 해당하는 헬라어는 에크 피스테오스 에이스 피스틴(ἐκ πίστεως εἰς πίστιν, from faith to faith)이다.

에크 피스테오스(ἐκ πίστεως)에서 에크(ἐκ)는 근원을 나타내는 전치사로서 '주신 믿음으로부터(from faith)'라고 해석하며 이는 하나님의 의로우심, 즉 만세 전에 하나님의 은혜에 의해 주어진 '주신 믿음, 허락하신 믿음'인 명사 피스티스를 의미한다.

에이스 피스틴(εἰς πίστιν)이란 '믿음에(to faith)'라는 의미로서 하나님께서 주신 믿음에 대해 '반응하는 믿음, 고백하는 믿음'으로서 동사 피스튜오를 가리킨다. 즉 성도로서 한 번 인생 동안에 지향해야 할 신앙생활(명사인 믿음의 동사화 과정, 즉 믿음의 방향, 믿음의 상태)을 말한다.

결국 믿음으로 믿음에 이르게 된 것이라는 말은 주신 믿음(피스티스)으로

---

20 아포칼륍토(ἀποκαλύπτω, v)는 to uncover, reveal, bring to light/(from 575 /apó, "away from" and 2572/kalýptō, "to cover") – properly, uncover, revealing what is hidden (veiled, obstructed), especially its inner make-up; (figuratively) to make plain (manifest), particularly what is immaterial (invisible)이다.

우리가 믿게 되었다(피스튜오)라는 의미이다.

한편 "믿음으로 말미암아 살리라"에서의 '믿음'이란 하나님의 미쁘심, 신실하심(피스토스)이라는 의미이다. 그러므로 성도의 믿음의 시작과 완성은 모두가 다 성령님의 인도 하에 이루어진 것임을 알아야 한다. 우리가 한 것은 하나도 없다. 오직 하나님의 은혜(Sola Gratia)이다.

기록(합 2:4)된 바 "오직 의인은 믿음으로 말미암아 살리라"의 헬라어는 호 데 디카이오스 에크 피스테오스 제세타이(Ὁ δὲ δίκαιος ἐκ πίστεως ζήσεται, and the righteous by faith will live)이다. 이때 "살리라"의 헬라어는 자오(ζάω, v, I live, am alive/to live, experience God's gift of life. See 2222 (zōē))인데 이는 '영생(요 3:16)'이라는 의미로서 영육이 영광스러운 상태에서 영원히 존속됨을 가리키는 단어이다. 영생의 헬라어는 조에[21](Ζωή, nf)이다.

18 하나님의 진노가 불의로 진리를 막는 사람들의 모든 경건치 않음과 불의에 대하여 하늘로 좇아 나타나나니

하나님의 진노는 '경건치 않음과 불의'에 대해 나타난다. '경건치 않다'라는 것은 하나님에 대한 종교적 범죄로서 히브리서의 '불순종'에 해당된

---

21 조에(Ζωή, nf)는 life, both of physical (present) and of spiritual (particularly future) existence/life (physical and spiritual). All life (2222 /zōé), throughout the universe, is derived - i.e. it always (only) comes from and is sustained by God's self-existent life. The Lord intimately shares His gift of life with people, creating each in His image which gives all the capacity to know His eternal life)이다.

다. 한편 '불의'라는 것은 인간 사이에서 발생하는 도덕적 범죄를 가리킨다고 학자들은 해석한다. 그러나 나는 히브리서 3장 18-19절의 말씀에 근거하여 '경건치 않다'라는 것은 '불순종'으로, '불의'라는 것은 '불신'으로 해석한다. 출애굽 1세대가 가나안 곧 '남은 안식(히 4장)'에 들어가지 못한 것은 하나님의 진노의 대상이었던 불순종(경건치 않음)과 불신(불의)이 있기 때문이다.

"하나님의 진노(ὀργὴ Θεοῦ, the wrath of God)"란 하나님의 심판(롬 12:19, Murray)을 가리키는 것이다. 그 심판의 대상은 첫째, 인간의 본성적인 자기 의(義), 둘째, 율법을 행함으로써 의(義)에 도달할 수 있다라고 생각하는 것, 셋째, 하나님의 거룩성에 역행하는 불의(不義), 넷째, 악함이다. 상기에 대한 정당한 심판들을 가리켜 '하나님의 공의의 심판'이라고 한다. 그러므로 불경건과 불의의 심판에 대한 하나님의 진노는 완벽하게 정당한 것이다.

"경건치 않음"의 헬라어는 아세베이아[22](ἀσέβεια, nf)인데 이 의미를 보다 선명하게 알려면 그 반대말인 경건의 헬라어를 살펴보면 된다. "경건"의 헬라어는 유세베이아(εὐσέβεια, nf)인데 이는 '바른 예배를 드리다'라는 의미이다. 결국 '경건치 않다'라는 것은 바른 예배가 아닌 엉터리 예배, 찬양과 경배의 주체가 하나님이 아닌 우상숭배를 가리킨다. 그러므

---

22 아세베이아(ἀσέβεια nf)는 impiety, irreverence, ungodliness, wickedness/properly, a lack of respect, showing itself in bold irreverence – i.e. refusing to give honor where honor is due)이다. 유세베이아(εὐσέβεια, nf)는 piety (towards God), godliness, devotion, godliness/(from 2095 /eú "well" and 4576 /sébomai, "venerate, pay homage") – properly, someone's inner response to the things of God which shows itself in godly piety (reverence). 2150 /eusébeia ("godly heart-response") naturally expresses itself in reverence for God, i.e. what He calls sacred (worthy of veneration)이다.

로 오늘 우리가 올려드리는 '예배'에의 점검은 반드시 필요하다.

"불의"의 헬라어는 아디키아[23](ἀδικία, nf)이다. 역사상 유일한 의인이시자 하나님의 의(義)이신 예수를 믿지 않는 불신이 바로 '불의'이다.

"하늘로 좇아 나타나나니"에서 '나타나다'의 헬라어가 아포칼뤼토(ἀποκαλύπτω, v)인데 17절에서도 언급했듯이 이는 현재형으로 '지금도 동시에 백보좌 심판에서도 그대로 나타난다'라는 의미이다.

19 이는 하나님을 알 만한 것이 저희 속에 보임이라 하나님께서 이를 저희에게 보이셨느니라

"하나님을 알 만한 것"이란 '하나님의 알려진 것'이라는 의미로서 모든 사람들의 마음 속에 있는 하나님에 관한 기본적인 신지식(Vincent) 혹은 종교심(Augustine)을 말한다. 창조주 하나님은 인간을 창조하실 때 그 속에 종교심을 넣어두셨다. 그렇기에 어느 누구도 하나님을 몰랐다라고 핑계(변명)할 수가 없다.

"보이다"의 헬라어는 파이노[24](φαίνω, v)인데 이는 '나타나다'를 의미하는 아포칼뤼토(ἀποκαλύπτω, v, 1:17-18)와 유사하다. 즉 하나님은 특별계시(성경 말씀)뿐만 아니라 일반계시(양심, 자연법칙 등)를 통해서도 당신의 뜻을

---

[23] 아디키아(ἀδικία, nf)는 injustice, unrighteousness, hurt/(a feminine noun derived from 1 /A "not" and 1349 /díkē, "justice") – properly, the opposite of justice; unrighteousness, as a violation of God's standards (justice) which brings divine disapproval; a count (violation) of God's justice, i.e. what is contrary to His righteous judgments (what He approves)이다.

[24] 파이노(φαίνω, v)는 (a) act: I shine, shed light, (b) pass: I shine, become visible, appear, (c) I become clear, appear, seem, show myself as)이다.

나타내셨다라는 말이다.

20 창세로부터 그의 보이지 아니하는 것들 곧 그의 영원하신 능력과 신성이 그 만드신 만물에 분명히 보여 알게 되나니 그러므로 저희가 핑계치 못할지니라

"신성"의 헬라어는 데이오테스[25](θειότης, nf)인데 이는 '신의 성품, 속성(Barmby)'을 의미하는 것으로 사람들이 주변에서조차 쉽게 찾을 수 있는 것(Trench)이기에 '분명히 보여 알게 된다'라고 하셨다. "분명히 보여 안다"라는 것에 해당하는 헬라어는 노우메나 카도라타이(νοούμενα καθορᾶται, being understood are clearly seen)인데 이는 인간에게 창조주와 피조물을 분별할 수 있는 분명한 지적 능력과 통찰력을 주셨다(Bruce)라는 의미이다. 한편 이 구절에서의 '신의 성품(데이오테스)'이라는 헬라어는 데이오테스인데 반해 '신의 인격'을 의미하는 헬라어는 데오테스[26](Θεότης, nf)이다.

"분명히 보여 알게 되나니"와 "그의 보이지 아니하는 것들"의 두 문

---

25 데이오테스(θειότης, nf)는 divinity, divine nature/(a feminine noun derived from 2304 /theíos, "divine," which is derived from 2316 /theós, "God") – properly, deity manifested, i.e. the revelation of God (His attributes) which reveals Himself for people to know (used only in Ro 1:20)이다.

26 데오테스(Θεότης, nf)는 deity, Godhead/(a feminine noun derived from 2316 /theós, "God") – the personal God revealed in the Bible who is triune and infinitely relational as demonstrated by the embodiment of the Godhead in the incarnated Christ (used only in Col 2:9)/ ("fullness of deity") expresses God's "essential (personal) deity, as belonging to Christ" (WS, 906). 2320 (theótēs) focuses on Christ physically embodying the Godhead through His incarnation and shown throughout His perfect life of faith (cf. Heb 12:2), 골 2:9)이다.

장은 서로 모순되는 듯 보인다. 그러나 이 말은 '볼 수 없는 것도 볼 수 있게 된다'라는 의미로 하나님의 능력과 신성을 강조하는 모순어법(oxymoron, 형용모순) 혹은 패러독스(paradox)적인 표현이다(Hendriksen).

21 하나님을 알되 하나님으로 영화롭게도 아니하며 감사치도 아니하고 오히려 그 생각이 허망하여지며 미련한 마음이 어두워졌나니

모든 인간은 본능적으로나 태생적으로 절대자의 존재와 그에 대한 외경심(畏敬心)을 가지고 태어난다. 그럼에도 불구하고 절대자인 하나님에 대해 영화롭게도 아니하고 감사치도 않음으로 인해 인간들의 생각은 오히려 허망하여지고 미련한 마음은 더욱더 미련해져 버렸다. 결국 점점 더 악한 것에 침잠(沈潛, immerse, sleep)하게 되고 말았다.

22 스스로 지혜 있다 하나 우준하게 되어

이 구절도 역시 20절과 마찬가지로 모순어법(oxymoron, 형용모순, 形容矛盾, oxy는 날카로운(sharp)·예리한(keen)을 의미하며 moron은 저능아(fool)을 의미함) 혹은 패러독스(paradox, 逆說)적인 표현이다.

당시 헬라 문화권에서 '지혜(σοφία)'는 최고의 가치였다. 그러나 '세상적 지혜'는 하나님의 관점(잠 1:7)에서는 '지독한 무지'의 또 다른 말일 뿐이다. 그런 인간적인 지혜를 가리켜 잔꾀, 잔머리라고 일컫는다. '잔머리'

의 결과는 점점 더 교만과 함께 우둔함으로 빠지게 될 뿐이다.

23 썩어지지 아니하는 하나님의 영광을 썩어질 사람과 금수와 버러지 형상의 우상으로 바꾸었느니라

"썩어지지 아니하는 하나님의 영광"이란 '부패하지도 망하지도 않는 하나님의 영광'이라는 의미로 하나님의 영원성(永遠性)과 불변성(不變性)이 함의되어 있다.

"썩어질 사람, 금수, 버러지 형상"이란 당시 헬라 세계에서 숭배하던 우상들의 형태(형상)를 가리킨다. 그리스 신화의 경우 '사람'을 우상화하였고 당시 지중해를 둘러싼 대부분의 나라들은 각종 날짐승과 육상동물들의 형상을 우상시했다. "버러지 형상"이란 헤리페톤(ἑρπετόν, nn, a creeping creature, reptile, especially a serpent)을 가리키는데 이는 '기어다니는 것'이라는 의미로 악어, 뱀 등을 의미한다.

"형상"의 헬라어는 에이콘[27](εἰκών, nf)인데 이는 '파생되어 닮은 꼴'이라는 의미로 여러 피조물들을 숭배하기 위해 조형물로 만든 것을 말한다.

"하나님의 영광을 썩어질 사람과 금수와 버러지 형상의 우상으로 바꾸었느니라"는 것은 하나님의 하나님 되심을 찬양하고 경배해야 할 사람이

---

27 에이콘(εἰκών, nf)는 an image, statue, representation, likeness/(from 1503 /eíkō, "be like") – properly, "mirror-like representation," referring to what is very close in resemblance (like a "high-definition" projection, as defined by the context). Image (1504 /eikṓn) then exactly reflects its source (what it directly corresponds to). For example, Christ is the very image (1504 /eikṓn, supreme expression) of the Godhead (see 2 Cor 4:4; Col 1:15)이다.

피조물(창 1:20-28)을 섬기고 있음을 지적한 것이다. 이는 피조물을 우상숭배 대상으로 바꾸어 버린, 그렇게 죄를 지은, 아담과 그 후손들의 타락한 죄악의 모습들을 지적하고 있는 것(Hooker)이다.

"바꾸었느니라"의 헬라어는 알랏소(ἀλλάσσω, v, I change, alter, exchange, transform)인데 이는 '이것을 저것으로 교체하다'라는 의미로서 창조주 하나님의 영광을 피조물의 형상인 우상으로 바꾸어버린 죄를 지적한 것이다.

24 그러므로 하나님께서 저희를 마음의 정욕대로 더러움에 내어 버려두사 저희 몸을 서로 욕되게 하셨으니

"그러므로"라는 것은 18-23절까지의 내용을 받는 것으로 그 죄의 결과 그들은 유기(遺棄)되었다라는 것을 드러내고 있다.

"마음의 정욕대로 더러움에"라는 것은 '마음의 정욕 안에서 육체적 방탕함으로'라는 의미이다. 한편 "내어 버려두사"의 헬라어는 파라디도미 [28](παραδίδωμι, v)인데 이는 '다른 사람의 권세 아래에 혹은 사용을 위하여 넘겨주다'라는 것으로 '분노적 허용 혹은 진노적 허용(호 13:11)'을 말하며 '허용적 징벌'이라고도 한다. 결국 그들은 죄악의 결과 백보좌 심판을 통해 유황불못에서 세세토록 밤낮 괴로움을 당하는 영원한 죽음(계 20:10)

---

28 파라디도미(παραδίδωμι, v)는 to hand over, to give or deliver over, to betray/(from 3844 /pará, "from close-beside" and 1325 /dídōmi, "give") – properly, to give (turn) over; "hand over from," i.e. to deliver over with a sense of close (personal) involvement)이다.

을 맞게 될 것이다.

"정욕"의 헬라어는 에피뒤미아(ἐπιθυμία, nf)이고 "더러움"의 헬라어는 아카다르시아(ἀκαθαρσία, nf)인데 전자가 심정적, 소극적 마음 속의 범죄라면 후자는 사회적, 종교적, 실제적인 성적 탈선(sexual aberration)을 말한다. 그렇기에 예수님은 산상수훈에서(마 5:28) 마음의 간음까지도 경계하셨던 것이다.

"욕되게 하셨으니"의 헬라어는 아티마조[29](ἀτιμάζω, v)인데 이는 현재 수동태 부정사(V-PNM/P)로서 우상숭배와 결부된 성적 타락이 지속적으로 될 것임을 지적한 것이다. 당시 이교도들은 신전에서 성창(창기, prostitute)들과 종교적인 의례의 하나로 매음(prostitution, 매춘)을 했다. 더 나아가 당시 로마 사회의 공중 목욕탕이나 여관 등에서는 성적 타락이 만연했기에 그런 사회 풍조(고전 6:9-10, 엡 5:3)에 휩쓸리지 않도록 성도들은 애써 구별되고 거룩한 생활을 하기위해 땀과 눈물을 쏟아야만 했다(고전 3:16-17, 6:15-17).

25 이는 저희가 하나님의 진리를 거짓 것으로 바꾸어 피조물을 조물주보다 더 경배하고 섬김이라 주는 곧 영원히 찬송할 이시로다 아멘

이방인들이 우상숭배와 성적인 범죄를 저지른 것은 하나님의 진리(참 하

---

29 아티마조(ἀτιμάζω, v)는 I disgrace, treat disgracefully, dishonor, insult; I despise/treat dishonorably (shamefully, with indignity) because perceived as having no value (honor, worth). See 820 (atimos)이다.

나님)를 잘못 이해했기 때문이다. 우상숭배란 거짓 것을 섬기는 것으로 하나님보다 우선순위와 가치를 두는 모든 것을 말한다.

"하나님의 진리"라는 것은 헬라어로 알레데이아안 투 데우(ἀλήθειαν τοῦ Θεοῦ, the truth of God)인데 이는 소유격의 동격(주격)화를 나타내는 것으로 '진리이신 하나님'이라는 의미이다.

"경배하다"의 헬라어는 세바조마이[30](σεβάζομαι, v)인데 이는 '마음 속으로 존경하다'라는 의미이고 "섬기다"의 헬라어는 라트류오[31] (λατρεύω, v)인데 이는 '외적으로 예배 행위를 취하다'라는 의미이다. 결국 "경배하고 섬김"이란 내적으로는 존경의 마음을 품은 상태에서 외적으로는 예배 행위를 취하여 올려드리는 것을 가리킨다.

"영원히 찬송할 이시로다"라는 것은 하나님의 영원성(Eternity)을 찬양하는 것으로 그리스도인의 바른 신앙고백이기도 하다.

26 이를 인하여 하나님께서 저희를 부끄러운 욕심에 내어 버려 두셨으니 곧 저희 여인들도 순리대로 쓸 것을 바꾸어 역리로 쓰며

"이를 인하여"라는 것은 앞 구절의 '종교적인 죄에 더하여 도덕적인 죄까지도'라는 의미이다.

---

30 세바조마이(σεβάζομαι, v)는 to fear, to have reverential awe, I worship, stand in awe of/to revere; be in awe by one's own twisted definition of what deserves reverence (used only in Ro 1:25). See 4576 (sebomai)이다.

31 라트류오(λατρεύω, v)는 I serve, especially God, perhaps simply: I worship/(from latris, "someone hired to accomplish a technical task because qualified") – properly, to render technical, acceptable service because specifically qualified (equipped)이다.

24절에는 "마음의 정욕대로 더러움에" 내어 버려두셨고 이 구절에서는 "부끄러운 욕심"에 내어 버려두셨는데 이의 헬라어는 파데 아티미아스(Πάθη ἀτιμίας, passions of dishonors)로서 24절의 "마음의 정욕"에서 한 걸음 더 나아간 '추잡한 성적 욕구'를 가리킨다.

"저희 여인들도 순리대로 쓸 것을 바꾸어 역리로 쓰며"라는 말씀 속에는 바로 그 여인들의 정체가 레즈비언(Lesbian)이라는 것을 가리키고 있다. 이 구절에서 "여인들"의 헬라어는 델뤼스[32](θῆλυς, adj)로 사용되었으나 일반적으로 여인을 의미할 때의 헬라어는 귀네(γυνή, nf, a woman, wife, my lady)를 사용한다.

27절에도 "남자들"이라는 헬라어가 아르센 혹은 아렌(ἄρσην, adj, ἄρρην)으로 사용되었으나 일반적으로 남자를 의미할 때의 헬라어는 안드로포스(ἄνθρωπος)이다. 결국 26-27절을 통하여는 인간의 性(성)에 대해 분명한 구별을 의도적으로 드러냄으로써 동성애는 '죄'라는 것을 폭로하고 있다.

"순리"의 헬라어는 퓌시스[33](φύσις, nf)이며 "역리"의 헬라어는 파라 퓌시스(παρά φύσις, from beside, by the side of, by, beside)이다. 즉 '역리'라는 것은 '사물의 법과 질서에 어긋나는 것'을 가리키는데 이는 헬라 세계에서 널리 자행되던 추접한 성생활을 직격하고 있는 것이다.

---

32 델뤼스(θῆλυς, adj)는 female, (from thēlē, "the female breast") - properly, a woman with nursing breasts ("one who gives suck"); (figuratively) a mature female who exhibit "sanctified femaleness," glorifying God by reflecting the "other wonderful half" of the divine image (cf. Gen 1:26,27))이다.

33 퓌시스(φύσις, nf)는 nature, inherent nature, origin, birth/properly, inner nature, the underlying constitution or make-up of someone (something)이다.

27 이와 같이 남자들도 순리대로 여인 쓰기를 버리고 서로 향하여 음욕이 불 일듯 하매 남자가 남자로 더불어 부끄러운 일을 행하여 저희의 그릇됨에 상당한 보응을 그 자신에 받았느니라

당시에는 남성 간의 동성애(Gay, Sodomy)가 훨씬 더 심했다. 이런 동성애는 하나님의 창조 원리(최소 원리, 기본 원리, 확장 원리, 〈복음은 삶을 단순하게 한다〉)를 심각하게 위반한 것으로 남녀 간의 결혼 관계를 파괴(창 2:24-25, 1:27-28)하는 주범이기도 하다.

"불 일듯하다"라는 것은 '몽땅 다 태워버린다(burn out)'라는 의미로 정욕의 격한 상황을 드러내고 있다.

"그릇됨에 상당한 보응을"이라는 것은 '내어 버려둠'을 당했다라는 것으로 심한 죄책감, 절망감 등 정신적인 형벌이나 불건전한 성생활의 결과 발생한 성병(STD, Sexually transmitted disease or VD, Venereal disease) 등을 가리킨다.

28 또한 저희가 마음에 하나님 두기를 싫어하매 하나님께서 저희를 그 상실한 마음대로 내어 버려 두사 합당치 못한 일을 하게 하셨으니

"마음에"라는 것은 '완전하고 정확한 지식 안에서(ἐν ἐπιγνώσει, 엔 에피그노세이)'라는 의미로서 '완전하고 정확한 지식'이란 보다 더 근본적인 하나님에 관한 지식(빌 1:9, 골 1:10)을 가리킨다. 한편 "싫어하다"의 헬라어는

도키마조³⁴(δοκιμάζω, v)인데 이는 본래 '시금석(試金石)으로 은이나 금을 시험하다'라는 의미이다.

"상실한 마음"의 헬라어는 아도키모스 눈(ἀδόκιμος νοῦν, a depraved mind)인데 이는 '싫어하다'라는 헬라어 도키마조(δοκιμάζω, v)와 동일한 어근이다. 즉 하나님을 시험하고 하나님을 거부한 인간들의 결국은 '시험 후 거부된(rejected after a trial)' 마음의 상태를 지닌 채 오히려 하나님으로부터 방임되어져 버리게 된다라는 것이다.

"합당치 못한 일을 하게 하다"의 헬라어는 포이에인 타 메 카데콘타(ποιεῖν τὰ μὴ καθήκοντα, to do things not being proper)인데 이는 '도덕적 기준에 어긋남'이라는 의미로 Barrett에 의하면 스토아 철학(the Stoic philosophy) 용어라고 한다.

29 곧 모든 불의, 추악, 탐욕, 악의가 가득한 자요 시기, 살인, 분쟁, 사기, 악독이 가득한 자요 수군수군 하는 자요

"불의"의 헬라어는 아디키아³⁵(ἀδικία, nf)인데 이는 '불신' 즉 하나님을

---

34 도키마조(δοκιμάζω, v)는 I put to the test, prove, examine; I distinguish by testing, approve after testing; I am fit/(from 1384 /dókimos, "approved") – properly, to try (test) to show something is acceptable (real, approved); put to the test to reveal what is good (genuine)이다.

35 아디키아(ἀδικία, nf)는 injustice, unrighteousness/(a feminine noun derived from 1 / A "not" and 1349 /díkē, "justice") – properly, the opposite of justice; unrighteousness, as a violation of God's standards (justice) which brings divine disapproval; a count (violation) of God's justice, i.e. what is contrary to His righteous judgments (what He approves)이다.

믿지 않는 것을 가리킨다. 한편 "추악"의 헬라어는 포네리아 [36](πονηρία, nf)인데 이는 '바르지 못한 일을 하면서 그것을 즐기는 악한 행위(Hendriksen)'를 가리키고 "악의"의 헬라어는 카키아[37](κακία, nf)인데 이는 '내적인 악'을 말한다. 이에 반하여 추악(πονηρία, nf)은 '밖으로 드러난 악'으로서 '추악한 짓'을 가리킨다.

"탐욕"의 헬라어는 플레오넥시아[38](πλεονεξία, nf)인데 이는 다른 사람과 비교하면서 '더 많이 소유하려는 욕심'으로 자족(自足)하지 못하고 남을 해치면서까지 탐심을 갖는 행위를 말한다. 이와 비슷한 단어가 에피뒤미아[39](약 1:14-15, ἐπιθυμία, nf)이다.

"가득한 자요~가득한 자요"라는 것은 전자의 경우 페플레로메누스(πεπληρωμένους, V-RPM/P-AMP, being filled with)인데 이는 '가득 차다'라는 완료 수동태 분사로서 불의, 추악, 탐욕, 악의가 이미 가득차 있

---

36 포네리아(πονηρία, nf)는 wickedness, iniquities/(from 4192 /pónos, "pain, laborious trouble") – properly, pain-ridden evil, derived from 4192 (pónos) which refers to "pain (pure and simple)" – resulting in "toil, then drudge, i.e. 'bad' like our . . . criminal" (WP, 1, 325). See 4190 (ponēros)이다.

37 카키아(κακία, nf)는 (a) evil (i.e. trouble, labor, misfortune), (b) wickedness, (c) vicious disposition, malice, spite/(from 2554 /kakopoiéō, "a wicked disposition") – properly, the underlying principle of evil (inherent evil) which is present, even if not outwardly expressed)이다.

38 플레오넥시아(πλεονεξία, nf)는 covetousness, avarice, aggression, desire for advantage/(a feminine noun derived from 4119 /pleíōn, "numerically more" and 2192 /éxō, "have") – properly, the desire for more (things), i.e. lusting for a greater number of temporal things that go beyond what God determines is eternally best (beyond His preferred-will, cf. 2307 /théléma); covetousness (coveting)이다.

39 에피뒤미아(약 1:14-15, ἐπιθυμία, nf)는 desire, eagerness for, inordinate desire, lust/(from 1909 /epí, "focused on" and 2372 /thymós, "passionate desire") – properly, passion built on strong feelings (urges). These can be positive or negative, depending on whether the desire is inspired by faith (God's inbirthed persuasion). See 1937 (epithymeō)이다.

다라는 것이다. 반면에 형용사 메스투스(μεστοὺς, full, adj-AMP)는 '가득찬' 상태가 지금까지도 계속하여 영향을 미치고 있음을 가리킨다.

"시기"의 헬라어는 프도노스[40](φθόνος, nm)이며 "살인"의 헬라어는 포노스(φόνος, nm)인데 이는 유사한 단어를 반복하여 나열한 일종의 언어유희(word play)이다. 이 말은 남이 잘되는 것을 싫어함으로 생겨난 시기가 종국적으로는 살인에까지 이르게 한다라는 것이다.

'시기(φθόνος)'라는 헬라어 단어에서 하나님(θ)을 빼어버리면 그나마 억제되던 시기가 더욱 제멋대로 날뛰면서 '살인(φόνος)'으로 가게 됨을 헬라어 단어를 통해 알 수가 있다.

또한 하나님을 그 마음에 모시기 싫어하는 사람들의 결국이기도 하다. 성경에서 '살인'이라는 것은 육체적인 것뿐만 아니라 정신적인 증오(요일 3:15)까지를 모두 포함한다.

"분쟁"의 헬라어는 에리스[41](ἔρις, nf)인데 이는 '타인을 굴복시키기 위해 싸우기를 좋아하는 기질'을 말한다. 이런 사람의 특징은 지기 싫어하고 경쟁적이며 뒷담화를 잘하고 잔머리를 굴리는 등 극히 논쟁적이다. 이런 사람을 곁에 두는 것은 불을 가슴에 안고 사는 것과 같다.

---

40 프도노스(φθόνος, nm)는 envy, a grudge, spite/(a primitive word, perhaps akin to 5351 /phtheírō, "decay, break-down, corrupt") - properly, strong feeling (desire) that sours, due to the influence of sin; (figuratively) the miserable trait of being glad when someone experiences misfortune or pain)이며 "살인"의 헬라어는 포노스(φόνος, nm, murder, slaughter, killing/murder (intentional, unjustified homicide). See 5407 (**phoneuō**)이다.

41 에리스(ἔρις, nf)는 contention, strife, wrangling/literally quarrel, strife; properly, a readiness to quarrel (having a contentious spirit), affection for dispute)이다.

"사기"의 헬라어는 돌로스⁴²(δόλος, nm)인데 이는 '악을 이루기 위한 교활함, 속임, 배반' 등을 밥 먹듯이 일삼는 것을 가리키며 이런 유의 사람은 야비(underhanded, dirty)하기까지 하다. "악독"의 헬라어는 카코에데이아⁴³(κακοήθεια, nf)인데 이는 '사람을 해치고자 상대를 악한 상황으로 밀어넣는 성향'을 가리킨다.

"수군수군 하는 자"의 헬라어는 프시뒤리스테스⁴⁴(ψιθυριστής, nm)인데 이는 '악평을 하는 사람'이라는 의미로 이웃을 몰래 비방하는(독을 퍼붓는) 행위를 가리킨다.

30 비방하는 자요 하나님의 미워하시는 자요 능욕하는 자요 교만한 자요 자랑하는 자요 악을 도모하는 자요 부모를 거역하는 자요

"비방하는 자"의 헬라어는 카탈랄로스(κατάλαλος, adj, slanderous, back-biting; subst: a railer, defamer)인데 이는 '공개적으로' 타인을 비방하는 자를 가리킨다. 프시뒤리스테스(ψιθυριστής, nm)가 '몰래' 비

---

42 돌로스(δόλος, nm)는 deceit, guile, treachery, a bait, craft, deceit)/properly, bait; (figuratively) deceit (trickery) using bait to alure ("hook") people, especially those already festering in excessive, emotional pain (brought on by themselves)이다.

43 카코에데이아(κακοήθεια, nf)는 evil-mindedness, malignity, malevolence/(from 2556 /kakós, "an evil, vicious disposition" and 2239 /ēthos, "custom") - a malicious disposition (character) that fosters and fondles evil habits. 2550 /**kakoḗtheia** ("malignity") inevitably shows itself in acts of deceit (treachery) - i.e. what is characteristic of " 'evil-mindedness' that puts the worst construction on everything" (Souter)이다.

44 프시뒤리스테스(ψιθυριστής, nm)는 a whisperer, secret slanderer/properly, a whisperer; a sneaky gossip (a "back-stabber"); a backbiter, quietly (secretly) destroying another person's character – i.e. covertly, not out in the open, but rather operating "in a corner." See 5587 (psithyrismos)이다.

방하는 자라면 카탈랄로스는 '공개적으로' 비방하는 자를 가리킨다.

"하나님의 미워하시는 자"의 헬라어는 데오스튀게스⁴⁵(θεοστυγής, adj)인데 이는 수동적 의미로서 인간의 죄악된 심성으로 인해 적극적으로 드러나게 되는 악을 가리킨다. 이중적 함의를 가지고 있는 바 첫째는 하나님의 미워함을 받는 자(hate of God/Meyer, Alford, Barmby)라는 뜻이고 둘째는 능동적으로 하나님을 미워하는 자(Haters of God/Godet, Gifford, Hendriksen/RSV, NASB, NIV, 새번역)라는 의미이다.

학자들은 후자를 지지하나 나는 둘 다를 지향한다. 그러므로 하나님을 미워하는 자든지 하나님의 미움을 받는 자이든지 간에 그러한 사람이 되면 그는 상실한 마음을 가진 채 내어 버려둠을 당하는 자가 되어버리고 만다.

"능욕하는 자"의 헬라어는 휘브리스테스⁴⁶(ὑβριστής, nm)인데 이는 잔인함과 교만이 가득하여 다른 사람의 고통을 고소해하고 즐기기까지하는 파렴치하고도 표독스러운 인간을 가리킨다.

"교만한 자"의 헬라어는 휘페레파노스⁴⁷(ὑπερήφανος, adj)인데 이는

45　데오스튀게스(θεοστυγής, adj)는 hating God, hateful to God/(a substantival adjective, derived from 2316 /theós, "God" and **stygeō**, "abhor") – properly, to abhor God (His will). This rare term refers to people who totally turn against the Lord (used only in Ro 1:30)이다.

46　휘브리스테스(ὑβριστής, nm)는 an insolent, insulting, or violent man/(a masculine noun derived from 5195 /**hybrízō**) – properly, someone "damaging" others by lashing out with a nasty spirit. This kind of individual is insolent (delights in wrong-doing) – finding pleasure in hurting others (G. R. Berry). See 5195 (**hybrizō**)이다.

47　휘페레파노스(ὑπερήφανος, adj)는 showing oneself above others, proud, arrogant, disdainful/(from 5228 /**hypér**, "beyond, over" and 5316 /**phaínō**, "shine forth") – properly, over-shine, trying to be more than what God directs, i.e. going beyond the faith He imparts (cf. Ro 12:2,3)이다.

'스스로를 다른 사람보다 높이 평가하고 심지어는 하나님보다 높아지려는 자'를 가리킨다.

나는 교만을 다음의 4가지로 정의한다. 하나님의 은혜를 바라지 않는 것, 하나님의 지혜를 바라지 않는 것, 하나님의 구원을 바라지 않는 것, 하나님의 영광을 가로채는 것이다. 그러므로 교만의 4가지 정의를 역으로 하면 '겸손'의 정의 4가지가 된다.

"자랑하는 자"의 헬라어는 알라존[48]($ἀλαζών$, nm)인데 이는 헛된 목표를 내세우며 무의미한 약속과 자랑을 남발하는 자(창 4:23-24, 대하 32:10-14, Hendriksen)를 가리킨다.

"악을 도모하는 자"의 헬라어는 에퓨레타스 카콘($ἐφευρετὰς$ $κακῶν$, inventors of evil things)인데 이는 남을 죄악으로 인도하는 악의 전파자, 끊임없이 새로운 악을 찾아 내는 자(inventor of the evil or evil things)를 가리킨다.

"부모를 거역하는 자"의 헬라어는 고뉴신 아페이데이스($γονεῦσιν$ $ἀπειθεῖς$, to parents disobedient)인데 이는 불효 즉 막돼먹은 자식을 가리킬 때 사용되는 말이다. 한편 기독교의 부모에 대한 순종(효)은 단순한 복종(굴종)이 아니라 그리스도 안에서의 순복(마 8:21-22, 눅 9:59, 엡 6:1)을 의미한다.

---

48 알라존($ἀλαζών$, nm)는 vagabond, an impostor, a boaster, one who gives one's self airs in a loud and flaunting way/(a masculine noun) - properly, a wandering vagrant (vagabond), boasting to anyone who is foolish enough to take him seriously! This kind of person claims many things he can't really do, so he must always keep moving on to new, naive listeners)이다.

31 우매한 자요 배약하는 자요 무정한 자요 무자비한 자라

"우매한 자"의 헬라어는 아쉰에토스(ἀσύνετος, adj)인데 이는 타인의 사정을 몰라주는, 이해력이 전혀 없는 자를 말하며 "배약하는 자"의 헬라어는 아쉰데토스(ἀσύνθετος, adj)인데 이는 약속에 충실하지 않는 자(covenant-breaker)를 가리킨다. 이 두 단어 역시 언어유희(word play)로서 배도한 자인 아쉰데토스(ἀσύνθετος)에서 하나님(θ)을 빼면 아쉰에토스(ἀσύνετος)가 된다. 즉 하나님없이 살아가는 자들은 이 세상에서 가장 어리석고 우매한 자(ἀσύνθετος)라는 것이다.

이는 앞의 29절에서 언급한 '시기(φθόνος)'와 '살인(φόνος)'처럼 그 헬라어 단어에서 하나님(θ)을 빼어버린 것으로 언어유희(word play)를 보여주는 것인 바 둘 다 타인에게 피해를 주는 자[49] 를 가리킨다.

"무정한 자"의 헬라어는 아스토르고스(ἄστοργος, adj, without natural affection, unloving, devoid of affection)인데 이는 인간의 기본적인 애정이 결여된 자(Godet)로서 자식을 버리는 모정이나 가족을 돌보지 않는 가장, 부모를 돌보지 않는 자식을 통틀어서 일컫는 말이다.

"무자비한 자"의 헬라어는 아넬레에몬(ἀνελεήμων, adj, without mercy, unpitying, unmerciful, without compassion, cruel)인데 이

---

49 아쉬네토스(ἀσύνετος, adj)는 unintelligent, without wisdom, unwise, undiscerning (implying probably moral defect)/ (from 1 /A "not" and 4908 /synetós, "synthesized understanding") – properly, without comprehension; foolish because incoherent (failing to "put facts together")인데 이는 타인의 사정을 몰라주는 이해력이 없는 자를 말하며 "배약하는 자"의 헬라어는 아쉰데토스(ἀσύνθετος, adj, not keeping covenant, not covenanting, untrue to an agreement, treacherous)으로 약속에 충실하지 않는 자(covenant-breaker)이다.

는 고통받는 자들에 대해 긍휼과 자비를 베풀지 않는 자를 가리킨다.

32 저희가 이같은 일을 행하는 자는 사형에 해당하다고 하나님의 정하심을 알고도 자기들만 행할 뿐 아니라 또한 그 일을 행하는 자를 옳다 하느니라

"사형에 해당하다"의 헬라어는 엑시오이 다나투(ἄξιοι θανάτου, worthy of death)인데 이는 "죄의 삯은 사망(롬 6:23)"이라는 하나님의 엄위한 법칙을 말한다. 그렇기에 '마땅히 죽어야 한다'라고 해석하는 것이 훨씬 좋다. 한편 '죽음(사망)'이란 하나님과의 영원한 관계 단절인 '영적 분리' 곧 '영적 사망'을 의미한다.

후반부 구절에서는 이방인들이 용서받지 못하는 이유를 드러내고 있다.[50] 그들은 옳다고 선포된(that which is declared right) 하나님의 법령(God's ordinance, 하나님의 정하심)을 알고도 범죄하였고 심지어는 그런 죄를 범하는 다른 사람들을 옹호하기까지 했다.

---

50 그랜드종합주석 14권, p677

하나님의 의가 드러난 십자가 복음

·
·
·
·
·

괴짜 의사 Dr. Araw의
쉽고 바르게 읽는 로마서 장편(掌篇) 강의

레마이야기 2

표면적 유대인(τῷ φανερῷ Ἰουδαῖος, the outward a Jew, 2:28)

이면적 유대인(τῷ κρυπτῷ Ἰουδαῖος, the inward a Jew, 2:29)

1장 1-17절까지가 로마서의 가장 핵심인 서론이라면 18-32절까지는 이방인 즉 불의(불신)와 경건치 않음(불순종)을 일삼는 자들의 죄를 적나라하게 지적하고 있다. 즉 불신(불의)의 결과 불순종(경건치 않음)의 열매를 맺게 됨을 지적하고 있는 것이다. 이런 자에게는 하나님의 진노(심판)가 있게 될 것을 말씀하셨다. 히브리서 3장 18-19절에는 출애굽 1세대가 '남은 안식' 즉 가나안에 들어가지 못한 이유라고 밝히고 있다.

2장에서는 하나님을 안다고 하는, 하나님의 은혜로 율법을 신탁 받은 유대인들의 죄악된 실상을 적나라하게 드러내고 있다. 이방인들의 경우 양심의 증거에 의해 죄에 대해 반응한다면 유대인들은 그들이 신탁 받은 율법에 의해 죄를 깨닫게 된다.

그리스도인 된 우리는 복음과 십자가로 영적 죽음에서 다시 살아났다. 그런 우리는 '오직 믿음(피스티스), 믿음(피스튜오), 그리고 믿음(피스토스, 하나님의 미쁘심, 신실하심)'으로 구원[51] 되었음에 감사하고 찬양하며 경배해야 한다. "우리가 아직 죄인되었을 때에 그리스도께서 우리를 위하여 죽으심으로(롬 5:8)" 우리는 영적 죽음에서 살아나게(영적부활) 되었다. 이제 후로 우리는 "우리 주 예수 그리스도로 말미암아 하나님으로 더불어 믿음으로 의(義)롭다하심을 얻게(롬 5:1)" 되었으니 우리는 그 하나님의 능력, 성품, 속성을 이 땅에서 높이 드러내며 살아가야 한다. 소위 '하나님께만 영광(Soli Deo Gloria)'인 것이다.

'영광'이란 이중적 의미를 내포하고 있는 바 첫째, 하나님을 찬양하고 경배하는, 곧 '올려드리다'라는 의미 외에도 둘째, 하나님의 능력과 성품, 속성을 이 땅에서 '드러낸다'라는 의미가 있다. 그러므로 그리스도의 몸된 우리가 해야할 것은 '올려드리고 드러냄으로' 자나 깨나 'Soli Deo Gloria' 뿐이다.

한편 예수를 믿어 구원된 우리는 이면적 유대인이 되었다. 진정한 영적 이스라엘이 된 것이다. 이에 대조되는 명칭이 표면적 유대인이다. 전자를 영적 유대인이라고 한다면 후자는 혈통적 유대인을 말한다.

우리가 성경을 읽으며 민감하게 분별해야 하는 것은 혈통적 유대인과

---

51 히브리서 장편(掌篇) 주석 〈오직 믿음, 믿음, 그리고 믿음〉, 도서출판 산지

영적 유대인이다. 로마서 11장 25-26, 12절, 요한계시록 7장 3-4절에서의 "유대인의 충만한 수"라는 것은 혈통적 유대인이 아니라 영적 유대인을 가리킨다. 그렇기에 예수님의 재림의 징조를 말할 때 '유대인의 충만한 수가 차기까지'라고 말씀하신 것은 혈통적 유대인의 수가 아니라 '만세 전에 당신의 은혜로 택정된 구원받기로 작정된 모든 자들이 돌아오기까지'라는 것을 가리킨다.

참고로 유대인은 다음과 같이 3가지로 분류한다. 셋 다 다른 단어 같은 의미이다.

히브리인 고후 11:22	유대인 롬 2:17	이스라엘인 고후 11:22
헤브라이오스 Ἑβραῖος a Hebrew, particularly one who speaks Hebrew (Aramaic)	유다이오스 Ἰουδαῖος Jewish a Jew Judea	이스라엘리테스 Ἰσραηλίτης an Israelite, one of the chosen people of Israel, a Jew
히브리어를 말하는 유대인 '강을 건넌 자, 근본을 알 수 없는 자'라는 비하의 의미	이방인과 구별 혈통 강조	신정국가의 일원 언약의 상속자 가장 위엄있는 칭호

참고로 '영혼'과 관련된 용어들은 다음과 같다.

비교	영어	성구	원어	풀이
혼	Soul	렘31:25 벧전2:11 히4:12	Ψυχή, nf 1) the vital breath breath of life 2) the human soul 3) the soul as the seat of affections and will 4) the self 5) a human person an individual שֶׁפֶנ, nf	인간의 감정 본능적 욕구
영	Spirit	롬8:6	πνεῦμα, nm wind, breath, spirit	인간의 정신적인 면
마음	Mind Heart	롬7:23 롬10:10 고후1:22	νοῦς, nm mind understanding reason καρδία, nf	지정의 외면적 활동의 동기가 되는 내면적 활동의 자리
양심	Conscience	롬2:15	Συνείδησις, nf Consciousness Conscience (from 4862 /sýn, "together with" & 1492 /eídō "to know, see") - properly, joint-knowing	인간의 도덕적 생활의 일차적 표준 절대 기준은 아님
육	Flesh	롬7:14 롬7:18	Σάρξ, nf Flesh Body human nature materiality; kindred	신체 부패한 영혼 인간의 정욕으로 Q과 교류하지 못하는 영혼

2-1 그러므로 남을 판단하는 사람아 무론 누구든지 네가 핑계치 못할 것은 남을 판단하는 것으로 네가 너를 정죄함이니 판단하는 네가 같은 일을 행함이니라

이 구절은 유대인들의 선민의식(選民意識)과 율법주의적 삶의 태도에서 나온 우월감을 지적하고 있는 것으로 이것 또한 하나님 앞에서 회개를 거부하는 우상숭배의 일종이라고 지적하고 있다.

"판단하다"의 헬라어에는 크리노[52]($κρίνω$, v)와 카타크리노($κατακρίνω$, v)가 있다. 전자가 건전한 비판과 판단을 의미한다라면 후자는 의심하고 정죄하는 측면의 비판과 판단을 말한다. 예수님은 사복음서(마 7:1-5, 눅 6:41-42, 요 8:1-11)에서 특히 위선적이고 반(反) 도덕적이며 파렴치한 판단이나 비판을 상대에게 가하는 것을 질타하셨다.

"행함이니라"의 헬라어는 프랏세이스[53]($πράσσεις$, V-PIA-2S/$πράσσω$, V)인데 이는 현재형으로서 '습관적으로 행하는 죄'를 지적(Barmby)하는 것으로 유대인들의 죄에 대한 반복적인 행위(습관성과 연속성)를 가리킨다.

---

52 크리노($κρίνω$, v, (a) I judge, whether in a law-court or privately: sometimes with cognate nouns emphasizing the notion of the verb, (b) I decide, I think (it) good/properly, to separate (distinguish), i.e. judge; come to a choice (decision, judgment) by making a judgment - either positive (a verdict in favor of) or negative (which rejects or condemns)) 와 카타크리노($κατακρίνω$, v, I condemn, judge worthy of punishment/(from 2596 /katá, "down, according to" intensifying 2919 /krínō, "judge") - properly, judge down, i.e. issue a penalty (exactly condemn); to judge someone "decisively (decidedly) as guilty.")이다.

53 프랏세이스($πράσσεις$, V-PIA-2S/$πράσσω$, V)는 properly, the active process in performing (accomplishing) a deed, and implying what is done as a regular practice - i.e. a routine or habit (cf. R. Trench)이다.

2 이런 일을 행하는 자에게 하나님의 판단이 진리대로 되는 줄 우리가 아노라
3 이런 일을 행하는 자를 판단하고도 같은 일을 행하는 사람아 네가 하나님의 판단을 피할 줄로 생각하느냐

"하나님의 판단"이란 선악(善惡)에 대한 올바른 결정과 판결(Robertson)을 가리키는 것으로 1절에서의 사람들의 비평적인 판단과는 달리 이곳 2절에서는 그 기준이 '하나님의 불변하는 진리'이다. 한편 "판단"의 헬라어는 크리마[54](κρίμα, nm)이다.

"우리가 아노라"에서 '우리'는 바울 자신과 로마 교회 교인을 총칭하고 있다.

3절에서는 유대인들에게 율법이 하나님의 공의의 심판에 대한 면책특권(免責特權)이 아니라는 것을 지적하고 있다.

4 혹 네가 하나님의 인자하심이 너를 인도하여 회개케 하심을 알지 못하여 그의 인자하심과 용납하심과 길이 참으심의 풍성함을 멸시하느뇨

"멸시하다"의 헬라어는 카타프로네오[55](καταφρονέω, v)인데 이는 '카

---

54 크리마(κρίμα, nm)는 (a) a judgment, a verdict; sometimes implying an adverse verdict, a condemnation, (b) a case at law, a lawsuit/(a neuter noun derived from 2919 / krínō, "to distinguish, judge") – judgment, emphasizing its result (note the -ma suffix). This is everlasting damnation (torment) for the unredeemed (the usual implication of 2319 /theostygés) – or the eternal benefits that come from the Lord's judgment in favor of the redeemed (cf. Rev 20:4)이다.

55 카타프로네오(καταφρονέω, v)는 to think little of/(from 2596 /katá, "down, according to," intensifying 5426 /phronéō, "regulating behavior from inner mind-set") – properly, view down, i.e. with a negative (hostile) outlook; to despise, thinking down on (thinking little of); esteem lightly, seeing as insignificant or detestable; to treat with contempt or

타(κατα, 아래로)와 프로네오(φρονέω, 이해하다)의 합성어로서 '경멸하다, 별것 아닌 것으로 생각하여 무시하다'라는 의미이다. 즉 인자하신 하나님의 인도하심을 받았음에도 불구하고 회개치 않는 것은 하나님의 은혜를 경멸하는 것이라는 의미이다.

"알지 못하다"의 헬라어는 아그노에오(ἀγνοέω, v, to be ignorant, not to know)인데 이는 '무시하다(행 13:27, 롬 10:3, 고전 14:38)'라는 의미이다.

하나님의 "인자하심, 용납하심, 길이 참으심"은 인간으로 하여금 계속하여 죄를 조장하거나 방임하려는 의도가 아니라 우리로 하여금 회개할 기회를 주시려는 아버지의 마음임을 알아야 한다.

5 다만 네 고집과 회개치 아니한 마음을 따라 진노의 날 곧 하나님의 의로우신 판단이 나타나는 그 날에 임할 진노를 네게 쌓는도다

"고집"과 "회개치 아니한 마음"이라는 것은 비슷한 의미를 반복하여 강조한 말씀으로 이런 것들은 반드시 하나님의 진노를 받게 되기에 '버리라'는 것을 강조한 말씀이다. 우리는 죄를 짓고도 회개치 않는 마음 곧 '똥고집'을 미련없이 버려야 한다.

한편 '죄가 있는 곳에 은혜가 넘친다'라는 말씀을 다시 묵상할 필요가 있다. 이는 죄를 조장하기 위한 말씀이 아니다. 알고도 짓고 모르고도 짓

---

disregard (BAGD); devalue; to depreciate (scorn); pay no regard to (because something seems of no account); " 'despise, scorn,' and show it by active insult" (Souter)이다.

게 되는 우리의 모든 죄를 철저히 회개하면 그 어떤 죄도 예수 그리스도의 십자가 보혈로 씻어주시기에 '용서를 통한 넘치는 그 은혜를 만끽하라'는 말씀인 것이다. 이것이야말로 그리스도인의 특권 중의 특권이다.

"진노의 날"에 해당하는 헬라어는 오르겐 엔 헤메라(ὀργὴν ἐν ἡμέρᾳ, wrath in the day)인데 이는 '주의 날(고후 1:14), 하나님의 날(벧후 3:12), 심판의 날(마 11:22), 그날(딤후 1:12, 히 10:25)'과 같은 의미로서 바로 '예수 그리스도의 재림의 날, 최후 심판의 날'을 가리킨다.

"쌓는도다"의 헬라어는 데사우리조[56](θησαυρίζω, v)인데 이는 점진적인 축적의 개념(Lightfoot)으로서 하나님의 진노는 즉각적이기도 하지만 진노가 계속 쌓였다가 하나님이 결정하시는 그날에 한꺼번에 큰 심판으로 내린다라는 의미도 함의(含意)되어 있다.

6 하나님께서 각 사람에게 그 행한 대로 보응하시되

"각 사람"이란 '모든 사람'을 말하는 것으로 악인이나 선인 등 모두를 포함한다. 곧 모든 사람은 육신적 죽음 후에 부활하여 예외없이 하나님의 심판을 받게 될 것이라는 '심판의 보편성'을 가리킨다. 단, 선한 일을 행한 자(그리스도인, 롬 1:16)는 생명의 부활 곧 신원(vindication)으로, 악한 일을 행한 자(불신과 불순종한 자, 롬 1:18)는 유황불못 곧 심판의 부활로 나타날 것(요 5:29)이다. 뒤이어 나오는 로마서 2장 7-10절까지에 보다 더 구체적

---

56 데사우리조(θησαυρίζω, v)는 to lay up, store up/properly, to put away, "store up"; lay aside treasure, built up (accumulated) for the day of future recompense)이다.

으로 적시하고 있다.

"그 행한 대로"에서의 '행함'이란 단순한 육체적 도덕적 행위가 아니다. 믿음의 결과 순종이라는 열매를 맺은 사람에게는 영생을, 불신이나 불순종에 대하여는 영벌의 보응을 하시겠다는 의미이다. 결국 모든 인간은 예수님의 백보좌 심판대에 개별적으로 서게 됨을 알 수 있다. "보응하다"의 헬라어는 아포디도미[57]($\dot{\alpha}\pi o\delta\acute{\iota}\delta\omega\mu\iota$, v)인데 이는 '빚을 갚다, 되갚다'라는 의미이다.

7 참고 선을 행하여 영광과 존귀와 썩지 아니함을 구하는 자에게는 영생으로 하시고 8 오직 당을 지어 진리를 좇지 아니하고 불의를 좇는 자에게는 노와 분으로 하시리라 9 악을 행하는 각 사람의 영에게 환난과 곤고가 있으리니 첫째는 유대인에게요 또한 헬라인에게며 10 선을 행하는 각 사람에게는 영광과 존귀와 평강이 있으리니 첫째는 유대인에게요 또한 헬라인에게라

7-10절까지는 교차대구법(chiasmus)이 사용되어 있는데 '선-악-악-선'의 구조로 되어있음을 볼 수 있다. 이는 히브리서의 영향을 받은 것이다.

---

57 아포뒤도미($\dot{\alpha}\pi o\delta\acute{\iota}\delta\omega\mu\iota$, v)는 (a) I give back, return, restore, (b) I give, render, as due, (c) mid: I sell/(from 575 /apó, "from" and 1325 /dídōmi, "give") – properly, give from, i.e. to return (especially as a payment), in relation to the source of the giving back)이다.

선	악	악	선
7	8	9	10
선한 자들에의 심판	악한 자들에의 심판	악인에 대한 심판의 결과	선인에 대한 심판의 결과
영생	노(怒) 분(忿)	환난 곤고	영광 존귀 평강

선인들이란 만세 전에 하나님의 은혜로 택정되어 믿음으로 구원을 얻은 자로서 그들은 "참고 선을 행"할 뿐만 아니라 "영광과 존귀와 썩지 아니함을 구하는" 자들이다. 그들의 특징은 하나님의 기쁨을 구하고 사람의 눈치를 살피지 않는 것이다(갈 1:10). 그 결과 영생과 더불어 영원히 영광과 존귀와 평강을 얻게 된다. 이는 곧 육신적 죽음 후 변화된 몸 곧 부활체(고전 15:42-44)로 미래형 하나님나라에서 영원히 살아갈 우리들의 모습이다.

반면에 악인들이란 유기되어 구원을 얻지 못한, 믿음 없는(불신과 불순종) 자들로서 "오직 당을 지어 진리를 좇지 아니하고 불의를 좇는" 그런 자들이다. 그들은 하나님의 기쁨보다는 사람의 기쁨을 구하며 하나님의 눈치보다는 사람의 눈치를 살핀다. 그 결과 하나님의 진노를 통해 환난($\theta\lambda\tilde{\iota}\psi\iota\varsigma$, nf, 들립시스, 외형적인 고난과 압박, 억압, 고통을 야기하는 내적인 고난)을 받게 되고 내적 외적으로 심한 곤고($\sigma\tau\epsilon\nu\omicron\chi\omega\rho\acute{\iota}\alpha$, nf, 스테노코리아, 장소의 협착 즉 심적인 고통)함 가운데로 들어가게 된다[58].

한편 7-10절의 경우처럼 구약에도 운율에 맞춘 대표적인 부분이 있는데 바로 시편 119편이다. 이는 176절로 되어 있으며 각 8개의 구절이 하나의 시편(詩篇)으로 구성된 22편으로 된 시편(詩篇)이다. 흥미롭게도 각 시편의 히브리어 첫 단어는 22자로 이루어진 히브리어 알파벳의 순서에 맞추어져 있다.

11 이는 하나님께서 외모로 사람을 취하지 아니하심이니라

"이는"이라는 헬라어는 가르[59](γάρ, con)인데 '왜냐하면'이라는 의미로서 6절 말씀에 이어 연결하여 해석하면 의미가 선명해진다. 즉 하나님은 유대인이든 헬라인이든 간에 그 외모로 판단하지 않으신다(신 10:16-17, 삼상 16:7, 갈 2:6, 엡 6:9, 골 3:25, 벧전 1:17)라는 의미이다.

---

58 환난(θλῖψις, nf)은 persecution, affliction, distress, tribulation/properly, pressure (what constricts or rubs together), used of a narrow place that "hems someone in"; tribulation, especially internal pressure that causes someone to feel confined (restricted, "without options")/들립시스, 외형적인 고난과 압박, 억압, 고통을 야기하는 내적인 고난)이며 곤고(στενοχωρία, nf)는 a narrow space, great distress, anguish/ (from 4728 /stenós, "narrow, confined" and 5561 /xóra, "space, territory, area") – properly, a narrow place; (figuratively) a difficult circumstance – which God always authorized and hence only produces a temporal sense of confinement. Through Christ's inworking of faith/스테노코리아, 장소의 협착 즉 심적인 고통)이다.

59 가르(γάρ, conj)는 for, indeed (a conjunction used to express cause, explanation, inference or continuation)/for. While "for" is usually the best translation of 1063 (gár), its sense is shaped by the preceding statement – the "A" statement which precedes the 1063 (gár) statement in the "A-B" unit.)이다.

12 무릇 율법 없이 범죄한 자는 또한 율법 없이 망하고 무릇 율법이 있고 범죄한 자는 율법으로 말미암아 심판을 받으리라 13 하나님 앞에서는 율법을 듣는 자가 의인이 아니요 오직 율법을 행하는 자라야 의롭다 하심을 얻으리니 14 (율법 없는 이방인이 본성으로 율법의 일을 행할 때는 이 사람은 율법이 없어도 자기가 자기에게 율법이 되나니 15 이런 이들은 그 양심이 증거가 되어 그 생각들이 서로 혹은 송사하며 혹은 변명하여 그 마음에 새긴 율법의 행위를 나타내느니라) 16 곧 내 복음에 이른 바와 같이 하나님이 예수 그리스도로 말미암아 사람들의 은밀한 것을 심판하시는 그 날이라

12-16절까지는 인간들의 행위를 심판하는 하나님의 기준에 대해 말씀하고 있다. 곧 '모세의 율법과 양심의 율법'을 제시하고 있다.

"율법 없이 범죄한 자"란 이방인을 가리키는 것으로서 그들에게는 비록 하나님이 천사를 빌어 중보자 모세에게 신탁하신 율법은 없다 할지라도 그들의 경우 태초에 인간을 창조할 때 주셨던 선과 악을 구별하는 인간의 본성(本性, 양심의 증거)이 있기에 그들에게 있는 '양심이 율법으로 작용'하게 된다라는 것이다.

"범죄한"의 헬라어는 헤마르톤(ἥμαρτον, V-AIA-3P, have sinned/ἁμαρτάνω, v)인데 이는 집합적인 역사적 부정과거(collective historical aorist, Burton) 혹은 무시간적 부정과거(timeless aorist, Robertson)인데 이는 '미래 심판의 자리에서 과거의 모든 범죄한 행적을 되돌아본다'라는 의미를 갖고 있다[60].

---

60 그랜드종합주석 14, p693 인용

"율법이 있고"라는 것은 '율법 안에서'라는 의미로 율법을 받은 유대인들은 '율법의 범위 안에서' '율법의 증거로' 심판을 받게 된다라는 의미이다. 한편 '율법을 듣는다'라는 것은 유대인들의 율법 교육인 쉐마(שְׁמַע, Hear, 들으라, 신 6:4-9)를 두고 한 말이다. 그리고 "오직 율법을 행하는 자라야 의롭다 하심을 얻으리니"라는 것은 레위기 18장 4-5절의 말씀과 상통한다.

"너희는 나의 법도를 좇으며 나의 규례를 지켜 그대로 행하라 나는 너희의 하나님 여호와니라 너희는 나의 규례와 법도를 지키라 사람이 이를 행하면 그로 인하여 살리라 나는 여호와니라" _레 18:4-5

한편 14-15절이 괄호로 되어 있는 것은 삽입구이기 때문이다. 그렇기에 13절에서 16절로 곧장 연결하여 해석하면 이해가 훨씬 쉽다(Meyer, Godet, Moffatt).[61] 그러나 13-15절을 괄호로 묶는 것이 조금 더 자연스럽다(Westcott & Hort판, KJV)라고 해석하는 견해에 나는 동의한다.

14절의 "율법 없는 이방인이 본성으로 율법의 일을 행할 때"라는 것은 하나님께서 인간을 창조하실 때 모든 인간에게 심어주신 양심의 법(보편적 인간의 도덕 생활을 지배하는 양심 혹은 자연법)으로 자연의 본질 혹은 이치에 따라 율법이 요구하는 행위를 하게 될 수 있다라는 말이다. 비록 모세에게 주신 성문 율법을 모르는 이방인들이라 할지라도.

15절의 "양심이 증거가 되어"라는 말씀에서 '양심'의 헬라어는 쉬네이데시스[62](συνείδησις, nf)인데 이는 '함께 아는 지식(co-knowledge)'이

---

61 그랜드종합주석 14, p693 인용

62 쉬네이데시스(συνείδησις, nf)는 consciousness, conscience/(from 4862 /sýn, "together with" and 1492 /eídō "to know, see") – properly, joint-knowing, i.e. conscience which joins

라는 의미로서 어떤 사물에 대한 자기 인식과 상호 인식(하나님과 자신, 그리고 타인과 자신)을 가리킨다. 즉 유대인들에게는 율법의 고발이, 이방인들에게는 양심(무형의 법, 마음에 새긴 율법)의 고발이 있음으로 각자의 행동을 규제하게 된다는 것을 의미한다. 그렇기에 "그 생각들이 서로 혹은 송사하며 혹은 변명하여"라고 한 것이다. 즉 이방인들은 그들의 양심에 따라 심중(心中)에서 갈등하고 후회하는 것으로 나타난다라는 것이다.

'증거하다'의 헬라어는 쉼마르튀레오(συμμαρτυρέω, v, to testify or bear witness with)인데 이는 어떤 사람이나 사물의 지원을 받아서 '같이 증거하다'라는 의미(Robertson)이다.

16절의 "내 복음에 이른 바와 같이"에서 '내 복음'의 내용은 바울이 전파한 복음 전체(하나님의 은혜의 복음)와 심판의 보편성과 심판의 기준(심판의 주체, 시점)에 대한 바울의 언급을 가리킨다. 또한 "하나님이 예수 그리스도로 말미암아 사람들의 은밀한 것을 심판하시는 그 날이라"는 것은 심판주 예수님의 재림 시 유대인들은 율법에 근거해, 이방인들은 본성의 법에 근거해 모두가 다 심판을 받게 된다라는 말이다. 그러므로 흔히 질문하듯이 '예수님 전의 구약시대에 살던 사람들은 어떻게 심판을 받느냐'라든지 '아직 인지 능력이 없는 어린 아기의 경우 죽게 되면 어떻게 되느냐'라는 등등의 소모적인 논쟁에는 휘말리지 말았으면 한다. 대게 그런 유의 질문들은 결론 없이, 정답 없이 토론을 넘어 논쟁과 다툼만 불러온다. '모르면

---

moral and spiritual consciousness as part of being created in the divine image. Accordingly, all people have this God-given capacity to know right from wrong because each is a free moral agent (cf. Jn 1:4,7,9; Gen 1:26,27)이다.

모른다'고 대답하되 '모든 인생이 피할 수 없는 한 번의 죽음'과 '예수님의 백보좌 심판'은 반드시 있다는 것과 그에 대한 확신을 가지고 확실히 아는 것만 말하면 되는 것이다.

17 유대인이라 칭하는 네가 율법을 의지하며 하나님을 자랑하며

유대인들에게는 다음과 같은 3가지 호칭이 있다(Trench).

첫째는 히브리인(Ἑβραῖος, a Hebrew, particularly one who speaks Hebrew (Aramaic), 고후 11:22, עִבְרִי, perhaps descendant of Eber, also another name for an Israelite, עֵבֶר, "region beyond", a descendant of Shem, also the name of several Israelites/הָעִבְרִים, the Hebrews)으로서 '히브리어를 말하는 유대인'을 가리킨다. 한편 '히브리인'이란 '유프라테스강을 건넌 자'라는 의미로 '근본을 알 수 없는 미천한 사람', 즉 비하(卑下)의 뜻이 담겨 있다.

둘째는 유대인(Ἰουδαῖος, Jewish, a Jew, Judea, 롬 2:17)인데 이는 이방인과 구별하기 위해 사용된 '선택된 백성'이라는 의미의 '선민(選民)'을 가리키는 단어로서 특히 '혈통적 유대인'을 의미한다.

셋째는 이스라엘인(Ἰσραηλίτης, an Israelite, one of the chosen people of Israel, a Jew, 고후 11:22)인데 이는 신정국가(神政國家)의 일원으로서 언약의 상속자임을 드러내는 단어이다. 유대인들은 이 칭호를 가장 선호하며 최고로 위엄있는 단어로 생각하고 있다.

"율법을 의지하며"라는 말 속에는 율법에 맹목적으로 기대면서 율법이 마치 구원의 방도이자 확증이기라도 한 것처럼 착각하는 유대인들의 오류를 지적하고 있는 것이다. 마치 세상사람들이 돈을 의지하듯이…….

"하나님을 자랑하며"라는 것에는 하나님의 은혜 속에 선민으로 택정함을 받은 유대인들은 천사들로 말미암아 중보자 모세의 손을 빌어(갈 3:19) 은혜로 베푸신 '율법의 신탁'이라는 특권까지 부여받은 후 일찍부터 율법을 따라 하나님을 섬긴 백성이다라는 뜻이 들어 있다.

반면에 이런 선민들과 달리 이방인들은 하나님을 몰라서 엉뚱한 우상을 하나님인 양 섬겨왔다. 그렇기에 유대인들은 이방인들에게 참 하나님을 전해야 할 사명이 있는 것이다. 그럼에도 불구하고 먼저 알고 먼저 믿게 된 유대인들은 자신들을 복음 전파의 도구로 삼으신 하나님의 뜻을 왜곡하고는 오히려 이방인들을 경멸하고 낮추어보는 우(遇)를 범했다라고 지적하고 있다.

17-23절까지에는 다음과 같은 말이 반복되어 나오는데 이를 주목하면서 전체의 맥락을 이해함이 중요하다. 곧 "칭하는 네가", "가르치는 네가", "반포하는 네가", "말하는 네가", "여기는 네가", "자랑하는 네가" 어찌 그럴 수 있느냐라는 말씀들에 방점을 두고 이해해야 한다.

우리는 이 부분에서 조용히 나지막하게 말씀해주시는 성령님의 음성을 들을 수 있어야 한다. 그런 후 선생으로서 가르치는 자는 18-19절의 하나님의 뜻을 알고(지식의 규모를 가진 자) 지극히 선한 것을 좋게 여기며(진리의 규모를 가진 자) 하나님의 말씀을 열정적으로 가르침은 물론이요 그 가르침대로 자신이 먼저 솔선수범(率先垂範)함으로써 본(本)을 보여야 할 것이다.

18 율법의 교훈을 받아 하나님의 뜻을 알고 지극히 선한 것을 좋게 여기며

"율법의 교훈"이란 유대인들이 행했던 회당에서의 토라 암기와 교리 교육, 그리고 문답식 교육 등을 가리킨다. 일반적으로 유대인들은 6세-12세까지는 부모의 무릎에서 율법을 암송하고 읽는 훈련을 받는다. 13세부터는 회당에 참석하여 교육을 받는다. 15-25세까지는 훌륭한 멘토 밑에서 교육을 받는다. 길리기아 다소의 정통 바리새파 가문에서 출생했던 유대인 디아스포라 사도 바울이 10대 때 예루살렘으로 유학을 가서 가말리엘 문하 힐렐 학파에서 수학을 한 배경이기도 하다.

"하나님의 뜻을 알고"에서의 '하나님의 뜻'에 해당하는 헬라어는 토 델레마(τὸ θέλημα, the will)인데 이는 '그 뜻'이라는 의미로 정관사를 사용함으로 '유일하고 최고의 뜻'이라는 의미가 함의되어 있다.

"지극히 선한 것"에서의 '지극히 선하다'의 헬라어는 디아페로[63](διαφέρω)인데 이는 '뛰어난 것(the things which excel, 빌 1:10)' 혹은 '다른 것(the things which differ, 고전 15:42, 갈 4:1)'으로 해석한다.

그리고 "좋게 여기며"에서의 '좋게 여기다'의 헬라어는 도키마조[64](δοκιμάζω)인데 이는 시금석(試金石)을 통해 금속의 순도(純度)를 측정하는 것을 가리킨다. 즉 율법을 통해 선악을 구분하고 하나님의 뜻을 구

---

63 디아페로(διαφέρω)는 (a) trans: I carry through, hither and thither, (b) intrans: I am different, differ, and sometimes: I surpass, excel)이다.

64 도키마조(δοκιμάζω)는 I put to the test, prove, examine; I distinguish by testing, approve after testing; I am fit)이다.

별한다(Calvin)라는 의미이다.

19 네가 율법에 있는 지식과 진리의 규모를 가진 자로서 소경의 길을 인도하는 자요 어두움에 있는 자의 빛이요

"지식"의 헬라어는 그노시스[65](γνῶσις, nf)인데 이는 율법에 있는 하나님에 관한 지식과 하나님의 뜻에 관한 지식을 가리킨다. 그리고 "진리"의 헬라어는 알레데이아[66](ἀλήθεια, nf)인데 이는 율법 속에 내재한 하나님에 대한 진리(하나님의 진리)라는 의미이다.

"규모"의 헬라어는 모르포시스(μόρφωσις, nf, form, outline, semblance)인데 이는 '형태, 본질'이라는 의미이다. "율법에 있는 지식과 진리의 규모를 가진 자"라는 것은 유대인들의 경우 그들만의 독특한 율법 교육 방식을 통해 이미 그들의 마음 속에는 하나님에 대한 지식과 진리가 내재되어 있다라는 의미이다. 그런 유대인들은 선민(選民)으로서의 특권을 가진 것은 맞다. 그렇다고 하여 이방인들을 경멸할 것이 아니라 소경된 그들을 인도하는 자라는 정체성(identity, 소명)을 잊지 말아야 한다. 어둠 속에 헤매고 있는 이방인들을 세상의 빛, 생명의 빛이신 그리

---

[65] 그노시스(γνῶσις, nf)는 knowledge, doctrine, wisdom/(a feminine noun derived from 1097 /ginóskō, "experientially know") – functional ("working") knowledge gleaned from first-hand (personal) experience, connecting theory to application; "application-knowledge," gained in (by) a direct relationship)이다

[66] 알레데이아(ἀλήθεια, nf)는 truth, but not merely truth as spoken; truth of idea, reality, sincerity, truth in the moral sphere, divine truth revealed to man, straightforwardness/(from 227 /alēthés, "true to fact") – properly, truth (true to fact), reality)이다.

스도에게로 이끄는 하나님의 도구가 되어야 할 것이다.

"인도하는 자"의 헬라어는 호데고스(ὁδηγός, nm, a leader, guide; met: an instructor, teacher)인데 이는 호도스(길, ὁδός, nf, a way, road, journey, path)와 헤게오마이(인도하다, ἡγέομαι, v, (a) I lead, (b) I think, am of opinion, suppose, consider)의 합성어로서 '길을 인도하는 자'라는 의미이다.

20 어리석은 자의 훈도요 어린 아이의 선생이라고 스스로 믿으니

"스스로 믿으니"라는 것은 유대인들의 경우 율법에 의해 이방인들보다 우월한 것으로 알고 있을 뿐만 아니라 그렇게 믿고 있다라는 의미이다. "믿으니"의 헬라어는 페포이다스(πέποιθας, V-RIA-2S)인데 이는 완료시제로서 '믿게 하다'라는 의미로 이미 그렇게 믿고 있다는 것을 가리킨다.

"어리석은"의 헬라어는 아프론[67](ἄφρων, adj)인데 이는 '생각 없는(unthinking), 무지한(ignorant)'이라는 의미이다. 그리고 "훈도"의 헬라어는 파이듀테스[68](παιδευτής, nm)인데 이는 교육자(educator)로서의 가르침, 훈련(discipline), 교정(correction)이라는 의미이다. 결국 '훈도요'라는 것은 '바로잡아 주는 자(히 12:9, Vincent)'를 가리키는 것으로 갈

---

67 아프론(ἄφρων, adj)은 without reason, foolish/(an adjective, derived from 1 /A "without" and 5424 **/phrēn**, "inner perspective as it regulates behavior") – properly, lacking perspective because short-sighted, i.e. lacking the "over-all picture" (perspective) needed to act prudently)이다.

68 파이듀테스(παιδευτής, nm)는 a teacher, one who disciplines/one who constructively corrects (disciplines) in order to train)이다.

라디아서 3장 24-25절에는 "몽학선생(초등교사)"으로 표현되어 있다.

"어린아이"의 헬라어는 네피오스[69](νήπιος, adj)인데 이는 '말하지 못하는 자, 유아, 미성숙한 자(고전 3:1, 갈 4:1, 히 5:12-13)'라는 의미이다. 당시 유대인들은 막 개종한 자나 초신자를 지칭할 때 사용했다(Godet, Wuest).

21 그러면 다른 사람을 가르치는 네가 네 자신을 가르치지 아니하느냐 도적질 말라 반포하는 네가 도적질하느냐

이 구절은 율법을 가지고 있는 유대인들이 정작 자신들에게는 그 율법을 적용하지 않고 있는 것을 질타한 말씀이다.

"도적질 말라"는 것은 십계명의 8계명인데 이는 당시 유대인들의 도적질을 지적하는 것이기도 하나 더 나아가 거래에 있어 폭리를 취하는 것(바가지를 씌우는 행위)까지도 도적질로 여겼다.

22 간음하지 말라 말하는 네가 간음하느냐 우상을 가증히 여기는 네가 신사 물건을 도적질하느냐

간음은 7계명으로서 인간의 탐욕, 정욕(육욕), 탐심에서 기인한다. 가만히 보면 섹스는 돈과 권력과 밀접한 관계가 있다. 더 나아가 골로새서 3장 5절은 '탐심은 곧 우상숭배'라고 경고하고 있다. 한편 우상숭배는 1, 2 계

---

69 네피오스(νήπιος, adj)는 an infant, a simple-minded or immature person, unlearned, unenlightened; noun: an infant, child)이다.

명에서 금한 것이다. 그러다 보니 열심 있는 유대인들은 오죽했으면 당시 '가이사는 주님이시다'라는 글귀와 함께 로마 황제의 얼굴이 새겨진 동전은 부정한 것 곧 우상숭배로 여겨 그 돈을 사용하지 않았다. 어쩔 수 없는 경우 성전에 헌금을 낼 때 수수료를 주고 환전하여 쓸 정도였다. 당근과 채찍을 반복하던 로마 당국은 결국에는 이 동전에 있던 황제의 형상을 없애고 대신에 갈대를 그려넣었다(마 11:7).

"가증히 여기다"의 헬라어는 브델뤼소마이[70](βδελύσσομαι, v)인데 이는 '악취등으로 고개를 젖히다'라는 의미로 '혐오하다(abhor, Vincent)'라는 말이다. "신사 물건을 도적질하느냐"라는 것은 이중적 의미로서 첫째는 이방인들의 신전에서의 물건 약탈이라는 의미와 둘째는 유대 종교 지도자들이 행했던 성전세 착복이나 횡령, 제물 매매를 통한 부당이득 등 예루살렘 성전을 이용한 약탈이라고 학자들은 해석한다. 그러나 요셉푸스(Josephus)는 역사적 증거를 제시하며 전자(이방 신전에서의 물건을 도적질)에 해당한다[71]라고 했다.

23 율법을 자랑하는 네가 율법을 범함으로 하나님을 욕되게 하느냐

"범하다"의 헬라어는 파라바시스[72](παράβασις, nf)인데 이는 '곁에'

---

70 브델뤼소마이(βδελύσσομαι, v)는 to detest/delýssō – properly, stink, become foul (abhorrent), detestable as stench; "to strongly detest something on the basis that it is abominable – 'to abhor, to abominate' " (L & N, 1, 25.186)이다.

71 그랜드종합주석 14, p696-697

72 파라바시스(παράβασις, nf)는 a going aside, a transgression/(from 3844 /pará,

라는 의미의 전치사 파라(παρά)와 '바른 길에서 벗어나다, 목표에서 빗나가다, 넘어가다, 못 미치다'라는 의미의 동사 바이노(βαίνω, v)의 합성어이다. 결국 '율법을 범하다'라는 것은 '율법이라는 바른 길에서 빗나가고 벗어난 것'을 의미한다. 한편 "욕되게 하다"의 헬라어는 아티마조[73] (ἀτιμάζω, v)인데 이는 '불명예스럽게 하다"라는 의미이다.

24 기록된 바와 같이 하나님의 이름이 너희로 인하여 이방인 중에서 모독을 받는도다

"기록된 바와 같이"라는 것은 이사야 52장 5절을 가리킨다.

"여호와께서 말씀하시되 내 백성이 까닭 없이 잡혀갔으니 내가 여기서 어떻게 할꼬 여호와께서 말씀하시되 그들을 관할하는 자들이 떠들며 내 이름을 항상 종일 더럽히도다"_사 52:5

"하나님의 이름"에 해당하는 헬라어는 오노마 투 데우(Ὄνομα τοῦ Θεοῦ, The name of God)이다. '이름'이란 그 사람을 지칭하는 단순한 호칭이기도 하지만 그 이름 안에는 '존재의 본질과 속성'이 내포되어 있다. 즉 '하나님의 이름'이라고 말할 때에는 '하나님의 존재 자체'라는 의미가 함의(含意)되어 있다.

"contrary" and **bainō**, "go") – properly, an "overstepping" (BAGD); a deliberate going over "the line." 3847 ("a stepping over the line") in the NT refers to the willful disregard (breaking) of God's law which defies His drawn-lines (boundaries); an arrogant "over-stepping.")이다.

73 아티마조(ἀτιμάζω, v)는 I disgrace, treat disgracefully, dishonor, insult; I despise/treat dishonorably (shamefully, with indignity) because perceived as having no value (honor, worth)이다.

"모독"의 헬라어는 블라스페메이타이(βλασφημεῖται, V-PIM/P-3S)인데 이는 '의도적으로 불경스러운 말을 통해 하나님을 욕되게 하는 것'으로 현재 수동태로 사용된 것으로 보아 지속적인 유대인들의 신성모독(神聖冒瀆)을 지적하고 있는 것이다.

25 네가 율법을 행한즉 할례가 유익하나 만일 율법을 범한즉 네 할례가 무할례가 되었느니라

"율법을 행한즉 할례가 유익하나"라는 것은 율법을 지속적으로 온전히 행하는 자만이 언약의 표징으로 주신 할례가 의미있는 것이다라는 말로서 진정한 할례란 율법전체를 행할 의무를 지는 것(갈 5:3)이어야 한다.

"율법을 범한즉 네 할례가 무할례가 되었느니라"는 것은 할례가 선민임을 증거하는 외형적 표시(창 17:10)임은 분명하지만 율법을 범하면서도 할례만 받으면 구원의 보증이 된다라고 우기는 것은 어불성설(語不成說)이라는 말이다. 또한 천사들로 말미암아 중보의 손을 빌어 베푸신 율법(갈 3:19)이란 약속하신 자손, 예수 그리스도가 오시기까지 있을 것과 예수께서 오시기 전까지만 유효하다라고 하셨다. 율법을 신탁 받은 선민인 유대인들은 율법을 완성하신 예수 그리스도께서 오신 이후에는 복음의 주체이신 예수를 전할 사명이 그들에게 있는 것이다. 그러나 예수는 전하지 않고 율법을 가진 것으로 지나친 자부심을 가지고 있는 유대인들을 향해 '본말(本末)이 전도(顚倒)된 것'임을 지적하고 있다.

26 그런즉 무할례자가 율법의 제도를 지키면 그 무할례를 할례와 같이 여길 것이 아니냐

"율법의 제도"란 '율법의 의'를 가리키는 것으로 '사람에 대한 의(righteousness to man)'를 의미한다. 14절의 "율법의 일"과 상통하는데 이는 '율법의 요구'라는 의미이다.

"지키면"이라는 것은 무할례자가 율법을 삶에서 '반복적으로 동시에 지속적으로 지키면'이라는 의미이다. 결국 무할례자가 율법의 요구를 지속적으로 이행하면 할례를 행하든 행치 않든 간에 '할례'라는 율법의 제도는 의미를 상실하게 된다라는 것이다.

27 또한 본래 무할례자가 율법을 온전히 지키면 의문과 할례를 가지고 율법을 범하는 너를 판단치 아니하겠느냐

25-26절에서 한걸음 더 나아가 율법 없는, 무할례자인 이방인이 율법의 행위을 준수한다면 의문과 할례를 가지고도 율법을 범하는 유대인이 오히려 비방을 받지 않겠느냐라고 반문하고 있다.

한편 "의문과 할례"는 선민인 유대인의 경우 특권으로 생각했다. "의문"의 헬라어는 그람마[74](γράμμα, nn)인데 이는 '문자(눅 23:38), 율법(롬 2:29,

---

[74] 그람마(γράμμα, nn)는 letter of the alphabet; collectively: written (revelation); (a) a written document, a letter, an epistle, (b) writings, literature, learning)이다.

고후 3:6)'이라는 의미이고 "할례"의 헬라어는 페리토메⁷⁵(περιτομή, nf)인데 이는 창세기 17장의 할례 언약에서 나왔다. 히브리어로는 물(מול, v, to circumcise)이라고 하며 세례와 같은 의미로 '너는 온전히 죽었다. 이제는 나로 인하여만 살아야 한다'라는 뜻이다. 결국 선민인 유대인들은 율법, 할례, 세례의 본래 의미대로 율법의 완성인 예수, 그리스도, 생명이라는 복음을 전할 뿐만 아니라 세상과 구별되게 살아야만 하며 그럴 때에야 진정한 '영적 이스라엘인'이라고 할 수 있는 것이다.

참고로 신약의 세례(βαπτίζω, v)는 예수 그리스도의 보혈로 죄 씻음, 예수님을 나의 구주 나의 하나님으로 입으로 시인하고 마음으로 영접, 연합 및 하나됨(Union with Christ), 진정한 주권자이심에 대한 신앙고백을 가리킨다. '세례'라는 헬라어에는 밥티조(βαπτίζω, v)와 밥토(βάπτω, v, (a) I dip, (b) I dye)가 있다. 둘다 '담그다'라는 의미이다. 전자인 밥티조(βαπτίζω)가 '식초에 담그다'라는 의미로 화학적 변화(chemical change)를 의미한다면 후자인 밥토(βάπτω)는 '뜨거운 물에 담그다'라는 의미로 물리적 변화(physical change)를 가리킨다.

28 **대저 표면적 유대인이 유대인이 아니요 표면적 육신의 할례가 할례가 아니라**

---

75 할례라는 의미의 페리토메(περιτομή, nf)는 properly, cut around, i.e. the removal of the male foreskin in circumcision (the visible sign of God's covenant in the OT)로서 구약 창세기 17장에서 할례언약이 주어지는데 히브리어로 물(מול, v, to circumcise)이라고 한다. 할례는 세례와 같은 의미로 '너는 온전히 죽었다. 이제는 나로 살아야 한다'는 뜻이다. 신약의 세례(βαπτίζω, v)는 lit: I dip, submerge, but specifically of ceremonial dipping; I baptize/properly, "submerge" (Souter); hence, baptize, to immerse (literally, "dip under"). 907 (**baptízō**) implies submersion ("immersion"), in contrast to)이다.

"표면적"의 헬라어는 엔 토 파네로(ἐν τῷ φανερῷ, on the outward)인데 이는 '외관상'이라는 의미이다. 즉 유대인이 자랑하는 외적 요소인 '의문과 할례'만으로는 진정한 유대인이 아니라는 것이다. 이 구절에서는 그들의 허위와 위선을 지적하고 있다.

29 오직 이면적 유대인이 유대인이며 할례는 마음에 할지니 신령에 있고 의문에 있지 아니한 것이라 그 칭찬이 사람에게서가 아니요 다만 하나님에게서니라

"이면적"의 헬라어는 엔 토 크륍토(ἐν τῷ κρυπτῷ, on the inward)인데 이는 '숨겨진'이라는 의미로 인간의 내적 부분, 즉 영혼의 측면을 가리킨다.

"할례는 마음(신령)에 하라"는 것은 '스스로 할례를 행하여 너희 마음 가죽을 베고(렘 4:4), 곧 내가 나의 법을 그들의 속에 두며 그 마음에 기록하여(렘 31:33)'라는 것으로 '진정한 할례'란 육체의 흔적이 아니라 하나님께서 허락하신 언약(6대 언약)을 기억하고 율법을 기준과 원칙으로 삼아 충실한 내적 생활을 하는 것이다.

'신령에 있고'에서의 '신령'이란 '내주 성령 혹은 성령 세례'를 가리키며 더 나아가 '성령 충만'까지를 함의하고 있다. 한편 '충만'이란 주권, 통치, 질서, 지배를 가리킨다.

"유대인"이라는 이름(창 29:35)은 구약의 '유다(יְהוּדָה, probably "praised", a son of Jacob, also his descendant, the S. kingdom, also four Israelites)'에서 따온 것으로 이는 야다(יָדָה, give thanks, giving praise, glorify, 찬양, 감사, 영광)에서 파생되었다. 그러므로 진정한 유대인(영적 이스라엘)이라는 것은 하나님께만 찬양과 감사, 영광을 돌리는 사람을 가리킨다.

하나님의 의가 드러난 십자가 복음

·
·
·
·
·

괴짜 의사 Dr. Araw의
쉽고 바르게 읽는 로마서 장편(掌篇) 강의

레마이야기 3

의인은 없나니
하나도 없으며(3:12)

　모든 인간은 예외없이 영적 죽음 상태로 태어나며 아담의 범죄 이래 연합의 원리, 대표의 원리에 의해 모두가 다 죄인일 뿐이다. 세상에는 '의인은 없나니 하나도 없다'라는 말에 심하게 짜증을 내는 사람들이 많다. 개중에 도덕적으로 약간 그럴듯하게 살아가는 사람들은 인간의 악함에 대한 반동(反動)으로 자기의 의(義)를 드러내며 자신만의 종교를 만들기도 한다. 그러면서 '종교'란 '인간의 인간다움'을 만드는 것이라고 주장한다.
　그러나 기독교는 '인간의 죄인 됨, 더러움'을 폭로한다. 그렇기에 기독교는 여타 종교나 일반 종교가 아니라 유일한 진리이다. 결국 이 세상은 진리인 기독교와 비진리인 자연 종교로 양분된다.

기독교(基督敎) 예수를 믿는 종교	종교(宗敎) 예수를 믿지않는 종교
진리 길 생명	비진리 어그러진 길 영별(영원한 죽음, 둘째 사망)
특별종교 (신이신 예수님이-〉인간을 찾아옴)	일반 종교 (인간-〉알지 못하는 신을 찾아가는 것)
은혜종교 (오직 은혜, Sola Gratia)	자연 종교 (선행, 자기 의(義), 덕행)
계시종교 말씀종교	행위종교 도덕종교
믿음종교(이신득의, 이신칭의) 득도(得道)로 시작 -〉낙도(樂道) -〉전도(傳道)를 하지 않고는 　견디지 못하게 됨	선행종교 수도(修道)로 시작 -〉108번(百八煩惱)를 벗어나 -〉열반(해탈) -〉득도(得道)에 이름

전적으로 타락하고 부패한 인간 중심, 도덕 중심의 자연 종교는 결코 가치중립적일 수가 없어 그 결국은 폭망이다. 치명적이다. 암담하다. 조심스러운 것은 기독교 안에도 일반 종교, 자연 종교의 요소가 많을 뿐만 아니라 두루두루 섞여있기도 하다라는 점이다. 특히 고지론(高地論), 상급론(賞給論, reward, 행위상급론 등)과 같은 것은 아슬아슬하기까지 하다. 이는 기독교를 그릇된 방향으로 나아가게 하는 매혹적인 끌림(사단의 유혹)이다.

그런 기독교는 없다.

역사상 인간 중심으로 나아가다가 그 결과로 태동되었던 괴물들이 참으로 많다. 이데올로기(Ideologie, 현실적이며 이념적인 의식의 제 형태, 관념 형태, 의식 형태)나 천민자본주의(賤民資本主義, Pariakapitalismus, 전근대적, 비합리적 자본주의), 사회주의(社會主義, Socialism, 사회 전체의 이익을 중시하는 이데올로기, 초기 기독교 공산주의가 그 예이다), 민중 민주주의(民衆民主主義, 1980년대 이념적 논쟁에서 나온 한국 사회 운동, 인민민주주의, People's democracy)가 낳은 참혹한 폐해를 보라. 그들 모두는 단순한 이념이 아니라 실상은 그릇된 자연 종교들 중의 하나였다.

그릇된 종교는 필연적으로 '자기 의(義)'를 앞세우다가 종국적으로는 '자기 의(義)'를 종교적 신념으로 만들고는 냉큼 예수님의 자리에 자신을 올려놓아버린다.

마치 자신이 의인이라도 되는 듯이…….

자신의 인간다움이 마치 신(神)의 경지에 도달이라도 한 것처럼…….

모든 중생들이 겪는다는 백팔번뇌(百八煩惱, 108번뇌)를 벗어난 해탈의 경지랄까? 그들은 그렇다라고 믿는다. 그것이 바로 하나님의 원 역사(original history)를 닫게 했던 창세기 3장의 '하나님과 같이 되려는 사상(3:5)', 창세기 6장의 '네피림 사상(6:4)', 창세기 11장의 '바벨탑 사상(11:4)'이다.

놀랍게도 인간답다라고 착각한 자신이 모든 것의 중심이 되어 만든 정당화(justify)와 명분(moral duty)은 자기와 다른 것에 대하여는 모조리 비판하고 심지어는 적대시해버린다. 이는 필연적으로 상대뿐만 아니라 자신의 영혼 또한 죽이기까지에 이른다. 살인, 테러, 인종 청소, 전쟁 등 등은 그 산물이기도 하다. 이 모든 것들의 기저에는 그릇된 종교적 신념으로 인한 독선(self-righteousness)이 깔려있음을 알아야 한다.

성경은 "의인은 없나니 하나도 없다(롬 3:10)"라고 단정지어 말씀하고 있다. 아담 이래로 모든 사람은 원죄(Original Sin)를 가지고 태어난다. 영적 죽음 상태(첫째 사망, 영적 사망)이다. 연합의 원리, 대표의 원리이다.

로마서 3장 23절은 "모든 사람이 죄를 범하였으매 하나님의 영광에 이르지 못하더니"라고 말씀하고 있다. 그 말씀을 듣는 우리에겐 절망이었다. 그 절망을 소망으로 바꾸어주신 분이 바로 '예수 그리스도'이시다. 성부 하나님은 인간의 구속을 계획하시고 그에 따라 그 구속 계획을 성취할 예수님을 그리스도, 메시야로 이 땅에 보내셨다.

즉 인간은 성부하나님의 유일한 기름부음 받은 자, 그리스도, 메시야이신 "구원자 예수로 말미암아 하나님의 은혜로 값없이 의롭다 하심을 얻게 된(롬 3:24)" 것이다.

이 예수를 "하나님의 의(義, 롬 3:21-22)"라고 한다. 때(BC 4년)가 되매 예수는 '하나님의 한 의(義)'로 이 땅에 오셨던, 성육신(Incarnation)하신 하나님이시다. 즉 하나님의 의(義)로 이 땅에 오신 것이다. 그 예수 그리스도를 '믿음으로' 말미암아 모든 믿는 자에게는 하나님의 의(義)가 미치게 된 것이다.

삼단논법(三段論法)을 적용하면 다음과 같다. 하나님은 의(義)롭다. 하나님께서 이 땅에 보내신 예수님도 의(義)롭다. 그러므로 하나님에 의해 예수 그리스도로 말미암아 그 예수를 믿음으로 우리는 의(義)롭게 된다.

이는 우리의 행위가 아니라 믿음이다.

할례자(유대인)든 무할례자(이방인, 헬라인)든 간에, 남자든 여자든 간에, 종이든 자유인이든 간에, 그 외모와 관계없이(신 10:16-17, 삼상 16:7, 롬 2:11, 갈 2:6, 엡 6:9, 골 3:25, 벧전 1:17), 어떠한 차별도 없이(갈 3:28) '오직 믿음'으로 의롭다 함을 얻는 것이다. 그렇게 우리를 의롭다 하실 하나님은 삼위일체 하나님 즉 '다른 하나님, 한 분 하나님(롬 3:30)'이시다.

3-1 그런즉 유대인의 나음이 무엇이며 할례의 유익이 무엇이뇨 2 범사에 많으니 첫째는 저희가 하나님의 말씀을 맡았음이니라

구속사의 주역인 선민(選民)으로서의 유대인, 하나님으로부터 은혜로 신탁 받게 된 율법에 의거하여 할례를 행함으로 혈통적 유대인이 된 것은 확실히 유대인의 우월성(superiority), 우위성(priority)을 드러내는 것이기도 하다. 그러므로 "나음이, 유익이, 범사에 많으니"라는 말은 팩트(fact)이다. 그러나 가만히보면 그들이 한 일은 아무 것도 없다. 하나님의 은혜로 '선민'으로 선택 받았을 뿐이고 '율법을 신탁[76](λόγιον, nn, plur)' 받았을 뿐이다.

"첫째는"에 해당하는 헬라어는 프로톤 멘(πρῶτον μὲν, chiefly

---

76 신탁(λόγιον, nn, plur)은 oracles, divine responses or utterances (it can include the entire Old Testament)/(from 3056 /lógos) – a divine declaration; a statement originating from God)이다.

indeed)인데 이는 순서이기도 하지만 강조적 부사구로 해석하는 것이 더 적당하다. 곧 이방인에 대한 우위가 아니라 그들이 할 일은 가장 먼저는 하나님의 말씀 맡은 것을 전할 사명이 있었다라는 것이다.

"하나님의 말씀"의 헬라어는 타 로기아 투 데우(τὰ λόγια τοῦ Θεοῦ, the oracles of God)인데 이를 해석하는 학자들의 의견이 다양하다. 첫째는 언약(Calvin)이라고 했다. 둘째는 율법 혹은 메시야에 관한 예언(Sanday & Headlam, Meyer)이라고 했고 셋째는 하나님의 계시(Denny)라고 했다. 넷째는 구약성경(Murray, Barmby, Hendriksen)을 가리킨다라고 했다. 나는 넷을 다 포용하나 특히 첫째(6대 언약)와 넷째(TNK)를 지지한다.

"맡았음이라"의 헬라어는 에피스튜데산(ἐπιστεύθησαν, they were Entrusted with, V-AIP-3P)인데 이는 부정과거 수동태로서 '맡겨주셨다(공동번역)'로 번역해야 한다. 그러므로 "유대인의 나음"이 사실인 것이기도 하다.

3 어떤 자들이 믿지 아니하였으면 어찌하리요 그 믿지 아니함이 하나님의 미쁘심을 폐하겠느뇨

이 구절은 하나님께서 선택하셨음에도 불구하고 선민(選民) 유대인들이 계속 불신앙으로 일관한다면 그들을 선택하신 하나님의 신실하심은 훼손된다는 것인가를 질문하고 있다.

"믿지 아니하였으면"의 헬라어는 에피스테산[77](ἠπίστησάν, V-AIA-3P)으로 아피스테오(ἀπιστέω, v)의 부정 과거형인데 이는 '믿기를 거절하다(refuse to believe)'라는 의미이다. 즉 하나님에 대한 불신앙을 가리킨다(롬 11:20).

"하나님의 미쁘심"의 헬라어는 텐 피스틴 투 데우(τὴν πίστιν τοῦ Θεοῦ)인데 이는 하나님의 신실하심(faithfulness), 미쁘심(trustworthy) 곧 피스토스(πιστός)를 가리킨다.

"폐하겠느뇨"의 헬라어는 카타르게오[78](καταργέω, v)인데 이는 '무효화하다, 폐지하다'라는 의미(롬 3:31, 갈 3:17)이다.

4 그럴 수 없느니라 사람은 다 거짓되되 오직 하나님은 참되시다 할지어다 기록된 바 주께서 주의 말씀에 의롭다 함을 얻으시고 판단 받으실 때에 이기려 하심이라 함과 같으니라

"그럴 수 없느니라"는 것은 일부 유대인들이 메시야를 믿지 않는다고 하여 하나님의 선민(選民)에 대한 신실하신 언약이 폐기될 수는 없다라는 의미이다. 즉 이 둘은 별개의 문제로서 하나님의 언약은 상황과 환경에 좌우되거나 그로 인해 무효화되지 않는다라는 것이다. 그렇기에 시편

---

77 에피스테산(ἠπίστησάν, V-AIA-3P)은 아피스테오(ἀπιστέω, v, to disbelieve, be faithless/(from 571 /ápistos, "unfaithful," without faith, i.e. negating 4103 /pistós, "faithful") – properly, refusing to be persuaded by God ("betray His trust," J. Thayer)의 부정 과거형이다.

78 카타르게오(καταργέω, v)는 (a) I make idle (inactive), make of no effect, annul, abolish, bring to naught, (b) I discharge, sever, separate from)이다.

116편 11절, 100편 5절에는 하나님의 무한하신 진실하심은 영원하지만 모든 인간이 거짓되다라고 말씀하고 있다.

"대저 여호와는 선하시니 그 인자하심이 영원하고 그 성실하심이 대대에 미치리로다"_시100:5

"내가 경겁 중에 이르기를 모든 사람은 거짓말쟁이라 하였도다"_시116:11

"기록된 바"라는 것은 다윗의 회개(悔改) 시(詩)인 시편 51편(70인역, LXX)을 가리킨다.

"판단 받으실"의 헬라어는 크리네스다이(κρίνεσθαί, V-PNM/P)인데 이는 수동태가 아니라 중간태로서 '하나님께서 스스로 판단하실'이라는 의미(Bruce, Godet, Vincent, Meyer)이다. 즉 말씀에 의거해서도 의로우시고 판단에 의거해서도 승리하실 하나님이라는 말이다.

"이기려하다"의 헬라어는 니카오[79](νικάω, v)인데 이는 '승리하다, 정복하다, 승소하다'라는 의미이다.

5 그러나 우리 불의가 하나님의 의를 드러나게 하면 무슨 말 하리요 내가 사람의 말하는 대로 말하노니 진노를 내리시는 하나님이 불의하시냐

"하나님의 의(義)"는 헬라어로 데우 디카이오쉬넨(Θεοῦ δικαιοσύνη

---

[79] 니카오(νικάω, v)는 to conquer, prevail/(from 3529 /níkē, "victory") – properly, conquer (overcome); " 'to carry off the victory, come off victorious.' The verb implies a battle" K. Wuest)이다.

ν, God's righteousness)인데 이는 '예수 그리스도를 믿음으로 말미암아 주어지는 의(義), 즉 자신의 약속을 신실하게 지키시는 하나님의 신실하심, 미쁘심'을 의미(롬 9:30-31, 10:4)하기도 하나 이 구절에서는 '인간들의 죄와 불의를 심판하시는 하나님의 공의'를 가리킨다. 그러므로 아무리 인간의 불의가 하나님의 의(義)를 드러낸다고 하더라도 불의에 대하여는 하나님의 진노가 있게 된다(고후 6:14, 요일 3:7, 10)라는 것이다. 그 진노를 '하나님의 의(義) 즉 공의'라고 한다. 결국 진노를 내리시는 하나님은 불의하지 않으시다라는 말이다.

"사람의 말하는 대로"에서의 '사람'이란 구속사적 지식이 없는 완고한 유대인을 가리킨다.

6 결코 그렇지 아니하니라 만일 그러하면 하나님께서 어찌 세상을 심판하시리요

"결코 그렇지 아니하리라"는 것은 4절의 "그럴 수 없느니라"와 동일한 의미로서 "불의를 통해 하나님의 의(義)를 드러나게 한다"라고 말하는 자에게 그 불의에 대해 진노를 내리시는 하나님은 불의하지 않으실 뿐 아니라 의로우시다라는 말이다.

"어찌"의 헬라어는 포스(πῶς, adv, how)인데 이는 '어떻게'라는 의미로 절대적으로 불가능하다라는 뜻이 함의(含意)되어 있다. 즉 세상을 심판하시는 하나님은 결코 불의하지 않으실 뿐만 아니라 오히려 의로우신 재판장(딤후 4:8)이라는 말이다.

7 그러나 나의 거짓말로 하나님의 참되심이 더 풍성하여 그의 영광이 되었으면 어찌 나도 죄인처럼 심판을 받으리요

이는 5절 말씀을 반복하고 있는 구절이다. 즉 거짓말하는 자, 불의를 저지르는 자가 하나님의 의(義)나 하나님의 참되심을 드러낸다라고 말하더라도 그들은 결국 그 불의와 거짓말에 대해 심판을 받게될 것이라는 의미이다.

"그러나"의 헬라어는 에이 데(εἰ δὲ, if however)인데 이는 '만일, 그러나'의 의미이다.

"나의 거짓말"에서의 1인칭(나의~)은 바울을 가리키는 것이 아니라 흔히 논증에서 사용되는 기교적 1인칭(Sanday & Headlam)을 나타내는 것으로 여기서는 유대인의 입장을 가정하여 바울이 그렇게 말한 것이다. 즉 불의한 자는 하나님의 진노와 심판을 반드시 받게 될 것을 말씀하고 있다.

8 또는 그러면 선을 이루기 위하여 악을 행하자 하지 않겠느냐 (어떤 이들이 이렇게 비방하여 우리가 이런 말을 한다고 하니) 저희가 정죄 받는 것이 옳으니라

하나님의 의나 하나님의 참되심을 드러내기위해(선을 이루기 위해) 어쩔 수 없이 불의(3:5)나 거짓말(3:7)을 하는 것이라고 둘러대며 왜곡하는 무리들은 점점 더 적극적으로 악을 행하자는 쪽으로 죄를 합리화할 것이다. 그들은 과정이야 어떠하든 결과가 좋으면 된다라는 식의 사람들이다. 이런 이들을 향해 경고하면서 반드시 정죄를 받아 하나님의 공의로운 심판을 받게 될 것이라고 말씀하고 있다.

괄호 안의 말은 유대인들이 바울을 공격하며 했던 말이다. 행위가 아닌 믿음으로 구원(이신칭의, 이신득의)을 얻기에 율법으로는 죄사함을 얻지 못하고 구원에 이르지 못한다라고 말한 것을 살짝 비틀어서 마치 바울이 율법 폐기론(antinomianism)을 주장한 것처럼 뒤집어 씌우고 있는 것이다.

죄를 짓더라도 진정한 회개를 통해 죄를 용서 받아 하나님의 은혜를 누리게 됨으로 "죄가 더한 곳에 은혜가 더욱 넘친다(롬 5:20)"라고 말한 것을 두고 그들은 바울이 마치 죄를 지어도 된다라고 말한 것처럼 왜곡하고 있는 것이다.

즉 회개를 통해 죄를 용서 받음으로 풍성한 은혜를 누릴 수 있다라는 것을 살짝 비틀어서 '불의와 거짓말을 하는 것이 하나님의 풍성한 은혜를 얻는 것'이라고 말했다며 뒤집어 씌우는 그들을 향해 바울이 꼬집고 있는 것이다.

결국 영지주의자들은 육신이 거짓말과 불의를 더 많이 행할수록 영은 더욱 깨끗해지기에 하나님의 의(義), 하나님의 은혜를 더 드러내는 것이라고 우기면서 만약 이렇게 하나님의 참되심과 영광을 더 드러나게 하려고 악을 행한 나를 심판한다면 그것은 의(義)로우신 하나님이 아니라고 궤변을 늘어놓고 있는 것이다.

9 그러면 어떠하뇨 우리는 나으뇨 결코 아니라 유대인이나 헬라인이나 다 죄 아래 있다고 우리가 이미 선언하였느니라

"우리는 나으뇨"에서의 헬라어는 프로에코메다[80](προεχόμεθα, V-PIM/P-1P)인데 이는 2가지 의미가 있다. 수동태로 보면 '우리가 더 나쁜 처지에 있는가'라는 의미이고 중간태로 보면 '우리가 더 나은 조건을 가지는가'라는 의미로서 '우리가 나은 것이 무엇인가'라는 말이다. 결국 더 나쁜 것도 아니고 더 나은 것도 아니라 모든 사람은 다 죄 아래에 있다라는 것을 강조하고 있다.

"결코 아니라"는 것은 '그럴 리는 전혀 없다(not at all)'라는 의미이다.

10 기록한 바 의인은 없나니 하나도 없으며

시편 14:1-3, 53:1-3절에서 인용된 말씀으로서 이는 성경에서 인간의 전적 부패성(total depravity or total corruption)에 대해 총체적이고도 가장 선명하게 말씀하신 부분이다.

"의인"의 헬라어는 디카이오스[81](δίκαιος, adj)인데 이는 '선을 행하는 자'라는 의미보다는 '하나님 앞에서 절대적으로 완전한 자'라는 의미이다.

11 깨닫는 자도 없고 하나님을 찾는 자도 없고

---

80 프로에코메다(προεχόμεθα, V-PIM/P-1P)는 προέχω, trans: I hold before; mid: I excuse myself; intrans: I project, excel, surpass, have preeminence)이다.

81 디카이오스(δίκαιος, adj)는 just; especially, just in the eyes of God; righteous; the elect (a Jewish idea)/(an adjective, derived from dikē, "right, judicial approval") – properly, "approved by God" (J. Thayer); righteous; "just in the eyes of God" (Souter)이다.

시편 14편 1-2절, 53편 1-2절의 병행구절로서 "깨닫는 자"란 '지각이 있는 자'라는 의미이다. 반면에 지각이 없는 어리석은 자는 하나님을 모를 뿐만 아니라 아예 찾지도 않기에 의인이 아닌 것이다. 결국 의인이 아닌 어리석은 자이기에 하나님을 깨닫지도 못하며 하나님과 영적으로 교류하지도 못한다라는 말이다.

"찾는"이란 말 속에는 '하나님께 나아가려는 적극적인 의지'라는 의미가 내재되어 있다. 그렇기에 "찾는 자가 없다"라는 말에는 인간은 영적으로 무지하고 무력(total inability)한 존재라는 것을 함의하고 있다.

12 다 치우쳐 한가지로 무익하게 되고 선을 행하는 자는 없나니 하나도 없도다

"치우쳐"의 헬라어는 에클리노[82](ἐκκλίνω, v)인데 이는 에크(ἐκ, preposition, from, from out of, 밖으로)와 클리노(κλίνω, v, trans: I rest, recline; I bend, incline; I cause to give ground, make to yield; intrans: I decline, approach my end, 기대다)의 합성어이다. 즉 '밖으로 기대다, 빗나가다'라는 의미이다.

"한가지로"의 헬라어는 하마[83](ἅμα, adv)"인데 이는 '즉시'라는 의미를

---

82 에클리노(ἐκκλίνω, v)는 (lit: I bend away from), I fall away from, turn away (from), deviate/(from 1537 /ek, "out from and to" and 2827 /klínō, "bend") – properly, to bow out (turn away), with its inevitable outcome (out-come); exclude; fully avoid by deliberate, decisive rejection (turning away from)이다.

83 하마(ἅμα, adv)는 at once, at the same time, therewith, along with, together with)인데 이는 "다(πάντες, πᾶς, πᾶσα, πᾶν, adj, all, every/each, every; each "part(s) of a totality" (L & N, 1, 59.24)이다.

가진다. "무익하게 되고"의 헬라어는 아크레이오오[84](ἀχρειόω, v)인데 이는 '우유가 상하게 되다, 나빠지다, 쓸모없게 되다'라는 의미이다. 즉 하나님을 떠난 자들은 곁길로 빗나감으로 모두가 다 우유가 상하듯 나빠져서 그 즉시 도덕적 부패와 타락에 빠지게 될 것을 경고하는 말씀이다.

이 구절에서 사용된 "선"의 헬라어는 크레스토테스[85](χρηστότης, nf)인데 이는 '실용적, 실천적, 도덕적인 선'을 가리킨다. 또 다른 헬라어 단어인 아가도스(ἀγαθός)는 '하나님에 의해 주도되어지는 선'을 가리킨다.

결국 10-12절을 요약하면, '의인은 없다, 하나님을 깨닫는 자도 찾는 자도 없다, 하나님과 사람 앞에서 선을 행하는 자도 어디에도 없다'라는 것이다.

13 저희 목구멍은 열린 무덤이요 그 혀로는 속임을 베풀며 그 입술에는 독사의 독이 있고

목구멍(throat), 혀(tongues), 입술(lips)은 다 비슷비슷한 기관이자 거

---

84 아크레이오오(ἀχρειόω, v)는 to make useless, (lit: I become sour, I turn, of milk), I am good for nothing, render useless; met: I become corrupt/(from 888 /axreíos, "without profit") – properly, to become useless (without utility), like when something turns "sour" and unprofitable (used only in Ro 3:12)이다.

85 크레스토테스(χρηστότης, nf)는 goodness, excellence, uprightnesskindness, gentleness/(a noun, derived from 5543 /xrēstós, "useful, profitable") – properly, useable, i.e. well-fit for use (for what is really needed); kindness that is also serviceable, as a fruit of the Holy Spirit (Gal 5:22), ("divine kindness") is the Spirit-produced goodness which meets the need and avoids human harshness (cruelty)이고 아가도스(ἀγαθός)는 intrinsically good, good in nature, good whether it be seen to be so or not, the widest and most colorless of all words with this meaning/inherently (intrinsically) good; as to the believer, 18 (**agathós**) describes what originates from God and is empowered by Him in their life, through faith)이다.

의 같은 곳에 밀집해 있는 기관(organ)이다. 독사의 독, 속임, 그리고 썩은 무덤에서 풍겨 나오는 악취와 추악한 무덤 안의 썩은 시체 주위로 기어다니는 더러운 벌레의 모습, 사람을 삼킬 듯한 열린 무덤 등은 험담, 미혹 등 온갖 악한 말의 특성과 상관관계가 있다는 사실에 주목해야 한다.

이에 대해 나는 수십년 전부터 Dr. Araw의 '언어의 4 원칙'을 제시해왔다.

3사(思) 1언(言), 3번 생각하고 한 번 말하라.

2청(聽) 1언(言), 2번 듣고 한 번 말하라.

1정(正) 1언(言), 한 번 말하더라도 바른 말을 하라.

1적(適) 1언(言), 바른 말이라도 시기가 적절하지 않으면 말하지 말라.

14 그 입에는 저주와 악독이 가득하고

시편 10편 7절의 악인의 언어에 들어있는 것으로 그 입에는 저주와 궤휼과 포학이, 혀 밑에 있는 잔해와 죄악이 들어있음을 말하고 있다.

"그 입에는 저주와 궤휼과 포학이 충만하며 혀 밑에는 잔해와 죄악이 있나이다" _시 10:7

또한 야고보서 3장 2절의 "우리가 다 실수가 많으니 만일 말에 실수가 없는 자면 곧 온전한 사람이라 능히 온 몸도 굴레 씌우리라"는 말씀을 기억해야 할 것이다.

15 그 발은 피 흘리는데 빠른지라

이사야 59장 7-8절의 인용 부분으로 '행동을 통한 악'을 말씀하고 있다. "발"이란 '사람의 행위'를 은유적으로 상징한 것이다.

"그 발은 행악하기에 빠르고 무죄한 피를 흘리기에 신속하며 그 사상은 죄악의 사상이라 황폐와 파멸이 그 길에 끼쳐졌으며 그들은 평강의 길을 알지 못하며 그들의 행하는 곳에는 공의가 없으며 굽은 길을 스스로 만드나니 무릇 이 길을 밟는 자는 평강을 알지 못하느니라" _사 59:7-8

"피"의 헬라어는 하이마(αἷμα, nn, blood (especially as shed))인데 이는 인간의 생명이 깃들어 있는 것(레 7:11, 창 9:4-5, 신 12:23)으로 생명의 원천이기도 하다.

"육체의 생명은 피에 있음이라 내가 이 피를 너희에게 주어 단에 뿌려 너희의 생명을 위하여 속하게 하였나니 생명이 피에 있으므로 피가 죄를 속하느니라" _레 17:11

"그러나 고기를 그 생명되는 피채 먹지 말 것이니라 내가 반드시 너희 피 곧 너희 생명의 피를 찾으리니 짐승이면 그 짐승에게서, 사람이나 사람의 형제면 그에게서 그의 생명을 찾으리라" _창 9:4-5

"오직 크게 삼가서 그 피는 먹지 말라 피는 그 생명인즉 네가 그 생명을 고기와 아울러 먹지 못하리니" _신 12:23

"흘리는"이란 말 속에는 '살육'이라는 의미가 함의(含意)되어 있다.

16 파멸과 고생이 그 길에 있어

"그 길"이란 발이 피흘리는 곳으로 빨리 가는 '그 길'을 가리킨다. 그 길에는 '파멸과 고생' 곧 철저한 파괴와 극도의 비참함이 있다. "파멸"이란 헬라어로 쉰트림마(σύντριμμα, nn, a fracture, a calamity, crushing, destruction)인데 이는 '철저한 파괴'를, "고생"이란 헬라어로 탈라이포리아[86](ταλαιπωρία, nf)인데 이는 '극도의 비참'을 의미한다.

17 평강의 길을 알지 못하였고

"평강"의 헬라어는 에이레네(εἰρήνη, nf)이며 히브리어는 샬롬(the Sept. chiefly for שָׁלוֹם; (from Homer down))이다. 이는 단순한 화평, 평화, 평안만을 의미하지 않는다. 오히려 하나님과의 바른 관계와 친밀한 교제를 의미한다. 그러함으로 하나님 안에서의 진정한 안식과 평안함, 견고함을 누리게 되는 것을 가리킨다. 더 나아가 샬롬으로 인해 육신을 가진 연약한 인간에게 번영(prosperity)까지도 주어지게 되는 것이 바로 샬롬의 주요한 4가지 의미이다.

18 저희 눈 앞에 하나님을 두려워함이 없느니라 함과 같으니라

시편 36편 1-2절의 말씀을 인용한 부분이다. 인간들이 악행하는 이유는 하나님을 경외하기는커녕 경홀히 여기고 더 나아가 교만하기 때문이라는 것이다. 그런 유의 인간들은 창조주 하나님, 역사의 주관자 하나

---

86 탈라이포리아(ταλαιπωρία, nf)는 hard work, hardship, distress, misery, toil/literally, a calloused (miserable) condition; wretchedness resulting from ongoing, intense affliction)이다.

님의 섭리(Providence, 작정과 예정이 성취되기 위한 하나님의 열심과 간섭)와 경륜(Dispensation, Administration, 목적이 있는 특별한 섭리)을 무시하며 온갖 종류의 방종과 타락을 일삼게 된다. 심지어는 하나님을 대적하기에까지 이르게 된다.

"악인의 죄얼이 내 마음에 이르기를 그 목전에는 하나님을 두려워함이 없다 하니 저가 스스로 자긍하기를 자기 죄악이 드러나지 아니하고 미워함을 받지도 아니하리라 함이로다" _시 36:1-2

19 우리가 알거니와 무릇 율법이 말하는 바는 율법 아래 있는 자들에게 말하는 것이니 이는 모든 입을 막고 온 세상으로 하나님의 심판 아래 있게 하려 함이니라

이 구절의 "율법"은 모세오경(Torah)이 아니라 구약성경 전체(TNK)를 말한다. 왜냐하면 이 구절은 시편과 이사야를 인용한 것이며 시편은 성문서(K), 이사야는 후 선지서(N)로서 예언서이기 때문이다.

"율법 아래 있는 자들"이란 성문율법을 가진 유대인을 가리키기도 하나 실상은 양심의 법을 가진 이방인을 포함한 모든 인류를 가리킨다. 즉 '율법 아래(ἐν τῷ νόμῳ)에서의 '아래'라는 헬라어 엔(ἐν, preposition, under)은 '영역'을 나타내기에 율법이 적용되는 테두리 안에 있는 온 세상의 사람들을 가리키는 것이다.

"막고"의 헬라어는 프랏소[87](φράσσω, v)인데 이는 '멈추게 하다'라는

---

[87] 프랏소(φράσσω, v)는 to fence in, to stop/properly, fence in, enclose; (figuratively) to stop, blocking something off so it can not spread ("get out-of-hand")이다.

의미이다.

"심판 아래"의 헬라어는 휘포디코스[88](ὑπόδικος, adj)인데 이는 휘포(ὑπό, preposition, by, under)와 디케(δίκη, nf)의 합성어이다. 즉 재판을 받아 정죄 받은 상태로서 '재판에 넘겨져서 시련을 받아야하는(Moulton & Milligan, Wuest)'이라는 의미이다. 공의의 하나님은 재판장이자 고소인으로서 피고인 모든 인류에 대해 심판하실 것이다.

20 그러므로 율법의 행위로 그의 앞에 의롭다 하심을 얻을 육체가 없나니 율법으로는 죄를 깨달음이니라

"율법의 행위(ἔργων νόμου, works of the Law)"라는 것은 율법의 의식적인 것과 도덕적인 양심의 행위까지 포함한다. 그렇기에 율법의 행위를 다 지킬 의로운 인간은 없어 '모든 인간은 죄인'이라고 율법은 규정(시 143:2, 갈 2:16, 3:11)하고 있는 것이다. 결국 인간은 의(義)에 대해 전적으로 무능하기 때문에 그리스도의 대속적인 십자가 보혈에 의존하여 의(義)롭게 될 수밖에 없다.

"육체"라는 것은 인생 특히 하나님을 떠나 영적인 세계에 무지한 타락한 인간을 가리킨다.

"율법으로는 죄를 깨달음이니라"는 것은 율법의 제한적이고 소극적인

---

88 휘포디코스(ὑπόδικος, adj)는 brought to trial, answerable to)인데 이는 휘포(ὑπό, preposition, by, under)와 디케(δίκη, nf, (a) (originally: custom, usage) right, justice, (b) process of law, judicial hearing, (c) execution of sentence, punishment, penalty, (d) justice, vengeance)이다.

기능(롬 5:20, 7:7)을 밝히는 말씀이다. "깨달음"의 헬라어 는 에피그노시스 [89](ἐπίγνωσις, nf)인데 이는 단순한 지식을 나타내는 그노시스(γνῶσις, nf)가 아니라 머리, 인격적인 면, 일상적인 경험을 총망라한 지식을 가리 킨다.

21 이제는 율법 외에 하나님의 한 의가 나타났으니 율법과 선지자들에게 증거를 받은 것이라

"이제는(Νυνὶ δὲ, now however, 그러나 이제는)"이라는 것은 논리적인 전환을 나타내는 단어로 로마서 1장 18절-3장 20절까지는 율법에 의거하여 인간이 정죄 받는 상태를 말씀하셨다면 이제부터 언급하게 될 로마서 3장 21절-5장 21절까지는 예수 그리스도를 믿음으로 의롭게 되는 하나님의 의(義)에 대해(Barth, Vincent, Lloyd-Jones) 말씀하실 것이라는 의미이다.

"율법 외에(χωρὶς νόμου, apart from Law)"란 '율법과 관계없이(without relation to the Law)'라는 의미이다. "하나님의 의(義)"란 무궁하신 은혜로 인간을 의롭게 하신 무조건적인 긍휼(Augustine, Calvin)을

---

[89] 에피그노시스(ἐπίγνωσις, nf)는 knowledge of a particular point (directed towards a particular object); perception, discernment, recognition, **intuitionepígnōsis** (from 1909 / **epí**, "on, fitting" which intensifies 1108 /**gnṓsis**, "knowledge gained through first-hand relationship") - properly, "contact-knowledge" that is appropriate ("apt, fitting") to first-hand, experiential knowing. This is defined by the individual context)이고 그노시스(γνῶσις, nf)는 (a feminine noun derived from 1097 /**ginóskō**, "experientially know") - functional ("working") knowledge gleaned from first-hand (personal) experience, connecting theory to application; "application-knowledge," gained in (by) a direct relationship)이다.

가리키는 것으로서 '칭의의 길, 구원의 길'이신 예수 그리스도를 말한다.

"나타났으니"의 헬라어는 파네로오[90](φανερόω, v)인데 이는 '명백하게 하다'라는 의미로서 완료시제(V-RIM/P-3S)이다. 즉 이전에도 존재했으나 이제는 확실하게 드러났다라는 의미이다. 결국 믿음으로 의롭게 되는 구원의 진리는 예수님 오시기 전에도 있었으나(롬 3:22, 4상) 예수님의 성육신으로 말미암아 확연히 드러나게 된 것(Sanday & Headlam, 딤전 3:16, 벧전 1:20, 요일 3:5, 8)을 말한다.

"율법과 선지자들에게 증거를 받은 것"이란 반어법(反語法, irony)적인 표현이다. 왜냐하면 하나님의 의(義)는 율법과는 무관하기 때문이다. 그렇기에 하나님의 의(義)의 완전성(完全性)과 적법성(適法性)을 '율법과 선지자들'에게 증명받을 이유가 전혀 없다. 그렇다면 굳이 하나님의 의(義)인 예수 그리스도를 왜? 율법과 선지자들에게 증거를 받았다라고 한 것일까? 이는 '율법과 선지자들'이란 구약성경(TNK)을 상징한 것으로 율법을 완성하신 분이 예수 그리스도(마 5:17)이시며 구약성경에서 오시마 약속하신 메시야이신 그 예수님만이 하나님의 의(義)를 이루었기(롬 3:24) 때문이다.

참고로 구약은 중보자인 예수님이 오셔야 할 이유와 반드시 초림의 그분이 오실 것을 약속한 언약의 말씀이며 신약은 구약의 완성으로 다시 오실 예수님에 대한 재림의 약속에 대한 말씀이다.

---

[90] 파네로오(φανερόω, v)는 to make visible, make clear, make manifest, make known/ (from 5457 /phós, "light") - properly, illumine, make manifest (visible); (figuratively) make plain, in open view; to become apparent ("graspable")이다.

흔히 성경을 바라보는 세 관점이 있다. 첫째로 정경 66권을 6대 속성(무오류성, 완전성, 충분성, 명료성, 권위성, 최종성) 3대 영감(완전영감, 유기영감, 축자영감)으로 바라보고 믿으며 굳게 붙드는 관점으로서 내가 지향하고 있는 관점이다. 둘째로 성경은 인간의 생각과 어휘로 기록한 편집에 불과하다라고 보는 관점이다. 어림없는 소리이다. 셋째로 칼바르트(Karl Barth, 스위스 신학자, 변증법 신학 창시자, 신정통주의 신학자, 1886-1968)같은 합리성을 강조하는 이들이 보는 관점으로, 성경은 하나님의 말씀이기는 하나 인간이 기록할 때에 오류가 발생한 것이라고 보는 관점이다. 이는 가장 위험한 생각이다. 이런 유의 잘못된 생각들은 사본학(codicology, 혹은 본문비평학 textual criticism)을 통해 성경이 이미 오류가 없다라는 것이 밝혀졌음에도 불구하고 그들만의 편견과 교만, 고집스러움으로 치달은 결과이다.

22 곧 예수 그리스도를 믿음으로 말미암아 모든 믿는 자에게 미치는 하나님의 의니 차별이 없느니라

"예수 그리스도를 믿음으로 말미암아"라는 것은 성부하나님께서 만세 전에 당신의 은혜로 택정된 성도들에게 허락하신 예수 그리스도에 대한 믿음(피스티스)으로 말미암아라는 의미이다. 곧 이 구절은 '복음'의 정의를 통해 기능론적 종속성(Functional subordination)과 존재론적 동질성(Essential equality)의 삼위일체 하나님을 생각하며 해석하면 올바르게 그리고 자연스럽게 이해할 수가 있다.

성부하나님은 인간의 구속을 계획하셨다. 성자하나님은 아버지의 그 구속 계획을 십자가 보혈로 성취하셨다. 성령하나님은 그 예수님만이 그리스도, 메시야임을 가르쳐주시면서 우리에게 믿음(피스티스)을 선물로 주셨다. 우리가 믿음(피스튜오)으로 구원된 복된 소식이 바로 '복음(福音, Good News)'이다.

"~모든 믿는 자에게~차별이 없느니라"는 것은 믿음을 통한 구원의 길에는 유대인이나 이방인의 차별(διαστολή, nf, a distinction, difference, separation, 나눔, 구별)이 없다(갈 3:28, 엡 2:11-22)라는 의미이다.

23 모든 사람이 죄를 범하였으매 하나님의 영광에 이르지 못하더니

"모든 사람이 죄를 범하였으매"라는 것은 각기 죄를 범했다(롬1:18-3:20)라는 것으로 '죄를 범하다"의 헬라어는 헤마르톤(ἥμαρτον, V-AIA-3P, have sinned)인데 이는 부정과거로서 Burton은 집합적 역사적 부정과거(collective historical aorist)라고 했다. 로마서 5장 12절에도 동일한 말씀이 있는데 연합과 대표의 원리에 의한 아담의 원죄로 온 인류가 멸망(온 인류의 전적 부패, 전적 무능, 전적 타락)에 이르게 되었다라는 말이다.

"하나님의 영광(τῆς δόξης τοῦ Θεοῦ)"을 다양하게 해석하는 학자들의 의견들이 분분하다.

첫째는 창조주 하나님이 마땅히 받으실 영광(Calvin, Barmby, Thomas)이라고 했다. 둘째는 미래에 성도들이 누릴 하늘의 영광(H. Ridderbos)이라고 했으며 셋째는 하나님의 뜻에 합당한 자에게 주실 영광 즉 칭찬, 시인, 위로(C. Hodge, Denny, Zahn, Lenski)라고 했다. 넷째는 창조 시 하나님의 형상(쩨렘, 신체적 형상)과 모양(데무트, 성품)을 따라 지음 받은, 다른 피조물과 구분되는 특권(Bruce, Godet, Hendriksen, Meyer, Harrison, Hofmann, Wilckens)이라고 했다. 학자들은 주로 네 번째를 지지하나 나는 네 가지를 다 포용한다. 왜냐하면 본질에서 벗어나지 않는 주석의 경우에는 맞고 틀리고의 문제가 아니라 그렇게 해석함으로 그 뜻안에 있는 또 다른 의미를 통해 하나님의 뜻을 보다 더 폭넓게 풍성하게 이해할 수가 있기 때문이다.

24 그리스도 예수 안에 있는 구속으로 말미암아 하나님의 은혜로 값없이 의롭다 하심을 얻은 자 되었느니라

"구속"의 헬라어는 아폴뤼트로쉬스[91]($ἀπολύτρωσις$, nf)인데 이는 '값을 지불함으로 풀려나다(딛 2:14, 벧전 1:18-19)'라는 의미이다. 이와 비슷한 단어가 아고라조($ἀγοράζω$, v)인데 이는 '노예시장에서 값을 지불하고 사다, 구입하다'라는 의미이다. 그리스도께서는 죄악의 노예되었던 우리를 당신의 핏값으로 사서 해방시키셨다.

"그리스도 예수 안에 있는"의 헬라어인 엔 크리스토 이에수($ἐν\ Χριστῷ$

---

91 아폴뤼트로쉬스($ἀπολύτρωσις$, nf)는 release effected by payment of ransom; redemption, deliverance/(from 575 /apó, "from" and 3084 /lytróō, "redeem") – properly, redemption – literally, "buying back from, re-purchasing (winning back) what was previously forfeited (lost))이고 아고라조($ἀγοράζω$, v)는 to buy in the marketplace, purchase/(from 58 /agorá, "the ancient marketplace, town-center") – properly, to make purchases in the marketplace ("agora"), i.e. as ownership transfers from seller to buyer, 고전 6:20, 벧후 2:1, 갈 3:13, 4:5)이다.

Ἰησοῦ, in Christ Jesus)는 '그리스도 예수로 말미암은'이라는 의미이다.

"값없이"의 헬라어는 도레안[92](δωρεάν, adv)인데 이는 '값없이 주어진 선물'이라는 의미이다. 그러므로 "은혜로 값없이"라는 말 속에는 극단적인 신(神)적 사랑이 함의되어 있다. 창조주 하나님은 아무런 사랑할 만한 여지가 없는 상태의 무능한 인간에게 넘치는 사랑을 베풀었다라는 측면에서 '무로부터의 창조(creatio ex nihilo, Augustine)'를[93] 충분히 예측할 수 있다.

25 이 예수를 하나님이 그의 피로 인하여 믿음으로 말미암는 화목제물로 세우셨으니 이는 하나님께서 길이 참으시는 중에 전에 지은 죄를 간과하심으로 자기의 의로우심을 나타내려 하심이니

구속 계획의 주체는 성부하나님이시며 그 계획을 성취하기 위해 오신 하나님은 예수 그리스도이시다. 복음의 정의를 다시 찬찬히 되새겨보면 이해가 쉽게될 뿐만 아니라 '다른 하나님, 한 분 하나님'이신 삼위일체 하나님의 분명한 개념 정립(Conceptualization)이 또한 바른 이해에 도움이 된다.

---

92 도레안(δωρεάν, adv)은 as a gift, to no purpose, without payment, freely/(the adverbial form of 1431/dōrea) – something freely done (as gratis), i.e. without "cause"; unearned (undeserved); freely given (without cost) hence not done out of mere obligation or compulsion. See 1431 (dōrea)이다.

93 그랜드종합주석 14, p716-717

"세우셨으니"의 헬라어는 프로에데토[94](προέθετο, V-AIM-3S, set forth as)인데 이는 프로(πρό)와 티데마이(τίθημι, v, to place, lay, set, 두다)의 합성어이다. 중간태로 쓰이면 '목적하다, 공개적으로 표명하다(set forth publicly)'라는 의미이다. 곧 예수 그리스도를 '화목제물'로 공개적으로 표명하셨다라는 의미이다.

"화목제물"의 헬라어는 힐라스테리온(ἱλαστήριον, nn, propitiation)인데 이는 구약적인 의미와 신약적인 의미에 미미한 차이가 있다. 전자(구약적 의미)의 경우 화목제물(ἱλαστήριον, nn, propitiation)이라면 후자(신약적 의미)의 경우에는 대속제물(λύτρον, nn)이라는 의미가 더 강하나 굳이 구분할 필요는 없다.

그럼에도 불구하고 미미한 차이를[95] 드러내자면 앞서 언급했듯이 화목제물(ἱλαστήριον, nn, propitiation)은 짐승의 피로 죄를 없이한 후에 하나님과의 화목(친밀한 교제)이 이루어지기에 구약적 의미에 가깝고 대속제물(λύτρον, nn)은 그리스도께서 '십자가 보혈을 흘리심, 대속하심'으

---

94 프로에데토(προέθετο, V-AIM-3S, set forth as, προτίθεμαι, (from 4253 /pró, "towards" and 5087 /títhēmi, "to place, set") – properly, to place before, setting forth in advance to achieve a particular purpose)인데 이는 프로(πρό, preposition, (a) of place: before, in front of, (b) of time: before, earlier than)와 티데마이(τίθημι, v, to place, lay, set, 두다)의 합성어이다.

95 "화목제물"의 헬라어는 힐라스테리온(ἱλαστήριον, nn, propitiation, (a) a sin offering, by which the wrath of the deity shall be appeased; a means of propitiation, (b) the covering of the ark, which was sprinkled with the atoning blood on the Day of Atonement/ (a substantival adjective, derived from 2433 /hiláskomai, "to propitiate") – the place of propitiation; the lid of the golden ark (the mercy-seat) where the blood of a vicarious lamb appeased God's wrath on sin)이고 "대속제물(마 20:28, 막 10:45, 속죄의 제물, expiation)"의 헬라어는 뤼트론(λύτρον, nn, the purchasing money for manumitting slaves, a ransom, the price of ransoming; especially the sacrifice by which expiation is effected, an offering of expiation)이다.

로 인해 죄사함을 통한 하나님과 인간의 화목(바른관계와 친밀한 교제)이 이루어진 것(엡 2:11-18)이기에 신약적 의미에 더 가깝다.

곧 대속제물의 경우에는 큰 대제사장이신 예수 그리스도에 의해, 특히 십자가 보혈(피는 생명을 상징, 레 17:11, 예수 그리스도의 희생)에 의해(롬 5:8-9), 믿음으로라는 전제조건이 반드시 있어야 한다. 왜냐하면 예수님은 '영 단번"에 죄를 해결하심으로 관계와 교제를 동시에 하셨기 때문이다. 한편 "대속제물(마 20:28, 막 10:45, 속죄의 제물, expiation)"의 헬라어는 뤼트론(λύτρον, nn)이다.

26 곧 이 때에 자기의 의로우심을 나타내사 자기도 의로우시며 또한 예수 믿는 자를 의롭다 하려 하심이니라

"이 때에"라는 것은 예수 그리스도의 구속 사역이 성취된 것과 예수로 말미암아 구원이 선포된 시기를 가리킨다. '의(義)'라는 것은 예수 그리스도의 십자가 보혈로 속량 즉 대가 지불함으로 하나님의 공의를 만족한 것과 인간들이 예수를 믿음으로 말미암아 의롭게 된 것을 가리킨다.

27 그런즉 자랑할 데가 어디뇨 있을 수가 없느니라 무슨 법으로냐 행위로냐 아니라 오직 믿음의 법으로니라

"자랑"의 헬라어는 카우케시스[96](καύχησις, nf)인데 이는 '영광스러움 (롬 2:17)'이라는 의미이고 "있을 수가 없느니라"의 헬라어는 엑세클레이스데(ἐξεκλείσθη, V-AIP-3S)인데 동사 에크레이오(ἐκκλείω, v, I shut out, exclude, separate, 닫다)의 부정 과거 수동태로서 '결코 있을 수 없다'라는 의미인 바 '단회적인 종결 혹은 폐쇄'를 말한다. 아브라함의 후손으로서 구속사의 주역인 유대인조차도 자랑할 것이 못 된다면 이방인이야 말해 무엇하겠느냐라는 의미이다.

"믿음의 법"의 헬라어는 노무 피스테오스(νόμου πίστεως, the principles of faith)인데 이는 '행위'와 대조되는 표현으로 인간이 의롭게 됨은 하나님의 전적인 은혜의 선물이라는 것(엡 2:8-9)이다.

28 그러므로 사람이 의롭다 하심을 얻는 것은 율법의 행위에 있지 않고 믿음으로 되는 줄 우리가 인정하노라 29 하나님은 홀로 유대인의 하나님뿐이시뇨 또 이방인의 하나님은 아니시뇨 진실로 이방인의 하나님도 되시느니라

이 구절에서는 유대인들의 독선적(獨善的) 배타주의(chauvinism, 쇼비니즘, 맹목적, 광신적, 호전적 애국주의)를 꼬집고 있다. 만약 하나님이 실로 유대인의 배타적 하나님이라면 이방 각 민족들은 각자가 섬기던 이방 신들에게 그들의 구원에 대해 간구해야만 할 것(Hendriksen)이다.

---

96 카우케시스(καύχησις, nf)는 the act of boasting, glorying, exultation/boasting, which can either be in the "achievements" of self (negatively) or about God's grace (positively). See 2744 (kauxomai)이다.

30 할례자도 믿음으로 말미암아 또는 무할례자도 믿음으로 말미암아 의롭다 하실 하나님은 한 분이시니라

"믿음으로 말미암아"를 두 번이나 반복하였는데 전자의 경우 헬라어는 에크 피스테오스(ἐκ πίστεως, by faith)인데 이는 '믿음으로부터'라는 의미이다. 즉 할례언약을 맺었던 아브라함이 가진 믿음으로부터라는 것으로 동일하게 믿음이 있었던 아브라함처럼 할례를 받음으로 말미암아 의롭다함을 얻게 된다는 것을 가리킨다.

반면에 후자의 경우 헬라어는 디아 테스 피스테오스(διὰ τῆς πίστεως, through the same faith)인데 정관사(τῆς, the)가 붙어있음에 주목해야 한다. 이는 '믿음을 통하여'라는 의미로 할례라는 의식이 아니라 유대인이 가졌던 것과 동일한 그 믿음을 통하여 의에 이를 수 있다라는 것이다(Wrodswroth).

결국 '다른 하나님, 한 분 하나님'이신 삼위일체 하나님은 할례자든 무할례자든 간에 '믿음으로 말미암아' 의롭다 칭해주실 것임을 강조하고 있다.

31 그런즉 우리가 믿음으로 말미암아 율법을 폐하느뇨 그럴 수 없느니라 도리어 율법을 굳게 세우느니라

이 구절은 전적인 믿음에 의해 의롭게 된다라고 한다면 율법은 무효화되는 것이냐라는 질문이다.

"폐하느뇨"의 헬라어는 카타르게오[97](καταργέω, v)인데 이는 '무효화하다'라는 의미이다. "그럴 수 없느니라"는 것은 믿음을 통해 구원받은 자는 율법을 폐하는 것이 아니라 도리어 '굳게 세운다'라는 것이다. 여기서 '율법'이란 로마서 6-8장에 의하면 그리스도인의 새 삶, 믿음으로 구원받은 성도들의 의로운 삶인 성화(Glorification) 과정을 가리키고 있음을 알 수 있다(Augustine, Calvin).

사도요한(요 13:34)이나 바울(고전 13장, 갈 5:22-23)도 마찬가지로 율법이란 사랑의 계명임을 강조하였다. 그러므로 '성화'든 '사랑의 계명'이든 그런 율법의 준수는 그리스도를 믿는 믿음을 통해서만 가능하다라는 말이 된다. 왜냐하면 예수 그리스도께서 인간을 대신하여 먼저 율법의 요구 조건을 만족시켜주셨기(마 5:17) 때문이다.

결국 믿음으로 구원된 그리스도인들은 율법에 얽매이지 않을 뿐이지 누구보다도 더 율법을 따라 살려고 몸부림치기에 그 율법을 폐하는 것이 아니라 도리어 굳게 세우는 것이라는 의미이다. "굳게 세우다"의 헬라어는 히스테미[98](ἵστημι, v)인데 이는 '지키다, 완수하다'라는 의미이다.

---

97 카타르게오(καργέω, v)는 (a) I make idle (inactive), make of no effect, annul, abolish, bring to naught, (b) I discharge, sever, separate from)이다.

98 히스테미(ἵστημι, v)는 trans: (a) I make to stand, place, set up, establish, appoint; mid: I place myself, stand, (b) I set in balance, weigh; intrans: (c) I stand, stand by, stand still; met: I stand ready, stand firm, am steadfast)이다.

하나님의 의가 드러난 십자가 복음

·
·
·
·
·

괴짜 의사 Dr. Araw의
쉽고 바르게 읽는 로마서 장편(掌篇) 강의

레마이야기 4

여기셨느니라
(*λογίζομαι*, v, to reckon, to consider)

 4장에서는 이신칭의(以信稱義), 이신득의(以信得義, Justification by faith)의 실례로 믿음의 조상인 아브라함을 등장시키고 있다. 아브라함이야말로 행위나 할례, 율법으로써 의롭다 하심을 얻은 것이 아니라 '오직 믿음'으로 의롭다 칭함을 받은 것이라고 말씀하고 있다. 결국 아브라함의 처음 믿음 또한 굳센 믿음이 아니라 연약한 믿음이었으며 당시 비록 깜냥조차 안되었으나 하나님의 '여겨주심'으로 믿음의 조상이 되었음을 말씀하고 있다.

 "여기다"의 히브리어는 하솨브(חָשַׁב, v, to think, account)이고 헬라어

는 로기조마이(λογίζομαι)인데 이는 '그럴 깜냥이 안 됨에도 불구하고 그렇게 인정해주다, 여겨주다, 간주하다'라는 의미이다. 여기서 '깜냥'이란 '그릇'이라는 말로 스스로 일을 헤아릴 능력(what little ability one has, one's ability or capacity)을 말한다. 나는 이 단어를 곱새겨볼 때마다 눈물이 난다. "깜냥'이 안 되었던 나에 대한 고마우신 하나님의 은혜 때문이다. 세월의 흐름과 함께 그 은혜가 차곡차곡 쌓이는 느낌도 받고 있다.

지난날의 필자는 특별히 허물과 실수가 많았다. 크고 작은 흠집들로 온통 얼룩져 있었다. 동서남북 사방은 꽉~꽉 막혀 있었고 하늘마저 온통 검었던 기억뿐이다. 그 많은 장애물들은 다 열거하기도 어렵다. 두렵고 아예 용기도 나지 않았다. 그래서 자주 많이 울곤 했다. 긴 한숨을 쉬기도 했다. 그럴수록 마음은 무거워졌고 세월이 흘러가며 절망 앞에서 살아갈 희망이 점점 옅어져만 갔다.

그곳에서 헤어 나오려고 엄청난 몸부림을 치기도 했다. 대치물(代置物, substituent)을 찾아 많이 헤매기도 했다. 그 와중에 만났던 무수히 많은 사람들과 사물들…….

점점 더 무거운 멍에는 짐이 되어 쌓여만 갔다. 극한에 다다르자 마지막 시도를 해보고 죽으려 했다. 그 마지막 시도가 목사이자 멘토였던 나의 아버지 이윤화 목사가 남겨주신 2가지 유산인 '산(山) 기도와 성구 암송'이었다.

나는 어려서부터 성경 암송을 많이 했다. 물론 자발적으로 한 것은 아니다. 소위 '땜질용'이었다. 성경 암송을 통해 나의 실수들을 면죄부로 받을 수 있었기에 어쩔 수 없이 많은 성경 구절들을 암송하게 된 것이다. 또한 어려서부터 아버지가 산(山) 기도를 가실 때마다 삼남매 중에서 유독 내가 많이 간택(?) 되었다. 누님과 동생보다 뛰어나다거나 특별히 사랑을 많이 받아서가 아니다. 유독 별났기 때문이다. 나의 경우 산에라도 데려가지 않으면 무슨 일을 벌일지 모르는 천방지축(天方地軸)의 아이였기 때문이었다. 그렇게 아버지의 손에 이끌려 억지로? 끌려다닌 산 기도는 오늘의 나를 있게 했다.

어린 날의 실수와 허물은 둘째 치고라도 지금까지 나는 적잖은 인생을 살며 크고 작은 돌발 상황을 수없이 겪었다. 그때마다 나를 건져준 것은 지난날 외웠던 수많은 성경 말씀과 자의 반 타의 반으로 다녔던 산 기도 습관이었다.

그렇게 나는 삶의 소망을 잃게 되면 죽기 전에 마지막으로 산 기도를 가곤 했다. 유독 좋아했던 한 장소가 있었다. 그곳은 내가 자주 갔던, 여러 가지 추억이 깃든 김해의 무척산기도원이다. 기도원 반대편 산 너머에는 동굴이 있었다. 한 번은 그 동굴에 8통의 물병을 가지고 하나님의 응답이 없으면 그냥 죽을 것이라고 선포하고 들어갔다. 그리고는 들어가자마자 죽여달라고 목이 쉬어라고 고함치며 삿대질하며 기도를 시작했다. 나 스스로 보아도 기가 차고 한편으로는 우스꽝스러운 '떼깡'이었다.

하루 이틀이 지나고 사흘이 되자 기도는커녕 배만 고프고 머릿속은 온갖 복잡한 생각들만 가득찼다. 생각보다 기도는 잘 되지 않았다. 그렇게 6일이 지나자 짜증이 나고 화가 치밀어 올랐다. 그날 저녁을 D-day로 작정하고는 더욱더 고래고래 고함을 지르며 하늘을 향해 마구 삿대질을 해

댔다. 한참이 지났음에도 하늘은 아무런 미동(微動)도 없었다. 무언가 짜릿한 느낌이라도 있어야하는 것 아닌가······. 그냥 덤덤하기만 했다.

한숨을 쉬던 중 갑자기 어린 시절이 파노라마처럼 스치며 지난 시절에 불렀던 찬양들이 마구 생각났다. 나도 모르게 그 찬양을 불렀다. 계속 반복했다. 눈물이 주르륵 흘렀다. 계속하여 찬양을 했다. 가사를 생각할 때마다 눈물이 쉴새없이 줄줄 흘러나왔다. 찬양하다가 기도하기를 반복했다. 어린 시절의 성경구절들이 뇌리를 스치며 또렷한 음성으로 들려왔다. 때로는 나지막하게, 때로는 천둥치듯이. 그렇게 그날 밤은 말씀과 찬양을 통해 하나님의 음성을 듣는 행복감을 흠뻑 누렸다. 잠시 누웠다가 일어나 동굴 밖으로 나왔는데 해가 이미 중천에 떠 있었다. 몸을 조금 풀고는 다시 들어가 계속하여 찬양을 했고 기도를 했다. 어느새 마음은 평안해졌고 처음 기도하려고 마음먹었던 수많은 기도 제목들은 하나도 생각나지 않았다.

평안함 속에서 성경책을 펴 찬찬히 읽어나갔다. 말씀 속으로 빨려들어갔다. 산속의 어두움은 빨랐다. 어느덧 해가 져서 다시 찬송을 하며 기도하며 시간 가는 줄 모른 채 그날 밤을 꼬박 새웠다. 전혀 피곤하지 않았다.

다시 새벽녁이 되자 하나님의 음성이 나의 마음에 전달되었다. '이젠 그만 내려가서 네가 지금 하고 있는 일을 보다 더 알차게 하라. 세월을 아끼라. 때가 악하니라. 결과는 내게 맡겨라. 그리고는 그날까지 최선을 다하는 성경 교사가 되라'고 하셨다.

전혀 "깜냥"이 안 됨에도 불구하고.

'성경 교사'

나는 그때까지 성경 교사로 살아왔다고 생각했다. 그런데 다시 '성경 교사가 되라'니…….

Teaching is the best way of learning.
가르침으로 주님을 더 알아가라는…….

그날 이후 '성경 교사'라는 말이 머릿속을 떠나지 않았고 그렇게 살아가려고 몸부림을 쳤다. 아마도 속으로 수백 번은 족히 반복하며 결심했을 듯하다. 그 이후로 어언 30여 년이 흘렀다. 십수 년 전에는 두번 째로 방배동의 신대원으로 가서 객관적 관찰자 입장에서 신학을 다시 점검했다. 헬라어 히브리어를 처음으로 재미나게 열심히 공부했다. 그리고는 청년들을 타겟(target)으로 장편(掌篇) 주석을 집필하기 시작했다.

나의 소망은 가장 신임하는 공저자들(자녀들과 멘티 등)과 함께 여생에 7권의 주석을 쓰는 것이다. 그리고는 육신의 장막을 벗는 그날까지 그들과 함께 계속 업그레이드(Upgrade) 업데이트(Update)할 것이다. 예수 재림의 그날까지…….

지금의 나는 오롯이 '하나님의 여겨주심'의 열매이다. 이신칭의를 빗대어 뜬금없이 아브라함을 끌어다 썼다고 야단치는 분들도 있다. 당연히 아브라함에게 미안한 마음도 있으나 내게 다가오신 좋으신 하나님은 진정한 '하쇄브'의 하나님이었다.

"여기셨느니라(하쇄브, 로기조마이)."

필자는 스스로의 수준을 너무나 잘 알고 있다. 그렇기에 매사 매 순간을 남들보다 더 열심히 노력하며 주어진 시간을 누구보다도 알차게 배분하며 살아가고 있다. 우선순위(Priority)를 지키면서 말씀을 연구하고 또 연구한다. 나는 오늘도 하나님의 '여겨주심(하솨브, 로기조마이)'에 힘입어 가라면 가고 서라면 곧장 서 버린다. 말하라면 말하고 침묵하라면 중간에 말이 잘리더라도 침묵해 버린다.

'하나님의 여겨주심' 때문이다.

"그러나 나의 나 된 것은 하나님의 은혜로 된 것이니 내게 주신 그의 은혜가 헛되지 아니하여 내가 모든 사도보다 더 많이 수고하였으나 내가 아니요 오직 나와 함께하신 하나님의 은혜로라"_고전 15:10

모든 것이 하나님의 은혜이다.

오직 은혜!

Sola Gratia

4-1 그런즉 육신으로 우리 조상된 아브라함이 무엇을 얻었다 하리요

"그런즉"이란 '믿음으로 말미암아 의롭게 되었은즉'이라는 의미이다. 즉 하나님의 구원 방법과 하나님이 계획하신 구원 목적을 설명하고 있는 바 '구원 방법'이란 예수 그리스도로 말미암는 것으로 구원은 오직 은혜, 오직 믿음이며 '구원 목적'은 모든 영광을 하나님께만 돌리게 하기 위함이다.

"육신으로"라는 것은 '죄악된 인간 본성으로(롬 8:4-5, 12, 고전 1:26)'라는 의미와 '육체를 가진 인간으로(롬 9:3)'라는 의미가 있는데 여기서는 후자를 가리킨다. 많은 학자들(Beza, Bengel, Vincent, Sanday & Headlam)은 '아브라함이 육신에 속한 인간적인 노력에 의해 의롭게 되지 않았다'라고 해석하고 있는데 나는 이에 적극적으로 동의하고 있다.

혹 이 말을 곡해하여 '아브라함이 믿음의 조상이 아니란 말인가'라고 오해하지 말았으면 좋겠다. 처음부터 믿음이 좋았던 아브라함을 믿음의 조상으로 택해주신 것이 아니었다라는 의미이다. 결론적으로 믿음이 연약한 아브라함을 '여겨주시고(하솨브, 로기조마이)' 들어쓰셔서 믿음의 조상이 되게하셨다라는 의미이다.

2 만일 아브라함이 행위로써 의롭다 하심을 얻었으면 자랑할 것이 있으려니와 하나님 앞에서는 없느니라

아브라함의 행위에 관한 유대인들의 뿌리깊은 전통[99]이 있는데 바울은 이를 송두리째 흔들고 있다. 한편 외경(쥬빌리 23:10)이나 므낫세의 기도 등에는 아브라함의 행위에 대해 '완전했다'라고 기록하고 있다. 랍비 문헌들에는 아브라함이 3세 때부터 하나님을 섬겼고 당시 율법과 할례를 예기적으로(prophetically, 예언적으로) 행했다라고 주장한다. 또한 아브라함은 자신의 공력으로 하나님의 임재의 상징인 '빛나는 구름(출 24:15-16)'을

---

99   그랜드종합주석 14, p732-733

불러올 수 있었다라고 한다(Strack & Paul Billerbeck). 물론 나는 이런 부분에 전혀 관심이 없다. 모든 것은 하나님의 은혜이며 특히 내게는 더욱더 모든 것이 하나님의 은혜일 뿐이다.

"자랑할 것"이란 자랑할 근거(the ground of boasting)라는 의미이다. 예컨대 아브라함이 이삭을 바친 것은 행위의 의로움이라기보다는 하나님에 대한 절대적 믿음의 결과라는 것이다. 그런 믿음(피스튜오)에 대한 동력은 하나님께서 은혜로 허락하신 믿음(피스티스) 때문인 것이다.

3 성경이 무엇을 말하느뇨 아브라함이 하나님을 믿으매 이것이 저에게 의로 여기신 바 되었느니라

"성경이 무엇을 말하느뇨"라는 것은 창세기 15장 6절이나 갈라디아서 3장 6절, 히브리서 11장 7절에 의하면 아브라함이 의롭게 된 것은 그에게 주신 믿음(피스티스)으로 말미암은 것이라는 의미이다.

한편 이 구절에서의 "아브라함이 하나님을 믿으매"라는 것에서 아브라함이 믿었던 내용은 창세기 12장(1-3절, 정식언약), 13장 14-17절, 15장(1-5절, 12-21절, 횃불언약), 17장(1-22절, 할례언약)의 하나님의 약속에 대한 믿음을 가리킨다.

"의로 여기다"라는 것은 하나님과의 바른 관계와 친밀한 교제가 시작되었음을 알리는 말이다. "여겨지다"라는 말은 '전가하다'라는 말과 같은 의미로서 '의가 전가되어지다'라는 말이다.

4 일하는 자에게는 그 삯을 은혜로 여기지 아니하고 빚으로 여기거니와

"일하는 자"란 '율법을 행함으로 의를 얻으려는 자'를 가리키며 "은혜로 여기지 아니하고"라는 것은 하나님의 은혜 없이도 의인인 것으로 여길 뿐만 아니라 "그 삯" 또한 당연히 여긴다라는 말이다.

"삯($μισθός$, nm, a)"은 임금을, "빚($ὀφείλημα$, nn)"은 채무를, "은혜($χάρις$, nf)"는 호의로 베푸는 자비 혹은 선물을 의미한다[100].

5 일을 아니할지라도 경건치 아니한 자를 의롭다 하시는 이를 믿는 자에게는 그의 믿음을 의로 여기시나니

"경건치 아니한 자"라는 것은 '일하지 않은 자'라는 말로서 "경건"의 헬라어는 아세베스[101]($ἀσεβής$, adj)인데 이는 '하나님을 두려워하지 않는, 불신앙의"라는 의미이다. 이 구절은 하나님을 불신해도 의롭다라는 것이 아니라 예전에는 비록 경건치 않았다 하더라도 하나님께로 돌아오면 과거의 행위에 상관없이 의롭다고 칭해주신다라는 것이다.

"믿음을 의로 여기시나니"라는 것은 '오직 믿음(엡 2:8, Sola Fide)'을 가리

---

100 "삯($μισθός$, nm, a) pay, wages, salary, (b) reward, recompense, punishment)"은 임금을, "빚($ὀφείλημα$, nn, that which is owed, a debt/the result of having a debt, focusing on the after-effect of the obligation (note the -ma suffix))"은 채무를, "은혜($χάρις$, nf, (a) grace, as a gift or blessing brought to man by Jesus Christ, (b) favor, (c) gratitude, thanks, (d) a favor, kindness)"는 호의로 베푸는 자비 혹은 선물를 가리킨다.

101 아세베스($ἀσεβής$, adj)는 impious, ungodly, wicked/(an adjective which is the negation of 4576 /sébomai, "to respect") - properly, lack of reverence ("without due respect"), i.e. failing to honor what is sacred - especially in the outward (ceremonial) sense) 이다.

키는 것으로 '예수 그리스도의 구속으로 말미암은 하나님의 은혜(롬 3:24)'를 '믿으면 의롭게 된다'라는 것을 말한다.

6 일한 것이 없이 하나님께 의로 여기심을 받는 사람의 행복에 대하여 다윗의 말한 바 7 그 불법을 사하심을 받고 그 죄를 가리우심을 받는 자는 복이 있고

"일한 것이 없이"라는 말 속에는 '믿음으로'라는 의미가 내재되어 있기에 이는 '믿음으로 하나님께 의롭다함을 얻은 것'을 말씀하고 있는 것이다. 이 구절에서는 아브라함과 다윗(시 32:1-2) 두 사람을 상기 약속의 효력에 대한 증인(신 17:6)으로 불러내고 있다.

"행복"의 헬라어는 마카리스모스[102](μακαρισμός, nm)인데 이는 '행복의 선언'이라는 의미로서 그 주체자는 하나님이시다. 비슷한 단어인 "복"의 헬라어는 마카리오스(μακάριος, adj)이다.

그리스도인에게 있어서 참된 '행복과 복'은 무엇일까? 세상의 복과는 어떤 차이가 있을까? 그런 의미에서 나는 복(福 Blessing)에 해당하는 히브리어 두 단어와 헬라어 한 단어를 소개하고자 한다.

'복(福 Blessing)'의 히브리어는 바라크(בָּרַךְ, v, 창 2:3)와 에세르(אֶשֶׁר, nm, happiness, blessedness, אָשַׁר, v, to go straight, go on, advance,

---

[102] 마카리스모스(μακαρισμός, nm)는 a declaration of blessedness/blessedness, i.e. the condition (state, declaration) of receiving eternal benefits from God (i.e. that are lasting, with eternal advantage; the Greek root literally means "long, extended.") See 3107 (makarios)인데 이는 '행복의 선언'으로서 그 주체자는 하나님이시다. 반면에 "복"의 헬라어는 마카리오스(μακάριος, adj, blessed, happy/(from mak-, "become long, large") - properly, when God extends His benefits (the advantages He confers); blessed)이다.

시 1:1)이며 헬라어는 마카리오스(μακάριος, adj, 마 5:3-12)이다. 이를 풀어쓰면103 '바라크'는 '무릎 꿇고 기도하며 하나님을 찬양하며 경배하는 사람은 이미 복받은 자'라는 의미이다. '에쉐르'는 '올바른 길(길, 진리, 생명이신 예수 그리스도)을 걸어가는 사람은 이미 복받은 사람'이라는 의미이다. 한편 헬라어 마카리오스(μακάριος, adj)는 '만세 전에 택정하심으로 구원받아 복된 너희는 이미 복받은 사람'이기에 그렇게 복된 사람으로 살아가라는 말씀이다.

또한 이 구절에서는 "행복(幸福)이란 '일한 것이 없이 하나님께 의로 여기심을 받는 것'이며 "복(福 Blessing)"이란 '불법의 사하심을 받고 죄를 가리우심을 받으며 주께서 그 죄를 인정치 아니하는 것'이라고 했다. 할렐루야!

한편 다음의 동사와 명사들은 각각 시제(時制)와 태(態), 수(數), 격(格), 의미(意味, meaning)와 발음(發音, pronunciation)이 유사한데 이는 언어 유희(word play)를 사용하고 있음을 알 수 있다.

"불법"의 헬라어는 하이 아노미아이(αἱ ἀνομίαι, the lawless deeds)인데 이는 율법이 없는 것처럼 무시하고 어기는 행위를 말한다. "죄"의 헬라어104는 하이 하마르티아이(αἱ ἁμαρτίαι, the sins)인데 하마르티아(ἁμαρτία)는 '과녁을 벗어나다'라는 것으로 말씀에서 벗어난 것이라

---

103 바라크(בָּרַךְ, v)는 to kneel, bless, 창 2:3)이며 에세르(אֶשֶׁר, nm)는 happiness, blessedness, אָשַׁר, v, to go straight, go on, advance, 시 1:1)이다. 이의 헬라어는 마카리오스(μακάριος, adj, blessed, happy/(from mak-, "become long, large") - properly, when God extends His benefits (the advantages He confers); blessed, 마 5:3-12)이다.

104 하마르티아(ἁμαρτία, prop: missing the mark; hence: (a) guilt, sin, (b) a fault, failure (in an ethical sense), sinful deed)는 과녁을 벗어나다라는 의미이다.

는 의미이다. '아노미아이'와 '하마르티아이'에서는 후반부의 발음(음역)이 유사하다. "사하심을 받고"의 헬라어는 아페데산(ἀφέθησαν, are forgiven, V-AIP-3P)인데 이는 '죄를 제거하다, 용서하다'라는 의미이고 "가리우심을 받는 자는"의 헬라어는 에페칼뤼프데산(ἐπεκαλύφθησαν, Are covered, V-AIP-3P)인데 역시 '아페데산'과 '에페칼뤼프데산'의 후반부 음역이 비슷하다.

8 주께서 그 죄를 인정치 아니하실 사람은 복이 있도다 함과 같으니라

"인정하다"의 헬라어는 로기세타이(λογίσηται, V-ASM-3S, will reckon)인데 이 단어의 원형은 로기조마이[105](λογίζομαι, v)이다. 창세기 15장 6절을 인용한 로마서 4장 3절에서의 "여겨주다(하솨브)"와 동일한 단어로서 같은 의미의 단어가 사용되었다. 이는 동일한 의미로 해석하는 힐렐(Hillel)학파의 유추적 성경해석 방법[106]이라고 한다. 가말리엘 문하에서 공부한 바울이 그렇게 적용한 것이다(Hendriksen, Bruce).

9 그런즉 이 행복이 할례자에게뇨 혹 무할례자에게도뇨 대저 우리가 말하기를 아브라함에게는 그 믿음을 의로 여기셨다 하노라

105　로기조마이(λογίζομαι, v)는 to reckon, to consider/(the root of the English terms "logic, logical") - properly, compute, "take into account"; reckon (come to a "bottom-line"), i.e. reason to a logical conclusion (decision))이다.

106　그랜드종합주석 14, p734

"할례자"의 헬라어는 페리토메[107](περιτομή, nf/περιτέμνω, v)이며 "무할례자"의 헬라어는 아크로뷔스티아(ἀκροβυστία, nf)인데 이는 '개인, 집단, 민족'을 지칭하기도 한다. 결국 하나님은 모든 개인, 민족, 집단을 망라하고 택정된 자를 부르시고 훈련을 시키셔서 아브라함처럼 믿음의 조상이 되게 하시겠다라는 것이다. 그러므로 믿음이 좋아서 하나님의 도구로 사용되는 것이 아니라 하나님의 섭리와 경륜 가운데 역사를 통하여 사람을 쓰시되 그대로 사용하시기도 하며 훈련을 통하여 쓰시기도 한다라는 말이다.

10 그런즉 이를 어떻게 여기셨느뇨 할례시냐 무할례시냐 할례시가 아니라 무할례시니라

"어떻게"란 헬라어는 포스(πῶς)로서 '어떤 방법으로'라는 의미이나 이 구절에서는 문맥상 '언제'로 해석한다.

한편 아브라함은 창세기 12장에서 정식 언약을 맺고 15장, 17장에서 횃불 언약, 할례 언약을 맺는다. 그렇기에 아브라함은 할례를 이스마엘의 13세 때 함께 받았으므로(창 17:24-25) 아브라함의 믿음을 의로 여기셨던

---

107 페리토메(περιτομή, nf)는 circumcision/properly, cut around, i.e. the removal of the male foreskin in circumcision (the visible sign of God's covenant in the OT). See 4059 (peritemnō, περιτέμνω, v))이며 "무할례자"의 헬라어는 아크로뷔스티아(ἀκροβυστία, nf, the prepuce, foreskin, uncircumcision, (a technical word of Jewish use) foreskin, prepuce: used sometimes as a slang term by Jews, of Gentiles/properly, uncircumcised; (figuratively) a person outside of God's covenant, i.e. who does not belong to the Seed (Christ, the Messiah)이다.

때(창 15:6)에 그는 실상 무할례자였다.

결국 '칭의'는 할례에 의한 것이 아님을 보여주고 있는 것이다. 할례는 칭의의 조건이 아니라 칭의의 결과인 것이다. 마찬가지로 세례는 회심의 상징이요 증거(Calvin)이지 칭의의 조건이 아님을 알아야 한다.

11 저가 할례의 표를 받은 것은 무할례시에 믿음으로 된 의를 인친 것이니 이는 무할례자로서 믿는 모든 자의 조상이 되어 저희로 의로 여기심을 얻게 하려 하심이라

"할례"는 하나님의 은혜 언약의 첫번째 보증으로 아브라함을 열방의 아비로 삼겠다는 약속의 보증이었다. 그렇기에 "할례의 표를 받은 것은 믿음으로 된 의를 인친 것"이라고 했던 것이다.

"표"의 헬라어는 세메이온[108](σημεῖον, nn)인데 이는 '표식, 상징'으로 본질과 관계는 있으나 본질 자체는 아니라는 의미이다. 즉 아브라함의 경우 믿음이 본질이며 할례는 세메이온(칭의의 표, 상징)이라는 것이다. 참고로 계시록에는 '표'라는 헬라어로 카라그마와 스프라기스가 있다. 전자는 사단나라에 속한 자가 받는 것이며 후자는 그리스도인들이 받는 인(印)침이다. 한편 계시록의 표는 '소속, 소유'라는 의미이다.

"인(印)치다"의 헬라어는 스프라기조[109](σφραγίζω, v)인데 스프라기스

---

108 세메이온(σημεῖον, nn)은 a sign, miracle, indication, mark, token/a sign (typically miraculous), given especially to confirm, corroborate or authenticate)이다.

109 스프라기조(σφραγίζω, v)는 (from 4973 /sphragís, "a seal") – properly, to seal (affix)

(σφραγίς, nf)에서 파생되었다. 이는 '소유와 함께 모든 권리를 가지고 있음'을 함의한다. 에베소서 1장 11-14절의 말씀에 의하면 모든 성도는 성령님의 인(印)치심을 받은 자로서 하나님의 소유된 백성들이다.

"그 안에서 너희도 진리의 말씀 곧 너희의 구원의 복음을 듣고 그 안에서 또한 믿어 약속의 성령으로 인치심을 받았으니 이는 우리의 기업에 보증이 되사 그 얻으신 것을 구속하시고 그의 영광을 찬미하게 하려 하심이라"_엡 1:13-14

결국 아브라함은 무할례시에 하나님을 믿어 의롭게 되었고 그 이후에 칭의의 표징으로 할례를 받은 것이라는 의미이다.

한편 이 구절에서의 '하나님의 의(義)'라는 것은 하나님 본성의 거룩하심, 그리스도의 인격적 거룩하심을 의미한다라기보다는 '사람을 의롭게 하시는 하나님의 방법110'이라고 했는데 전적으로 수긍이 된다.

12 또한 할례자의 조상이 되었나니 곧 할례 받을 자에게뿐 아니라 우리 조상 아브라함의 무할례시에 가졌던 믿음의 자취를 좇는 자들에게도니라

이 구절에서 아브라함은 예수를 믿은 할례받은 유대인뿐만 아니라 그가 가졌던 믿음을 흔들림 없이 일관되게 지속적으로 공유하는(갈 5:25, 빌

---

with a signet ring or other instrument to stamp (a roller or seal), i.e. to attest ownership, authorizing (validating) what is sealed)인데 이는 스프라기스(σφραγίς, nf, a seal, signet ring, the impression of a seal, that which the seal attests, the proof)에서 파생되었다.

110   조나단 에드워즈 로마서주석, 복있는 사람, p130재인용

3:16) 할례받지 않은 이방인들 즉 모든 이(유대인, 이방인)들의 조상이 되었다는 말이다.

결국 아브라함은 할례받기 전 믿음으로 의롭다 칭함을 받았기에 비록 할례를 받지 않았다 하더라도 자신처럼 믿음의 발자취를 따르는 자들의 조상인 것이다. 동시에 할례를 받은 후 이삭을 낳았고 그로 인해 자신처럼 믿음을 따라 할례를 받은 할례자의 조상이기도 하다. 이렇게 아브라함은 "할례자의 조상이자 무할례자의 조상"이기에 곧 모든 자들의 조상인 것이다.

13 아브라함이나 그 후손에게 세상의 후사가 되리라고 하신 언약은 율법으로 말미암은 것이 아니요 오직 믿음의 의로 말미암은 것이니라

"세상의 후사"를 의미하는 헬라어는 클레로노몬 코스무(κληρονόμον κόσμου, heir of the world)인데 이는 유대인의 우월의식을 보여준 것으로 전형적인 유대주의(할례의 시행) 및 율법주의(율법의 준수)적인 그들의 편협한 생각에서 기인한다. 그들은 하나님께서 자신들에게만 가나안 땅을 허락하셨고 하늘의 별처럼 바다의 모래처럼 중다한 후손을 허락하셨고 종국적으로 복의 근원이 될 것을 약속하셨다고 믿었다. 또한 장차 메시야를 통해 자신들만이 우주적인 통치를 할 것이라고 생각했다.

그러나 이 구절에 의하면 '세상의 후사'는 유대인이든 이방인이든 즉 혈통이나 율법의 준수와는 상관없이 '믿음의 의'에 의해 주어질 것이라고 했다. 결국 '언약의 유효성(efficacy)'을 말씀하고 있는 것이다. 한편

'믿음의 의'란 디카이오쉬네스 피스테오스(δικαιοσύνης πίστεως, the righteousness of faith)인데 이는 '믿음으로 말미암은 의'라는 의미로서 '칭의'의 유일한 원리이다.

14 만일 율법에 속한 자들이 후사이면 믿음은 헛것이 되고 약속은 폐하여졌느니라

"율법에 속한 자들"이란 유대인을 가리키는데 그들은 율법을 중시하며 율법에 근원을 두는 자들로서 율법에 얽매여 율법을 지키는 행위로써 의롭게 되려는 자들이다.

"약속"의 헬라어는 에팡겔리아[111](ἐπαγγελία, nf)인데 이는 13절에 기록된대로 하나님의 약속을 의미하는 '언약'으로 번역함이 일관성이 있다. 그러므로 이 구절에서는 '믿음과 언약'의 대조를 생각하며 묵상하면 도움이 된다. 결국 '믿음과 언약'을 통해 영적인 유대인들(영적 이스라엘인들)이 진정한 '세상의 후사'가 된다라는 것이다.

"헛것이 되다"의 헬라어는 케노오[112](κενόω, v)인데 이는 '텅 비게 되다, 가치가 없게 되다'라는 의미이다. "폐하여지다"의 헬라어는 카타르게

---

111 에팡겔리아(ἐπαγγελία, nf)는 a summons, a promise/(a feminine noun comprised of 1909 /epí, "appropriately on" and **aggellō**, "announce") – a promise which literally "announces what is fitting" (apt, appropriate)이다.

112 케노오(κενόω, v)는 (a) I empty, (b) I deprive of content, make unreal/properly, to empty out, render void; (passive) be emptied – hence, without recognition, perceived as valueless (Phil 2:7). See 2756 (kenos)이다.

오[113](καταργέω, v)인데 이는 '무효화되다'라는 의미로 어떤 권리도 행사할 수 없음을 가리킨다.

15 율법은 진노를 이루게 하나니 율법이 없는 곳에는 범함도 없느니라

"율법(νόμος, nm)"의 효력 있는 속성(신 27:26, 갈 3:10)은 '누구든지', '율법책에 기록된 대로' '모든 일을' '항상 행해야' 한다라는 것이다. 그러나 율법을 모두 다 행할 인간은 이 세상에 하나도 없다(롬 3:10, 20). 게다가 율법은 죄를 깨닫게 하며 그 죄에 대해 정죄하는 역할일 뿐이다. 그 결과 율법은 필연적으로 하나님의 진노(ὀργή, nf, impulse, wrath)라는 결과를 얻게하는 것이다.

율법이 제정되기 전인 노아 시대나 아브라함 시대에는 '믿음의 유무'에 따라 의인과 죄인으로 구별되었다. 그러므로 율법이 없던 그 시대에는 당연히 율법에 의해서는 정죄를 받지 않았다(οὐδὲ παράβασις, neither transgression). 결국 율법이 없어 죄를 깨닫지 못할 경우 죄를 범한다 하더라도 그것이 죄인 줄조차 모르는 것이다.

---

113 카타르게오(καταργέω, v)는 (a) I make idle (inactive), make of no effect, annul, abolish, bring to naught, (b) I discharge, sever, separate from/(from 2596 /katá, "down to a point," intensifying 691 /argéō, "inactive, idle") – properly, idle down, rendering something inert ("completely inoperative"); i.e. being of no effect (totally without force, completely brought down); done away with, cause to cease and therefore abolish; make invalid, abrogate (bring to nought); "to make idle or inactive" (so also in Euripides, Phoen., 753, Abbott-Smith)이다.

16 그러므로 후사가 되는 이것이 은혜에 속하기 위하여 믿음으로 되나니 이는 그 약속을 그 모든 후손에게 굳게 하려 하심이라 율법에 속한 자에게뿐 아니라 아브라함의 믿음에 속한 자에게도니 아브라함은 하나님 앞에서 우리 모든 사람의 조상이라

"후사가 되는 것"이란 의미는 율법의 행위가 아니라 하나님의 은혜로 믿음을 통해서만 영적 아브라함의 후사가 된다라는 말이다. 즉 '오직 믿음(Sola Fide)'이라는 것이다. 15절에 의하면 율법은 진노를 이루게 하며 16절에 의하면 믿음만이 후사를 확정하는 언약 혹은 약속이 된다라고 하셨다. "율법에 속한 자"와 "아브라함의 믿음에 속한 자"는 각각 그리스도를 믿는 유대인 신자와 믿음의 자취를 좇는 이방인 신자를 가리키는데 이는 "우리 모든 사람"이라는 말로 통합될 수 있다. 그러므로 영적 유대인이란 '믿음'이라는 공통분모를 가지고 아브라함을 한 조상으로 가졌다라는 말이 된다(Meyer, Sanday & Headlam).

13-16절까지는 아브라함이 율법에 의해 의롭다 하심을 입지 않았다는 것을 말했다면 18-25절까지는 오직 믿음으로 의롭다 하심을 얻었다라는 것을 말씀하고 있다.

17 기록된 바 내가 너를 많은 민족의 조상으로 세웠다 하심과 같으니 그의 믿은 바 하나님은 죽은 자를 살리시며 없는 것을 있는 것 같이 부르시는 이시니라

"많은 민족의 조상"이란 혈통적 유대인(이스마엘 족속, 창 17:20; 이스라엘 족속,

창 21:1-3; 에돔 족속, 창 25:21-25; 그두라 후손들의 족속, 창 25:1-6)과 영적 유대인을 모두 포함하는 말이다. 왜냐하면 창세기 17장 5절에는 아브람이 아브라함(많은 무리의 아비)으로 개명되는 사건을 보여주고 있기 때문이다

"하나님은 죽은 자를 살리시며 없는 것을 있는 것 같이"라는 말 속에는 2가지 사실을 드러내고 있다. 첫째는 불가능한 가운데서 이삭의 출생이 이루어진 것(없는 것을 있는 것 같이)을 드러낸 것이고 둘째는 히브리서 11장 17-19절의 모리아산의 이삭 번제 사건 때 수양(아일, 하나님이 자기를 위하여 친히 준비허시리라, 창 22:8, 13)의 대신 죽음으로 이삭이 살아나게 된 것(죽은 자를 살리시며)을 드러내었다. 더 나아가 대속제물되신 예수 그리스도의 죽음과 부활을 통해 우리가 다시 살아나게 된 것까지도 함의(William Sanday & Arthur Cayley Headlam)하고 있다.

18 아브라함이 바랄 수 없는 중에 바라고 믿었으니 이는 네 후손이 이같으리라 하신 말씀대로 많은 민족의 조상이 되게 하려 하심을 인함이라

창세기 12장(1-3절)에는 본토와 친척과 아비집을 떠나라는 명령과 함께 '정식언약'이 나온다. 정식언약이란 땅, 민족, 열방 중에서 복의 근원이 될 것을 약속한 것이다. 한편 "떠나라"는 것은 부유한 것과 안정된 곳을 버리라는 것으로 당시 아브라함의 익숙한 것으로부터의 떠남은 자칫 자신의 모든 것을 걸어야만 하는 '인생의 도박'이기도 했다. 바렛(Barrett)은 이를 가리켜 '희망할 수 없는 것을 바람(hoping against hope)'이라고 했다. 사실상 아브라함에게는 쉽지 않은 결정이었으나 그는 성령님의

인도하심으로 '믿음의 도박'을 감행할 수 있었다. 이후 그 믿음을 의로 여기신 하나님은 횃불 언약(창 15장), 할례 언약(창 17장)을 통해 창세기 22장을 받아들일 수 있게 하셨다.

"많은 민족의 조상"이란 17절에서 언급한대로 혈통적 이스라엘을 포함한 모든 영적 이스라엘 민족의 조상을 말한다.

19 그가 백 세나 되어 자기 몸의 죽은 것 같음과 사라의 태의 죽은 것 같음을 알고도 믿음이 약하여지지 아니하고

"알고도"의 헬라어는 카테노에센(κατενόησεν, he considered, V-AIA-3S)인데 이는 '명확하게 보다(see clearly), 집중하다'라는 의미이다. 즉 아브라함의 믿음의 행위는 충동적이 아니라 모든 상황을 분명하게 인식하고 결단한 후의 행동이라는 의미이다.

"죽은 것 같음과"와 "죽은 것 같음을"의 헬라어는 네네크로메논(νενεκρωμένον, having become dead, V-RPM/P-ANS)과 네크로신(νέκρωσιν, lifelessness, N-AFS)인데 전자의 경우는 완료분사형으로 이미 그 기능이 완전히 중지된 상태라는 것이며 후자의 경우는 명사로서 둘 다 생식의 문제에 있어서는 불가능한 상황이었다는 것을 가리킨다. "믿음이 약하여지지 아니하고"라는 것은 17절의 "죽은 자를 살리시며 없는 것을 있는 것 같이"하실 것을 믿었다라는 말이다.

20 믿음이 없어 하나님의 약속을 의심치 않고 믿음에 견고하여져서 하나님께 영광을 돌리며

믿음이 없으면 의심하게 되고 의심하게 되면 마음이 둘로 나뉘어져 하나님께 온전한 영광을 올려드릴 수 없게 된다. 한편 "의심하다"의 헬라어는 디아크리노[114](διακρίνω, v)인데 이는 디아(diá, "thoroughly back-and-forth)와 크리노(kríno, "to judge")의 합성어로서 '양자 간에 판단하다, 마음이 나뉘다, 주저하다'라는 의미이다(Wuest). 결국 아브라함은 하나님을 불신함으로 자신의 마음을 둘로 나누어지게 하지 않았다(not be divided in his own mind, Robertson)라는 것이다.

"견고하여져서"의 헬라어는 에네뒤나모데(ἐνεδυναμώθη, was empowered, was strengthened, V-AIP-3S)인데 이는 '힘이 주어졌다'라는 의미이다. 즉 '힘'이란 육체적 힘, 생식능력이 아니라 그의 믿음이 하나님에 의해 강화되었다(Calvin, Denny. Wuest, Hendriksen)라는 말이다. 그 동사가 엔뒤나모오[115](ἐνδυναμόω, v)이다. 하나님은 아브라함의 믿음을 견고케 하셨을 뿐만 아니라 그 믿음에 대한 응답까지 주셨다. 그런 하나님께 영광을 올려드림은 마땅한 것이다. 그리하여 12장 정식언약, 15장의 횃불 언약 후 아브라함은 창세기 17장(23-26)에 이르러

---

114 디아크리노(διακρίνω, v)는 to distinguish, to judge, I separate, distinguish, discern one thing from another; I doubt, hesitate, waver/ (from 1223 /diá, "thoroughly back-and-forth," which intensifies 2919 /kríno, "to judge") – properly, investigate (judge) thoroughly – literally, judging "back-and-forth" which can either (positively) refer to close-reasoning (descrimination) or negatively "over-judging" (going too far, vacillating). Only the context indicates which sense is meant)이다.

115 엔뒤나모오(ἐνδυναμόω, v)는 (from 1722 /en "in," which intensifies 1412 /**dynamóō**, "sharing power-ability") – properly, to impart ability (make able); empowered)이다.

할례를 행함으로 하나님의 명령을 준수했다(Hendriksen). 그리고는 때가 되매 하나님의 약속을 선물로 받은 후 하나님께 영광을 돌렸던 것이다.

21 약속하신 그것을 또한 능히 이루실 줄을 확신하였으니 22 그러므로 이것을 저에게 의로 여기셨느니라 23 저에게 의로 여기셨다 기록된 것은 아브라함만 위한 것이 아니요

"약속하신 그것"이란 약속의 후손 즉 이삭의 출생과 함께 더 나아가 아브라함으로 하여금 땅, 민족, 복의 근원이 되게 할 것이라는 언약 혹은 약속을 말한다. 아브라함은 그 약속을 믿음으로 의롭다 칭함을 얻었을 뿐만 아니라 약속에 대한 응답까지 받았던 것이다. 이런 구원의 원리는 아브라함뿐만 아니라 그 약속을 믿는 모든 인류에게도 동일하게 적용된다.

24 의로 여기심을 받을 우리도 위함이니 곧 예수 우리 주를 죽은 자 가운데서 살리신 이를 믿는 자니라

"예수 우리 주(Ἰησοῦν τὸν Κύριον ἡμῶν, Jesus the Lord of us)"라는 것은 25절의 우리의 범죄함에도 불구하고 우리를 의롭다 하기 위해 대신 죽으시고 사흘 만에 다시 살아나신 부활의 예수님과 우리의 관계를 가장 적절하게 묘사하는 호칭이다(Hendriksen). 한편 "믿음"의 주체는 예수 그리스도를 부활시킨 하나님이시고 우리는 그 구원자 예수님을 믿음으로 의롭게 된다라는 것이다.

25 예수는 우리 범죄함을 위하여 내어줌이 되고 또한 우리를 의롭다 하심을 위하여 살아나셨느니라

"내어줌이 되고"라는 것은 파라디도미[116]($παραδίδωμι$, v)의 수동태로서 파레도데($παρεδόθη$, V-AIP-3S, was delivered over)이다. 이는 예수님 오시기 700여 년 전에 이사야 53장에서 말씀하셨던 고난 받는 종의 예언이 성취된 것이다. 하나님은 이 땅에 영 죽을 인간의 대속제물로 예수님을 내어주셨다(요 3:16). 그런 후 가룟유다는 대제사장들과 유대인들에게(마 26:15) 그 예수를 내어주고 그 재판을 맡은 빌라도는 군중들에게(마 27:26, 눅 23:25) 다시 예수를 내어주었다. 이를 가리켜 예수님은 대속제물, 화목제물이 되셨기에 '내어줌이 되었다'라고 표현한 것이다.

그리스도의 죽음은 인간의 범죄 때문이고 부활은 칭의 때문이라는 단순한 이분법적 사고로 해석하는 것에는 주의해야 한다. 오히려 그리스도인의 칭의(Justification)는 예수님의 죽음과 부활로서 완전히 이루어졌고 확증된 것(예수 그리스도 새언약의 성취인 초림 곧 죽음과 부활)이라고 해야 한다. 그러므로 '구원'은 예수님의 대속적 십자가 죽음과 그 죽음을 이기시고 부활하신 승리주 예수님을 '믿음으로 말미암아' 온전히 주어지는 것이다.

---

[116] 파라디도미($παραδίδωμι$, v)는 (from 3844 /**pará**, "from close-beside" and 1325 / **dídōmi**, "give") - properly, to give (turn) over; "hand over from," i.e. to deliver over with a sense of close (personal) involvement)이다.

하나님의 의가 드러난 십자가 복음
·
·
·
·
·

괴짜 의사 Dr. Araw의
쉽고 바르게 읽는 로마서 장편(掌篇) 강의

레마이야기 5

우리 주 예수 그리스도로 말미암아 하나님으로 더불어 화평을 누리자(5:1)

태초에 삼위하나님은 천지를 공동으로 창조하셨다. 그때 삼위하나님은 당신의 형상 안에서(בְּצַלְמֵנוּ, in Our images, 베짤레메누, 신체적 닮음, 쩨렘) 당신의 모양을 따라(כִּדְמוּתֵנוּ, according to Our likeness, 키데무테누, 성품적 닮음, 데무트) 땅(הָאֲדָמָה, 하아다마, the ground)의 먼지(עָפָר, 아파르, 흙, 티끌)로 사람(הָאָדָם, 아담)을 지으시고 생기(루아흐, רוּחַ, breath, wind, spiri/니솨마트, נִשְׁמַת, the breath/하임, חַיִּים, of life)를 불어넣으셔서 창조된 인간(생령/הָאָדָם, 하아담, the man/לְנֶפֶשׁ, 레네페쉬, a being/:חַיָּה, 하야흐, living)을 보시고는 심히(מְאֹד, very) 좋았다(טוֹב, it was good)라고 하셨다. 그런 인간

(아담 네페쉬)을 위해 동방(םֶדֶק, everlasting, 영원, aforetime, beginning, east)의 에덴(ןֶדֵע, delight, 기쁨, a luxury, dainty)에 동산(하나님나라)을 창설하시고 보기에 아름답고 먹기에 좋은 나무를 두셨다. '동방의 에덴'이란 '영원한 기쁨'이라는 의미이다. 즉 '하나님 나라에는 영원한 기쁨이 있다'라는 것을 함의하고 있다. 동산 가운데에는 생명나무와 선악을 알게 하는 나무(창조주와 피조물의 바른 관계 설정)도 두셨다. 그리고는 당신과 바른 관계와 친밀한 교제 가운데 살아가게 하셨다.

하나님의 창조물 중 가장 간교했던 뱀(사단을 상징)이 하나님의 명령을 살짝 비틀어 아담과 하와를 교묘하게 속였다.

"모든? 나무의 실과를~."

"만지지도 말라?"

"죽을까 하노라?"

결국 그들은 서로가 서로를 사실인 듯 아닌 듯 속이고야 말았다. 그 아담의 원죄는 연합의 원리와 대표의 원리[117]에 의해 그 후손들에게 전가되고 말았다. 그렇기에 아담 이래로 모든 인간(아담)은 '영적 죽음(영적 사망, 첫째 사망)'상태로 태어나게 된 것이다. 영 죽을 수밖에 없는, 영벌 상태에 빠

---

117 '아담은 오실 자의 모형이라(롬 5:14)'에서 '모형'은 전형, 예표, 표상이라는 의미이고 '오실 자'는 세상에 오실 예수 그리스도를 가리킨다. 한편 아담의 행위(원죄)가 모든 인간에게 영향을 미친 것은 그가 혈통적으로 온 인류의 대표자로서 그들과 연합되어 있기 때문이다. 그리스도의 행위(십자가 대속 죽음) 또한 온 인류에게 영향을 미치게 된다. 왜냐하면 예수 그리스도는 의(義)의 대표자로서 자신을 믿는 모든 자들과 연합 관계에 있기 때문이다. 이를 '대표와 연합의 원리'라고 한다. 다시 말하면 아담의 경우 인류의 대표로서 그가 범죄함으로 그 연합관계에 있는 모든 인간은 죄와 사망을 갖게 되었다. 그리스도의 경우 인류를 대표(대신)하여 십자가 대속 죽음을 감당하셨다. 동시에 예수님을 믿고 그 예수님과 연합된 모두에게 그리스도는 의와 생명을 허락하셨다라는 것을 말한다.

져버린 것이다.

이런 아담의 원죄에 대한 대가 지불로 역사상 유일한 의인이시자 완전한 신이신, 신인양성의 예수 그리스도께서 이 땅에 성육신(Incarnation)하셔야만 했던 것이다. 그리스도, 메시야이신 예수님은 이 땅에 오셔서 인간의 수치와 저주를 몽땅 안고 대속제물로 십자가에 달려 보혈을 흘리셨다. 다 이루시고(테텔레스타이)는 3일 만에 다시 살아나셔서 산 자의 소망이 되셨다. '소망(엘피스)'이란 미래형 하나님나라에로의 입성과 영생을 가리킨다.

그리하여 만세 전에 하나님의 은혜로 택정함을 입은, 그리하여 때가 되매 복음이 들려져서 예수를 믿게 된 우리는 다시 살아나 우리 안에 성령님(루아흐)을 주인으로 모시게 되었고(성령세례) 성령님께 주권을 드리고 그분의 통치, 질서, 지배 하에서(성령 충만) 하나님과의 바른 관계와 교제를 하며 살아갈 수 있게 되었다.

이른바 '복음(Good News, Gospel, 하나님의 은혜의 복음)'이다.

'복음'이란 성부하나님은 인간의 구속을 계획하시고 성자하나님은 인간의 구속을 십자가 보혈로 성취하시고 성령하나님은 그 예수님만이 그리스도 메시야이심을 가르쳐주시고 우리에게 믿음(피스티스)을 허락하셔서 우리로 믿게(피스튜오) 하셨고 그런 우리를 하나님의 자녀로 인쳐주셨을 뿐만 아니라 그런 우리를 미래형 하나님나라에 들어가게 하시고 그곳에서 삼위하나님을 찬양하고 경배하며 영생을 누리게 하신 복된 소식을 가리킨다.

그렇기에 로마서 5장 1-2절은, "그러므로 우리가 믿음으로 의롭다 하심을 얻었은즉 우리 주 예수 그리스도로 말미암아 하나님으로 더불어 화평을 누리자. 또한 그로 말미암아 우리가 믿음으로 서있는 이 은혜에 들어감을 얻었으며 하나님의 영광을 바라고 즐거워하느니라"고 말씀하셨던 것이다.

우리는 죄로 인하여 하나님과 단절되어 있었다. 그런 가운데 예수 그리스도께서는 성육신하셔서 화목제물 되셨고 우리와 하나님 사이에 죄로 인해 막힌 담을 허물어 주셨다. 이로 인하여 하나님과 화평을 이루게 된 것이다.

'화평' 즉 샬롬(에이레네)이란 하나님과의 바른 관계와 친밀한 교제, 하나 됨을 말하며 하나님 안에서의 안식과 견고함을 누리는 것을 가리킨다.

그저 감사할 뿐이다.

할렐루야!

한편 하나님의 은혜로 의롭다 칭함을 받은 우리는 여전히 제한된 육신을 가지고 있기에 마지막 그날까지는 'already, ~not yet'임을 잊어서는 안 된다.

길지 않은 한 번 인생을 살아가며 우리는 알고도 죄를 짓고 혹은 모르고도 죄를 짓는다. 그렇다고 하더라도 우리는 매사 매 순간 죄와 싸우되 피 흘리기까지 싸워야 한다(히 12:4). 그러다가 혹시라도 넘어지게 되면 이미 다 이루어 놓으신 예수님의 보혈로 회개를 통해 죄 씻음을 받을 수 있게 되는데 이 모든 것은 그저 하나님의 크신 은혜일 뿐이다.

예수를 믿은 후 우리는 원죄에서 온전히 해방된다. 그렇다고 하더라도 우리는 육신적 제한 속에서 살아가기에 원하는 바 선보다는 원치 않는 악으로 빨리 달려갈 수밖에 없다. 이른 바 인간의 자범죄는 끝이 없는 것이다.

참고로 원죄와 자범죄를 표로 구분하면 다음과 같다.

원죄(原罪) (original sin)	자범죄(自犯罪) (actual sin, individual sin)
루오(λούω, v) properly, to wash (cleanse), especially the entire person (bathing the whole body). 3068 / loúō (and its derivative, 628 / apoloúō) implies "fully-washing" (literally and metaphorically) - i.e. a complete bathing to cleanse the entire person (body)	니프토(νίπτω, v) means to wet a part only
모든 죄의 원천(롬 5:18)	원죄의 결과(롬 5:15)
죄인으로 출생 영적 죽음	인간의 정욕 자의적으로 죄를 범함
죄의 법으로부터 예수 그리스도를 믿음으로 -〉칭의(Justification) 즉, 신분의 변화	죄의 오염으로부터 자백 & 회개 -〉십자가 보혈에 씻으면 -〉정결케 해주심 즉, 상태의 변화
예수님이 주체	성령님이 주체

5-1 그러므로 우리가 믿음으로 의롭다 하심을 얻었은즉 우리 주 예수 그리스도로 말미암아 하나님으로 더불어 화평을 누리자

"그러므로~얻었은즉"이란 이신득의(以信得義)의 결과 성도들에게 임하게 된 '넝쿨 축복'에 대해 말씀하고 있는 것이다.

"우리 주 예수 그리스도로 말미암아"에서의 '우리의 주인, 구원자 예수, 성부하나님의 유일한 기름부음 받은 자'라고 지칭한 것은 다분히 의도적이다. 즉 그 예수로 말미암지 않고는 어떤 행위나 그 누구에 의해서도 구원을 얻을 수 없다라는 것을 강조한 말씀이다.

"화평"의 헬라어는 에이레네[118](εἰρήνη, nf)이고 히브리어는 샬롬(שָׁלוֹם)이다. 이는 단순히 분쟁이 없거나 심정의 평안함만을 의미하지는 않는다. 대속제물되신 예수로 말미암아 원죄를 탕감 받은 후 다시 범죄 이전 상태인 '에덴에로의 회복'을 의미하는 것으로 하나님과의 바른 관계와 친밀한 교제가 회복된 상태(Calvin)를 가리키는 단어이다.

"화평을 누리자"라는 것은 '화평을 누리도다'라는 의미가 더 가깝다(Harrison, Meyer, Barmby, Weiss). 그러나 나는 '화평을 통해 은혜를 누리자' 곧 "값없이 주시는 풍성한 은혜를 통해 화평(샬롬, 에이레네)을 누리자'라고 해석한다. 왜냐하면 '화평'이란 바른 관계와 친밀한 교제, 하나님과의 하나 됨(연합), 하나님 안에서의 견고함을 의미하며 그런 가운데 하나님은 더욱더 풍성한 은혜를 주시기 때문이다.

---

[118] 에이레네(εἰρήνη, nf)는 one, peace, quietness, rest/(from eirō, "to join, tie together into a whole") - properly, wholeness, i.e. when all essential parts are joined together; peace (God's gift of wholeness)이다.

2 또한 그로 말미암아 우리가 믿음으로 서있는 이 은혜에 들어감을 얻었으며 하나님의 영광을 바라고 즐거워하느니라

"그로 말미암아"라는 것은 유일한 구원의 중보자이신 예수 그리스도로 말미암아라는 의미이다.

"은혜(恩惠, favor, grace)"란 '은총(恩寵, grace, gift)'과 상동하는 난어로서 하나님과 더불어 화평을 누리게 하는 원동력이다. 한편 "들어가다(προσάγω)"라는 것은 '하나님께로 나아가다'라는 의미로서 원래 죄있는 인간은 예수 그리스도의 대속 죽음 이전에는 거룩하신 하나님께 나아갈 수 없었다. 그러나 예수 그리스도의 십자가 보혈로 말미암아 대가를 지불하셔서 다 이루신 후에는 하나님의 은혜의 보좌 앞으로 당당히 나아갈 수 있게(히 4:16, 10:19-22) 되었다.

"하나님의 영광을 바라고"에서의 '영광'이란 변화된 몸인 부활체가 갖게 되는 "영광스러운 몸(고전 15:43)"을 가리킨다. 미래형 하나님나라에서는 영광 그 자체이신 삼위하나님의 영광의 빛을 받아(롬 8:18, 30, 계 21:11, 22:5) 우리는 보석같이 빛나게 되며 영광스럽게 된다. 동시에 현재형 하나님나라를 살아가며 지금도 우리 안에 계신 주인 되신 성령님을 통하여 '하나님의 영광'을 누리고 있고 또 장차 누리게 될 것이다.

"즐거워하다"의 헬라어는 카우카오마이[119](καυχάομαι, v)인데 이는 '영광스럽게 여기다, 자랑하다'라는 의미(롬 2:17, 고전 1:31, 엡 2:9)로서 하나님

---

119 카우카오마이(καυχάομαι, v)는 properly, living with "head up high," i.e. boasting from a particular vantage point by having the right base of operation to deal successfully with a matter (see WP at 2 Cor 5:12)이다.

의 영광 곧 하나님의 능력, 성품, 속성이 이 땅에서 드러나는 것을 바라고 영광스럽게 여기며 누리며 즐거워하고 자랑하게 된다라는 말이다.

3 다만 이뿐 아니라 우리가 환난 중에도 즐거워하나니 이는 환난은 인내를,

"환난"이란 헬라어는 들륍시스[120](θλῖψις, nf)로서 그 동사는 들리보(θλίβω, (a) I make narrow (strictly: by pressure); I press upon, (b) I persecute, press hard)인데 이는 '괴롭히다, 에워싸다(고후 4:8, 딤전 5:10)'라는 의미이다. 즉 내적으로는 심적 고통이나 고뇌를, 외적으로는 육체적 고통이나 핍박 가운데 에워쌈을 당한다라는 말이다.

한편 세상은 예수도, 예수쟁이도 함께 미워한다(마 10:22-23, 7:13-14, 요 16:33, 요 15:18-19). 그렇기에 예수를 믿은 우리는 좌고우면(左顧右眄)하지 말고 누가복음 9장 23절의 말씀처럼 자기 부인과 자기 십자가를 지고 주님을 따라가며 살아가야 한다. 그때 하나님은 피할 길이나 감당할 힘을 주시며(고전 10:13) 그 연단을 통해 생명의 면류관, 의의 면류관을 허락하시며(계 2:10, 딤후 4:8) 정금 같은 사람이 되게(욥 23:10) 하신다.

"인내(마 10:28)"의 헬라어는 휘포모네[121](ὑπομονή, nf)인데 이는 '오래 참음(롬 8:25), 굳게 섬'이라는 의미이다. 영벌에서 영생으로 옮겨주셨으니

---

120 들륍시스(θλῖψις, nf)는 properly, pressure (what constricts or rubs together), used of a narrow place that "hems someone in"; tribulation, especially internal pressure that causes someone to feel confined (restricted, "without options")이다.

121 휘포모네(ὑπομονή, nf)는 (from 5259 /hypó, "under" and 3306 /ménō, "remain, endure") – properly, remaining under, endurance; steadfastness, especially as God enables the believer to "remain (endure) under" the challenges He allots in life)이다.

(요 3:16) 당연히 환난(종말 시대의 일곱재앙)가운데에서도 인내해야 함은 물론이요 비록 환난이 덮치더라도 우리를 그리스도의 사랑에서 끊을 수 없음을 확신하기에(롬 8:35-39) 우리는 매사 매 순간을 "예수 믿음과 하나님의 계명"을 붙들고(계 14:12) 인내함으로 잘 극복해나가야 한다.

4 인내는 연단을, 연단은 소망을 이루는 줄 앎이로다

"연단"의 헬라어는 도키메[122](δοκιμή, nf)인데 이는 '시험, 경험, 증거, 성숙한 인격(Phillips), 불 시험(벧전 4:12-13)'이라는 의미이다.

"소망"의 헬라어는 엘피스[123](ἐλπίς, nf)인데 이는 부활과 영생에의 소망(고전 15:50-58), 하나님의 영광에의 참여(롬 8:18), 천국에서 받을 상급(고전 3:12-15)으로 해석된다. 그러나 나는 '미래형 하나님나라에로의 입성과 영생'으로 해석한다.

5 소망이 부끄럽게 아니함은 우리에게 주신 성령으로 말미암아 하나님의 사랑이 우리 마음에 부은 바 됨이니

"부끄럽게 하다"의 헬라어는 카타이스퀴노(καταισχύνω, v, I shame,

---

[122] 도키메(δοκιμή, nf)는 (a feminine noun derived from 1384 /dókimos) – proof of genuineness ("approval, through testing"), a brand of what is "tested and true." See 1381 (dokimazō)이다.

[123] 엘피스(ἐλπίς, nf)는 (from elpō, "to anticipate, welcome") – properly, expectation of what is sure (certain); hope)이다.

disgrace, bring to shame, put to utter confusion, frustrate)인데 이는 약속을 지키지 않아서 '수치를 당하게 되다, 낙심하게 되다, 모욕하다 (고전 11:4)'라는 의미이다.

신실하시고 변하지 않는(민 23:19) 소망의 하나님은 우리에게 소망(엘피스) 즉 미래형 하나님나라에로의 입성과 영생을 허락하실 뿐 아니라 지금 우리로 하여금 소망을 갖게 하셔서 육신적 죽음이라는 '이동(옮김, 딤후 4:6)'을 통해 그 소망을 반드시 성취하게 하신다. 그렇기에 우리는 소망을 붙들고 지금을 인내할 수 있고 그 소망을 붙들고 미래를 향해 나아갈 수 있다. 하나님이 허락하시고 약속하신 그 소망은 우리를 결코 부끄럽게 아니할 것이다.

"우리에게 주신 성령"이란 '내주 성령 혹은 성령 세례'라는 의미로서 예수님의 부활, 승천 후 우리 안에 오신 주인 되신 보혜사 성령님(요 14:16-17, 16:7-15)을 가리킨다. '교회'란 성령의 인치심(엡 1:13)과 내재하심(요 14:16-17)을 경험한 사람들(soft ware)을 말하며 동시에 그들이 모인 교회 공동체(hard ware) 둘 다를 가리킨다.

"마음[124](καρδία, nf)"이란 인격의 좌소(坐所)를 가리키며 "하나님의 사랑"이란 그분의 은혜로 무조건적으로 주신 구원의 은혜를 의미한다.

6 우리가 아직 연약할 때에 기약대로 그리스도께서 경건치 않은 자를 위하여

---

[124] 마음(καρδία, nf)은 heart; "the affective center of our being" and the capacity of moral preference (volitional desire, choice; see P. Hughs, 2 Cor, 354); "desire-producer that makes us tick" (G. Archer), i.e our "desire-decisions" that establish who we really are)이다.

죽으셨도다

"우리가 아직 연약할 때에"라는 것은 8절의 "우리가 아직 죄인되었을 때에"라는 말로서 전적 타락(Total depravity), 전적 부패(Total corruption), 전적 무능(Total inability)의 상태를 가리킨다.

"기약대로"의 헬라이는 카타 카이론(κατὰ καιρὸν, according to the right time)인데 이는 '정한 때에, 때를 맞추어'라는 의미이다. 성부하나님의 구원 계획은 태초부터 있었으며(엡 1:3-14, 창 3:15) 이후 역사를 통해 선지자들에 의해(민 24:17, 신 18:15, 사 9:7, 53:5, 미 5:2, 슥 12:10) 예언되었다. 때가 되매(정한 때에, 때를 맞추어) 그리스도 메시야이신 예수께서 오셔서(갈 4:4) 성부하나님의 구속 계획을 성취하셨다(요 17장, 19:30)라는 것이다.

"경건치 않은 자"라는 것은 1장 18절의 하나님의 진노를 받게 될 불순종과 불의 혹은 불신(히 3:18-19)의 사람들을 가리킨다.

7 의인을 위하여 죽는 자가 쉽지 않고 선인을 위하여 용감히 죽는 자가 혹 있거니와

이 구절에서의 "의인(δικαίου, Adj-GMS, the righteous man)"이란 '공명정대 하기는 하나 타인으로부터의 호감은 얻지 못한 사람'을 말한다. 비슷한 단어이나 약간의 차이를 두고 있는 "선인(ἀγαθοῦ, Adj-GMS, good man)"이란 호감까지도 얻은 사람을 가리킨다. 한편 이 구절은 의인과 선인을 위해 죽는 사람을 말하려는 의도가 아니다. 영 죽을 죄인들을 위해 기꺼이 죽음을 감당하신 예수 그리스도의 지극한 사랑을 강조하기 위함이다.

8 우리가 아직 죄인 되었을 때에 그리스도께서 우리를 위하여 죽으심으로 하나님께서 우리에게 대한 자기의 사랑을 확증하셨느니라

"우리가 아직 죄인 되었을 때에"라는 것은 6절의 "우리가 아직 연약할 때에"라는 말과 10절의 "우리가 원수 되었을 때에"라는 말의 반복 어구이다.

"위하여(ὑπὲρ)"라는 것은 '~을 대신하여, ~때문에'라는 의미로서 예수 그리스도의 대속 죽음과 함께 하나님의 구속 계획에 대한 무조건적인 사랑과 지극한 은혜를 드러내는 단어이다. "확증하다"라는 말 속에는 영 단번의 구속 사역에 대한 효력(히 9:11-28)이 있다는 뜻이 함의(含意)되어 있다.

9 그러면 이제 우리가 그 피를 인하여 의롭다 하심을 얻었은즉 더욱 그로 말미암아 진노하심에서 구원을 얻을 것이니

1절의 "믿음으로 의롭다 하심을 얻었은즉"이라는 말이 인간 편에서의 칭의(Justification)의 근거를 말한다면 이 구절의 "그 피를 인하여 의롭다 하심을 얻었은즉"이란 하나님 편에서의 칭의(Justification)의 근거를 말한다. 즉 예수 그리스도 피의 공로로 말미암아 그 십자가 보혈을 믿음으로 구원이 되었다라는 의미이다. 그렇기에 "피흘림이 없은즉 사함이 없느니라(히 9:22)"고 하셨던 것이다.

"진노하심"이란 예수님의 재림 후에 있게 될, 선인과 악인 모두에게 있게 될(요 5:29, 생명의 부활, 심판의 부활, 행 24:15) 엄정한 백보좌 심판을 가리킨다.

10 곧 우리가 원수 되었을 때에 그 아들의 죽으심으로 말미암아 하나님으로 더불어 화목되었은즉 화목된 자로서는 더욱 그의 살으심을 인하여 구원을 얻을 것이니라

"원수가 된" 이유는 하나님의 형상(쩨렘, 대무트, 창 1:26-27)을 따라 지음 받은 인간이 타락하고 죄를 지었기에(창 3:5, 6:4, 11:4) 하나님의 공의의 속성상 인간의 그런 죄악들에 대해 하나님은 진노하셨다. 그렇기에 죄로 인해 영적 죽음 상태로 태어난 인간들은 하나님의 원수가 된 것이다.

"하나님으로 더불어 화목되었은즉"이란 1절의 "하나님으로 더불어 화평을 누리게 되었다"라는 의미이다. 여기서 '화목되다'의 헬라어는 카탈랏소[125](καταλλάσσω, v)인데 이는 '교환하다, 바꾸다'라는 의미로서 하나님의 인간의 죄에 대한 미움과 적개심이 사랑으로 바뀐 것을 가리킨다.

"그의 살으심을 인하여 구원을 얻을 것"이라는 의미는 예수께서 우리를 위해 죽기까지 하셨는데 당연히 부활하신 주님께서 살려낸 우리를 멸망 가운데 버려두지(방치하지) 않을 것(Gereijdanus, 그레다너스)은 명약관화(明若觀火)하다라는 말이다.

결국 예수의 부활이 없으면 성도의 부활도 없게 되며(고전 15:17-18) 부활

---

125 카탈랏소(καταλλάσσω, v)는 (from 2596 /katá, "down to an exact point," intensifying 236 /allássō, "to change") – properly, decisively change, as when two parties reconcile when coming ("changing") to the same position)이다.

이 없다라면 영생에의 소망은 사라지게 되는 것이다.

11 이뿐 아니라 이제 우리로 화목을 얻게 하신 우리 주 예수 그리스도로 말미암아 하나님 안에서 또한 즐거워하느니라

"이뿐 아니라"는 것은 '의롭다 칭함을 받은 후 하나님과 화목함으로 소망(엘피스, 미래형 하나님나라에의 입성과 영생) 가운데 현재와 미래에도 기쁨이 될 뿐 아니라'라는 의미이다.

"하나님 안에서 또한 즐거워"할 수 있게 된 것은 영 죽을 죄에서 사하심을 받아 영적 부활(첫째 부활)되어 하나님과 화목케 되었을 뿐만 아니라 성령님(내주 성령)을 온전한 주인으로 모신(성령 충만) 후 현재형 하나님나라를 누리게 하셨기 때문이다. 더 나아가 장차 미래형 하나님나라에의 입성과 영생 또한 반드시 누리게 하실 것이기에 그 나라 곧 '거룩한 성 새 예루살렘'에서는 하나님의 영광에 참예(계 21:11)할 수 있어 하나님 안에서 즐거워할 수 있게 된 것이다.

12 이러므로 한 사람으로 말미암아 죄가 세상에 들어오고 죄로 말미암아 사망이 왔나니 이와 같이 모든 사람이 죄를 지었으므로 사망이 모든 사람에게 이르렀느니라

이 구절에서 "이러므로"라는 접속사를 사용한 것은 약간 어색하다. 왜냐하면 5장 1-11절까지에는 '의롭다 하심을 받아 하나님과 더불어 화목케 된 자들의 축복'에 대해 말씀하시다가 갑자기 이 구절(5:12)부터 5장 21절까지에는 '아담으로 시작한 죄'에 대해 말씀하시고 있기 때문이다. 차라리 상기 두 내용(5:1-11절과 5:12-21절)의 순서를 바꾸어 인류의 대표 아담의 원죄로 인해(연합과 대표의 원리) 영적 사망에 이르렀던 우리가 예수 그리스도로 말미암아 의롭다 칭함을 받은 후 하나님과 화목케 되었다라고 하면 문맥이 더욱 자연스러울 듯하다.

"한 사람"이 가리키는 것은 '아담'인데 이는 혈통상 인류의 대표라는 것을 드러내기 위함이다. 아담 이래로 모든 인간은 연합과 대표의 원리에 의해 죄가 전가(轉嫁, imputation)되어 원죄(Original Sin)를 가지고 태어난다. 그렇기에 영적 죽음(영적 사망, 첫째 사망)상태로 출생하는 것이다.

이런 상태를 비유로 Harrison은 '독(poison)을 한 방울 음료수에 떨어뜨렸을 때 독극물이 되는 것과 같은 이치'라고 했다. 다른 학자들은 죄책(罪責, 엡 2:3)과 오염(汚染)으로 설명하기도 했다. '죄책'이란 인류의 대표인 아담의 범죄는 그 자신과 후손들에게까지 법적 책임이 있다라는 의미이다. '오염'이란 아담의 타락으로 그 자신의 심령의 타락뿐만 아니라 온 인류도 타락시켰다라는 의미이다.

한편 펠라기우스(Pelagius, 360-420?, 영, 금욕적 수도사, 신학자, 교사)는 '모방설'을 말했다. 이는 인류의 대표 아담이 범죄하였고 그 후손들은 무죄하게 태어났지만 그의 후손들은 아담을 모방(模倣)하여 범죄하였다는 것이다.

'대표성의 원리'로만 설명한 이들(우찌무라 간조)도 있다. 실제로는 죄를 짓지는 않았으나 인류의 대표 아담이 죄를 지었기에 우리도 죄를 지은 것으로 간주한다라는 것이다. 마치 양팀의 대표가 나와 싸워 한 쪽을 이기면 다른 쪽은 진 것으로 간주한다라는 것이다.

우리는 '대표와 연합의 원리'를 동시에 취해야 한다(Augustine of Hippo, Aurelius Augustinus, 354-430). 즉 아담이 범죄할 때 우리도 그의 허리에서 실제로 함께 죄를 지었다는 것이다. 이는 히브리서 7장 1-10절에서처럼 북방 4개국 동맹과의 전쟁(창 14장)에서 승전한 아브라함이 돌아와 멜기세덱에게 십분의 일을 바칠 때(BC 2,000년) 아브라함의 허리에 있던 레위(BC 1,500년)도 아브라함으로 말미암아 십분의 일을 바쳤다 할 수 있는 것과 같다.

"사망"이라는 것은 육체적 죽음과 함께 하나님과의 관계 단절(첫째 사망, 영적 사망)을 의미한다. 백보좌 심판 이후에는 둘째 사망(영원한 죽음, 막 9:48-49, 계 20:11, 21:8)에 들어가게 된다. "모든 사람이 죄를 지었다"라는 것은 '모든 사람이 인류의 조상 아담의 후예로서 죄를 범하였다'라는 의미이다.

"이르렀다"의 헬라어는 디에르코마이(διέρχομαι, v, to go through, go about, to spread)인데 이는 '퍼져 나가다, 확산되다'라는 의미로 한 사람의 죄의 결과가 여러 사람에게 영향을 미치게 되어 퍼져나가고 확산되었다라는 것이다. 비록 직접적인 관계는 없으나 연대의식과 연대책임(죄책, 罪責)을 지게 되는(신 21:1-9) 것을 말한다. 결국 죄의 삯은 사망(롬 6:23)이기에 인류의 대표인 아담의 죄가 전가(轉嫁)되어 모든 인류가 영적 죽음(영적 사망, 첫째 사망) 상태로 태어나게 된 것이다.

13 죄가 율법 있기 전에도 세상에 있었으나 율법이 없을 때에는 죄를 죄로 여

기지 아니하느니라

"율법 있기 전"이란 아담이후 모세까지의 기간(대략 BC 4,000-1,500년)을 말하는데 이 기간에도 사망이 인간을 지배했던 것으로 보아 하나님의 공의적 판단에 의해 정죄를 당했던 인간의 범죄 행위가 있었다라는 것이다. 예를 들면 동생 아벨을 죽인 가인에 대한 하나님의 형벌(창 4:1-12)이나 노아 당시에 횡행했던 네피림(The Nephilim, 창 6:4, 거인, 용사, נְפִלִים, nm, נְפִיל/"giants", name of two peoples, one before the flood and one after the flood/from נָפַל, v, to fall, lie, 넘어뜨리다, 쓰러뜨리다)사상을 앞세우며 하나님 앞에서 패역했던 인간들에 대한 홍수 심판(창 6-7장)을 보면 하나님의 공의에 따른 죄에 대한 심판을 볼 수 있다. 이를 유추해보면 율법이 있기 전에도 죄는 있었다. 단지 죄를 깨닫게 해주는, 하나님의 은혜로 허락하신 율법이 없었을 뿐이다. 하나님께서 천사들로 말미암아 중보자인 모세의 손을 빌어 베푸신 율법(갈 3:19)은 약속하신 자손이 오기까지 있을 것인 바 그때까지는 인간 생활의 행동규범이자 규준(規準)이었다. 그렇기에 모세율법은 인간에게 죄에 대한 객관적 기준을 제시함으로 죄를 인식케 하는 역할을 했는데 로마서 3장 20절에는 "율법으로는 죄를 깨달음이니라"고 하셨던 것이다.

한편 약간 원시적인 형태이기는 하나 모세율법 이전에도 스스로의 도덕규범이나 불문율, 함무라비(창 14:1, 아므라벨) 법전(Hammurabi Code) 같은 성문율이 있어 인간들은 나름대로 자신들의 죄악된 행위를 규제하고 통제했던 듯하다.

14 그러나 아담으로부터 모세까지 아담의 범죄와 같은 죄를 짓지 아니한 자들 위에도 사망이 왕 노릇 하였나니 아담은 오실 자의 표상이라

"아담의 범죄"란 "하나님과 같이 되려 하여(창 3:5)" 선악과를 따서 먹었던 것을 두고 한 말로서 이는 주권자이신 하나님의 명령을 어긴(창 2:17) 것이다. 아담 이후 모세에게 신탁하신 율법이 있기까지는 하나님은 '~하라, ~하지 말라'고 한 계명을 주신 적이 없다(Lenski). 그러나 그들 위에도 사망이 왕 노릇한 것을 보면 하나님의 공의는 여전히 존재했으며 아담 이후에도 사람들은 계속하여 범죄(네피림 사상, 바벨탑 사상 등등)를 저질렀음(롬 3:10-18)을 반증하고 있다.

"오실 자의 표상"에 해당하는 헬라어는 튀포스 투 멜론토스(τύπος τοῦ μέλλοντος, a type of the coming one)인데 이는 '오실 자'라는 것을 중성으로 보면 '앞으로 닥쳐올 일(Bengel)'이라는 의미가 되며 남성(V-PPA-GMS)으로 보면 '그리스도, 메시야(창 3:15, 삼하 7:12-16, 사 7:14)'로 해석된다. 후자의 해석이 자연스러우나 둘 다를 묵상하면 더욱 풍성해진다. 그리고 "표상"이란 '예표, 모형, 전형'이라는 의미이다.

한편 아담이 예수 그리스도의 표상이라는 것은 인류의 대표로서 인류와 연합된 아담의 행위가 온 인류에게 영향을 미친 것 같이 의(義)의 대표인 그리스도의 행위가 온 인류에 영향을 미칠 것(롬 3:21-26, 5:18)이라는 의미이다.

즉 아담이 죄와 사망의 결과를 낳았다면 예수 그리스도는 의와 생명을 가져왔다라는 것이다. 이를 연합과 대표의 원리라고 한다.

15 그러나 이 은사는 그 범죄와 같지 아니하니 곧 한 사람의 범죄를 인하여 많은 사람이 죽었은즉 더욱 하나님의 은혜와 또는 한 사람 예수 그리스도의 은혜로 말미암은 선물이 많은 사람에게 넘쳤으리라

"그러나"의 헬라어는 알라(ἀλλά)인데 이는 아담이 예수 그리스도의 표상이라는 점에서 공통점을 가지나 전자는 인류에게 멸망을, 후자는 인류에게 구원의 결과를 가져왔음을 강조하는 접속사이다.

"은사(χάρισμα, 카리스마)"란 하나님의 은혜 즉 구원의 은총을, "범죄(παράπτωμα, nn, 파라프토마, 허물)"라는 것은 아담의 타락 행위를 가리킨다. "같지 아니하니"라는 것은 결과적으로 끼쳤던 영향이 완전히 달랐다라는 말이다.

"한 사람의 범죄를 인하여 많은 사람이 죽었은즉"이란 12절의 "한 사람으로 말미암아~이르렀느니라"와 같은 말이다. "더욱"에 해당하는 헬라어는 폴로 말론(πολλῷ μᾶλλον, how much more)인데 이는 '질적인 차원의 월등함과 확실함'이라는 의미가 함의되어 있다.

"하나님의 은혜, 예수 그리스도의 은혜, 그로 말미암은 선물"이란 '구원의 은총'을 가리키는 것으로 모두 다 같은 말의 반복이다.

"넘치다"의 헬라어는 페릿슈오[126](περισσεύω, v)인데 이는 '초과하다, 능가하다'라는 의미로 하나님의 은총은 아담이 저질러놓은 죄의 결과를

---

126 페릿슈오(περισσεύω, v)는 (a) intrans: I exceed the ordinary (the necessary), abound, overflow; am left over, (b) trans: I cause to abound/(from 4012 /perí, "all-around" which indicates abundance or surplus) – properly, exceed, go beyond the expected measure, i.e. above and beyond ("more than . . . "); "what goes further (more), surpasses" (J. Thayer)이다.

훨씬 초과(능가)한다(Lenski)라는 것을 가리킨다.

16 또 이 선물은 범죄한 한 사람으로 말미암은 것과 같지 아니하니 심판은 한 사람을 인하여 정죄에 이르렀으나 은사는 많은 범죄를 인하여 의롭다 하심에 이름이니라

이 구절을 통해 하나님의 은사가 하나님의 심판보다 훨씬 크다는 것을 선명하게 알 수가 있다. '심판'이란 아담 한 사람의 범죄로 인한 죄의 전가(轉嫁)를 통해 정죄받은 것을 말하며 '은사'란 그리스도 예수 안에서 의롭다 칭함 즉 칭의(롬 3:24)를 받은 것을 의미한다.

"심판은 한 사람을 인하여 정죄에 이르렀으나"라는 것을 공동번역은 '아담의 경우에는 그 한 사람 때문에 모든 사람이 유죄 판결의 심판을 받게 되었지만'으로, "은사는 많은 범죄를 인하여 의롭다 하심에 이름이니라"는 것은 '은총의 경우에는 죄를 지은 많은 사람이 은총을 거저 입어 무죄 판결을 받았습니다'라고 기록하고 있다.

17 한 사람의 범죄를 인하여 사망이 그 한 사람으로 말미암아 왕 노릇 하였은즉 더욱 은혜와 의의 선물을 넘치게 받는 자들이 한 분 예수 그리스도로 말미암아 생명 안에서 왕 노릇 하리로다

이 구절에서는 대표와 연합의 원리를 통한 아담의 죄(罪)의 전가와 예수 그리스도의 의(義)의 전가를 잘 보여주고 있다. 더 나아가 죄로 인해 사망에 이르게 된 인간 위에 군림하는 못된 왕과 그에 종 노릇하는 죄인 된 인간의 상태를 예수 그리스도를 통한 구원 후 영생을 얻어 왕 노릇하게 된 의롭다 칭함을 받은 자들을 잘 대조하고 있다. 후자의 경우 하나님의 자녀(요 1:12)로서 그리스도의 영광에 참예하게 됨은 물론이요 후사로서의 영광(롬 8:18, 계 22:5), 부활의 영광(고전 15:12-22)을 얻게 되고 그분의 우주적 통치(고전 15:27-28) 하에 들어가게 된다.

"은혜와 의의 선물"이란 '은혜 즉 의(義)의 선물'이라는 의미이다.

18 그런즉 한 범죄로 많은 사람이 정죄에 이른 것 같이 의의 한 행동으로 말미암아 많은 사람이 의롭다 하심을 받아 생명에 이르렀느니라

"그런즉"의 헬라어는 아라 운(Ἄρα οὖν, so then)인데 이는 '결론'을 나타내는 접속사이다. "한 범죄"란 '한 사람의 범죄'를 가리키는데 이는 19절의 '한 사람의 순종치 아니함'을 말한다. 한편 "의(義)의 한 행동"이란 '한 사람의 의(義)의 행동'을 가리키는 것으로 19절의 '한 사람의 순종하심' 즉 예수 그리스도의 구속 사역(빌 2:5-8)을 말한다.

19 한 사람의 순종치 아니함으로 많은 사람이 죄인 된것 같이 한 사람의 순종하심으로 많은 사람이 의인이 되리라

"한 사람의 순종치 아니함"과 "한 사람의 순종하심"이라고 말씀하신 것은 아담이 자발적으로 하나님의 명령을 거스른 것(창 3:5)과 예수 그리스도의 자발적인 순종(빌 2:8)을 대조한 것이다. 곧 아담의 불순종으로 인해 그와 그의 후손에게는 죄와 사망의 결과를 초래하게 했고 그리스도의 순종으로 그의 본래의 영광(빌 2:9-11)과 함께 모든 믿는 자들에게는 사망의 올무에서 벗어나 영생(칭의와 구원)으로 이르게 한 것을 가리킨다.

한편 이 구절에서는 예수 그리스도의 고난 받으신 대속적 죽음보다는 예수님의 아버지 하나님에 대한 "순종하심"에 방점이 있음을 유의해야 한다. "순종"의 헬라어는 휘파코에[127]($ὑπακοή$, nf)이고 불순종은 하나님에 대한 거역으로 파라코에($παρακοή$, nf)이다

"죄인 된 것 같이"에서 '되다'의 헬라어는 카테스타데산($κατεστάθησαν$, were made, V-AIP-3P)으로 과거시제인 반면에 "의인이 되리라"에서 '되다'의 헬라어는 카타스타데손타이($κατασταθήσονται$, will be made, V-FIP-3P)로서 미래시제이다. Lenski에 의하면, 예수 그리스도의 구속 사역을 받아들이지 않으면 이미 정죄의 심판을 받은 것이라는 점에서 과거시제로, 받아들이면 과거, 현재, 그리고 앞으로도 의롭다 칭함을 받을 수 있기에 미래시제로 곧 구원의 현재성과 미래성을 말한다.

20 율법이 가입한 것은 범죄를 더하게 하려 함이라 그러나 죄가 더한 곳에 은

---

127 휘파코에($ὑπακή$, nf)는 obedience, submissiveness, compliance/(from191 /akoúō, "to hear" and 5259 /hypó, "beneath") - i.e. obedience - literally, "submission to what is heard" (WS, 695), i.e. obedience as the response to someone speaking. This refers both to an earthly voice and the Lord's voice (see 2 Cor 10:5; 1 Pet 1:2))이며 불순종은 하나님에 대한 거역으로 파라코에($παρακοή$, nf, (from 3844 /pará, "contrary by close comparison" and 191 /akoúō, "hear") - properly, contrary-hearing, i.e. disobedience which springs from a negative (opposing) attitude, i.e. the refusal to listen properly)라고 한다

혜가 더욱 넘쳤나니

"가입하다"의 헬라어는 파레이세르코마이[128]($παρεισέρχομαι$, v)인데 이는 '곁에 들어오다(came in beside, Beza, Witmer), 부가되다(was added, NIV), 미끄러져 들어오다(slipped in, 현대어 성경)'라는 의미가 있다. 즉 '왜 율법이 죄인 된 아담과 그 후손들 그리고 그리스도 메시야이신 예수님 사이에 주어졌는가'라는 이유를 설명하고 있다.

"범죄를 더하게 하려 함이라"는 것은 율법의 기능 즉 역할을 말하고 있는 것으로 율법 자체는 인간의 죄성을 억제하거나 의롭게 할 수 없기에 몽학선생(초등교사)의 역할(갈 3:24)을 통해 죄를 '깨닫게' 함으로 자신이 지은 죄를 더 명확하게 알도록 하는 것이라는 의미이다. 그렇기 때문에 영 죽을 죄인임을 알게 한 '율법'은 오히려 영 단번에 죄사함을 얻게 하는 그리스도 메시야이신 구원자 예수님의 오심을 더욱더 갈망하게 하는 것이다.

"죄가 더한 곳에 은혜가 넘쳤나니"라는 것은 그렇기 때문에 죄를 더 많이 지으라는 것이 아니라 우리가 죄를 지은 후 회개함으로 하나님의 긍휼과 베푸신 구원의 은총을 더 입게 된다라는 것이다. 그런 과정을 통해 우리의 죄를 도말하신(요일 1:9) 풍성하신 하나님의 사랑을 생생하게 알게 됨으로 은혜는 더욱더 넘치게 된다라는 의미이다.

21 이는 죄가 사망 안에서 왕 노릇 한 것 같이 은혜도 또한 의로 말미암아 왕 노

---

128 파레이세르코마이($παρεισέρχομαι$, v)는 (from 3844 /pará, "from close-beside" and 1525/eiserxomai, "enter into") – properly, come close beside in a way that is "organic" (naturally fits)이다.

릇 하여 우리 주 예수 그리스도로 말미암아 영생에 이르게 하려 함이니라

'왕'으로 예표된 "죄"는 온 인류를 '죄의 종'으로 삼아(갈 4:8) "사망"이라는 굴레를 덮어씌워 다스려왔다. 그리하여 영적 죽음 상태가 된 인간은 종국적으로 유황불못(미래형 지옥)에서 둘째 사망(계 20:10, 14, 막 9:48)에 들어가게 된다. 반면에 구원자이신 의의 왕 예수 그리스도는 당신의 대속 죽음을 통해 우리를 죄와 사망의 법에서 자유케 하셨다. 즉 죄와 사망의 법에서 해방시켜 생명과 성령의 법으로 옮기셨다(롬 8:1-2, 요 3:16, 5:24). 완전히 신분의 변화(상태의 변화가 아니라)가 이루어진 것이다. 이후 하나님의 자녀 된 우리는 미래형 하나님나라에의 입성과 영생이라는 소망을 갖게 되었고 소망을 누리게 된 것이다.

'영생'이란 헬라어는 아이오니오스 조에(αἰώνιος ζωή, eternal life or existent life)인데 이는 문자적으로는 '영원한 생명'이라는 의미이나 실상은 '동방(영원)'의 '에덴'에 있던 '동산(미래형 하나님나라)의 회복'을 가리키는 것으로 '미래형 하나님나라에서의 영원한 기쁨'의 회복과 누림을 의미한다.

하나님의 의가 드러난 십자가 복음

．

．

．

．

．

괴짜 의사 Dr. Araw의
쉽고 바르게 읽는 로마서 장편(掌篇) 강의

레마이야기 6

그리스도와 함께 죽었으면 그리스도와 함께 살 줄을 믿노니 (6:8)

　2,000년전, 예수님이 십자가에 못 박혔을 그때 나는 예수님과 함께 수치와 저주를 상징하는 십자가 나무 위에 못 박혔음을(갈 2:20) 믿음으로 고백했다. 이후 나의 옛 사람은 온전히 죽었고 예수 그리스도 안에서 완전히 새 사람, 새로운 피조물이 되었음(고후 5:17)을 고백할 뿐만 아니라 확신한다. 그런 내 안에는 성령님이 내주(영원한 은혜, 성령세례)하시며 그분은 지금도 앞으로도 영원히 나의 주인이심(성령 충만)을 고백한다. 그리하여 지금 나는 즐거움으로 그분의 통치와 질서 하에서, 그분의 지배 하에서 그분께

온전한 주권을 드리고 평안을 누리며 살아가고 있다.

　나는 대략 6,000년 전 아담이 범죄할 그때 함께 죄를 지었음을 고백한다. 그렇기에 나는 인간의 역사와 세월을 거쳐 오늘 죄인으로 영적 죽음 상태로 태어났음을 고백한다. 다시 시간을 거슬러 올라가 예수 그리스도께서 이 땅에 오셔서 공생애를 사시다가 십자가에 못 박혔을 때 함께 십자가에 못 박혔다. 왜냐하면 구원자이신 예수님만이 그리스도, 메시야이심을 확실히 믿기 때문이다. 나는 예수 그리스도와 함께 죽으면 예수와 함께 다시 살 줄을 확실히 믿고 있다.

　그리하여 나는 살아나게 되었고 살아있게 되었으며 오늘을 살아가고 있다. 내 안에는 주인 되신 성령님이 내주하시며 그런 나는 진정한 사람(하이 네페쉬 하야, 아담 네페쉬)이다. 오늘 나는 성령님을 주인으로 모신 현재형 하나님나라이다. 그래서 왕이신 성령님의 통치 하에서 하나님나라를 살아가고 있다. 장차 육신적 죽음(히 9:27) 이후에는 '이동 혹은 옮김(아나뤼오, 딤후 4:6)'을 통해 미래형 하나님나라에서 영생을 누리게 될 것이다. 그런 하나님나라는 내게 엄연한 현실이요 진정한 실체이다. 그렇기에 나는 지금도 하나님나라를 살아가고 있으며 앞으로도 영원히 하나님나라를 누리며 살게 될 것이다. 로마서 14장 8절의 말씀으로.

　"살아도 주를 위하여, 죽어도 주를 위하여" -롬 14:8

　그렇기에 나는 사나 죽으나 주의 것이며 살아서도 삼위하나님께만 영광(Soli Deo Gloria)을 돌리며 죽어서도 영원히 삼위하나님께만 찬양과 경배, 영광을 돌리며 영원히 살아갈 것이다. 그런 나는 지금 세상에 살지만 세상에 속하지 않으며 세상과 타협하지 않으려 몸부림친다. 세상에서 구별되게, 다르게, 차이나게 살려고 매사 매 순간 최선을 다한다. 그렇게 사는 것이 실체로서의 '나'이기 때문이다. 그런 나는 바로 '예수쟁이(그리스도인, 크리스천, 행 11:26)'이다.

나는 'already~not yet'으로 오늘을 살아가고 있다. 아무 대가 없이 아무 공로 없이 은혜로 믿음으로 칭의(Justification)를 얻었으니 이제 후로는 성화(Sanctification)에로의 삶을 몸부림칠 것이다. 나의 힘으로가 아닌 오직 성령님의 인도하심(할라크)과 그분의 능력을 힘입어.

나는 지나가버린 많은 날 동안 "원하는 바 선은 행치 아니하고 도리어 원치 않는 악(롬 7:19)"으로 빨리 내달렸다. "오호라 나는 곤고한 사람이로다"라는 사도 바울의 고백(롬 7:24)을 수천 번은 더 외쳤다. 아니 아예 셀 수 없을 정도로…….

돌이켜보면, 지난날 나는 죽음이라는 세례(나는 죽었다, 할례)의 관문을 통과했다. 그렇게 함으로 '전에는' 죄와 연합하여 죄의 종으로, 불의(불법)의 병기로, 율법과 더불어 사망의 열매를 맺으며 살았다. 그러나 '이제는' 그리스도와 연합하여 의의 종으로, 의의 병기로, 그리스도와 더불어 의의 열매, 성령의 열매를 맺고 살아간다. 이 모든 것은 하나님의 은혜이다.

"그러나 나의 나 된 것은 하나님의 은혜로 된 것이니 내게 주신 그의 은혜가 헛되지 아니하여 내가 모든 사도보다 더 많이 수고하였으나 내가 아니요 오직 나와 함께하신 하나님의 은혜로라" _고전 15:10

참고로 원죄(Original Sin)의 결과가 살아서도 죽어서도 끝장(영원한 죽음)이라면 자범죄(Actual sins)의 결과(6:23)는 꿈 같은 유한된 한 번 인생을 사는 동안 처참함과 참담함의 극치이다.

성경은 원죄와 자범죄의 결과를 반복되게 여러 곳에서 말씀해주고 있다. 그 죄는 우리를 두려움(창 3:8), 수치와 부끄러움(창 3:10), 심판(창 3:13-19), 저주(창 3:14), 육적인 고통(창 3:16-17), 자연계 파손(창 3:18), 평강이 없음(사 57:21), 하나님과 분리(사 59:2), 마음의 고통(렘 4:8), 축복의 상실(렘 5:25), 죄의 종(요 8:34), 영육의 사망(롬 6:23, 히 9:27)으로 이끌어갈 것이라고 경고하고 있다.

원죄와 자범죄를 구분하여 정리하면 다음의 표와 같다.

원죄(原罪) (original sin)	자범죄(自犯罪) (actual sin, individual sin)
모든 죄의 원천(롬 5:18)	원죄의 결과(롬 5:15)
인류의 대표 아담으로부터 (롬 5:19) 연합과 대표의 원리	인간의 정욕(요일 2:16)에서 비롯됨 창 3장, 마 4장, 요일 2장 육신의 정욕-먹음직-떡 안목의 정욕-보암직-성전꼭대기 이생의 자랑-지혜롭게 할 만큼 탐스러움-천하만국과 영광
출생시 죄인 & 영적 죽음 (롬 3:10)	자의로 악행-죄인이 됨 (엡 2:3)
원래부터 죄인-계속하여 죄를 짓게 됨(사 48:8)	
예수 그리스도를 믿음으로 말미암아 의롭게 됨 (구원 곧 칭의)	성부하나님께 성령님의 도움을 받아 예수님의 이름으로 철저히 회개함으로 용서 (구원 곧 성화, 거룩함, 정결)

죄로부터의 자유함(갈 5:1) 그리고 해방(롬 8:1-2)에로의 돌파구는 예수 그리스도의 십자가 보혈 외에는 결코 없다. 오직 예수 그리스도를 믿음으로만 다시 살게 되고 예수 그리스도로 인해서만 의롭게 된다. 동시에 다른 보혜사이신 주권자 성령님의 인도(통치, 질서, 지배)하심으로만 우리는 성화(Sanctification)의 과정을 밟게 될 뿐이다.

칭의와 성화를 표로 구분하면 다음과 같다.

칭의(Justification)	성화(Sanctification)
신분의 변화	상태의 변화
원죄에서 해방	자범죄에서 해방
하나님의 자녀가 됨	하나님의 형상 회복
예수 그리스도의 십자가 보혈에 의해	예수 그리스도의 십자가 보혈에 의해
영 단번	지속적으로 이루어짐
죄와 사망의 법에서 해방, 자유케 됨	죄의 오염을 제거

너나 할 것 없이 우리 모두는 오늘, 역사적 현실이라는 꿈(일장춘몽, 一場春夢) 속에서 살아가고 있다. 지난밤 포근한 잠자리 속에서의 꿈도, 오늘이라는 현실도 모두가 다 한날의 꿈일 뿐이다. 오직 미래형 하나님나라에서의 영생만이 '영원한 현실' 곧 '실체'임을 자각해야 한다. 그렇기에 영원자존(永遠自存)하신 예수 그리스도와 함께 죽었으면 그 예수와 함께 다시 살아나 영원히 살게 될 줄을 알고 그 예수만 붙들고 흔들림 없이 나아

가야 한다.

나는 오늘도 앞서가시는 나하흐의 성부하나님, 늘 나와 함께하시는 에트의 성자하나님, 뒤에서 밀어주시고 동행하시는 할라크의 성령하나님이신 삼위일체 하나님과 하나가 되어 그분 안에서 그분과 함께 오늘이라는 꿈(비전)과 영원이라는 꿈(엘피스, 소망)을 꾸며 살아간다.

영원한 현실, 진정한 실체인 미래형 하나님나라를 꿈꾸며…….

6-1 그런즉 우리가 무슨 말 하리요 은혜를 더하게 하려고 죄에 거하겠느뇨

"그런즉"이란 '율법의 역할에 대하여'라는 의미(Barmby, Denny, Harrison, Lenski, Witmer)로서 이제부터 하는 말이 율법 폐기론이나 율법 무용론을 말하려는 것이 아니다라는 뜻이 함의되어 있다. 율법은 죄를 죄로 깨닫게 해주는 하나님의 은혜(요 1:16-17)이다. 결국 우리는 율법을 통해 죄를 죄인 줄 알고 그 죄를 철저히 회개함으로 하나님의 은혜를 풍성하게 누릴 수 있게 된 것이다. Lightfoot는 '그런즉'이라는 것을 죄와 은혜의 역할을 비교한 것(롬 5:21)이라고 했고 Godet는 '은사는 많은 범죄를 인하여 의롭다 하심에 이른' 것(롬 5:16)이라고 했다.

"이는 죄가 사망 안에서 왕 노릇 한 것 같이 은혜도 또한 의로 말미암아 왕 노릇 하여 우리 주 예수 그리스도로 말미암아 영생에 이르게 하려 함이니라"_롬 5:21

"또 이 선물은 범죄한 한 사람으로 말미암은 것과 같지 아니하니 심판

은 한 사람을 인하여 정죄에 이르렀으나 은사는 많은 범죄를 인하여 의롭다 하심에 이름이니라" _롬 5:16

반복하여 언급하지만 나는 성구에 관한, 앞서가는 학자들의 다양한 해석들에 대해 아주 엉뚱한 것(본질에서 벗어난 것)이 아님을 전제한다면 '맞다 틀리다'의 문제보다는 묵상의 다양함과 깊이를 더하여 준다라는 측면으로 보아야 한다라는 생각이다. 그런 면에서 이번에도 나는 '그런즉'의 해석에 있어서 상기의 셋 다를 적용하면서 풍성함을 누렸다.

"은혜를 더하게 하려고 죄에 거하겠느뇨"라는 것은 수사적(rhetoric) 용법으로 쓰인 것으로 당시 영지주의자들이 말씀을 궤변으로 바꾸어 자신들의 죄를 정당화하면서 쾌락주의(快樂主義, hedonism, 쾌락을 인생의 목적으로)로 빠졌던 것을 두고 질타한 말이다. 그들은 또 다른 한편으로는 금욕주의(禁慾主義, asceticism)에 빠져 자기 의(義)를 드러내기도 했다.

일반적으로 사람들은 '죄가 더한 곳에 하나님의 은혜가 임한다'라고 한다면 '죄'를 짓는 것 또한 일상의 '삶'이라는 명분이나 타당성, 핑계 등을 대며 더욱더 많은 죄를 짓게 될 것이다. 더 나아가 문자 그대로 해석하여 만약 '죄가 더한 곳에 은혜가 임한다'라고 한다면 그 죄는 오히려 은혜를 촉발하는 수단이 될 수 있다는 망발(妄發)에까지 이르게 될 것이다.

2 그럴 수 없느니라 죄에 대하여 죽은 우리가 어찌 그 가운데 더 살리요

"그럴 수 없느니라"의 헬라어는 메 게노이토(μὴ γένοιτο, never may it be)인데 이는 '단호히 배격하다(Barmby)'라는 아주 강한 부정을 의미

한다.

"죄에 대하여 죽은 우리가"에서 '죽다'의 헬라어는 아페다노멘(ἀπεθάνομεν, V-AIA-1P, we died)인데 이는 부정과거형으로 2,000년 전 골고다 십자가 위에서 예수와 함께 우리 또한 죽었다라는 것을 의미한다. 예수님의 부활과 더불어 우리 또한 살아나 죄에 대해 죽은 우리는 이전의 죄악된 삶을 버리고 하나님께 순종하는 삶을 살아가고 있다. 그렇기에 이 구절에서 그런 우리는 죄와는 무관하다(약 1:21)라고 한 것이다. 결국 "죄의 권세로부터의 분리(Witmer)"나 "그 토양과 대기에서 자라고 호흡하지 않으며 그 지배 하에 머물지 않는 것(Barth)"이라는 해석에 나는 동의한다.

"어찌 그 가운데 더 살리요"라는 것은 죄를 짓지 않는다라는 의미가 아니다. 법적으로는 의인이나 실제적으로는 여전히 죄의 성향(죄의 속성)을 지녔기에 성령님의 통치하심 가운데 있으나 처절하게 죄와 싸우되 피흘리기까지 싸워야 한다(히 12:22-23, 계 14:1-5)라는 것이다. 'already~not yet'이기 때문이다.

비유컨대, 성도(聖徒)란 '한 번 인생 길을 구별되게 걸어가는 사람'이라는 의미로서 삶을 살아가다 보면 죄라는 돌발 상황에 걸려 넘어질 수가 있다. 그러면 얼른 다시 일어나야 한다. 그리고는 다시 소망되신 예수 그리스도로 인하여 소망(엘피스, 미래형 하나님나라에의 입성과 영생)을 붙들고 걸어가야 한다. 바닥에 엎어진 채 일어나지 않고 그대로 누워서 다시 걸어가지 않으려는 것이 문제이다.

3 무릇 그리스도 예수와 합하여 침례를 받은 우리는 그의 죽으심과 합하여 침례 받은 줄을 알지 못하느뇨

"침례 혹은 세례"의 헬라어에는 흥미로운 2가지 단어가 있다. 밥토와 밥티조이다. 밥토(βάπτω)가 '물로 실짝 적시는 것'이라면 밥티조(βαπτίζω)는 '식초에 담그다'라는 의미이다. 문자적으로만 본다면 장로교 쪽의 세례는 밥토에 가깝고 침례교 쪽의 침례는 밥티조에 가깝다. 그래서 침례라는 말이 더 '그' 의미에 가깝다. 이를 두고 문자적으로 어느 한 편을 고집을 하는 이들이 의외로 많다.

나는 본질적인 것이 아닌 부분을 가지고 왈가왈부하는 그리스도인들의 허식(虛式)이 안타까울 때가 많다. 사실 '물에 잠긴다'라는 것은 '예수와 함께 죽다'라는 의미이며 '물에 씻다'라는 것은 '예수의 보혈로 정결함을 입다'라는 의미이다. 결국 두 단어는 동일한 것이며 더 나아가 '침례 혹은 세례'라는 단어에 들어있는 4가지 의미가 중요한 것이다.

'세례(밥토) 혹은 침례(밥티조)'는 구약의 '할례(물)'를 가리키는 것으로 이제 후로는 '나는 죽었다, 나는 죽고 예수로 산다'라는 의미이며 그것을 깊이 되새기는 것이 중요하다. 그렇기에 예수 그리스도의 십자가 보혈로 죄씻음(십자가 보혈)과 그 예수를 나의 구주(Savior) 나의 하나님으로 입으로 시인하고 마음으로 믿는 믿음을 고백하며 그 예수와 연합(Union with Christ)되어 하나가 되고 이제 후로는 온전히 주님(Lord, Master, 주인)으로 모시고 그분의 통치와 질서, 지배 하에서 그분께만 온전한 주권을 드

리고 살아가는 것이 중요할 뿐이다. 참고로 밥티조[129]($\beta\alpha\pi\tau\iota\zeta\omega$, 마 28:19)는 밥토($\beta\acute{\alpha}\pi\tau\omega$, 눅 16:24)에서 파생되었다.

예수와 함께 우리의 옛 자아는 십자가에서 온전히 죽었다. 그리고 예수님 안에서 새로운 피조물로 다시 살아났다. 이제 예수를 믿은 우리가 세례를 받는 것은, 우리 죄를 대속하신 예수의 십자가 보혈의 공로를 믿고 그 예수와 합하여 하나가 되고 그분만을 주인으로 모시고 살아가겠다는 자기 선언이자 자기 결단인 것이다.

4 그러므로 우리가 그의 죽으심과 합하여 침례를 받음으로 그와 함께 장사되었나니 이는 아버지의 영광으로 말미암아 그리스도를 죽은 자 가운데서 살리심과 같이 우리로 또한 새 생명 가운데서 행하게 하려 함이니라

"침례를 받음으로 그와 함께 장사되었나니"라는 말씀에서는 '장사되었나니'에 방점이 있다. 그러므로 죄인이었던 나는 침례를 받는 순간 '온전히 죽었다'는 것을 선포한 것이다.

"아버지의 영광"이란 성부하나님의 신적 권능과 불멸성, 하나님의 능력, 성품, 속성을 말한다. 반면에 '하나님께 영광'이라는 것은 하나님의 능력, 성품, 속성을 이 땅에 드러내는 것을 말한다. 곧 하나님의 영광을 우리가 드러내는 것으로 하나님의 하나님 되심을 드러내는 것을 말한다.

---

129 밥티조($\beta\alpha\pi\tau\iota\zeta\omega$, lit: I dip, submerge, but specifically of ceremonial dipping; I baptize/properly, "submerge" (Souter); hence, baptize, to immerse (literally, "dip under"). 907 (**baptízō**) implies submersion ("immersion"), in contrast to 472 /**antéxomai** ("sprinkle"), 마 28:19)는 밥토($\beta\acute{\alpha}\pi\tau\omega$, to dip, dip in, immerse, 눅 16:24)에서 파생되었다.

동시에 그런 하나님께 영광을 올려드리는 것을 가리킨다.

"그리스도를 죽은 자 가운데서 살리심과 같이 우리로 또한 새 생명 가운데서 행하게 하려 함이라"는 것은 교회의 머리이신 예수가 살아나야 교회의 몸인(고전 12:27, 엡 1:22-23) 우리도 살아나게 되는 것(고전 15:12-19)이라는 의미이다. 그렇기에 그리스도의 부활은 우리의 구원과 영생에의 확실한 보증이 된 것이다.

결국 하나님께서 우리를 구원하신 목적은 우리를 "새 생명 가운데서 행하게 하려 함"인 것이다.

5 만일 우리가 그의 죽으심을 본받아 연합한 자가 되었으면 또한 그의 부활을 본받아 연합한 자가 되리라

조건문이나 가정법으로 기술된 "되었으면"이라는 단어는 기정사실로 바꾸어 '되었으니'로 해석하는 것이 훨씬 좋다.

"연합한"의 헬라어는 쉼퓌토스[130](σύμφυτος, adj/from συμφύω, v)인데 이는 '접목됨(engrafted), 접붙임(요 15:4-5, 롬 11:47)'이라는 의미이다. 한편 "본받아"의 헬라어는 호모이오마[131](ὁμοίωμα, nn)인데 이는 로마서 15장 5절과 빌립보서 3장 10절의 '본받아(συμμορφόω)'와 같은 의미로

---

130 쉼퓌토스(σύμφυτος, adj, congenital, hence united with, grown together/from συμφύω, v, to grow together (pass.)

131 호모이오마(ὁμοίωμα, nn)는 (originally: a thing made like something else), a likeness, or rather: form; a similitude/(a neuter noun derived from homos, "the same") – properly, the same as; likeness, similitude (resemblance), ("likeness, particular similarity") is a comparison used to increase understanding)이다.

서 '하나가 되다'라는 말이다.

"그의 부활을 본받아 연합한 자가 되리라"는 것은 그리스도의 부활이 확실한 역사적 사건이듯이 성도의 부활도 확실한 역사적 사건이 될 것이라는 말이다(Barmby). 동시에 신의 본체(本體)로서의 그리스도의 부활체와 신령한 몸을 가진(고전 15:44) 성도의 부활체는 근본적으로 차이가 있다라는 것도 전제하고 있다. 한편 Meyer는 이 구절을 '성도들이 그리스도와 연합한 결과 일어나게 되는 모든 일'로 해석하고 있으며 Lenski는 '성도들이 그리스도와 연합하면 할수록 더욱 굳게 연합될 것'이라고 해석했다.

6 우리가 알거니와 우리 옛 사람이 예수와 함께 십자가에 못 박힌 것은 죄의 몸이 멸하여 다시는 우리가 죄에게 종 노릇하지 아니하려 함이니

여기서 "우리"란 로마 교회 교인을 포함한 모든 그리스도인들을 가리킨다. "알거니와"의 헬라어는 기노스코[132](יָדַע, γινώσκω)인데 이는 '이해하다, 인식하다'라는 의미로 실제적인 신앙생활을 통해 경험적 지식으로 인식된 모든 것을 가리킨다. 한편 생득적(生得的) 지식의 경우에는 오이다(οἶδα)라는 헬라어를 쓴다.

"옛 사람"이란 '죄의 몸'이라는 의미로 지난날 죄에 얽매여 종 노릇 하던 사람을 가리킨다. 이는 '죄악 자체, 죄의 속성, 죄의 성향'이라는 말과

---

132 기노스코(יָדַע, γινώσκω)는 properly, to know, especially through personal experience (first-hand acquaintance). 1097 /**ginóskō** ("experientially know") is used for example in Lk 1:34, "And Mary [a virgin] said to the angel, 'How will this be since I do not know (1097 / **ginóskō** = sexual intimacy) a man?'"이다.

는 다름에 주의해야 한다(롬 7:22-23). 즉 이 구절에서의 "죄의 몸" 곧 '옛 사람'이란 인간의 육신 자체가 죄악 덩어리라는 말은 아니다(고전 6:19). '죄의 주관 아래 예속되었다(Witmer)' 혹은 '죄에 예속되어 도구로 사용되고 있는 육신(Greijdanus, Meyer)'이다라는 의미이다.

한편 "옛 사람(죄의 몸)"과 대조되는 말에는 '예수 믿고 의롭다 하심을 얻은 자, 성령으로 거듭난 자아, 죄에서 자유함을 얻은 새사람(엡 4:24)' 등등이 있다.

"예수와 함께 십자가에 못 박힌 것"이란 예수께서 십자가에 못 박혀 죽으셨을 때 우리 또한 그의 죽으심과 합하여 죽은 것으로 '세례'의 4가지 의미(죄 씻음, 영접, 연합 곧 하나 됨, 주님으로 고백)를 함의하고 있다.

"멸하여"의 헬라어는 카타르게오[133]($καταργέω$, v)인데 이는 부정과거형으로 '이미 완전히 분쇄되어 소멸됨, 영 단번에 자유케 됨, 다시는 죄에게 종 노릇 하지 않게 된 것'을 가리킨다.

7 이는 죽은 자가 죄에서 벗어나 의롭다 하심을 얻었음이니라

"죽은 자"란 대표단수로서 그리스도의 대속 죽음을 믿고 그 피 공로를

---

[133] 카타르게오($καταργέω$, v)는 to render inoperative , (a) I make idle (inactive), make of no effect, annul, abolish, bring to naught, (b) I discharge, sever, separate from/(from 2596 /katá, "down to a point," intensifying 691 /argéō, "inactive, idle") – properly, idle down, rendering something inert ("completely inoperative"); i.e. being of no effect (totally without force, completely brought down); done away with, cause to cease and therefore abolish; make invalid, abrogate (bring to nought); "to make idle or inactive" (so also in Euripides, Phoen., 753, Abbott-Smith)이다.

힘입은 모든 성도들을 가리킨다.

"죄에서 벗어나"라는 것은 "의롭다 하심을 얻다, 의롭다고 선언을 받다'라는 의미로서 그 헬라어는 데디카이오타이[134](δεδικαίωται, has been freed, V-RIM/P-3S/δικαιόω, v)이다. 이는 법정 용어로서 형을 집행당한 자가 벌을 받음으로 법의 요구를 충족시켰다(Barmby, Lenski)라는 의미이다. 유대인의 율법 해설서인 할라카(Halakah)에도 '사람이 죽으면 율법과 계명으로부터 자유롭게 된다'라는 비슷한 말이 있다. 물론 기독교적 세계관은 아니다. 성경은 죽음 이후에 만왕의 왕, 만주의 주이신 예수님의 백보좌 심판이 있다(계 20:12-15, 롬 8:1-2)라고 말씀하고 있다.

8 만일 우리가 그리스도와 함께 죽었으면 또한 그와 함께 살 줄을 믿노니

그리스도와 연합한 자의 결과인 부활에 대한 말씀으로 5절의 반복된 말씀이다. 결국 이 구절은 "너희 자신을 죄에 대하여는 죽은 자요 그리스도 예수 안에서 하나님을 대하여는 산 자(롬 6:11)'라는 것으로 죄의 몸(옛 사람)은 죽고 예수님 안에서 새로운 피조물로 살아가야 함을 말씀하고 있다.

9 이는 그리스도께서 죽은 자 가운데서 사셨으매 다시 죽지 아니하시고 사망이 다시 그를 주장하지 못할 줄을 앎이로라

---

134 데디카이오타이(δεδικαίωται, has been freed, V-RIM/P-3S/δικαιόω, v, (from dikē, "right, judicial-approval") – properly, approved, especially in a legal, authoritative sense; to show what is right, i.e. conformed to a proper standard (i.e. "upright")

"다시 죽지 아니하시고(οὐκέτι ἀποθνῄσκει, no more dies)"라는 것은 '다시금~할 수 없다(cannot~again, NIV)' 혹은 '결단코 다시금~아니하다(never~again, Living Bible)'라는 의미로서 예수님은 결단코 다시 죽지 않으시며 다시 죽을 수도 없다라는 의미이다. 왜냐하면 예수님은 영 단번(once for all)에 모든 것을 이루셨기 때문이다(히 7:26-27, 9:12).

"다시"라는 말이 오해를 불러일으켜 마치 사망이 '한 때'에 예수를 지배한 것처럼 말하는 이들이 제법 있다. 역사상 유일한 의인이신 예수는 죄가 전혀 없었기에 어느 때든지 사망이 예수를 지배한 적이 없었다. 다만 예수님은 성부하나님의 구속 계획을 성취하기 위해 그리스도, 메시야로 성육신하셔서 자발적으로 죽음의 자리에 자신을 내어주셨을 뿐이다. 여기서 "사망"의 헬라어는 다나토스[135](θάνατος, nm, (derived from 2348 /thnḗskō, "to die")이다.

10 그의 죽으심은 죄에 대하여 단번에 죽으심이요 그의 살으심은 하나님께 대하여 살으심이니

죄와 허물이 없으신, 역사상 유일한 의인이신 예수님은 성부하나님의 구속 계획에 따라 성육신하셔서 십자가 대속 죽음을 담당하셨던(고후 5:21) 것이다. 예수의 죽음은 구약 율법의 반복적이고 불완전한 일시적인 짐승

---

135   다나토스(θάνατος, nm, (derived from 2348 /thnḗskō, "to die") – physical or spiritual death; (figuratively) separation from the life (salvation) of God forever by dying without first experiencing death to self to receive His gift of salvation)

제사(히10:4)와는 달리 '영 단번(영원성, 지속성, 히 9:13-14)'에 모든 것을 다 이루신 것이다.

"하나님께 대하여"라는 것은 '하나님 안에서(Lenski)', '하나님으로 말미암아(Calvin)' 혹은 '하나님의 영광을 위하여(barmby, Harrison, Meyer, Murray, Witmer)'라는 의미이다. 즉 하나님의 영광을 위해 자발적으로 인간의 수치와 저주를 몽땅 안고 십자가에서 죽으시고 하나님의 영광을 위하여 죽음으로부터 부활하신 것이다(요 17:4).

11 이와 같이 너희도 너희 자신을 죄에 대하여는 죽은 자요 그리스도 예수 안에서 하나님을 대하여는 산 자로 여길지어다

"이와 같이"가 의미하는 것은 '그리스도의 죽으심과 부활로 인해 예수를 머리(주인)로, 성도들을 몸(지체)으로 하는 것 같이(엡 5:23)'라는 말이다.

"죄에 대하여는 죽은 자요"라는 것은 우리가 예수와 함께 십자가에서 죽음으로 영 죽을 죄(원죄, original Sin)와 죄인(영적 죽음)의 '신분'에서 벗어나(영적 부활, 첫째 부활) 자유롭게 되었다는 것을 의미한다.

이후 'already~not yet'으로 죄의 성향으로 인한 자범죄(Actual sins)와 싸우되 피흘리기까지 싸우다가 지은 죄는 이미 다 이루신 예수님의 십자가 보혈에 의지하여 씻음 받음으로 죄의 굴레에서 벗어난 자(거룩한 자, 정결한 자)가 된다. 존 오웬(John Owen, 1616-1683, 영)의 〈죄 죽이기(The Mortification of Sin)〉를 일독할 것을 권한다.

"그리스도 예수 안에서(in Christ Jesus)"라는 것은 "죄에 대하여는 죽은 자요"라는 말과 "하나님을 대하여는 산 자"라는 말씀 둘 다에 연결되고 있다. 한편 예수께서 죽으신 것은 우리의 대속을 위함이요 다시 사신 것은 하나님을 영화롭게 하기 위함이었다.

"하나님을 대하여"라는 것은 '하나님의 영광을 위하여' 혹은 '하나님 안에서'라는 의미이다. 곧 하나님의 능력, 성품, 속성을 이 땅에 드러내기 위해서, 하나님의 하나님 되심을 드러내기 위해서라는 의미이다.

"여길지어다"의 헬라어는 로기제스데(λογίζεσθε, V-PMM/P-2P, consider)인데 이는 단순한 권고로서 하는 말이 아니라 아니라 '반드시 그래야만 한다'라는 명령의 말씀이다(Harrison, Lenski).

12 그러므로 너희는 죄로 너희 죽을 몸에 왕 노릇 하지 못하게 하여 몸의 사욕을 순종치 말고

지금까지(6:1-11절)는 성도가 어떻게 죄에 대해 죽고 의에 대해 살게 되었는 지를 말씀했다.

"죽을 몸"이란 아담의 원죄(original Sin)로 인한 죽음의 형벌(창 2:17)을 피할 수 없었던 육신(창 3:19, 히 9:27)을 가리킨다.

"왕 노릇 하지 못하게"라는 것은 14절의 "주관치 못하게"라는 말이다. 결국 이 말은 비록 우리의 옛 사람이 십자가에 못 박혀 죽었다 하더라도(already) 여전히 죄의 속성이나 성향을 지니고 있기에(not yet) 타락하고 부패한 인간은 탐욕(탐심 곧 우상숭배, 골 3:5)으로 어느새 미혹되어 버린다. 그런 우리는 끊임없이 죄에 대해 종 노릇 하려하는 것이다(벧전 5:8). 그렇기에 법적인 신분상 죄에 대하여는 죽은 자, 하나님에 대하여는 산 자에 걸맞게 부단히, 피흘리기까지 죄와 싸워야 한다(고전 6:19-20, 히 12:4).

그런 우리는 비록 죄를 짓게 된다 할지라도, 원하는 바 선보다 악으로 빨리 달려간다고 할지라도 이미 예수를 믿어 영적 부활된 상태임을 잊지 말아야 한다. 또한 주님의 재림 시에는 미래형 하나님나라에로 옮겨져(이동, 아나뤼오) 영생을 누릴(요 11:25-26, 롬 8:10-11) 사람들임을 기억해야 한다. "몸의 사욕"이란 '육신의 욕망, 육체적 욕구' 즉 '온갖 탐욕'을 말한다. 우리는 하나님의 검(말씀, 성령의 검)과 전신갑주를 입고(엡 6:13, 구원의 투구, 의의 흉배, 믿음의 방패, 진리의 허리띠, 평안의 복음의 신) 선으로 악을 이겨야 한다(롬 12:21).

13 또한 너희 지체를 불의의 병기로 죄에게 드리지 말고 오직 너희 자신을 죽은 자 가운데서 다시 산 자 같이 하나님께 드리며 너의 지체를 의의 병기로 하나님께 드리라

"너희 지체"란 "너희 자신(13)", "너희 죽을 몸(12)"을 가리키며 "불의의 병기"란 죄에 팔려 불의를 행하는 도구로 전락(轉落)한 인간을 말한다.

"드리다"의 헬라어는 파리스테미[136]($παρίστημι$, V-PMA-2P)로서 현재형인데 이는 자기 자신을 스스로 넘겨주는 결단의 행위(Harrison)

---

136   파리스테미($παρίστημι$, V-PMA-2P)는 to place beside, to present, stand by, appear/ (from 3844 /pará, "from close-beside" and 2476 /hístēmi, "to stand") – properly, stand close beside, i.e. ready to present (exhibit)이다.

즉 자의적인 행위를 가리킨다. 현재형 동사로 쓰인 것은 인간이 항상 죄에 대하여 자신을 내어 줄 위험에 노출되어 있음을 가리킨다. D. L 무디(Dwight Lyman Moody, 1837-1899)의 말을 새겨볼 만하다.

"새가 나의 머리 위에서 날아다니는 것은 어쩔 수 없지만 내 머리에 앉아 둥지를 트는 것은 허락할 수 없다"_D.L. 무디

"너희 자신을 죽은 자 가운데서 다시 산 자 같이 하나님께 드리며"라는 것은 11절의 반복된 말씀으로 죄에 대하여는 죽고 의에 대하여는 산 자로서 행동하라는 것이다.

"너희 지체를 의의 병기로 하나님께 드리라"는 것은 비록 그리스도인들의 신분은 의인이기는 하나 여전히 'not yet'임을 알고 현실적인 죄 즉 정사와 권세와 이 세상의 어두움의 주관자들과 악한 영들에 대하여는(엡 6:12) 피흘리기까지(히 12:4) 영적 싸움을 계속하여야 한다라는 의미이다. 물론 주님의 능력으로(빌 4:13) 매사 매 순간 영적 싸움에서 승리하는 것이며 성령의 의(義)의 열매를 풍성하게 맺게 될 것이다. 또한 매사 매 순간 의의 병기로 사용되길 갈망하는 우리가 되어야 할 것이다(갈 5:22-23).

14 죄가 너희를 주관치 못하리니 이는 너희가 법 아래 있지 아니하고 은혜 아래 있음이니라

이 구절은 독특하게 전반부의 질문을 후반부가 답하는 형태로 되어 있다. "주관치 못하리니"에 해당하는 헬라어는 우 퀴리유세이(οὐ κυριεύσει, not will rule over, V-FIA-3S)인데 이는 미래 능동태 직설

법으로 '현재는 물론 미래에 있어서도 확실하다'라는 의미로서 죄가 너희를 지금도 앞으로도 영원히 주관치 못할 것이 확실하다라는 말이다.

"법"이란 율법을 가리키며 "은혜"란 하나님의 구원의 은총을 가리킨다. 율법 하에서는 죄가 왕 노릇 하지만 하나님의 은혜 하에서는 죄가 왕 노릇 할 수 없어 죄가 우리를 결코 주관치 못한다(롬 5:8-11, 8:1-2).

15 그런즉 어찌하리요 우리가 법 아래 있지 아니하고 은혜 아래 있으니 죄를 지으리요 그럴 수 없느니라

"그런즉 어찌하리요"라는 것은 '그렇다면 무슨 말을 할 것인가' 또는 '그렇다면 어떻게 할 것인가'라는 의미이다. 예수 그리스도를 믿음으로 의롭게 된 자들은 더 이상 율법의 정죄에 빠지지 않는다. 그렇다고 하여 죄를 지어도 정죄 당하지 않으며, 죄를 짓더라도 사유(赦宥)하시는 하나님이시기에 계속 죄를 지어도 괜찮다라는 착각은 금물이다.

"그럴 수 없느니라"는 것은 '물론 아니다(of course not, Living Bible)', '천만의 말씀(by no means, NIV, RSV)', '원컨대 그런 일이 없기를(God forbid, KJV)'이라는 의미이다.

즉 하나님의 은혜 아래 있으면서도 여전히 아무렇지도 않게 범죄할 수는 없다라는 말이다. 유다서 1장 4절은 이런 자를 가리켜 '예수 그리스도를 부인하는 자'라고 했는 바 그런 그들은 사단의 하수인에 불과할 뿐이다.

16 너희 자신을 종으로 드려 누구에게 순종하든지 그 순종함을 받는 자의 종이 되는 줄을 너희가 알지 못하느냐 혹은 죄의 종으로 사망에 이르고 순종의 종으로 의에 이르느니라

"종"을 의미하는 헬라어 단어는 대표적으로 4가지[137]가 있다.

첫째가 이 구절에서 사용된 둘로스(δοῦλος, adj, nm, nf)인데 이는 주인에게 철저히 예속된 노예를 가리킨다.

둘째는 휘페레타스(ὑπηρέτης, nm)인데 이는 배(노예선) 아래에서 북 소리에 맞추어 노를 젓는 종(고전 4:1)이라는 의미이다. 갤리선(galley, 노를 주로 쓰고 돛을 보조적으로 사용하는 대형 범선)에 타서 북소리에 맞추어 죽기까지 배 밑에서 노를 젓고 있는 노예들을 생각하면 이해가 쉽다.

셋째는 디아코노스(διάκονος, nm, nf)인데 이는 주인과의 고용 관계 속에서 삯을 받고 자유롭게 봉사하는 종 혹은 사역자(고전 3:5)를 의미한다.

---

137 둘로스(δοῦλος, adj, nm, nf)는 (a) (as adj.) enslaved, (b) (as noun) a (male) slave/(a masculine noun of uncertain derivation) – properly, someone who belongs to another; a bond-slave, without any ownership rights of their own. Ironically, 1401 /doúlos ("bond-slave") is used with the highest dignity in the NT – namely, of believers who willingly live under Christ's authority as His devoted followers)인데 이는 주인에게 철저히 예속된 노예를 가리킨다. 둘째는 휘페레타스(ὑπηρέτης, nm)는 a servant, an attendant, (a) an officer, lictor, (b) an attendant in a synagogue, (c) a minister of the gospel/(from 5259 /hypó, "under" and éressō, "to row") – properly, a rower (a crewman on a boat), an "under-rower" who mans the oars on a lower deck; (figuratively) a subordinate executing official orders, i.e. operating under direct (specific) orders)인데 이는 배(노예선) 아래에서 북 소리에 맞추어 노를 젓는 종(고전 4:1)이라는 의미이다. 셋째는 디아코노스(διάκονος, nm, nf)는 a waiter, servant; then of any one who performs any service, an administrator/(from 1223 /diá, "thoroughly" and konis, "dust") – properly, "thoroughly raise up dust by moving in a hurry, and so to minister" (WP, 1, 162); ministry (sacred service)인데 이는 주인과의 고용 관계 속에서 삯을 받고 자유롭게 봉사하는 종 혹은 사역자(고전 3:5)를 의미한다. 넷째는 오이코노모스(οἰκονόμος, nm)는 a household manager, a steward, guardian/(from 3624 /oíkos, "house, household" and nemō, "to allot, apportion") – properly, a steward (literally, "household-manager")이다. See 3622 (oikonomia)

넷째는 오이코노모스(οἰκονόμος, nm)인데 이는 맡은 자(고전 4:2)로서의 종이라는 의미이다.

한편 한 종이 두 주인을 겸하여 섬길 수는 없다(마 6:24). 그러므로 죄의 종이든지 순종의 종이든지 양단간에 택일해야 한다. 우리의 선택은 자명하다. 왜냐하면 하나님은 악인의 길, 죄인의 길에서 돌이키는 것을 기뻐하시기 때문이다(겔 33:11).

'죄의 종(요 8:34)'이란 '불순종의 종, 불순종의 아들들(엡 5:6)'을 말하는데 그들의 결국은 사망(롬 5:21)으로서 장차 하나님의 진노를 받게 된다. '사망'이란 영벌(유황불못) 즉 영원한 죽음(둘째 사망, 마 25:41-46, 계 20:10-15)을 의미한다. 반면에 '순종의 종, 성결의 종, 의의 종'이란 예수 그리스도를 왕으로 모신 자들을 가리키는데 이들은 그리스도께 순종함으로 의롭다 함(칭의, Justification)을 얻고 그 의롭다 함의 결과로 미래형 하나님나라에의 입성과 영생을 누리게 될 자들이다.

17 하나님께 감사하리로다 너희가 본래 죄의 종이더니 너희에게 전하여 준 바 교훈의 본을 마음으로 순종하여

에베소서 2장 8-9절의 말씀에 따르면, 모든 것은 하나님의 은혜이자 하나님의 선물이다. 그러므로 하나님께 감사함은 마땅한 것이다.

"본래 죄의 종이더니"라는 것은 아담의 범죄 이래(연합과 대표의 원리) 모든 사람이 처하게 된 상태를 말한다. 즉 모든 인간은 죄의 전가(imputation)로 인해 영적 죽음 상태로 태어나 영 죽을 죄인이 되었다. 그랬던 우리가 예수 그리스도로 인해 신분의 변화가 주어졌다. 그럼에도 불구하고 여전히 육신을 가진, 죄의 성향을 지닌 죄인임을 잊어서는 안 된다(롬 3:10-12).

"너희에게 전하여 준 바 교훈의 본"이란 하나님의 은혜의 복음으로서 기독교의 근본 진리를 가리킨다(Lenski, Harrison, Denny, Barmby, Zahn).

"마음으로 순종하여"라는 것은 로마서 10장 9-10절의 말씀과 같은 의미이다. 곧 "네가 만일 네 입으로 예수를 주로 시인하며 또 하나님께서 그를 죽은 자 가운데서 살리신 것을 네 마음에 믿으면 구원을 얻으리니 사람이·마음으로 믿어 의에 이르고 입으로 시인하여 구원에 이르느니라"고 하셨다.

18 죄에게서 해방되어 의에게 종이 되었느니라

"해방되다"의 헬라어는 엘류데로오[138](ἐλευθερόω, v)인데 이는 '본래의 책임을 면제받다, 속박에서 자유롭게 되다'라는 의미로 죄의 굴레에서 자유롭게 해방되었다라는 말이다.

"의의 종"이란 죄에서 해방됨으로 주어진 것이며 '순종의 종'이란 하나님의 뜻을 따른 성도의 삶을, '하나님의 종'이란 신분의 변화를 가리키는 말로서 죄의 종 노릇에서 해방된 것을 가리킨다.

---

138 엘류데로오(ἐλευθερόω, v)는 to make free, to exempt (from liability)/properly, set free, release from bondage; (figuratively) to remove the restrictions of sin (darkness) because delivered by God into true spiritual liberty (growth). See 1658 (eleutheros)이다.

19 너희 육신이 연약하므로 내가 사람의 예대로 말하노니 전에 너희가 너희 지체를 부정과 불법에 드려 불법에 이른 것 같이 이제는 너희 지체를 의에게 종으로 드려 거룩함에 이르라

"연약하다"라는 것이 가리키는 것은 죄의 성향으로 인한 도덕적인 연약뿐만 아니라 하나님을 아는 것에 대한 지적인 연약 즉 영적 어린아이(고전 3:1)를 말한다.

"내가 사람의 예대로 말하노니"라는 것은 '여러분의 이해력이 미치지 못할까 하여 이렇게 인간사에 비추어 말하는 것(공동번역)'이라는 의미로서 갈라디아서 3장 15절(사람의 예대로 말하노니)과 로마서 3장 5절(내가 사람의 말하는대로 말하노니)에서도 비슷한 표현을 썼다.

"부정"의 헬라어는 아카다르시아[139](ἀκαθαρσία, nf)인데 이는 '더러운 일, 불결함'이란 의미로서 탐욕과 탐심의 결과 육신의 정욕, 안목의 정욕, 이생의 자랑만을 좇아 행하는 모든 일들을 가리킨다. 한편 "불법"의 헬라어는 아노미아[140](ἀνομία, nf)인데 이는 하나님의 계명을 어기는 범법 행위를 가리키는 말로서 하나님을 믿지 않는 불신(不信)의 상태에서 저질렀던 온갖 행태를 가리킨다.

로마서 1장 18절은 하나님의 진노가 불의와 불경건, 불순종하는 자들에게 임한다라고 말씀하셨다. 또한 히브리서 3장 18-19절에는 출애굽 1

---

[139] 아카다르시아(ἀκαθαρσία, nf)는 uncleanness, impurity/(from 1 /A "not" and 2513 /katharós, "clean because unmixed, pure") – ritual impurity, caused by leprosy, open infection, child birth, touching a corpse, etc이다. See 169 (akathartos)

[140] 아노미아(ἀνομία, nf)는 lawlessness, iniquity, disobedience, sin/(from 1 /A "not" and 3551 /nómos, "law") – properly, without law, lawlessness; the utter disregard for God's law (His written and living Word)이다.

세대가 불신과 불순종으로 남은 안식 즉 가나안에 들어가지 못했다라고 말씀하셨다.

"너희 지체를 의에게 종으로 드려 거룩함에 이르라"는 것은 구원받은 자의 마땅한 덕목을 말하는 것이다. 이를 곡해하여 구원에 이르기 위해(구원을 얻으려면) 반드시 그렇게 살아야만 한다라고 해서는 안 된다. 여전히 연약한 육신을 가진 우리는 그럴 수가 없다. 실력도 능력도 없다. 구원은 예수 그리스도를 믿고 영접하는 것 외에는 없다. 그 예수를 믿고 구원을 얻은 것은 전적인 하나님의 은혜일 뿐이다(엡 2:8-10).

20 너희가 죄의 종이 되었을 때에는 의에 대하여 자유하였느니라

"죄의 종이 되었을 때"라는 것은 아담의 원죄로 인한 영적 죽음(영벌)상태였던 죄인의 신분의 때를 가리킨다. 그때에는 그렇기에 죄에 대하여 종 노릇을 해왔던 것이다. 그런 사람들을 가리켜 '의(義)에 대하여는 자유하다'라고 표현하고 있다. 즉 '의에 예속되지 않고 제멋대로 놀아났습니다(공동번역)'라는 의미이다. 결국 죄에 종 노릇 하게 되면 의(義)와는 무관하게 된다라는 의미이다.

21 너희가 그 때에 무슨 열매를 얻었느뇨 이제는 너희가 그 일을 부끄러워하나니 이는 그 마지막이 사망임이니라

"무슨 열매를 얻었느뇨"라는 것은 열매다운 열매는 고사하고 썩은 냄새가 풍기는 '사망의 열매를 맺었다'라는 말이다.

"이제는"이란 어둠 가운데 죄의 종이었던 상태에서 빛 가운데 의의 종으로 옮겨진 상태를 가리킨다.

"그 마지막"이란 종말의 끝날, 말세지말(末世之末), 마지막 날 곧 예수 그리스도 재림의 그날을 말하며 최후 심판(백보좌 심판, 계 20:11)의 날을 의미한다. "사망"이란 죽지도 않고 "세세토록 밤낮 괴로움을 당하는" 둘째 사망 즉 영원한 죽음(계 21:10-15)을 가리킨다.

22 그러나 이제는 너희가 죄에게서 해방되고 하나님께 종이 되어 거룩함에 이르는 열매를 얻었으니 이 마지막은 영생이라

"너희가 죄에게서 해방되고"라는 것에서 성도란 그리스도의 죽으심과 합하여 옛 사람을 온전히 장사 지내고 또한 그리스도의 다시 살으심과 합하여 완전히 새 사람으로 거듭난 자(롬 6:3-4, 새로운 피조물, 고후 5:17)를 말한다. 그렇기에 죄가 저희를 주관할 수 없으며(롬 6:14) 주관하게 해서도 안 된다(롬 6:15-16).

"하나님께 종이 되어"라는 것은 18절의 "의에게 종이 되었느니라"는 것을 가리킨다.

"거룩함에 이르는 열매를 맺었으니"라는 것은 인간 자신의 행위, 노력이나 힘씀으로, 곧 자기 의(義)로는 결코 거룩함에 이를 수 없다라는 것을 시사하는 것으로 그 거룩함조차도 나하흐 하나님의 은혜와 에트 예수 그리스도의 사랑과 할라크 성령님의 도우심과 인도하심으로 거룩함에 이를

수 있다라는 것이다.

결국 구원받은 우리가 '거룩하게 살려고 힘쓴다'라는 것은 하나님의 은혜에 감격하여 하나님의 뜻대로 하나님의 기쁨으로 살려고 최선을 다해 몸부림을 친다라는 의미이다.

"이 마지막은 영생이니라"와 21절의 "이 마지막은 사망이니라"에서의 '마지막'은 동일한 날을 가리키는 것으로 예수 그리스도의 최후 심판의 날을 가리킨다.

23 죄의 삯은 사망이요 하나님의 은사는 그리스도 예수 우리 주 안에 있는 영생이니라

"죄의 삯은 사망"이라는 것은 '죄'를 짓는 자가 마땅히 받아야 할 대가는 '사망'임을 가리킨다. 여기서 죄(罪, sin)란 원죄(original Sin)와 자범죄(actual sins)를 회개 않는 모든 죄, 둘 다를 말하며 사망(死亡)이란 영적 사망(첫째 사망)과 둘째 사망(영원한 죽음) 모두를 의미한다.

"은사"란 아무 조건 없이, 아무 대가 없이 은혜로 믿음으로 주시는 하나님의 선물로서 가장 최고의 은사는 우리를 향하신 아버지 하나님의 구원의 은총(사 53:4-6, 롬 5:78-11)이다. 그러므로 그리스도인들은 자신의 행위(자기 의(義))나 공로를 내세워서도 자랑해서도 안 된다(고전 1:31, 고후 10:17).

하나님의 의가 드러난 십자가 복음

．
．
．
．
．

괴짜 의사 Dr. Araw의
쉽고 바르게 읽는 로마서 장편(掌篇) 강의

레마이야기 7

오호라
나는 곤고한 사람이로다(7:24)

지난 어린 시절부터 지금까지 나는 자의적으로 혹은 타의적으로 성경을 정말 많이 읽고 암송했다. 타의적이라 함은 멘토이자 아버지였던 이윤화 목사 때문이며 자의적이라 함은 나 스스로 말씀이 좋아서 읽고 또 읽기도 했던 것이다.

계속 반복하면서 통독과 정독을 오갔다. 소리내어 읽다가 간혹 고래고래 소리를 지르기도 했다. 조용히 읽다가 그대로 잠이 들기도 했는데 성경책 위에 침이 흥건히 고였을 정도로 새벽까지 읽다가 그대로 잠들기도 했다. 심지어 성경구절들을 전 세계에서 가장 많이 암송한다고 할 정도로 엄청 많이 통째로 암송했다. 최근 들어 괴로운 것이 나타나는데 자미 뷔(Jamais vu, 미시감, never seen)이다. 정경 66권의 전체 흐름이나 각 부분의 디테일에는 누구보다도 자신 있고 어느 한 부분도 놓치지 않는다고 자타가 공인하는 나인데……. 성경을 깊이 묵상하면 할수록 점점 더 '자미 뷔' 때문에 당황해하고 있다. 그래서 밤을 꼬박 새기도 한다.

감사한 것도 있다. 정경 66권, 31,173구절을 읽으며 묵상하다 보면 데쟈 뷔(Déjà vu, 기시감, already seen)를 점점 더 많이 느끼기도 한다라는 것이다. 너무 익숙해지다보니 말씀과의 일체감마저 들기도 한다. 나는 이곳 로마서 7장을 읽을 때마다 데쟈 뷔(Déjà vu, 기시감, already seen)현상을 늘 겪곤 한다. 그중 하나가 바로 이것이다.

"오호라 나는 곤고한 사람이로다" _롬 7:24

내게는 아주 아주 익숙한 고백적 탄식이다. 로마서 7장을 읽을 때마다 누가 나의 이야기를 하고 있는 듯한 느낌이 들어 주위를 두리번거리곤 한다. 그러다가 금방 나의 고백이 되어버린다.

"내가 원하는 바 선은 하지 아니하고 도리어 원치 아니하는 바 악은 행하는도다" _롬 7:19

이런 외침이 나의 소리인지 사도 바울의 소리인지 헷갈릴 때가 너무 많다. 분명한 것은 성령님의 감동이다. 때로는 나를 향한 질타의 소리임을 알고는 깊은 곳으로부터의 뜨끔거림에 얼굴은 달아오르고 심장은 쿵쾅거리며 떨리곤 한다.

"내 자신이 마음으로는 하나님의 법을, 육신으로는 죄의 법을 섬기노라" _롬 7:25

이 외침은 하나님과 사람 앞에서 부르짖는 나의 장탄식(長歎息) 같은 긴 한숨이요 큰 한숨이다. 하루를 마감하는 늦은 저녁이면 매일같이 반복되는 일상 중의 하나가 회개기도이다.

그런 나는 'already~not yet'을 깊이 인식하고 있는 사람 중 하나이다. 그렇기에 어찌할 수 없는 인간의 연약함과 한계를 처절하게 자각하고 있다. 그런 나의 모습은 이미 로마서 3장 10-18절에서 완전히 발가벗겨졌다.

나는 유한된 한 번 인생을 살아가며 의롭다 칭함은 받았으나 여전히 죄인의 모습이 강함을 고백할 수밖에 없다. 강한 죄의 성향, 각종 다양한 죄의 유혹이 불타오를 때마다 그런 나를 향해 나 스스로가 더 놀라곤 한다. 결국 나는 그저 남들이 보기에 곱상하게 포장된 그리스도인에 불과하다.

그런 나는 하나님을 찾는 일에도 뜸할 뿐만 아니라 거의 내가 필요한 때만 찾는 경향마저 남아있다. 여전히 이기적이고 여전히 탐욕으로 가득찬 내 모습에 구렁텅이 속으로 기어들어가 스스로 절망하곤 한다. 언제쯤이면 이타적이 될까? 언제쯤이면 심령이 가난한 자로 살아가게 될까? 언제쯤이면 복음과 십자가로 살아가고 복음과 십자가만 자랑하고 살아가게 될까?

나는 여러 면에서 치우침(편견, prejudice, praejudicium, bias)이 심하다. 모든 이들에게 '균형(Delicate Balance)과 조화(Harmony)'를 외치지만 그때뿐이며 입만 그럴싸하게 움직이는 때가 더 많다. 정작 나는 삼자 입장으로 빠져나올 때가 잦다. 싫은 자에게는 어김없이 역정을 내고 티가 나도록 내색을 하면서 더욱더 상대를 싫어한다. 좋아하는 자에게는 한없이 친절하다. 그것도 내게 유익이 되는 자들을 좋아하는 듯하기에 결국은 좋아하는 '척'일 뿐이다. 상대의 처지나 상황, 환경에 관계없이 진정으로 좋아하는 때가 살아있는 동안에 오기는 할까?

나는 세상 사람들과 마찬가지로 목구멍은 열린 무덤이요 혀로는 속임을 베풀고 입술에는 독사의 독이 있고 입에는 저주와 악독이 가득하다. 어쩌면 그들보다 더할 때도 있는 듯하다. 그런 유의 말들을 뱉으면서 놀라고, 뱉고 나서 후회한다. 때로는 자연스럽게 그런 말을 뱉는 나 자신을 보며 소스라치며 놀란다. 과연 내가 예수쟁이가 맞기는 하나?

나는 자주자주 하나님 앞에서 영적, 육적으로 발가벗는 연습을 한다. 수치와 함께 두려움으로 벌벌 떠는 상황을 일부러 연출하곤 한다.

'하나님 앞에서의 가면 벗음, 그분 앞에서의 적나라함'

'Coram Deo(코람데오, 면전의식),

그렇게 순간순간을 하나씩 둘씩 쌓아가고 싶다. 그렇게 마라나타를 외친다. 그날까지! 복음과 십자가는 절대 놓지 않을 것이다.

나는 '곤고한 사람'이다.

'곤고한 사람'이 맞다.

오늘도 나는 복음과 십자가를 붙들고 예수 믿음과 하나님의 계명을 가지고 인내로 매사 매 순간 영적 싸움을 한다.

당당함으로!

담대함으로!

7-1 형제들아 내가 법 아는 자들에게 말하노니 너희는 율법이 사람의 살 동안만 그를 주관하는 줄 알지 못하느냐

"형제"란 예수 그리스도 안에서 한 피 받아 한 몸 이룬 지체 즉 그리스도인 형제와 자매 모두를 총칭한다.

"법 아는 사들에게"라는 것에서의 '법'이란 헬라어로 노모스[141](νόμος, nm)인데 이 구절에서는 관사가 없이 쓰였기에 율법이라기보다는 '일반적이고 상식적인 법, 양심의 법'을 가리키고 있다. 한편 율법의 헬라어는 호 노모스(ὁ νόμος)로서 관사가 붙어있다. 이것이 바로 '모세율법'이다.

다음 구절인 로마서 7장 2-3절에서의 혼인과 관련된 법은 신명기 22장 13-30절의 토라(Torah)에 있다. 그런데 2-3절에서 3번(법으로, νόμῳ, 남편의 법에서, τοῦ νόμου, 그 법에서, τοῦ νόμου)의 '법'이라는 단어가 나오는데 첫 번째에는 정관사가 없고 두세 번째에는 정관사가 있다. 이는 일반 사회에도 혼인에 관한 법이 있기에 1절에서는 정관사 없이 "법 아는 자에게"라는 말을 사용한 것이다. 결국 일반법이든 율법이든 간에 사람의 살 동안에만 그 법이 적용되는 것이다.

2 남편 있는 여인이 그 남편 생전에는 법으로 그에게 매인 바 되나 만일 그 남편이 죽으면 남편의 법에서 벗어났느니라 **3** 그러므로 만일 그 남편 생전에 다른 남자에게 가면 음부라 이르되 남편이 죽으면 그 법에서 자유케 되나니 다른

---

141 노모스(νόμος, nm)는 usage, custom, law; in NT: of law in general, plur: of divine laws; of a force or influence impelling to action; of the Mosaic law; meton: of the books which contain the law, the Pentateuch, the Old Testament scriptures in general)이다.

남자에게 갈지라도 음부가 되지 아니하느니라

고대 근동에서는 아내가 남편에게 종속되어 있었다(신 24:1-4, 고전 7:39). "남편의 법"이란 남편과의 법적인 관계를 의미하며 "음부"란 '간음한 여인, 음탕한 여인'이라는 의미이다.

남편과 사별한 경우 그 여인은 율법이든 일반법이든 간에 저촉되지 않았기에 자유롭게 재혼할 수 있었다.

4 그러므로 내 형제들아 너희도 그리스도의 몸으로 말미암아 율법에 대하여 죽임을 당하였으니 이는 다른 이 곧 죽은 자 가운데서 살아나신 이에게 가서 우리로 하나님을 위하여 열매를 맺히게 하려 함이니라

"너희도 그리스도의 몸으로 말미암아 율법에 대하여 죽임을 당하였으니"라는 것에서는 남편으로 상징된 율법이라는 그 남편이 죽었을 경우 그 아내는 남편(율법)과의 법적 관계에서 자유로워질 수 있으나 율법의 경우에는 폐하여지는 것은 아니기에(마 5:17) 그 율법을 인간인 남편으로 비유하는 것에는 약간 무리가 있어 보인다.

아내로 상징된 성도의 경우 그리스도와 함께 십자가에서 죽음으로(롬 6:4) 율법의 요구를 온전히 충족시켰고 죄에서 완전히 벗어나 의롭다 함을 얻게(롬 6:7) 되었다. 그렇기에 남편으로 상징된 율법에 대해 아내로 상징된 성도는 율법(남편)이 죽었기에 더 이상은 율법의 제약 아래 있게 되지 않고 예수 그리스도로 인한 하나님의 은혜 아래 있게 되는 것이다(롬 6:14).

"다른 이 곧 죽은 자 가운데서 살아나신 이에게 가서"라는 것은 다시 사신 예수 그리스도의 '소속, 소유가 되어'라는 의미로서 그리스도 안에서(In Christ), 그리스도와의 연합(하나 됨, Union with Christ, 롬 6:5)을 가리킨다. 즉 전 남편인 율법에 자유하게 된 성도가 새 남편인 그리스도와의 새로운 혼인 관계에 들어간 것을 상징하고 있다.

"하나님을 위하여"라는 것은 '하나님께 영광을 돌리기 위하여, 하나님의 영광을 드러내기 위하여'라는 의미이다. "열매를 맺히게 하려 함"에서의 '열매'란 장차 주어질 영생(롬 6:22-23)과 더불어 지금 우리가 맺어야 할 성령의 열매(갈 5:22-23)를 가리킨다.

5 우리가 육신에 있을 때에는 율법으로 말미암는 죄의 정욕이 우리 지체 중에 역사하여 우리로 사망을 위하여 열매를 맺게 하였더니

"우리가 육신에 있을 때에는"이라는 것은 '우리가 죄에 물들어 죄의 본성에 지배당할 때에는(NIV, For when we were controlled by the sinful nature)'이라는 의미이다. "육신"이란 그리스도를 알기 전의 상태, 즉 죄의 권세 아래에서 종 노릇 하던 영적 죽음 상태로서의 신분과 상태를 가리킨다.

"율법으로 말미암는 죄의 정욕이"라는 것은 율법이 죄를 촉발시키거나 율법이 죄의 근원이라는 말이 아니다. '율법으로 말미암는'이란 타락하고 오염되고 부패한 인간의 본성이 하나님 앞에서 선을 행할 능력을 상실하자 율법은 그 역할에 충실하게 인간으로 하여금 죄를 죄인 줄로 깨닫게 했다라는 의미이다. '죄의 정욕'이란 '각양 탐심(롬 7:8)'으로서 '죄악스러운 욕망(Lenski)' '죄로 나아가고자 하는 욕구(Meyer)'를 가리킨다.

"우리 지체(μέλος, nn, a member or limb (of the body)) 중에 역사하여"라는 것은 우리의 신체가 '죄의 도구화' 되어버려 오히려 범죄하는 데 사용되어지는 '불의의 병기'가 되었다라는 의미이다.

"사망을 위하여 열매를 맺게 하였더니"라는 것은 로마서 6장 23절의 "죄의 삯은 사망"이라는 의미이다. 이는 죄를 범하는 자마다 사망이 왕 노릇 하게 된다라는 것이다. 즉 그런 자는 죄의 종 노릇 하는 자라는 말이다.

6 이제는 우리가 얽매였던 것에 대하여 죽었으므로 율법에서 벗어났으니 이러므로 우리가 영의 새로운 것으로 섬길 것이요 의문의 묵은 것으로 아니할지니라

"얽매였던 것에 대하여 죽었다"라는 것은 "율법에서 벗어났다"라는 것을 가리킨다. 공동번역은 "우리는 율법에 사로잡혀 있었지만 이제 우리는 죽어서 그 제약을 벗어났습니다"라고 했다. "벗어났으니"의 헬라어는 카테르게데멘(κατηργήθημεν, V-AIP-1P, we have been released)으로서 부정과거형이다. 이는 영 단번에 벗어났다(히 9:24-26)라는 의미이다.

"의문의 묵은 것"이란 '낡은 법조문(공동번역)' 혹은 '율법으로부터 얻은 외형적인 법조문'이란 의미이다. 반면에 "영의 새로운 것"이란 '성령의 새롭게 하시는 것, 성령님에 위해 주도되어지는 성화 과정'이라는 것으로 '성령께서 주시는 새 생명(공동번역)'을 가리킨다.

7 그런즉 우리가 무슨 말 하리요 율법이 죄냐 그럴 수 없느니라 율법으로 말미암지 않고는 내가 죄를 알지 못하였으니 곧 율법이 탐내지 말라 하지 아니하였더면 내가 탐심을 알지 못하였으리라

"그런즉 우리가 무슨 말하리요"라는 표현을 자주 반복(롬 6:1, 15, 8:31, 9:14, 30)하여 사용한 것은 부언 설명이나 혹은 더 이상 문제 제기를 하지 말라는 의미이다.

"율법이 죄냐"라는 말에서는 언뜻 율법에 대한 부정적인 느낌이 다가오기도 한다. 이는 율법이 죄를 깨닫게만 해줄 뿐 구원은 가져다주지 못하며 더 나아가 인간의 죄성이 율법에 반하여 더 죄를 짓게끔 인간을 충동시킨다라는 측면에서 율법의 그런 부정적인 뉘앙스를 의도적으로 드러낸 것이다. 그러나 율법은 전혀 문제가 없다. 죄의 권세나 인간의 죄성이 문제인 것이다. 한편 이렇게 부정적인 느낌으로 다가오는 율법이라 할지라도 실제로는 하나님의 은혜로 주어졌음(요 1:16-17)에 감사해야 한다. 다시 말하면 율법을 주신 하나님의 뜻과 율법을 주신 하나님의 의도와 목적(출 19:5-6, 신 28:1-14)을 잘 알고 감사하라는 것이다.

"율법으로 말미암지 않고는 내가 죄를 알지 못하였으니"라는 것은 로마서 5장 13절의 반복된 말씀이다. 원래 인간은 율법을 주시기 전에도 죄를 지었고(창 4:1-8) 육신의 정욕을 따라 살았다(창 6:5, 12, 8:20-21). 단 율법이 오기 전에는 그러한 인간의 패역이 하나님 앞에서 죄가 되는 줄 몰랐을 뿐이다.

"율법이 탐내지 말라 하지 아니하였더면"이라는 말은 십계명의 열 번째(출 20:17, 신 5:21) 계명으로서 이는 '탐심(눅 12:15, 딤전 6:10, 골 3:5)'이 바로 인간의 모든 죄악의 출발점임을 드러내고 있는 것이다. Augustine에 의하면 '~하지 말라'고 한 율법의 모든 금령은 결국 인간의 탐심을 경계한 것이라고 했다. 즉 율법의 대강령 즉 하나님 사랑과 이웃 사랑을 막는 것이 바로 '탐심'이라는 것이다.

8 그러나 죄가 기회를 타서 계명으로 말미암아 내 속에서 각양 탐심을 이루었나니 이는 법이 없으면 죄가 죽은 것임이니라

이 구절에서는 "죄"를 의인화하여 그 배후에 사단의 세력이 있음을 폭로하고 있다. 즉 율법은 죄를 죄로 깨닫게 했고 그 죄의 배후에는 악의 세력이 있음을 폭로했다. 또한 그 죄를 짓도록 조장하는 '악의 세력'도 '죄(罪)'라는 것을 밝히고 있다. 한편 "기회(ἀφορμή, nf, (a) a starting, a start, (b) cause, occasion, opportunity)"란 '활동 근거지'를 가리킨다.

"이는 법이 없으면 죄가 죽은 것임이니라"는 것은 로마서 4장 15절, 5장 13절에서 이미 언급했던 말씀이다. 율법이 없으면 죄를 자각하지 못하여 계속 죄를 짓게 됨으로 점점 더 사망의 길로 나아가게 된다. 율법으로 인해 죄를 자각하게 되면 그 죄의 삯은 사망임을 알기에 어찌할 수 없는 우리 자신을 보며 구원자이신 예수님을 더욱더 갈망하게 된다. 결국 율법으로 말미암아 예수님을 간절히 기다리게 된다라는 것이다.

9 전에 법을 깨닫지 못할 때에는 내가 살았더니 계명이 이르매 죄는 살아나고

나는 죽었도다

"전에"란 바울의 회심 전을 가리키며 "법을 깨닫지 못할 때"란 율법의 근본 정신(고전 7:19)은 깨닫지 못한 채 문자적 규정으로 이해하여 스스로 자신을 과신하던 때(빌 3:6, 롬 10:3)를 말한다(Bengel, Harrison, Calvin).

"내가 살았더니"라는 것은 율법의 근본 정신과는 무관하게 편안한 가운데 죄의식 없이 생활한 것(Harrison)을 가리킨다.

"계명이 이르매"라는 것은 '계명의 근본 정신을 깨달으매'라는 의미이다. "살아나다"의 헬라어는 아나자오(ἀναζάω, v, I come to life again, revive, regain life)인데 이는 '다시 살아나다'라는 의미로 죄를 분명한 죄로 자각하게 됨을 가리킨다. 또한 "죄는 살아나고 나는 죽었도다"라고 하며 율법을 깨닫고 난 후에는 죄인 된 자신을 확신하고는 이제 죽게 되었음을 장탄식하고 있는 것이다.

10 생명에 이르게 할 그 계명이 내게 대하여 도리어 사망에 이르게 하는 것이 되었도다

"생명에 이르게 할 그 계명"이란 율법을 가리키는 것으로 그 율법은 하나님께서 당신의 은혜로 인간에게 주신 것(요 1:16-17)이다. 죄를 죄인 줄도 모르고 계속하여 죄를 짓게 되는 인간이 그 율법을 기준과 원칙으로 정하여, 지킬 것과 아닌 것을 구별함으로 풍성한 삶 즉 하나님의 축복이 약속된 계명(레 18:5, 신 28:1-2)대로 살도록 한 것이다.

"도리어 사망에 이르게 하는 것이 되었도다"라는 것은 율법으로 죄를 깨닫게 되자 자신의 힘으로는 도저히 죽음(사망)에서 벗어나지 못하게 될 것을 알게 된 것이다. 이런 상황에서 죄가 기회를 틈타서 율법의 굴레로 인간을 속이고 짓눌러 죽음에 이르게 하는 올무가 되어버렸다라는 의미이다. 그러나 율법은 연약한 인간이 하나님의 구원의 은총을 갈망하도록 인도하는 것으로 이것이야말로 하나님의 은혜인 것이다.

한편 "되었도다"의 헬라어는 휴리스코(εὑρίσκω, v, I find, learn, discover, especially after searching)인데 이는 '발견하다, 발견되다'라는 의미이다.

11 죄가 기회를 타서 계명으로 말미암아 나를 속이고 그것으로 나를 죽였는지라

죄의 권세(내 속에서 각양 탐심을 이루었나니)를 강조한 8절과 같은 말로서 이 구절은 죄의 속성(나를 속이고 그것으로 나를 죽였느니라)을 강조하고 있다. "속이다"라는 것은 미혹하다(ἐξαπατάω, 창 2:17, 3:4-5, 고후 1:3)라는 의미이다.

"나를 죽였는지라"는 것은 육신이 연약하여 죄 아래 팔림(14)으로 죄의 삯은 사망(6:23)이기에 이미 나는 죽은 것과 마찬가지이다라는 말이다.

12 이로 보건대 율법도 거룩하며 계명도 거룩하며 의로우며 선하도다

"이로 보건대"에 해당하는 헬라어는 호스테 호 멘('Ὥστε ὁ μὲν, so indeed)인데 이는 '그러므로 의심할 여지없이'라는 의미이다. 즉 율법 자체가 인간으로 하여금 죄를 짓게 하는 것이 아니라 죄가 기회를 틈타서

계명을 통해 인간의 부패한 본성을 충동질하는 것(8-11)이라는 말이다.

"율법과 계명, 규례, 법도(레 18:5)" 등은 모두 다 동의어이나 굳이 구분한다면 율법(νόμος, nm)은 하나님이 모세에게 신탁하신 도덕법(moral law), 의식법(ritual law), 시민법(civil law)을 총칭하는 말이다. 계명(ἐντολή, nf, highlights the nature of a specific order (charge), i.e. its "in-context objective.", 법도)이란 율법의 각 조문을 가리킨다. 규례(규칙, rule, decree)는 하나님이 친히 세우시고 명령하신 법률이나 규범(신 4:1, 5, 14:5, 출 12:14, 레 16:34)으로 하나님이 인생을 다스리는(미쉬파트, 심판) 계명(법도)이다. 법도(Law)란 법률과 제도를 가리키는 것으로 계명이라는 말의 동의어이다.

한편 "율법이 거룩하며 의로우며 선하다"라는 것은 '하나님의 속성이 율법에 투영되어 있다'라는 것을 가리킨다. 그렇기에 율법은 하나님의 은혜(요 1:16-17)인 것이다.

"거룩한"의 헬라어는 하기오스[142](ἅγιος, adj)인데 이는 '하나님의 피조물과의 절대적으로 구별됨, 죄로부터의 절대적으로 구분됨'을 가리킨다. 그러므로 하나님의 형상을 따라 지음 받은 사람 또한 거룩해야 한다. 성경은 "내가 거룩하니 너희도 거룩할찌어다(레 11:45, 벧전 1:15-16)"라고 하셨다. 한편 '거룩함으로 살아가는 것'은 성도의 마땅한 바이다. 그렇다면 성도는 세상과 구별되어야 하고 차이가 나야 하며 뭔가 달라야 한다. 하

---

142 하기오스(ἅγιος, adj)는 set apart by (or for) God, holy, sacred/properly, different (unlike), other ("otherness"), holy; for the believer, 40 (**hágios**) means "likeness of nature with the Lord" because "different from the world.")이다.

나님과 사람을 대하여 순수하고 정직하게 살려고 몸부림쳐야 한다. 유한된 한 번 인생을 알차게, 주어진 시간을 계수하며 하나님의 뜻을 잘 분별하며 살아야 한다. '빛과 소음'의 역할이 아니라 '빛과 소금'의 역할을 감당해야 하며 하나님의 성품(온유와 겸손)으로 살아가며 선한 양심(아가덴 쉬나이데신)을 지니고 경건(유세베이아, 올바른(유) 예배(세보마이)를 드리다)하게 살아가야 한다. 더 나아가 세상이 듣든지 아니듣든지 오직 예수, 오직 복음, 오직 말씀을 외쳐야 하고(복음 선포, 전파) 복음과 십자가로 살아가며 복음과 십자가를 자랑해야 할 것(예수 그리스도의 증인으로의 삶)이다.

"의로운"의 헬라어는 디카이오스[143](δίκαιος, adj)인데 이는 하나님의 거룩이 피조물에게 투영되어 나타나는 양식으로 정치적(政治的) 공의(公義)와 분배적(分配的) 공의가 있다. 한편 "선한"의 헬라어는 아가도스(ἀγαθός, adj)인데 이는 근본 선이신 하나님이 모든 선의 근원이시다라는 말이다. 곧 '하나님께 지배(주권을 드림, 통치와 질서 하에 들어감)되어진'이라는 의미이다. 한편 하나님의 선은 자선과 사랑, 은혜와 긍휼, 관용으로 피조물들에게 나타난다.

13 그런즉 선한 것이 내게 사망이 되었느뇨 그럴 수 없느니라 오직 죄가 죄로 드러나기 위하여 선한 그것으로 말미암아 나를 죽게 만들었으니 이는 계명으로

---

143 디카이오스(δίκαιος, adj)는 just; especially, just in the eyes of God; righteous; the elect (a Jewish idea)/ (an adjective, derived from dikē, "right, judicial approval") – properly, "approved by God" (J. Thayer); righteous; "just in the eyes of God" (Souter). See 1343 ("dikaiosynē")이다.

말미암아 죄로 심히 죄되게 하려 함이니라

"그런즉"의 헬라어는 토 운(Tὸ οὖν, that which then)인데 이는 '그러면'이라는 의미이다. 즉 율법은 죄가 아니며(7) 거룩하고 의롭고 선하다(12)라는 것이다.

이 구절에서의 "선한 깃, 신한 그것, 계명"은 모두 다 율법을 지칭한다. 우리의 부패한 심령 가운데 있는 죄의 속성, 죄의 성향은 율법에 반(反)하여 범죄함으로 율법의 정죄를 면치 못하게 된다. 그 결과 사망에 이르게 된다. 결국 율법의 역할은 "죄로 심히 죄되게 하려 함"이기에 죄의 삯은 사망임을 깨닫게 해주는 것이다.

14 우리가 율법은 신령한 줄 알거니와 나는 육신에 속하여 죄 아래 팔렸도다

"신령한"의 헬라어는 프뉴마티코스[144](πνευματικός, adj)인데 이는 '육체적이 아닌, 영적인'이라는 의미로 신적인 기원(基源)이 함의되어 있다. 원래 율법은 하나님께서 친히 모세에게 신탁한 것으로 하나님의 은혜이며 '신령한' 것이다.

"알거니와"의 헬라어는 오이다(οἶδα, v/εἶδος, nn)인데 이는 '확신하다, 이해하다'라는 의미로 비로소 알았다가 아니라 '사실이 그러하기에 결코 의심할 수 없고 인정한다'라는 의미이다(Barmby).

---

[144] 프뉴마티코스(πνευματικός, adj)는 (an adjective, derived from 4151 /pneúma, "spirit") – spiritual; relating to the realm of spirit, i.e. the invisible sphere in which the Holy Spirit imparts faith, reveals Christ, etc)이다.

"나는 육신에 속하여"라는 것은 '나는 신령하지 않아(NIV)'라는 의미로서 죄로 말미암아 죽을 수밖에 없는 연약한 육신, 즉 죄의 성향을 지닌 인간이라는 의미이다.

"죄 아래 팔렸도다"라는 것은 죄의 주관 하에서 벗어날 수 없는, 죄의 노예로 전락한 인간의 상태(롬 5:12)를 가리킨다. 이는 로마서 6장 6절 말씀과 상치(相馳, a conflict, a collision, discord)되는 말이다. 즉 인간 스스로는 죄의 노예에서 빠져나올 수 없기에 구원자이신 예수 그리스도가 반드시 필요하다(25)라는 의미이다.

15 나의 행하는 것을 내가 알지 못하노니 곧 원하는 이것은 행하지 아니하고 도리어 미워하는 그것을 함이라

"나의 행하는 것을 내가 알지 못하노니"라는 것은 내가 죄를 지을 때 맹목적, 무의식적으로 죄를 짓는다라는 것이 아니라 내가 짓는 죄에 대해 나 조차도 '생소하다'라는 의미(Lenski)이다.

"원하는 이것"이란 선을 행하는 것(19)을, "미워하는 그것"이란 죄를 짓는 것을 가리킨다.

예수 그리스도의 십자가 보혈로 인해 법적으로는 의롭다 하심을 얻었으나(롬 6:11, already) 아직은 죄의 성향이 있기에(not yet) 미워하는 그것(죄(罪))을 행하려 할 때에 성령님의 주권, 통치, 질서, 지배 하에 온전히 들어가 영으로서 날마다 몸의 행실을 죽이며 살아가야 한다(롬 8:12-13).

16 만일 내가 원치 아니하는 그것을 하면 내가 이로 율법의 선한 것을 시인하노니

"만일 내가 원치 아니하는 그것을 하면"이란 '이처럼 내가 원치 아니하는 그것(죄(罪))을 행할진대'라는 의미이다.

"선하다"의 헬라어는 12절의 본질적인 선을 가리키는 이가도스가 있는가 하면 이 구절에서의 칼로스[145](καλός, adj)가 있다. 이는 '도덕적 고귀성, 지고선(至高善)'을 의미한다. 결국 율법은 하나님의 은혜로 죄인된 인간에게 주신 것이기에 지고(至高) 지선(至善)하다라는 의미이다.

17 이제는 이것을 행하는 자가 내가 아니요 내 속에 거하는 죄니라

"이제는"이란 '그런즉, 그렇다면'이라는 의미이다.

"내가 아니요 내 속에 거하는 죄니라"라고 구분한 것은 단순한 책임 회피가 아니다. 비록 우리가 예수 그리스도의 보혈로 법적, 신분적으로는 의롭다 칭함(칭의, Justification)을 받았으나 부패하고 타락한 인간 본성 즉 죄의 성향이 남아있음(요일 3:6, 5:18, 갈 5:17)을 고백한 것이다.

18 내 속 곧 내 육신에 선한 것이 거하지 아니하는 줄을 아노니 원함은 내게 있으나 선을 행하는 것은 없노라

---

145 칼로스(καλός, adj)는 attractively good; good that inspires (motivates) others to embrace what is lovely (beautiful, praiseworthy); i.e. well done so as to be winsome (appealing)이다.

이 구절은 14절과 같은 말씀이다. "내 속, 내 육신"이란 부패하고 타락한 인간 본성 즉 죄의 성향을 가리키며 '나의 사악한 성품(my sinful nature, NIV)', '나의 오래된 죄 많은 본성(my old sinful nature, Living Bible)'을 의미한다.

"원함은 내게 있으나 선을 행하는 것은 없노라"는 것은 '육신의 한계, 육신의 연약성'을 말하는 것으로 예수를 믿은 후 의롭다 칭함을 받아 내주하시는 성령님의 통치와 지배, 질서에 순응하고자 하나 우리의 부패한 인간 본성이 자꾸 가로막아 범죄하게 만드는 것을 가리킨다.

"선한 것이~선을 행하는 것은"에서 앞에 언급된 '선'은 아가도스[146] (ἀγαθός, adj)이며 뒤에서 언급된 '선'은 칼로스(καλός, adj)이다. 전자가 본질적인 선이라면 후자의 경우는 율법적, 도덕적인 선을 가리킨다. 결국 인간에게는 본질적인 선이 없으니 율법적인 선을 행치 못한다라는 의미이다. 이는 마치 고린도후서 5장 17절의 "새로운 피조물, 새 것"에서의 헬라어 는 카이노스[147](καινός, adj)인데 반하여 '진짜 하늘의 것, 우리가 알지 못하는 새 것(계 21:2)'을 의미하는 헬라어는 네오스(νέος, adj)임

---

146 아가도스(ἀγαθός, adj)는 inherently (intrinsically) good; as to the believer, 18 (agathós) describes what originates from God and is empowered by Him in their life, through faith)이며 뒤에서 언급된 '선'은 칼로스(καλός, adj, attractively good; good that inspires (motivates) others to embrace what is lovely (beautiful, praiseworthy); i.e. well done so as to be winsome (appealing)이다.

147 카이노스(καινός, adj)는 properly, new in quality (innovation), fresh in development or opportunity – because "not found exactly like this before.")이다. 진짜 하늘의 것, 우리가 알지 못하는 새 것을 의미하는 헬라어는 네오스(νέος, adj, new ("new on the scene"); recently revealed or "what was not there before" (TDNT), including what is recently discovered./néos ("new on the scene") suggests something "new in time" – in contrast to its near-synonym (2537 /kainós, "new in quality")이다.

을 비교해 본다면 더 깊은 묵상이 될 것이다.

19 내가 원하는 바 선은 하지 아니하고 도리어 원치 아니하는 바 악은 행하는도다

15-18절의 요약이다. 즉 already~not yet인 연약한 인간은 죄의 성향으로 인해 원하는 선보다는 원치 않는 악으로 더 빨리 달려가게 된다라는 것이다. 그렇기에 죄가 촉발되려 할 때마다 그 죄와 끊임없이 싸우되(엡 5:8-14) 피흘리기까지(히 12:4) 싸워야 할 것이다.

20 만일 내가 원치 아니하는 그것을 하면 이를 행하는 자가 내가 아니요 내 속에 거하는 죄니라

이 구절의 전반부는 16절의 반복으로서 부패한 인간 본성 즉 죄의 성향에 대해 다시 지적하고 있는 말씀이다.

후반부인 "이를 행하는 자가~죄니라"는 것은 17절의 반복이다. 즉 인간의 타락한 본성 곧 인간의 이중성을 지적하고 있는 것이다. 하나님의 은혜로 의롭다 하심을 얻었으나 여전히 사망의 열매를 맺고 있는 부패하고 타락한 죄의 성향을 드러낸 것이다. 결국 한 번 인생을 사는 동안 나의 힘으로는 아무 것도 할 수 없으며 성령님의 인도하심과 도우심으로만 영적 싸움에서 넉넉히 승리할 수 있다라는 것이다.

21 그러므로 내가 한 법을 깨달았노니 곧 선을 행하기 원하는 나에게 악이 함께 있는 것이로다

"한 법"이란 '한 원리, 한 철칙'이라는 의미로(Harrison, Lenski, Witmer) 모든 사람에게 동일하게 일어나는 철칙을 말한다.

이 구절의 후반부는 19절의 반복으로 선을 행하고자 하는 의지와 악을 행하고자 하는 의지가 내 안에 공존한다라는 의미이다. 이는 하나님 앞에서의 타락한 인간, 하나님의 구원계획, 예수 그리스도의 구속 사역, 성령님의 중생 사역 등을 묵상하면 더욱 쉽게 이해할 수 있다.

22 내 속 사람으로는 하나님의 법을 즐거워하되

"속 사람"이란 예수 그리스도 안에서 성령으로 거듭난 자아를 가리키는데(Black, Calvin, Clarke) 에베소서 4장 24절에는 "의와 진리의 거룩함으로 지으심을 받은 새 사람'이라고 했다. 이와 반대되는 단어가 5절의 "육신"이다. 이는 "유혹의 욕심을 따라 썩어져 가는 구습을 좇는 옛 사람(엡 5:25)"을 가리킨다.

"하나님의 법"이란 '율법(Barmby, Lenski, Harrison, Witmer)'을 가리키는 것으로 모세의 율법뿐만 아니라 신구약 성경 전체를 가리키는 것으로서 '하나님의 선하시고 기뻐하시고 온전하신 뜻(롬 12:2)'을 의미한다.

"즐거워하다"의 헬라어는 쉬네도마이[148](συνήδομαι, v)인데 이는 '함께

---

148 쉬네도마이(συνήδομαι, v)는 to rejoice together/(from 4862 /sýn, "closely identify with" and hēdomai, "to experience sensory delight") – properly, experientially delighted

기뻐하다, 함께 반기다'라는 의미로 성령으로 거듭난 성도는 하나님의 법을 기뻐하고 준행할 뿐만 아니라 삼위하나님과 더불어 함께함을 즐거워한다라는 의미이다.

23 내 지체 속에서 한 다른 법이 내 마음의 법과 싸워 내 지체 속에 있는 죄의 법 아래로 나를 사로잡아 오는 것을 보는도다

"지체"란 5절의 "육신"을 가리키는 것으로 연약한 신체의 각 부위(지체)가 죄성(罪性)에 이끌려 결국 불의의 병기(지체)가 되고 마는(롬 6:13) 것을 가리킨다.

"한 다른 법"이란 속 사람으로는 하나님의 법을 기뻐하고 준행하고자 하지만 육신은 그에 반(反)하여 어긋나게 행동하려드는 '성향'을 가리킨다.

"내 마음의 법과 싸워"에서 '마음의 법'이란 성령께서 하나님의 법을 기뻐하며 준행하게끔 우리의 마음 속에 역사하시는 것을 말한다. "싸워"라는 것은 사단이 여전히 우리의 마음에 남아 있는 죄의 성향을 부추기어 서로 대립하게 만드는 것을 가리킨다. 이럴 때마다 우리의 입에서는 "오호라 나는 곤고한 사람이로다(24)"라는 탄식이 쏟아지지만 마태복음 11장 28-30절을 통하여 예수님은 그런 우리에게 위로와 소망을 말씀을 주셨다.

"수고하고 무거운 짐진 자들아 다 내게로 오라 내가 너희를 쉬게 하리라 나는 마음이 온유하고 겸손하니 나의 멍에를 메고 내게 배우라 그러면

---

from fully identifying with someone – shown by "agreement and having moral sympathy" (M. Vincent)이다.

너희 마음이 쉼을 얻으리니 이는 내 멍에는 쉽고 내 짐은 가벼움이니라"_마 11:28-30

"죄의 법"이란 인간으로 하여금 하나님께 불순종하게 하고 죄의 종 노릇 하게 하는 '죄의 세력' 내지는 '죄가 역사하는 원리'를 말한다. 한편 하나님은 사단뿐만 아니라 모든 우주 만물을 통치하신다(욥 1:6-12, 2:1-6, 시 103:19). 그렇기에 하나님의 법과 죄의 법이 싸운다는 것은 사실 어불성설(語不成說)에 불과하다. 상대가 안 되기 때문이다. 그러나 하나님은 성도에 대한 거룩함에의 훈련과 알곡과 쭉정이를 가려내기위해 종말(교회) 시대 동안에는 사단의 활동을 한시적, 제한적으로 허용(벧전 1:6-7)하셨기에 우리는 그런 애매한 상황이 일어날 때마다 이상한 일 당하는 것처럼 이상히 여기지 말아야 한다(벧전 4:12-13).

24 오호라 나는 곤고한 사람이로다 이 사망의 몸에서 누가 나를 건져내랴

"곤고한 사람"이라는 것은 '고난을 많이 겪은 사람, 불행한 사람(wretched man)' 혹은 '비참한 사람(공동번역)'을 말한다. 바울은 부패하고 타락한 인간의 본성 즉 죄의 성향을 확실히 깨달았기에 이런 탄식을 하고 있는 것이다. 한편 "곤고하다"의 헬라어는 탈라이포로스[149](ταλαίπωρος, adj)인데 이는 빨래의 양 끝을 짜는 그 중간 사이에 끼인 상태를 말하는

---

149 탈라이포로스(ταλαίπωρος, adj)는 (an adjective, derived from **talaō**, "to bear, undergo" and **pōros**, "a callous," J. Thayer) - properly, wretched (beaten-down) from continued strain, leaving a person literally full of callouses (deep misery) - describing a person with severe side-effects from great, ongoing strain (significant hardships)이다.

것으로 이런 고통과 아픔을 가리켜 '곤고함'이라고 한다.

"사망의 몸"이란 시체를 가리킨다. 고대 근동에서는 살인자에게 자신이 죽인 시체를 몸에 묶는 형벌을 주었다고 한다. 그런 천인공노할 살인을 저지른 것에 대한 끔찍한 형벌이었던 것이다. 그렇기에 로마서 7장 24절은 '오호라 나는 곤고한 사람이로다 이 사망의 몸에서 누가 나를 건져내랴'라고 절규하고 있는 것이다.

25 우리 주 예수 그리스도로 말미암아 하나님께 감사하리로다 그런즉 내 자신이 마음으로는 하나님의 법을, 육신으로는 죄의 법을 섬기노라

이 구절은 24절의 물음에 대한 답이다.

"마음으로는 하나님의 법을"이라는 것은 속사람으로는 하나님의 법을 기뻐한다라는 것이다. "육신으로는 죄의 법을"이라는 것은 죄의 정욕을 좇는 육신은 "마음에는 원이로되 육신이 약하도다(마 26:41, 막 14:38)"라는 말씀대로 원치 아니하는 바 악을 행하며 살아간다라는 것이다. 그렇기에 그리스도인은 '우리 몸의 구속'을 기다리며 예수 재림의 그날에 이르기까지 예수 믿음과 하나님의 계명을 붙들고 끝까지 인내하며 살아가야 할 것이다(롬 8:23-25).

하나님의 의가 드러난 십자가 복음

·
·
·
·
·

괴짜 의사 Dr. Araw의
쉽고 바르게 읽는 로마서 장편(掌篇) 강의

레마이야기 8

죄와 사망의 법과
생명의 성령의 법(8:10)

'죄와 사망의 법'이라는 단어는 생각만으로도 숨이 턱턱 막힌다. 그런 지독하게 답답한 숨구멍을 시원하게 뚫어주신 분이 바로 그리스도 메시야이신 예수님이다. 그분은 하나님의 독특한(Unique) 아들이시며 하나님의 본체(존재론적 동질성, essential equality)이시다. 예수님은 '독생자'이시며 성부하나님의 '유일한 기름부음 받은 자'이신 '구원자'로서 이 땅에 성육신(incarnation)하신 다른 하나님 곧 기능론적 종속성(functional subordination)의 하나님이시다.

존재론적 동질성과 기능론적 종속성이신 삼위하나님을 '다른 하나님,

한 분 하나님'이라고 한다.

예수 그리스도의 십자가 보혈로 우리는 죄에서 해방되었고 사망에서 생명으로 옮겨가게 되었다.

"죄의 삯은 사망(롬 6:23)"이라고 하신 말씀에 따르면 죄와 사망은 늘 함께 붙어다닌다. 무겁고 음침하고 칙칙하며 뭔가 끈적끈적하다. 그 '죄'의 배경에는 더 무겁고 더 어두운 나락인 '사망'이 도사리고 있다는 사실은 생각만 해도 끔찍하다. 이런 느낌이 생생하게 다가올 때면 죄에 대한 경각심으로 더 긴장이 되곤 한다. 동시에 손에는 흥건하게 땀이 고이며 급기야는 바닥으로 뚝뚝 떨어지게 된다.

우리 모두는 그리스도 예수 안에서 새로운 피조물이 되었다(고후 5:17). 할렐루야! 또 그 안에서 생명의 성령의 법에 의해 정죄함이 없어짐으로 죄의 종 노릇에서 완전히 벗어났음은 물론이요 죄와 사망의 법이라는 굴레에서도 완전히 해방(1, 2)되었다. 역시 할렐루야이다.

그런 우리는 하나님의 사랑에 "빚진 자(12)"이다. 당연히 한 번 인생 동안에 낯 두꺼운 얼굴로 하나님의 면전에서 뻔뻔하게 굴어서는 안 될 것이다. 그렇다고 주눅 들어 살라는 것은 더더욱 아니다. 오히려 그런 정죄감, 죄책감, 수치심에 빠져들어 사는 것은 사단의 교묘한 속임수에 놀아나는 것이다.

우리 안에는 주인 되신 진리의 영, 예수 그리스도의 영이신 성령님이 내주하신다. 우리는 내주하시는 성령님께 온전한 주권을 드리고 그분의 통치를 즐겁게 받으며 그분의 질서와 지배 하에 살아가야 한다. 그런 우리는 내 마음의 정욕대로 육신대로 살아서는 곤란하다. 영으로써 몸의 행실을 죽여(13) 진정한 사람(아담 네페쉬), 곧 하이 네페쉬 하야(아담 네페쉬)로 살아가야 할 것이다.

"하나님의 영으로 인도함을 받은 우리는 하나님의 자녀이고 하나님의 후사(14, 17)"이다. 그런 우리는 영광과 함께 고난을 기꺼이 감수(17, 18)하며 살아가야 한다. 그 과정 속에서 예수 믿음과 하나님의 계명, 그리고 '소망(미래형 하나님나라에의 입성과 영생)'을 붙들고 참음으로 인내하며 끝까지 예수님의 재림을 통해 '몸의 구속'을 기대하며 기다려야 한다.

이런 우리를 매사 매 순간 도우시며 인도하시고 보호하시는 삼위일체 하나님의 앞서가심(나하흐의 하나님), 함께하심(에트, 임마누엘의 하나님), 동행하심(할라크의 하나님)에 그저 감사할 뿐이다. 그 은혜를 누리면서 감격할 뿐이다.

되돌아보면, 만세 전에 하나님의 은혜로 우리는 택정되었음에 그저 감사이다. 때가 되매 하나님의 은혜의 복음이 들려졌다. 우리는 우리를 부르신 그 부름에 그저 감격해하고 감동과 더불어 넘치는 감사를 올려야 한다. 그분은 우리를 부르셔서 의롭다 칭함을 얻게 하셨다. 그런 우리는 지금도 영화롭게 되었고 앞으로도 영원히 영화롭게 될 것(30)이다.

그날에 변화된 몸, 부활체로 살아갈 것을 상상하며 확신하며 우리는 오늘을 알차게 살아가는 것이다. 그날에는 '영광스러운 몸, 신령한 몸, 강한 몸, 썩지 아니할 몸(고전 15:42-44)'으로 미래형 하나님나라에서 신과 방불하게 영생을 누리게 될 것이다. 바로 우리의 '소망(엘피스)'이다.

분명하고도 확실한 '소망'을 가진 우리는 결코 오늘을 놓아서는 안 된다. 비록 오늘이 "환난, 곤고, 핍박, 기근, 적신, 위험, 칼(35)"등으로 점철(點綴)되었다 할지라도…….

"자기 아들을 아끼지 아니하시고 우리 모든 사람을 위하여 내어주신(32)" 좋으신 분이 바로 성부하나님이시다. 그 하나님의 사랑은 지금 종말 시대 한가운데에서 악전고투(惡戰苦鬪)하며 살아가는 우리를 한순간도 놓지 않고 붙드신다. 매사 매 순간 안팎으로 몰려오는 일곱재앙(인, 나팔, 대접 재앙)과 내 속에 거하는 여전한 죄를 넉넉히 이기게(37) 하신다.

제한된 한 번 인생, 유한된 삶에서의 두려움이나 모든 사람에게 닥치는 죽음(히 9:27)에 대한 두려움, 그 죽음 후의 미지의 세계에 대한 두려움 등 그 어떤 것도 우리를 흔들 수는 없다. 심지어는 천사들이나 권세자들도 우리를 흔들 수 없다.

현재 일에 억눌리거나 치이지도 않을 것이며 아직 다가오지 않은 장래 일에 대한 걱정으로 한숨 쉬거나 얽매이지도 않을 것이다.

능력이나 높음이나 깊음도 우리를 흔들지 못한다.

다른 아무 피조물이라도 우리를 흔들 수 없다.

우리는 주인 되신 성령님만 따를 뿐이며 오직 말씀만을 따라 그 말씀을 기준과 원칙으로 살아가기 위해 몸부림을 칠 것이다. 성령님보다 말씀보다 앞서지 않으려고 최선을 다할 것이다. "주의 말씀은 내 발의 등이요 내 길의 빛(시 119:105)"이기 때문이다.

"사망이나 생명이나 천사들이나 권세자들이나 현재 일이나 장래 일이나 능력이나 높음이나 깊음이나 다른 아무 피조물이라도 우리를 우리 주 그리스도 예수 안에 있는 하나님의 사랑에서 끊을 수 없으리라" _롬 8:38-39

참고로 영혼과 육, 마음의 원어를 분류하면 다음과 같다.

분류	원어	의미
프뉴마	πνεῦμα, nn	마음, 심령
호 프뉴마	ὁ πνεῦμα	성령, 진리, 말씀
퓌쉬케	Ψυχή, nf	soul
소마	σῶμα, nn	몸(그릇개념) 골 1:18
사륵스	Σάρξ, nf	비진리, 욕심
카르디아	Καρδία, nf 막 12:30	진짜 마음 두 마음-가짜 마음

8-1 그러므로 이제 그리스도 예수 안에 있는 자에게는 결코 정죄함이 없나니

66권 정경을 굳이 결혼에 빗대어 비유한다면 결혼 반지는 로마서이고 반지에 박힌 다이아몬드는 로마서 8장으로 생각된다. 이는 나 자신만의 생각은 아니다. 그런 '8장'을 가리켜 '황금장'이라 부르기도 한다.

이 구절에 있어서 개역성경에서 빠진 헬라어 원본 부분은, 메 카타 사르카 페리파투신, 알라 카타 프뉴마(⟨μὴ κατὰ σάρκα περιπατοῦσιν, ἀλλὰ κατὰ πνεῦμα⟩, not according to flesh who walk, but according to Spirit)인데 이는 '육신을 따라 걷는 자가 아니라 영을 따라 걷는 자, 육신을 좇지 않고 영을 좇아 행하는 자'라는 의미로 '육신 안에서 살지 않고 주인 되신 성령님의 통치, 질서, 지배 하에서 살게 된 자들'이라는 말이다.

모든 인간은 죄로 인해(연합의 원리, 대표의 원리) 영적 죽음 상태로 태어난다. 죄의 삯은 사망이기 때문이다. 그랬던 우리가 예수 그리스도 예수 안에서, 예수님으로 인하여, 예수님에 의하여, 예수님으로 말미암아 다시 살아났다(영적 부활). 모든 그리스도인들은 예수님의 십자가 죽음과 함께 옛 자아, 옛 사람은 그때 못 박혀 함께 죽었다. 또한 예수님의 부활하심과 함께 그때 살아났다(6:3-8). 이후 우리는 죄와 사망의 법에서 온전히 해방되었고 생명의 성령의 법 아래에서 의의 종, 그리스도의 종이 되었다(6:18). 종이란 주인에게 온전한 주권을 드린 후 그의 통치와 지배를 받는 것으로 그의 질서 아래로 들어간 자를 가리킨다.

결론적으로 예수 그리스도 안에 있는 모든 자는 죄와 사망의 법에서 완전히 해방되어 결코 정죄함이 없는 자들이 된 것이다. 로마서 8장을 여는 이 구절은 구원의 최종성(最終性), 안전성(安全性), 확실성(確實性)을 더해 주는 힘있는 말씀이다.

한편 "그러므로"가 받는 내용은 7장 6절(Godet), 혹은 7장 25절(Denny)이라고 한다. 그러나 칭의(Justification)와 성화(Sanctification)에 대해 말씀하신 3-7장 전체를 받는 것으로 해석하는 것(Harrison)에 나는 줄을 섰다.

"정죄함(5:18, 8:3)"의 헬라어는 카타크리마[150](κατάκριμα, nn)인데 이

---

150 카타크리마(κατάκριμα, nn)는 punishment following condemnation, penal servitude, penalty/(from 2596 /katá, "down, according to," intensifying 2917 /kríma, "the results of judgment") – properly, the exact sentence of condemnation handed down after due process (establishing guilt)이다. See 2632 (**katakrinō**)

는 '도덕적이자 법적인 판단으로 인한 유죄 판결 및 그에 따르는 형벌'이라는 의미이나 여기서는 '하나님의 절대적인 판단에 의한 유죄 판결 및 형벌'을 의미한다.

"결코"에는 '구원의 확실성(히 9:11-14)'이 함의되어 있다. 모든 그리스도인들은 구원받은 후 이를 방탕의 빌미를 삼아서도 안 되지만 그렇다고 하여 자범죄(actual sin)에 대해 자포자기할 만큼 절망할 필요도 없다(롬 7:21-25). 이 말은 구원받은 후에도 여전히 마음대로 죄를 지으라는 것이 아니라 죄 가운데 안주하지 말라는 것이며 토한 것을 다시 먹으려 하지 말라는 것이다. 원하는 바 선(善, 진정한 의(義)이신 예수 그리스도) 보다 원치 아니하는 악(惡, 하나님의 뜻과 반하는 모든 것)으로 빨리 달려갈 때에 죄에게 가만히 당할 것이 아니라 부단히 죄와 싸우되 피 흘리기까지(히 12:4) 싸우면서 영으로 몸의 행실을 죽이라는 것이다(8:13). 그것이 바로 그리스도 예수 안에 있는 우리를 향한 아버지 하나님의 뜻(롬 12:21, 엡 4:22-24)이다.

2 이는 그리스도 예수 안에 있는 생명의 성령의 법이 죄와 사망의 법에서 너를 해방하였음이라

"그리스도 예수 안에 있는"이란 '그리스도 예수 안에 있는 자', '그리스도 예수와 함께 사는 사람들(공동번역)'이라는 의미이다. 헬라어로 엔 크리스토 이에수(ἐν Χριστῷ Ἰησοῦ, in Christ Jesus)인데 이는 예수 그리스도와 하나 됨 즉 연합(Union with Christ) 되었음을 의미한다. 이는 아내와 연합(דָּבַק, v, to cling, cleave, keep close)하여 둘이 한 몸(אֶחָד, adj, one flesh, nm, בָּשָׂר)이 된 부부를 연상(창 2:24-25)하면 된다. 즉 둘이 아니라 하나이며 두 생각, 두 마음이 아니라 한 마음으로 하나가 되어 움직여야 한다라는 말이다.

"생명의 성령의 법"이란 그리스도의 구속 사역에 근거하여 예수를 믿는 자를 살리는(중생, 칭의) 사역이라는 의미로 또 다른 보혜사(요 14:16, 26)이신 성령님은 예수를 믿은 우리 안에 '내주(內住, 내주 성령)'하셔서 예수를 믿은 우리가 회개하면 십자가 보혈로 정결케 해주심으로 성화(Sanctification)로 이끌어 가신다. 종국적으로는 '소망(엘피스, 미래형 하나님나라에로의 입성과 영생)'으로 인도하신다.

"죄와 사망의 법"이란 '죄로 인한 사망에 이르게 되는 원리'라는 의미로서 여기서 '법'이란 율법 혹은 규칙성을 지닌 원리(principle, Harrison)를 가리킨다. 연합과 대표의 원리를 적용해보면 아담의 원죄(original sin)로 인해 모든 인간은 '그때' 죄를 지어 '죄의 삯은 사망(롬 6:23)'으로 인해 모두가 다 죽었고(영적 죽음) 예수 그리스도로 인해 다시 살아나게(영적 부활) 되었다.

시내 사본(א), 바티칸 사본(B)에는 "너를(σέ)"로 표기되어 있으나 알렉산드리아 사본(A), 에브라임 사본(C), 베자 사본(D)에는 '나를(με)'로 되어 있다. 이때 '너를'과 '나를' 둘 다로 해석하면 더 풍성함을 누릴 수 있기에 나는 '너와 나를'이라고 해석한다.

"해방하다"의 헬라어는 엘류데로오[151](ἐλευθερόω, v)인데 이는 '자유

---

151 엘류데로오(ἐλευθερόω, v)= to make free, to exempt (from liability)/properly, set free, release from bondage; (figuratively) to remove the restrictions of sin (darkness)

롭게 다시 태어나다, 도덕적 책임과 의무에서 면제되다, 노예의 신분과 자리에서 풀려나다"라는 의미로서 이제 후로는 오히려 '죄와 사망의 법을 다스리게 된다'라는 말이다.

3 율법이 육신으로 말미암아 연약하여 할 수 없는 그것을 하나님은 하시나니 곧 죄를 인하여 자기 아들을 죄 있는 육신의 모양으로 보내어 육신에 죄를 정하사

이 구절에서 3회 반복되어 나타나는 "육신"에 해당하는 헬라어는 모두 다 사륵스(σάρξ, nf, flesh)인데 이는 '비진리, 육체'를 가리킨다. 한편 '육신'으로 번역된 또 다른 헬라어가 소마(σῶμα, nn, the physical body. 4983 (sṓma) is also used figuratively of the mystical Body of Christ (= the Church, the one people of God), 마 5:29)인데 이는 몸을 '그릇의 개념'으로 생각하여 그 안에 담긴 것에 따라 긍정(그리스도의 몸, 롬 7:4, 사망의 몸, 롬 7:24)이 되기도 하고 부정(죄의 몸, 롬 6:6, 죽을 몸, 롬 6:12)이 되기도 한다라는 것이다.

참고로 사륵스와 대척점에 있는 단어가 퓌쉬케(ψυχή, nf, (a) the vital breath, breath of life, (b) the human soul, (c) the soul as the seat of affections and will, (d) the self, (e) a human person, an individual)이다. 8장의 서론에서 요약했던 표를 살펴보길 바란다.

---

because delivered by God into true spiritual liberty (growth)이다. See 1658 (eleutheros))

한편 우리가 무심결에 갖고 있는 오해와는 달리 "율법"은 하나님이 주신 은혜로서 지극히 거룩하고 의로우며 선하다(롬 7:12). 그렇기에 율법을 지키면 축복과 생명이 주어진다(롬 7:10). 문제는 부패하고 타락한 인간이 율법의 요구를 온전히 충족시킬 수 없다라는 것이다. 그러므로 율법의 기능은 죄를 사하는 것이 아니라 깨닫게 하는 것이다. 율법으로 인간이 죄를 깨닫게 되면 어찌할 수 없는 죄인임을 알게 되어 자신을 향해 절망하게 된다. 그러므로 당연히 죄에서 벗어나게 하시는 그리스도 메시야를 갈망할 수밖에 없다. 결국 율법은 예수 그리스도에게로 인도하는 초등교사(몽학선생)인 것이다. 이 구절을 바르게 이해하려면 "율법이"라는 단어가 "연약하여"에 걸리고 있음을 알아야 한다.

"하나님은 하시나니"라는 것은 성부하나님은 당신의 독생자 예수를 통해 수치와 저주를 상징하는 십자가로 대가 지불 하셔서 율법의 요구를 충족시키셨다라는 의미이다.

"죄를 인하여(περὶ ἁμαρτίας, for sin, 죄에 관련해서)"라는 것을 의역하면 '속죄제물이 되기 위해(to be a sin offering)'라는 의미이다. Witmer는 '죄에 대해서 무엇인가를 하기 위해서', Vincent는 '그리스도께서 죄를 속하고 멸하며 그 희생자를 구원하여 거룩케 하시기 위하여'라고 해석했다. 나는 '예수 그리스도께서 우리의 죄를 해결하시려고 당신이 직접 희생제물(대속제물)되셔서 우리를 구원하시기 위하여'라고 해석하며 빈센트의 좀 더 긴 설명에 줄을 섰다.

"자기 아들을 죄 있는 육신의 모양으로 보내어"라는 말은 문자적으로만 보면 오해하기가 쉽다. 왜냐하면 마치 성육신하신 예수님이 죄 있는 듯

여겨지기 때문이다. 그러나 예수님은 역사상 유일한 의인이시다. 그 예수님은 우리의 수치와 저주, 즉 죄를 그 육신에 짊어지고 가셨을 뿐이다. 그렇기에 "죄 있는 육신의 모양으로 보냈다"라고 표현한 것이다. 이렇듯 문자적으로만 접근하여 성경을 마구 해석하는 것은 위험하다. 반드시 상징과 의미, 예표하는 바가 무엇인지를 함께 보아야 한다. 더 나아가 전후 문맥을 잘 관찰하고 왜 그 사건을 지금의 자리에 두셨는지를 고민해야 한다. 또한 배경(Historical & Cultural background)을 잘 살펴 기록자들을 유기영감(organic inspiration)으로 이끄신 성령님의 뜻(영감, 성령님의 감동, 딤후 3:16-17)에 집중해야 한다.

한 가지 더 주의할 것은 '육신의 모양'이라고 기록된 것을 가지고 가현설(假現說, Doketismus, 예수 그리스도께서 이 세상에 계실 때 진짜 육체를 가진 예수가 아니며 인간 예수라는 사람의 몸을 빌린 것이고 십자가에서 죽으실 때 빠져나갔다라고 주장하는 이단)을 주장하는 것은 결코 아니라(어불성설, 語不成說)는 점이다.

4 육신을 좇지 않고 그 영을 좇아 행하는 우리에게 율법의 요구를 이루어지게 하려 하심이니라

"육신"이란 타락한 인간 본성을 가리킨다. "그 영을 좇아"에서의 '영'이란 '하나님의 영 혹은 예수의 영 즉 성령'을 가리키며 헬라어는 프뉴마(πνεῦμα, nn, 마음, 심령)이다. 이 단어에 정관사 ὁ(호)가 붙으면 호 프뉴마(ὁ πνεῦμα)인데 이는 '성령, 진리, 말씀'으로 해석한다. 대조적으로 10절(영은 의로 말미암아 살아 있는 것이니라)에서의 '영'은 '거듭난 성도의 인격'을 의미한다.

"율법의 요구"란 '거룩하고 의로운 삶을 사는 것'으로 율법의 의로운 요구들(the righteous requirements of the law, NIV), 율법의 정당한 요구들(the just requirements of the law, RSV)을 말한다. 더 나아가 나는 희생제물인 "짐승의 피(히 9:22)"로 해석한다. 그렇기에 "율법을 좇아 거의 모든 물건이 피로써 정결케 되나니 피흘림이 없은즉 사함이 없느니라"고 하셨던 것이다. 문제는 짐승의 피는 율법에 의거하여 죄를 사할 수는 있었으나 불완전했다. 한 가지 죄에 대하여 희생 짐승 한 마리가 필요했기 때문이다. 그러나 예수님의 십자가 보혈은 영 단번(once for all)에 우리의 모든 죄를 사하셨다.

결국 타락한 인간의 본성을 따르지 않고 주인 되신 성령님께 온전한 주권을 드리고 그 통치와 질서, 지배 하에 살아가게 하심으로써, 곧 율법의 요구를 단번에 완성하신 예수를 믿음으로써 우리는 이미 율법의 요구를 이룬 것이라는 말이다.

5 육신을 좇는 자는 육신의 일을, 영을 좇는 자는 영의 일을 생각하나니 6 육신의 생각은 사망이요 영의 생각은 생명과 평안이니라 7 육신의 생각은 하나님과 원수가 되나니 이는 하나님의 법에 굴복치 아니할 뿐 아니라 할 수도 없음이라

"육신을 좇는 자"라는 것은 부패하고 타락한 인간의 본성을 따라 살아가는 자를 말하는 것이고 "영을 좇는 자"라는 것은 성령의 인도함(주권, 통치, 지배, 질서)을 좇아 살아가는 성도를 말한다.

"육신의 일"이란 베드로전서 4장 3절의 말씀을 가리키며 "영의 일"이란 '영적인 것(공동번역)'이라는 의미로 성령의 열매(갈 5:22-23)를 가리킨다.

"생각하다"의 헬라어[152]는 프로네오(φρονέω, v)인데 이는 '고정하다, 열망하다, 관심을 가지다, 생각을 품다, 가치와 우선순위를 두다, 꽂히다'라는 의미로 명사 프렌(φρήν, nf)에서 파생되었다.

일반적으로 사람은 마음과 생각에서 언어와 행동이 나오게 되어 있다. 언행심사(言行心思)인 것이다. 반복된 언어와 그 행동은 시간의 흐름과 더불어 자신도 모르게 습관이 되어 버린다. 점점 더 세월의 흐름과 더불어 종국적으로는 그 사람의 성품(性品)이 되고 만다. 그렇기에 육신의 정욕을 따라 살아가다 보면 불의(不義)의 병기가 되어 사망에 이르는 열매를 맺게 되고 성령을 주인으로 모시고 그렇게 성령님의 통치를 좇아 살아가면 의(義)의 병기가 되어 성령의 열매를 맺게 된다.

한편 성경에서의 "사망"이란 하나님과의 관계가 단절되는 것(Harrison)을 가리킨다. 우리가 흔히 사용하는 "평안"이란 헬라어는 에이레네(εἰρήνη, nf, one, peace, quietness, rest, 히브리어 샬롬)인데 이는 '하나님과의 바른 관계 즉 하나됨', '하나님 안에서의 안식과 견고함을 누림', '연

---

152 프로네오(φρονέω, v)는 (a) I think, (b) I think, judge, (c) I direct the mind to, seek for, (d) I observe, (e) I care for/from 5424 /**phrén**, "the midriff or diaphragm; the parts around the heart," J. Thayer) – properly, regulate (moderate) from within, as inner-perspective (insight) shows itself in corresponding, outward behavior. 5426 (**phronéō**) essentially equates to personal opinion fleshing itself out in action (see J. Thayer). This idea is difficult to translate into English because it combines the visceral and cognitive aspects of thinking)인데 이는 '고정하다, 열망하다, 관심을 가지다, 생각을 품다, 가치와 우선순위를 두다, 꽂히다'라는 의미로 명서 프렌(φρήν, nf, midriff, heart, mind, thought/properly, "the midriff (diaphragm), the parts around the heart" (J. Thayer); (figuratively) visceral (personal) opinion; what a person "really has in mind," i.e. inner outlook (mind-set, insight) that regulates outward behavior. See 5429 (phronimos))에서 파생되었다.

약한 육신에게 허락하신 번영'이라는 의미이다.

참고로 나는 '샬롬'이라고 쓰지 않고 '살롬'이라고 쓴다. 왜냐하면 '샬롬'은 여부스 족속들이 섬겼던 태양신 중 일몰의 신의 이름 '샬롬(샬림, Shalim/일출의 신, 샤하르, Shahar)'을 연상시키기 때문이다. 예루살렘(Jeru-Shalem, יְרוּשָׁלַם)이란 여부스 족속들이 섬기던 '샬림 혹은 샬렘 신의 집'이란 뜻으로 다윗이 여부스 족속을 몰아낸 후 평화(Shalom)를 뜻하는 '평화의 도시'가 되었다.

8 육신에 있는 자들은 하나님을 기쁘시게 할 수 없느니라

"육신에 있는 자들"이란 '육신을 좇는 자(8:5), 육신의 일, 육신의 생각을 열망하고 그것에 올인하는 자(8:5-7), 육신대로 사는 자(8:12-13), 죄의 종 노릇하며 몸의 사욕에 순종하는 자(6:12), 지체를 부정과 불법에 드려 자신을 불의의 병기로 만드는 자(6:13, 19), 죄의 정욕으로 인해 사망의 열매를 맺는 자(7:5), 의문의 묵은 것 즉 율법에 종 노릇하며 섬기는 자(7:6), 육신에 속하여 죄 아래 팔린 자(7:14), 죄의 법 아래 있는 자(7:23)'를 가리킨다.

이들의 경우 "원하는 바 선은 하지 아니하고 도리어 원치 아니하는 바 악을 행하는(7:19)" 특징이 있다. 이런 자들은 하나님을 기쁘시게 할 수도 없고 하나님의 기쁨이 되지도 못한다.

9 만일 너희 속에 하나님의 영이 거하시면 너희가 육신에 있지 아니하고 영에 있나니 누구든지 그리스도의 영이 없으면 그리스도의 사람이 아니라

"너희 속에 하나님의 영이 거하시면"에서의 "하나님의 영"이란 예수를 믿은 후 우리 안에 주인으로 거하시는 성령님의 '내주(內住) 성령'을 가리킨다. 내주하시는 주인 되신 성령님이 우리 안에서 다스리시고(통치), 지배하시기에 "그리스도의 사람" 된 우리는 그 분의 질서 하에서 평안하고 견고함으로 살아가는 것이다. 이런 우리를 가리켜 현재형 하나님나라라고 한다.

"거하다"의 헬라어는 오이케오[153](οἰκέω, v)인데 이는 '점거하다, 점유하다'라는 의미이다. 즉 우리 안에 영원히 거주(영주, 永住)한다라는 말이다. 태초부터 계셨던 성령님은 구약시대에도 뭇 사람의 심령 가운데 역사하셨다(시 51:11).

극도로 부족하고 제한된 표현이기는 하지만 구약시대에는 임시적(삿 14:19, 16:20)이었다. 그러나 오순절 성령강림 이후에는 예수의 영, 진리의 영이신 성령님은 우리 안에 영주(永住, 요 14:16, 내주 성령)하신다.

"너희가 육신에 있지 아니하고"라는 것은 '여러분은 육체를 따라 사는 사람이 아니다(공동번역)'라는 의미이며 "영에 있나니"라는 것은 성령님의 통치와 지배를 받는 가운데 성령의 인도함을 좇아 질서있게 사는 것을 가리킨다.

---

153 오이케오(οἰκέω, v)는 (from 3624 /oíkos, "a house, dwelling, habitation") – properly, to make a home; living "at home" (i.e. comfortably) because it is one's residence; "to be at home.")이다.

"그리스도의 사람"이란 '그리스도에 속한 사람, 그리스도의 영의 지배를 받는 사람"라는 의미로서 온전한 상속권을 가진 "하나님의 아들(8:14)"인 것을 가리킨다. 왜냐하면 우리는 "하나님의 영으로 인도함을 받는 자들(8:14)"이기 때문이다. 이때 "하나님의 영"이란 성령님을 가리키는 것으로 "그리스도의 영, 예수의 영, 진리의 영"이시다. 이는 성령이 성부와 성자로부터 발출(發出, proceed)하셨으며 서로 불가분의 관계임을 나타내고 있다. 곧 존재론적 동질성(Essential Equality)과 기능론적 종속성(Functional Subordination)의 삼위하나님이시다라는 것이다.

성령님은 성도로 하여금 예수가 하나님의 아들이심과 그분께서 인간의 죄를 대속하시고 십자가 보혈로 다 이루신 것을 가르쳐주신(고전 12:3), 그리하여 우리에게 믿음(피스티스)을 주셔서 우리로 믿게 하신(피스튜오) 좋으신 하나님이시다. 그 성령님은 하나님의 자녀된 우리에게 인쳐주시고 우리를 미래형 하나님나라로 인도하신다.

10 또 그리스도께서 너희 안에 계시면 몸은 죄로 인하여 죽은 것이나 영은 의를 인하여 산 것이니라

"그리스도께서 너희 안에 계시면"이라는 것은 '너희 속에 하나님의 영(예수의 영, 진리의 영)이 거하시면(9)'이라는 의미이다.

"몸은 죄로 인하여 죽은 것이나"라는 것은 모든 인간이 한 번은 죽게 되는 육적 죽음(히 9:27)만큼은 면할 수 없다(Augustine, Barmby, Godet,

Witmer)라는 의미이다. 여기서 "몸[154](σῶμα, nn)"이란 '육신'이라는 의미와 함께 '타락하고 부패한 인간의 본성'을 동시에 가리키는 말이다.

"영은 의를 인하여 산 것"에서의 '영'은 '성령(Murray, Barrett, Calvin) 혹은 '인간의 영혼(Bengel, Meyer, Vincent, Witmer)'이라는 의미로서 하나님과 영적으로 교류할 수 있는 지정의(知情意)적 인격의 실체를 가리키며 '거듭난 성도의 인격'을 의미한다. 한편 "의"라는 것은 단순히 '의로움'이라기 보다는 그리스도의 구속 사역을 믿음으로 말미암아 의롭다 칭함을 받은 '칭의'를 가리킨다(Meyer).

결국 인간의 영혼이 칭의로 산다라고 하는 것은 법적, 실제적으로 그 관계가 온전히 회복되어 다시 하나님과 교제할 수 있게 된 것을 말한다. 그리하여 사망의 권세에서 해방되어 지금도 회복되었고(already~not yet) 그날에는 하나님의 형상으로(고전 15:42-44) 온전히 그리고 완전하게 회복될 것(고전 13:12)이다.

11 예수를 죽은 자 가운데서 살리신 이의 영이 너희 안에 거하시면 그리스도 예수를 죽은 자 가운데서 살리신 이가 너희 안에 거하시는 그의 영으로 말미암아 너희 죽을 몸도 살리시리라

이 말씀은 성도의 부활에 관한 약속(고전 15:50-58)이다.

"너희 안에 거하시면"이란 '내주(內住) 성령'을 말하는 것이고 "너희 안

---

[154] 몸(σῶμα, nn)은 the physical body. 4983 (sṓma) is also used figuratively of the mystical Body of Christ (= the Church, the one people of God)이다.

에 거하시는 그의 영으로 말미암아 너희 죽을 몸도 살리시리라"는 것은 부활의 첫 열매이신 예수께 속한 자들은 다시 살아나게 될 것(고전 15:12-24, 영적(첫째) 부활과 둘째 부활을 통한 영생)을 우리 안에서 주인으로 계시는 성령께서 보증(고후 1:20-22)하셨다라는 것이다.

한편 이 구절은 기능론적 종속성과 존재론적 동질성을 만족하는 '다른 하나님, 한 분 하나님'이신 삼위일체 하나님의 개념을 정립하는 데 많은 도움을 준다.

"예수"이신 성자하나님, "예수를 죽은 자 가운데서 살리신 이"이신 성부하나님, "예수를 죽은 자 가운데서 살리신 이의 영"이신 성령하나님을 우리는 믿고 있다. 그런 우리는 삼위일체 하나님을 믿고 의지하며 지금도 앞으로도 영원히 그분께만 영광(Soli Deo Gloria)과 찬양, 경배를 드려야 할 것이다.

12 그러므로 형제들아 우리가 빚진 자로되 육신에게 져서 육신대로 살 것이 아니니라 13 너희가 육신대로 살면 반드시 죽을 것이로되 영으로써 몸의 행실을 죽이면 살리니

"우리가 빚진 자로되"라고 한 것은 구원의 전 과정에 있어 삼위하나님께 '사랑의 빚을 진 자'라는 의미이다. 왜냐하면 우리는 아무 공로 없이 만세 전에 하나님의 은혜로 택정함을 입어 때가 되매 복음이 우리의 귀에 들려져서 구원을 얻게 되었기 때문이다.

"육신에게 져서 육신대로 살 것이 아니니라"는 것은 "육체에 빚을 진 것은 아닙니다. 그러니 우리가 육체를 따라 살 의무는 없습니다(공동번역)"라는 말이다. 그러므로 계속하여 육신을 좇아, 죄의 성향에 종 노릇 하며 사는 것은 하나님의 은혜로 구원받은 성도의 모습이 아님을 강조하고 있는 것이다.

"육신대로 살면 반드시 죽을 것이로되"라는 것은 "죄의 삯은 사망"이라고 하셨으니 육신을 따라 살지 말고 성령의 장중(掌中)에 붙잡혀 살라는 의미이다.

"영"이란 10절의 경우처럼 '성령'을 가리키며(Bengel, Witmer, Calvin) "몸의 행실"이란 5절에서의 '육신의 일'을 가리키는 것으로 부패하고 타락한 인간 본성으로 행하는 모든 악한 일을 의미한다.

14 무릇 하나님의 영으로 인도함을 받는 그들은 곧 하나님의 아들이라

"하나님의 영으로 인도함을 받는"이라는 것은 성령님께 온전히 주권을 드리고 그분의 통치, 지배, 질서 하에서 살아가는 것을 말한다.

"하나님의 아들(요 1:12, 롬 8:14)"이라는 것에 대한 보증은 성령님께서 인(印) 쳐주셨기 때문이며 그런 그들은 "종의 영"과는 정반대인 양자의 영(8:15)을 받았으므로 "아바 아버지(갈 4:6)"라고 부르게 되었고 아버지 하나님으로 말미암아 유업을 이을 자가 된 것이다(롬 8:17, 갈 4:7).

한편 14절의 "아들(υἱός, nm)"과 16절의 "자녀(τέκνον, nn)"에 대한 서로 다른 헬라어 단어를 구분하여 해석한 학자(Witmer)도 있는 바 전자(υἱός)가 권리와 의무를 충분히 감당할 수 있는 '성숙한 아이'라면 후자

(τέκνον)는 '새로 태어난 자'를 의미한다고 했다. 나는 둘의 구분에 대해 관심이 없으며 예수 그리스도로 인하여 하나님의 자녀(테크논)가 된 것, 하나님의 아들(휘오스)이 된 것 그 자체에 관심이 있다. 그 아들의 상태나 수준이 어떠하든 성령님을 주인으로 모시고 그분의 지배와 통치를 받는 자가 되었음에 감사할 뿐이다.

15 너희는 다시 무서워하는 종의 영을 받지 아니하였고 양자의 영을 받았으므로 아바 아버지라 부르짖느니라

"무서워하는 종의 영"이란 '죄에게 종 노릇 하는 자는 율법의 정죄가 두렵다(Chrysostom)'라는 의미이다. 또한 불신자들의 경우 죽음과 천재(天災) 등 일평생 안팎으로의 근심 속에 살아가야 하는 것이 무섭다라는 의미이기도 하다. 반면에 예수 그리스도의 구속 사역은 그리스도인으로 하여금 율법의 정죄로부터 자유케(요 8:34-36) 하셨으며 다시 삶(영적 부활, 첫째 부활)과 더불어 둘째 부활 후 미래형 하나님나라에의 입성과 영생이라는 '소망'을 주셨다(롬 8:11, 6:22-23).

한편 헬라어 팔린(πάλιν, adv, back (of place), again (of time), further, once more, on the other hand)을 사용하여 강조하고 있는 "다시"라는 단어에 주목하라.

"양자의 영"이란 법적으로 하나님의 자녀로 인정받게 된 것을 말한다. 사실 예수님은 창조주이시며 하나님의 아들(아들 곧 하나님이시다, 소유격의 주격화)이시다(요 5:17-18, 빌 2:6). 인간은 온전한 피조물이며 아담의 범죄함으로 인해 영적 죽음 상태로서 마귀의 예속 하에 있던 죄인이었다(마 3:7, 엡 2:3). 그런 인간이 예수를 믿음으로 말미암아 하나님께로부터 의롭다 칭함을 받았기에 우리 또한 '양자'라는 말이 더 어울리고 적절하다.

"아바 아버지"라는 말은 아람어와 헬라어의 복합어로서 압바 호 파테르(Ἀββᾶ ὁ Πατήρ)를 음역하고 번역한 것이다. 이렇게 중복하여 표현한 것은 "부성을 지니신 하나님께 대한 애정과 열성을 강력하게 나타내기 위한 이중적 표현(Greijdanus)"이라고 한다. 반면에 Lightfoot는 "아람어를 일상 언어로 사용하던 당시의 유대인과 헬라어를 통용하던 이방인을 동시에 염두에 둔 것"이라고 했다. 예수님도 '성부하나님'을 향해 마가복음 14장 36절에서 "아바 아버지여"라고 부르셨다. "부르짖다"의 헬라어는 크라조[155](κράζω, v)인데 이는 기쁨에 못 이겨 큰 소리로 하나님을 아버지로 외치는 것을 가리킨다.

16 성령이 친히 우리 영으로 더불어 우리가 하나님의 자녀인 것을 증거하시나니

"성령이 친히 증거하시나니"라는 것은 "누구든지 인간을 영적 무지로부터 벗어나게 하여 영적 지혜를 깨닫게 하시는 성령으로 말미암지 않고는(고전 12:3) 자신이 하나님의 자녀임을 믿을 수 없으며 믿어지지도 않는다(Luther)"라는 의미이다.

---

155 크라조(κράζω, v)는 to scream, cry out, I cry aloud, shriek/an onomatopoetic term for a raven's piercing cry ("caw"); (figuratively) cry out loudly with an urgent scream or shriek, using "inarticulate shouts that express deep emotion" (WS, 708)이다.

17 자녀이면 또한 후사 곧 하나님의 후사요 그리스도와 함께 한 후사니 우리가 그와 함께 영광을 받기 위하여 고난도 함께 받아야 될 것이니라

"자녀, 후사, 하나님의 후사, 그리스도와 함께 한 후사"라는 것은 모두 다 '하나님의 아들(14), 양자의 영(14), 하나님의 자녀(16)'라는 말이다.

"고난도 함께 받아야 될 것"이라는 말의 헬라어는 쉼파스코(συμπάσχω, v, I suffer together with, sympathize)인데 이는 '고통을 함께 하다(sympathy), 상대의 고통 안으로 들어가다(empathy)'라는 의미이다. 여기서 'pathy'란 고통이라는 의미이다. 한편 쉼파스코는 쉰(σύν, with, together with)과 파스코[156](πάσχω, v)의 합성어이다.

"고난"의 헬라어는 파데마[157](πάθημα, nn)인데 이는 '으깨어져서 부숴뜨려질 정도의 강력한 고통'을 의미한다. 이런 의미를 바르게 알고 그리스도께서 우리를 위하여 '고난'을 당하셨으니 한 몸 된 우리 또한 고난을 기꺼이 감당해야만 한다.

세상이 우리를 미워하는 이유는 요한복음 15장 19절이 분명하게 밝히고 있다. 그러나 걱정할 필요가 없는 것은 요한복음 16장 33절의 말씀 때문이다.

---

156 파스코(πάσχω, v)는 I am acted upon in a certain way, either good or bad; I experience ill treatment, suffer/properly, to feel heavy emotion, especially suffering; affected, experiencing feeling (literally "sensible" = "sensed-experience"); "the feeling of the mind, emotion, passion" (J. Thayer)이다.

157 파데마(πάθημα, nn)는 (a) suffering, affliction, (b) passion, emotion, (c) an undergoing, an enduring/(from 3958 /pásxō, "the capacity to feel strong emotion, like suffering") – properly, the capacity and privilege of experiencing strong feeling; felt, deep emotion, like agony, passion (ardent desire), suffering, etc.)이다.

"너희가 세상에 속하였으면 세상이 자기의 것을 사랑할 터이나 너희는 세상에 속한 자가 아니요 도리어 세상에서 나의 택함을 입은 자인고로 세상이 너희를 미워하느니라"_요 15:19

"이것을 너희에게 이름은 너희로 내 안에서 평안을 누리게 하려함이라 세상에서는 너희가 환난을 당하나 담대하라 내가 세상을 이기었노라 하시니라"_요 16:33

18 생각건대 현재의 고난은 장차 우리에게 나타날 영광과 족히 비교할 수 없도다

이 구절에서의 "현재의 고난"이란 안으로는 유대인들의 핍박과 회유(행 17:13, 18:5-6, 21:27-36)를, 밖으로는 로마 당국의 정책 시스템으로 인한 불이익과 무자비한 권력에 의한 억압과 폭정을 가리킨다.

이때 우리는 처음부터 '좁은 문'으로 들어가야 할 뿐만 아니라 계속하여 '좁은 길'을 고수하며 끝까지 초지일관(初志一貫)되게 길이요 진리요 생명이신 예수(요 14:6)께서 걸어가신 그 길을 좇아가야 할 것(마 7:13-14)이다.

"장차 우리에게 나타날 영광"이란 한 마디로 '소망(엘피스)'을 가리킨다. 여기서 '소망'이란 미래형 하나님나라에의 입성과 영생을 의미한다. 기억할 것은 지금 우리에게 보이는 환난은 잠깐일 뿐이라는 사실이다. 그 영광은 비록 현재에는 잘 보이지 않지만 장차 그날에는 반드시 보고 누리게 될 것임을 잊지 말아야 한다(고후 4:17-18).

19 피조물의 고대하는 바는 하나님의 아들들의 나타나는 것이니

"피조물[158](κτίσις, nf)"이란 천사와 불신자를 제외한 '모든 자연 생태계 혹은 세상 만물들'을 가리킨다. 한편 피조물들이 하나님의 아들들이 나타나는 그때를 고대하는 이유는 분명하다. 그날은 '자신들의 온전한 회복의 날'이기 때문이다(사 65:25).

'피조물'이 무엇을 가리키는가에 대하여는 학자들 간의 의견이 분분하다. 첫째, 천사를 포함한 모든 창조물을, 둘째는 온 인류(Origen)를, 셋째는 예수를 믿지 않는 불신자들(Augustine)을, 넷째는 인간을 제외한 세계 만물들(Lenski, Hodge)을 가리킨다고 해석한다. 많은 학자들(Calvin, Godet, Harrison, Meyer, Witmer)은 넷째를 지지하고 있다. 나는 '지금 현재형 하나님나라를 누리고 사는 성도들과 모든 창조물들'로 해석한다.

한편 "하나님의 아들들(15-17)"이란 '그리스도인 즉 하나님의 자녀들(요 1:12), 그리스도의 사람(8:9), 하나님의 후사들(8:17), 양자의 영을 받은 자들(8:15)'을 가리킨다. 나는 '먼저 미래형 하나님나라에 간 성도들과 천사들'로 해석한다. 그러므로 "하나님의 아들들의 나타나는 것"이란 예수의 재림 때에 예수님을 따라 나타나게 될 '먼저 하늘나라에 간 성도들과 천사들'을 의미하기에 결국 모든 피조물들(지금 현재형 하나님나라를 누리고 사는 성도들과 모든 창조물들)은 '예수의 재림'을 기다리며 그때 온전히 회복되기를 고대한다라는 것이다. "고대하다"의 헬라어는 아포카라도키아[159]

---

158 피조물(κτίσις, nf)이란 (often of the founding of a city), (a) abstr: creation, (b) concr: creation, creature, institution; always of Divine work, (c) an institution, ordinance/properly, creation (creature) which is founded from nothing (this is also the sense of this term from Homer on); creation out of nothing (Lat ex nihilo). See 2936 (**ktizō**) and 2939 /**ktístēs** ("the Creator") for lengthy discussion on "creation-facts.")이다.

159 아포카라도키아(ἀποκαραδοκία, nf)는 strained expectancy, eager expectation/("from

(ἀποκαραδοκία, nf)인데 이는 '목을 뽑듯 하여 바라보다, 목놓아 기다리다'라는 의미로 한자 숙어로는 '학수고대(鶴首苦待)'이다.

20 피조물이 허무한 데 굴복하는 것은 자기 뜻이 아니요 오직 굴복케 하시는 이로 말미암음이라

인류의 대표 아담의 범죄(원죄)로 인해 모든 피조물들에게는 대표의 원리와 연합의 원리에 의해 악영향이 초래되었다(창 1:26-30).

"허무한"의 헬라어는 마타이오테스[160](ματαιότης, nf)인데 이는 '타락, 무익함, 불안정함'이라는 의미로 만물의 불안정성과 쇠락하고 부패하는 현상 혹은 성향(Alford)을 말한다. 솔로몬은 피조물의 인생을 논하며 '헛되고 헛되며 헛되고 헛되니 모든 것이 헛되도다(전 1:2)'라고 말하며 여러 번 반복하여 '헛된 인생'임을 선명하게 묘사하고 있다.

사도 바울은 다음 구절인 21절에서 피조물이 살아가는 한 번 인생을 "썩어짐의 종 노릇" 하는 것이라고 했는데 이는 한 번 인생 동안 썩어짐의 종 노릇 하는 것이 무익하다라는 의미일 뿐만 아니라 피조물이 허무한데 굴복하는 것은 피조물의 타락과 부패함 때문이라고 지적하고 있다.

"오직 굴복케 하시는 이로 말미암아"라는 말 속에는 올바른 기독교적

---

575 /apó, "away from"; kara, "the head"; and 1380 /dokéō, "thinking") – properly, thinking forward (literally with head out-stretched), referring to eager, intense expectation)이다.

160 마타이오테스(ματαιότης, nf)는 vanity, emptiness, unreality, purposelessness, ineffectiveness, instability, frailty; false religion/aimlessness due to lacking purpose or any meaningful end; nonsense because transitory)이다.

세계관을 지닌 그리스도인이 가져야 할 '섭리의식(Providence)'이 함의되어 있다.

"나타나는 것이니"에서의 '나타나다'의 헬라어는 아포칼륍토[161] (ἀποκαλύπτω, v)인데 이 단어에서 명사인 요한계시록 1장 1절의 계시 혹은 묵시라는 의미의 헬라어 단어인 아포칼륍시스(ἀποκάλυψις, nf)가 파생되었다. 이는 종말 시대에 일어날 다양한 일들(일곱 재앙: 인, 나팔, 대접 재앙)을 "하나님이 자기를 사랑하는 자들에게" 특히 밧모섬의 사도 요한에게 다양한 관점에서 여러 장면을 복합적으로 반복되게 전 지구적으로 각 지역마다 다르게 나타날 것을 보여주신 것을 말한다(예수 그리스도 새 언약의 성취와 완성, 합본판, 도서출판 산지 참고).

21 그 바라는 것은 피조물도 썩어짐의 종 노릇한 데서 해방되어 하나님의 자녀들의 영광의 자유에 이르는 것이니라

"바라다"의 헬라어는 엘피스(ἐλπίς, nf)인데 이는 '소망'이라는 의미로 미래형 하나님나라에로의 입성과 영생을 뜻한다.

"썩어짐의 종 노릇 한데서 해방되어"라는 것은 아담의 타락으로 만물도

---

[161] 아포칼륍토(ἀποκαλύπτω, v)는 I uncover, bring to light, reveal/(from 575 /apó, "away from" and 2572 /kalýptō, "to cover") – properly, uncover, revealing what is hidden (veiled, obstructed), especially its inner make-up; (figuratively) to make plain (manifest), particularly what is immaterial (invisible))인데 이 단어에서 명사인 요한계시록 1장 1절의 계시 혹은 묵시인 아포칼륍시스(ἀποκάλυψις, nf, an unveiling, uncovering, revealing, revelation/("revelation, unveiling") is principally used of the revelation of Jesus Christ (the Word), especially a particular (spiritual) manifestation of Christ (His will) previously unknown to the extent (because "veiled, covered")가 나왔다.

쇠락하고 부패하게 되었으나 하나님의 계획인 '새창조'는 인간의 회복뿐만 아니라 피조물들의 회복도 포함되기에(고후 5:17, 갈 6:15, 벧후 3:13, 계 21:1, 5) 피조물들은 당연히 하나님의 아들들이 나타나기를, 곧 예수 재림의 그날을 고대하는 것이다.

"영광의 자유"란 장차 성도들이 누리게 될 '영광스러운 자유'를 가리킨다. 다시 말하면 미래형 하나님나라에로의 입성과 영생, 그리고 하나님의 형상으로의 완전한 회복(신과 방불한 자, 신령한 몸, 고전 15:44)을 가리킨다. "이르다"라는 것은 '동참한다'라는 의미이다.

22 피조물이 다 이제까지 함께 탄식하며 함께 고통하는 것을 우리가 아나니

"이제까지"란 아담의 타락 시점부터 오늘까지를 가리킨다. 더 나아가 예수 재림 때까지(Meyer)를 가리키기도 한다. 그렇다면 새가 지저귀는 것이나 산천초목의 푸르름과 역동성 등등은 기실 모두 다 제각각의 몸부림이요 절규 곧 탄식인 것이다.

"아나니"의 헬라어는 에이도[162]($εἰδῶ, οἶδα$)인데 이는 직감적으로 아는 것이기도 하나 여기서는 '조금씩 깨달아 알아가게 되는 것'을 가리킨다.

---

162 에이도($εἰδῶ, οἶδα$)는 be aware, behold, consider, perceive/properly, to see with physical eyes (cf. Ro 1:11), as it naturally bridges to the metaphorical sense: perceiving ("mentally seeing"). This is akin to the expressions: "I see what You mean"; "I see what you are saying."이다.

23 이뿐 아니라 또한 우리 곧 성령의 처음 익은 열매를 받은 우리까지도 속으로 탄식하여 양자 될 것 곧 우리 몸의 구속을 기다리느니라

"성령의 처음 익은 열매를 받은 우리"라는 것은 '성령을 하나님의 첫 선물로 받은 우리(공동번역)'라는 의미인데 이는 사도 바울의 "우리 기업의 보증(엡 1:14)"이라는 말로서 내주(內住)하시는 성령은 장차 성도들이 누리게 될 하나님의 풍성한 은혜를 미리 맛보게 하는 분이자 보증이심(Witmer, Harrison)을 가리킨다

"탄식하다"의 헬라어는 스테나조¹⁶³(στενάζω, v)이며 성도와 만물이 다 함께 탄식하는 이유는 모두가 다 '새 창조의 회복'을 갈망하기 때문이다.

"양자될 것 곧 우리 몸의 구속을 기다리느니라"는 것은 이미(already) 법적으로는 하나님의 자녀로 인정받아 신분상 양자가 되었으나(성취) 아직은(not yet) 미완성인데 그날에 완전하게 될 것(고전 15:54)이라는 말이다.

24 우리가 소망으로 구원을 얻었으매 보이는 소망이 소망이 아니니 보는 것을 누가 바라리요

"소망"의 헬라어는 엘피스¹⁶⁴(ἐλπίς, nf)인데 이는 '미래형 하나님나라

---

163 스테나조(στενάζω, v)는 I groan, expressing grief, anger, or desire/ (from 4728 / **stenós**, "compressed, constricted") – properly, to groan because of pressure of being exerted forward (like the forward pressure of childbirth); (figuratively) to feel pressure from what is coming on – which can be intensely pleasant or anguishing (depending on the context), [This term "denotes feeling which is internal and unexpressed" (J. Mayor, Js., 162), i.e. to sigh, moan (groan) with frustration.]이다.

164 엘피스(ἐλπίς, nf)는 hope, expectation, trust, confidence/(from **elpō**, "to anticipate, welcome") – properly, expectation of what is sure (certain); hope이다.

에의 입성과 영생'을 가리킨다. 동시에 "소망"이란 예수 그리스도를 가리키기도 한다.

이 구절에서는 "소망"이 3회 나온다. 처음 "소망"은 예수 그리스도를, 둘째 "소망"은 인간의 덧없는 희망을 의미하며, 세번째 "소망"은 인간의 진정한 희망인 미래형 하나님나라에의 입성과 영생을 가리킨다.

한편 5장 1절의 "믿음으로" 구원을 얻었다는 것은 구원에 이르는 방법을, "소망으로" 구원을 얻었다는 것은 구원에 이른 자는 '소망'을 갖게 됨을 가리키고 있다.

"보이는 소망이 소망이 아니니 보는 것을 누가 바라리요"라는 것은 히브리서 11장 1절의 말씀과 상통한다.

"믿음은 바라는 것들의 실상이요 보이지 않는 것들의 증거니" _히 11:1

25 만일 우리가 보지 못하는 것을 바라면 참음으로 기다릴지니라

"참음으로 기다릴지니라"는 것은 성도가 소망하는 바를 이루게 되는 날까지 현재의 고난을 "예수 믿음과 하나님의 계명(계 14:12)"으로 인내함으로 잘 참으라는 것이다. 동시에 인내심을 가지고 소망을 성취하기까지 견디어 나가라는 의미이다. Harrison은 "참고 인내하며 기다릴지니라"고 해석했다.

26 이와 같이 성령도 우리 연약함을 도우시나니 우리가 마땅히 빌 바를 알지

못하나 오직 성령이 말할 수 없는 탄식으로 우리를 위하여 친히 간구하시느니라

"이와 같이"란 '성도가 소망 중에 인내하는 것 같이'라는 의미이다. 한편 "도우시나니"의 헬라어는 쉬난틸람바노마이[165]($συναντιλαμβάνομαι$, v)인데 이는 '상대편을 붙들어주다'라는 의미이다.

"마땅히 빌 바를 알지 못하나"라는 것은 인간은 당연히 하나님의 뜻을 전부 다는 알지 못하기에 마땅이 빌 바를 알지 못하지만 "하나님의 뜻대로 성도를 위하여 간구하는" 성령님이 우리 안에 주인으로 계시기에 대신 간구하여 주시는 그 성령님만 믿고 나아가면 된다라는 것이다.

"친히 간구"하시면서 중보하시는 분은 예수님과 성령님(히 7:24-25)이시다. 성령님은 우리 안에 주인으로 계셔서 간구(요 14:26, 고전 2:11)하시며 예수님은 부활 승천하신 후 하나님 보좌 우편에서 승리주로 계시면서 사단의 참소를 막아주신다.

27 마음을 감찰하시는 이가 성령의 생각을 아시나니 이는 성령이 하나님의 뜻대로 성도를 위하여 간구하심이니라

"마음을 감찰하시는 이"라는 것은 하나님의 또 다른 칭호(삼상 16:7, 시 139:1, 렘 17:10)로서 이름이 아니라 '전지적 속성'을 나타내는 것으로 전지

---

165 쉬난틸람바노마이($συναντιλαμβάνομαι$, v)는 to take hold with at the side, to take a share in, generally to help, properly, to give assistance with full initiative because closely-identified - supplying help that exactly corresponds to the need/[Note the prefixes: 4862 / sýn ("closely identified with") and 473 /antí ("corresponding") which each nuance the root (2983 /lambánō, "aggressively lay hold of")이다.

(Omni-science)와 전능(Omni-potence)을 일컫는 말이다.

"성령의 생각을 아시나니"라는 것은 삼위하나님의 유기적 연합(페리코레시스)을 가리키는 것으로 '다른 하나님 한 분 하나님'을 가리킨다.

성령님은 '하나님의 뜻대로' 성도를 위하여 간구하시는(약 4:2-3, 살전 5:17) 하나님이시다.

28 우리가 알거니와 하나님을 사랑하는 자 곧 그 뜻대로 부르심을 입은 자들에게는 모든 것이 합력하여 선을 이루느니라

"알거니와"의 헬라어는 오이다(οἶδα, εἰδῶ, 22)인데 이는 초경험적이고도 직감적인 지식으로 기노스코(γινώσκω, 경험적 지식)와는 다르다. 그러나 이 구절에서는 하나님의 말씀을 통해서나 경험적으로 알 수 있는 기노스코까지 포함(Barmby)하고 있다.

"하나님을 사랑하는 자 곧 그 뜻대로 부르심을 입은 자"라는 것은 하나님의 뜻대로 택함을 받은 자는 하나님을 사랑하며 그분께 헌신한다(엡 5:1-14)라는 의미이다.

"모든 것이 합력하여 선을 이루느니라"는 것은 하나님께서 모든 것을 주장하사 종국적으로는 선한 결과로 인도하신다는 의미이다. 여기서 '선하다'라는 것은 단순히 도덕적인 면을 가리키는 것이 아니다. 창세기 37-41장의 요셉의 경우 '선한 결과'는 사망의 음침한 골짜기로 다닐지라도 해를 두려워하지 않게 된 것을 가리켜 선(善)이라고 했다(시 23:4).

이 구절에서는 주어를 분명히 할 필요가 있다. 하나님 안에서 동역자

된 '우리들'이 합력하기만 하면 무엇에든지 선(善)의 결과를 도출할 수 있다라고 해석해서는 곤란하다. 그러면 '우리들'이 주어가 된다. '하나님'이 하셔서 모든 것이 합하여져 선(善, 하나님의 뜻, 거룩함과 복음 전파)을 이루신다라고 해석해야 한다. 그래야 주어가 '하나님'이 된다.

29 하나님이 미리 아신 자들로 또한 그 아들의 형상을 본받게 하기 위하여 미리 정하셨으니 이는 그로 많은 형제 중에서 맏아들이 되게 하려 하심이니라

"미리 아신(예지) 자들"이란 "그 뜻대로 부르심을 입은 자들(28)"로서 30절의 "미리 정하신(예정) 그들, 하나님의 택함 받은 성도들"을 가리킨다. 한편 하나님의 예지는 하나님의 사랑, 즉 하나님께서 미리부터 사랑하여 돌아보시는 것(출 33:17, 호 13:5)을 의미하며 선택을 예지하신 것(Grotius, Harrison, Hofmann)을 가리킨다.

"미리 알다"의 헬라어는 프로기노스코[166]($προγινώσκω$, v)이다. 참고로 '알다'라는 의미의 히브리어 야다(יָדַע)는 단순히 아는 것을 넘어 부부간의 성교와 같은 전인적인 앎과 행동까지 수반된 것을 가리킨다.

"맏아들"이란 영적 장자권을 함의한 말로서 '2배의 축복'이라는 의미가 내포되어 있다. 예를 들면, 요셉에게 채색 옷을 입힌 야곱의 의도(창 37:23)는 장자권을 의미하는 것이며 엘리야의 겉옷을 요구한 엘리사는 후계자

---

166   프로기노스코($προγινώσκω$, v)는 to know beforehand/(from 4253 /pró, "before" and 1097 /ginóskō, "to know") – properly, foreknow; used in the NT of "God pre-knowing all choices – and doing so without pre-determining (requiring) them" (G. Archer)이다

로서 갑절의 영감(왕하 2:9)을 얻게 된 것 등이 좋은 실례이다.

30 또 미리 정하신 그들을 또한 부르시고 부르신 그들을 또한 의롭다 하시고 의롭다 하신 그들을 또한 영화롭게 하셨느니라

하나님은 만세 전에 당신의 크신 은혜로 '택정'하셨다. '선택과 유기'이다. 때(카이로스)가 되면 만세 전에 택정된 자들을 부르시기 위해 복음이 그들의 귀에 들려지게 하신다. 부름에 응답한 그들을 향하여는 의롭다 칭함(Justification)을 허락하셔서 이후 성령님의 통치와 주권, 지배, 질서 하에서 성화(Sanctification)의 과정으로 이끄시고 종국적으로 예수 그리스도 새 언약의 완성을 통해 영화(Glorification)로 이끄신다.

"영화롭게 하셨느니라"에서 영화(Glorification)란 예수님의 재림 후에 일어날 일을 가리킨다. 그런데 과거시제로 사용되어 있는 점에 주목해야 한다. 이는 미래에 반드시 일어날 그 일은 이미 시공을 초월한 부활체의 상태에서 일어나기에 미래가 과거에로 붙어버림을 의미한다. 이를 신학적으로는 '예언적 과거'라고 한다. 비슷한 경우가 요한복음 8장 56절의 경우이다.

"너희 조상 아브라함은 나의 때 볼 것을 즐거워하다가 보고 기뻐하였느니라" _요 8:56

"사랑하는 자들아 주께는 하루가 천 년 같고 천 년이 하루 같다는 이 한 가지를 잊지 말라" _벧후 3:8

Warfield는 로마서 8장 30절을 가리켜 기독교의 진리를 한 줄에 꿰어 놓았다고 평가하며 '황금 사슬(gold chain)'이라고 했다.

31 그런즉 이 일에 대하여 우리가 무슨 말 하리요 만일 하나님이 우리를 위하시면 누가 우리를 대적하리요

"이 일"이란 28-30절을 받는 말로써 성도를 구원하시기 위한 '하나님의 구원 사역'을 가리킨다. 또한 성도를 구원하시기 위해 행하신 일은 32-34절에서 구체적으로 말씀하고 있다.

32 자기 아들을 아끼지 아니하시고 우리 모든 사람을 위하여 내어 주신 이가 어찌 그 아들과 함께 모든 것을 우리에게 은사로 주지 아니하시겠느뇨

"우리 모든 사람"이란 만세 전에 하나님의 은혜로 택정된 자를 가리킨다.
"모든 것"이라는 말에는 칭의(Justification), 성화(Sanctification)와 함께 영화(Glorification)까지도 포함하고 있다.

33 누가 능히 하나님의 택하신 자들을 송사하리요 의롭다 하신 이는 하나님이시니 34 누가 정죄하리요 죽으실 뿐 아니라 다시 살아나신 이는 그리스도 예수시니 그는 하나님 우편에 계신 자요 우리를 위하여 간구하시는 자시니라

이사야 50장 8-9절의 말씀과 상통한다.
"송사하리요"라는 것은 성도의 죄에 대해 양심(롬 2:15)이나 율법(롬 7:7),

사단(계 12:10)이 하나님께 고소하는 것을 말하며 장차 이런 모든 것들은 모두 다 반드시 기각될(롬 3:24, 5:1) 것들이다. "하나님 우편에 계신 자(히 1:3)"라는 것은 승리주 하나님이라는 의미이다.

"우편"이란 '존귀, 위엄, 권능, 영광'을 상징(왕상 2:19, 욥 30:12)한다. "우리를 위하여 간구하시는 자"라는 것은 예수님만이 유일한 중보자 되심을 의미한다.

35 누가 우리를 그리스도의 사랑에서 끊으리요 환난이나 곤고나 핍박이나 기근이나 적신이나 위험이나 칼이랴

매사 매 순간 다가오는 안팎으로부터의 어려움들을 나열하고 있다. "환난, 핍박, 기근, 적신, 위험, 칼"이 외부로부터의 어려움이라면 "곤고"함은 내면의 지독한 어려움을 말한다. 달리 보면 한 가지로 말씀하고 있는 내면의 '곤고함'이 우리를 가장 처절하게 무너뜨리는 최대의 적일 수 있다.

"환난"의 헬라어는 들립시스[167]($\theta\lambda\tilde{\iota}\psi\iota\varsigma$, nf)인데 이는 '외부로부터 오는 모든 종류의 고난과 고통'을 의미하며 "곤고"의 헬라어는 스테노코리아[168]($\sigma\tau\epsilon\nu\text{o}\chi\omega\rho\acute{\iota}\alpha$, nf)인데 이는 '좁은 방'이라는 의미로서 내면적으로 당

---

167 들립시스($\theta\lambda\tilde{\iota}\psi\iota\varsigma$, nf)는 persecution, affliction, distress, tribulation/properly, pressure (what constricts or rubs together), used of a narrow place that "hems someone in"; tribulation, especially internal pressure that causes someone to feel confined (restricted, "without options")이다.

168 스테노코리아($\sigma\tau\epsilon\nu\text{o}\chi\omega\rho\acute{\iota}\alpha$, nf)는 narrowness of space, difficulty, (from 4728 / **stenós**, "narrow, confined" and 5561 /**xṓra,** "space, territory, area") – properly, a narrow place; (figuratively) a difficult circumstance – which God always authorized and hence only produces a temporal sense of confinement. Through Christ's inworking of faith (4102 /

하는 심적고통, 불안, 걱정, 두려움을 가리킨다.

"핍박"의 헬라어는 디오그모스[169](διωγμός, nm)인데 이는 '진리를 수호함에 있어 부당하게 당하는 폭력'을 가리킨다.

"기근"의 헬라어는 리모스(λιμός, nm, hunger, famine)인데 이는 '양식이 없어 굶주림을 당하는'이라는 의미이고 "적신"의 헬라어는 귐노테스(γυμνότης, nf, nakedness)인데 이는 '벌거벗음, 빈털터리'라는 것을 의미하는데 입을 옷이 없어 헐벗고 수치를 당하는 것을 가리킨다.

"위험(고후 11:23, 26)"의 헬라어는 킨뒤노스(κίνδυνος, nm, danger, peril, risk)인데 이는 '사람 혹은 천재지변으로 인한 신변의 위험'을 가리킨다

"칼"의 헬라어는 마카이라[170](μάχαιρα, nf)인데 이는 '상해를 입거나 목베임을 당하는 등 세상 권력에 의한 생명의 위협'을 가리킨다.

36 기록된 바 우리가 종일 주를 위하여 죽임을 당케 되며 도살할 양 같이 여김

---

pístis, "divine persuasion"), internal distress (sense of pressure, anguish) is ironically the way He shows His limitless work — in our "limitations"!/[Ro 2:9 however uses 4730 (**stenoxōría**) for negative confinements (inner distress), that result from living outside of God's will.]이다.

169 디오그모스(διωγμός, nm)는 ("religious persecution") literally refers to those seeking to punish God's messengers with a vengeance – like a hunter trying to conquer (obliterate) someone as their "catch."/(from 1377 /**diṓkō,** "follow, pursue") – properly, pursuit (chase); persecution – literally, "the hunt to bring someone down like an animal," trying to suppress (punish) their convictions. See 1377 (**diōkō**)이다.

170 마카이라(μάχαιρα, nf)는 a short sword or dagger/properly, a slaughter-knife; a short sword or dagger mainly used for stabbing; (figuratively) an instrument for exacting retribution)이다.

을 받았나이다 함과 같으니라

이는 시편 44편 22절의 말씀으로서 "일어나 우리를 도우소서 주의 인자하심을 인하여 우리를 구속하소서"라며 하나님의 도우심을 간구하는 시(詩)이다. 그런 하나님을 가리켜 144편 2절에는 "나의 인자시요 나의 요새시요 나의 산성이시요 나를 건지시는 자시요 나의 방패시요 나의 피난처시요 내 백성을 내게 복종케 하시는 자"라고 고백하고 있다.

"도살할 양"이란 성도가 이 세상에서 환난을 당하게 될 것을 상징한 것이다.

37 그러나 이 모든 일에 우리를 사랑하시는 이로 말미암아 우리가 넉넉히 이기느니라

"넉넉히"라는 말에 우리는 소망을 가져야 한다. 사실상, 육신을 따라 살아가는 제한된 한 번 인생 동안에는 현실적으로 모든 일에 "넉넉히 이길" 수가 없다. 그러나 "능력 주시는 자 안에서(빌 4:13)"는 가능하다.

"넉넉히 이기다"라는 것은 휘페르니카오[171](ὑπερνικάω, v)인데 이는 '결정적인 승리를 얻다(요 16:33), 어떠한 압제 하에서도 반드시 승리한다'라는 의미이다. 즉 상황과 환경을 뛰어넘어 반드시 승리하게 된다라는 최

---

171 휘페르니카오(ὑπερνικάω, v)는 to be more than conqueror/(from 5228 /hypér, "beyond" and 3528 /nikáō, "conquer") - properly, exceedingly conquer, being "more than a conqueror," i.e. "super-conqueror" who is "completely and overwhelmingly victorious" (L & N, 1, 39.58). 5245 (hypernikáō) is used only in Ro 8:37/[The intensive prefix (hyper) adds the idea, "surpassing victory" (i.e. of a pre-eminent conqueror).]이다.

상급의 단어이다.

Black은 "우리가 압도적인 승리를 얻고 있다(We are winning on overwhelming victory)"라고 해석했다.

38 내가 확신하노니 사망이나 생명이나 천사들이나 권세자들이나 현재 일이나 장래 일이나 능력이나

"사망"의 헬라어는 다나토스¹⁷²(θάνατος, nm)인데 이는 '육체의 죽음을 가져오는 세력'을 의미하며 "생명"의 헬라어는 조에¹⁷³(ζωή, nf)인데 이는 사망의 대구적 표현으로 육체의 생명을 위협하는 세력을 가리킨다. 결국 "사망이나 생명"은 인간생애 전체(Bengel)를 가리킨다.

"천사들"의 헬라어는 앙겔로스¹⁷⁴(ἄγγελος, nm)인데 이는 '하나님의 명

---

172 다나토스(θάνατος, nm)는 (derived from 2348 /thnḗskō, "to die") - physical or spiritual death; (figuratively) separation from the life (salvation) of God forever by dying without first experiencing death to self to receive His gift of salvation이다.

173 조에(ζωή, nf)는 life, both of physical (present) and of spiritual (particularly future) existence/ife (physical and spiritual). All life (2222 /zōḗ), throughout the universe, is derived - i.e. it always (only) comes from and is sustained by God's self-existent life. The Lord intimately shares His gift of life with people, creating each in His image which gives all the capacity to know His eternal life.이다.

174 앙겔로스(ἄγγελος, nm)는 a messenger, generally a (supernatural) messenger from God, an angel, conveying news or behests from God to men./properly, a messenger or delegate - either human (Mt 11:10; Lk 7:24, 9:52; Gal 4:14; Js 2:25) or heavenly (a celestial angel); someone sent (by God) to proclaim His message./32 (ággelos) is used 176 times in the NT (usually of heavenly angels), but only the context determines whether a human or celestial messenger is intended. For example, 32 (ággelos) in Rev 1:20 can refer to heavenly angels or key leaders (perhaps pastors) of the seven churches/[32 (ággelos) can refer to "a human messenger" (cf. John the Baptist, Mt 11:10, quoting Mal 3:1; see also Lk 7:24, 9:52). 32 /ággelos (plural, angeloi) refers to heavenly angels over 150 times in the NT, i.e. spiritual beings created by God to serve His plan.이다.

령을 수행하는 영적 존재들'을 가리키며 "권세자들"의 헬라어는 아르케[175] (ἀρχή, nf)인데 이는 '공중 권세 잡은 자, 사단의 수하에 있는 악령들'을 가리킨다. 즉 "천사들이나 권세자들"이란 영계의 존재들 모두(Godet)를 일컫는 것이다.

"현재 일"의 헬라어는 에니스테미(ἐνίστημι, v, o place in, to be at hand, perf. part. to be present/things present)인데 이는 '현재에 환난을 가져오는 모든 세력'을 가리키고 "장래 일"의 헬라어는 멜로[176](μέλλω, v)인데 이는 '장래(미래)에 환난을 가져오는 모든 세력'을 가리킨다. 곧 "현재 일이나 장래 일"이란 시간적으로 모든 때(Harrison)를 의미한다. "능력"의 헬라어는 뒤나미스[177](δύναμις, nf)인데 이는 '인간보다 강한 모든 영적 존재들'을 가리킨다.

39 높음이나 깊음이나 다른 아무 피조물이라도 우리를 우리 주 그리스도 예수

---

175 아르케(ἀρχή, nf)는 (a) rule (kingly or magisterial), (b) plur: in a quasi-personal sense, almost: rulers, magistrates, (c) beginning/properly, from the beginning (temporal sense), i.e. "the initial (starting) point"; (figuratively) what comes first and therefore is chief (foremost), i.e. has the priority because ahead of the rest ("preeminent")이다.

176 멜로(μέλλω, v)는 to be about to/properly, at the very point of acting; ready, "about to happen." 3195 (méllō) is used "in general of what is sure to happen" (J. Thayer)/things to come이다.

177 뒤나미스(δύναμις, nf)는 (a) physical power, force, might, ability, efficacy, energy, meaning (b) plur: powerful deeds, deeds showing (physical) power, marvelous works./ (from 1410 /dýnamai, "able, having ability") – properly, "ability to perform" (L-N); for the believer, power to achieve by applying the Lord's inherent abilities. "Power through God's ability" (1411 /dýnamis) is needed in every scene of life to really grow in sanctification and prepare for heaven (glorification). 1411 (dýnamis) is a very important term, used 120 times in the NT이다.

안에 있는 하나님의 사랑에서 끊을 수 없으리라

"높음"의 헬라어는 휘프소마(ὕψωμα, nn, height, that which is lifted up)인데 이는 '지상이나 하늘 위에 있는 모든 세력'을 가리킨다. 반면에 "깊음"의 헬라어는 바도스[178](βάθος, nn)인데 이는 '지하나 물 속에 있는 모든 세력'을 가리킨다. 즉 "높음이나 깊음"이란 공간적 전체(Denny)를 가리키는 것이다.

Harrison은 두 번째 견해(깊음)에 동의하면서 그 어떤 세력도 하나님의 사랑을 막지 못한다라고 했다. "아무 피조물"의 헬라어는 티스 크티시스 헤테라(τις κτίσις ἑτέρα, any other created thing)인데 이는 '앞에서 언급된 것 이외의 모든 세력'을 가리킨다.

	높음	낮음
Theodoret	천국	지옥
Witmer	하늘 위에 있는 세력	땅에 있는 세력
Grotius, Melanchthon	번영과 영광	역경과 치욕
Thomas Aquinas	순교자의 영혼이 올라갈 하늘	그 몸이 묻힐 땅

---

178 바도스(βάθος, nn)는 depth; deep water; met: fullness, immensity; an extreme degree; profundities, deep-laid plans이다.

하나님의 의가 드러난 십자가 복음
．
．
．
．
．

괴짜 의사 Dr. Araw의
쉽고 바르게 읽는 로마서 장편(掌篇) 강의

레마이야기 9

육신의 자녀,
약속의 자녀(9:8)

8장의 황금장을 통해 우리는 "약속의 자녀(9:8)", 곧 "하나님의 자녀(요 1:12)"로서 "하나님의 영으로 인도함을 받는 하나님의 아들(14)"임을 확신하게 되었다.

"양자의 영을 받았으므로 아바 아버지(15)"라 부를 수 있는 자들이 되었고 "성령이 친히 하나님의 자녀인 것을 증거(16)"하는 자들임을 알게 되었다. 그렇기에 이제 후로는 "자녀이면 후사 곧 하나님의 후사요 그리스도와 함께 한 후사니 우리가 그와 함께 영광을 받기 위하여 고난도 함께 받아야(17)" 할 것이다.

비록 내우외환(內憂外患)의 과정이 아무리 힘들고 고되고 가는 길이 거칠다 하더라도 약속의 자녀들은 그런 것들 앞에서 두려워 떨 필요가 없다. 그 이유는 자명하다. 로마서 8장 35절을 통해 인간에게 닥칠 수 있는 최고의 고난 일곱 가지를 말씀하시며 이들을 두려워말라고 하셨으며 이런 것들은 모두 다 일시적이고 더 나아가 하나님의 사랑에서 우리를 끊을 수 없다라고 말씀하셨기 때문이다.

먼저 '외환(外患)'으로는 "환난, 핍박, 기근, 적신, 위험, 칼"을 들 수 있다.

"환난"의 헬라어 들립시스(θλῖψις, nf)는 엄청난 압박과 더불어 외부로부터 오는 온갖 종류의 고난과 고통을 가리키며 "핍박"의 헬라어는 디오그모스(διωγμός, nm)인데 이는 특별히 진리를 수호함(religious persecution)에 있어 부당하게 당하는 폭력과 박해, 압박 등을 가리킨다.

"기근"의 헬라어는 리모스(λιμός, nm)인데 이는 양식이 없어 굶주림을 당하는 것으로 계시록 13장 17절, 히브리서 10장 32-34절은 종말 시대 동안에 신앙의 정절을 지키려다가 자의적 기근에까지 이르게 될 것을 말씀하셨다. 또한 "적신"의 헬라어는 큄노테스(γυμνότης, nf)인데 이는 '벌거벗음, 빈털터리'을 의미하는 것으로 입을 옷이 없어 헐벗고 수치를 당하는 처절한, 가장 밑바닥 상태를 가리키는 것으로 빈털터리까지 각오해야 함을 말씀하셨다.

"위험(고후 11:23, 26)"의 헬라어는 킨뒤노스(κίνδυνος, nm)인데 이는 사람 혹은 천재지변으로 인한 신변의 위험뿐만 아니라 목숨까지도 위태로운 것을 가리키며 "칼"의 헬라어는 마카이라(μάχαιρα, nf)인데 이는 '상해를 입거나 목베임을 당하는 등 세상 권력에 의한 생명의 위협'을 가리킨다.

그렇다면 '내우(內憂)'인 '곤고'는 무엇일까? 가만히 보면 외환(外患)의 여섯 가지도 만만치 않지만 내우(內憂)의 딱 한 가지는 앞의 여섯 가지를 훌쩍 뛰어넘어 버릴 듯 보인다. 실제로 내면의 곤고함으로 인한 큰 근심과 그치지 않는 고통은 외환(外患)보다도 훨씬 크고 깊고 넓은 것이 사실이다.

"곤고"의 헬라어 스테노코리아(στενοχωρία, nf)는 '좁은 방'이라는 의미로서 내면적으로 여유가 전혀 없는 가운데 당하는 심적 고통, 불안, 걱정, 두려움을 가리킨다. 의사인 나는 의학용어 중 특별히 'Stenosis'라는 말에 정신이 번쩍 들곤 한다. '협착'이라는 의미이다. 혈관이 협착되어 좁아지면 피 공급이 원활하지 못해 말초 부분에는 마비와 저림 현상이 가중된다. 만약 뇌로 가는 혈관이 협착되면 뇌의 어느 부분이 피 공급을 받지 못해 서서히 그 기능을 잃어가게 된다. 그러면 온 몸의 운동신경과 감각신경의 기능이 저하되어 통증과 불편의 가중됨은 말로 표현하기조차 어렵게 된다. 정형외과 의사의 입장에서 'Stenosis'는 주변에서 훨씬 더 쉽게 관찰할 수 있다. 척추관 협착증(Spinal Stenosis), 손목의 협착성 건막염(Stenosing Tenosynovitis), 손목 터널증후군(Carpal tunnel syndrome) 등등이다. 이런 환자들의 괴로움은 말로 다 표현 못하며 그들이 겪는 고통을 지난 수십 년간 보아왔다. 그러므로 내게는 '곤고함'이라는 단어로부터 오는 힘듦, 거칠고 거센 불편함은 여섯 가지의 외환(外患)을 단숨에 뛰어넘어 다가온다.

더 나아가 로마서 8장 38-39절에서의 10가지로 말씀하고 있는 가장 거친 세력들, 곧 사망이나 생명이나 천사들이나 권세자들이나 현재 일이나 장래 일이나 능력이나 높음이나 깊음이나 다른 아무 피조물조차도 "약속의 자녀"인 우리에게서 예수 그리스도 안에 있는 하나님의 사랑을 끊을 수가 없다.

이런 상황을 열거한 후 9장을 통하여 역사의 주관자 하나님은 당신의 주권을 다시 한 번 더 말씀해 주시면서 "약속의 자녀"된 우리에게 한없는 위로를 허락하셨다.

"내가 긍휼히 여길 자를 긍휼히 여기고 불쌍히 여길 자를 불쌍히 여기리라" _롬 9:15

"그런즉 하나님께서 하고자 하시는 자를 긍휼히 여기시고 하고자 하시는 자를 강퍅케 하시느니라" _롬 9:18

역사의 주관자 하나님은 호세아 선지자(롬 9:25-26)와 이사야 선지자(롬 9:27-29)를 호출하셔서 '당신의 주권'에 대해 예를 드시면서 다시 이렇게 말씀하셨다.

"원하는 자로 말미암음도 아니요 달음박질하는 자로 말미암음도 아니요 오직 긍휼히 여기시는 하나님으로 말미암음이니라" _롬 9:16

진실로 아멘이다.

할렐루야!

9-1,2 내가 그리스도 안에서 참말을 하고 거짓말을 아니하노라 내게 큰 근심이

있는 것과 마음에 그치지 않는 고통이 있는 것을 내 양심이 성령 안에서 나로 더불어 증거하노니

"그리스도 안에서(ἐν Χριστῷ, 엡 1:1, 4, 7, 9, 10, 13, 20)"라는 것은 뒤이어 나오는 "성령 안에서"라는 말로서 그리스도와의 연합 즉 하나 됨(Union with Christ)을 가리킨다. "참말"의 헬라어는 알레데이아 [179](ἀλήθεια, nf)이다.

"내 양심이 성령 안에서"라는 것은 한 마디로 요약하면 '선한 양심(벧전 3:16)을 가지고'라는 것으로 '선한 양심'이란 '성령님의 조명을 받은, 성령님께 지배되어진 양심'이라는 의미이다.

"내 양심이 성령 안에서 나로 더불어 증거하노니"라는 것은 '성령 안에서 나의 양심이 나와 함께 연대 증언(Joint Testimony) 한다'라는 의미이다(K. Wuest).

"큰 근심과 마음에 그치지 않는 고통"의 내용이란 10장 1절의 "내 마음에 원하는 바와 하나님께 구하는 바"를 가리킨다. 한편 "근심"의 헬라어는 뤼페[180](λύπη, nf)인데 이는 '마음에 그치지 않는 고통, 즉 내면의 곤고함'을 의미한다.

3 나의 형제 곧 골육의 친척을 위하여 내 자신이 저주를 받아 그리스도에게서

---

179 알레데이아(ἀλήθεια, nf)는 (from 227 /**alēthés**, "true to fact") – properly, truth (true to fact), reality)이다.

180 뤼페(λύπη, nf)는 properly, distress, vexation; (figuratively) physical or emotional pain; heavy, heart-sorrow (grief) that brings a person down이다.

끊어질지라도 원하는 바로라

이 구절은 모세가 출애굽기 32장 32절을 통해 말하던 그 모습과 상통한다. 결국 참된 지도자란 자신의 나라와 민족을 사랑하고 그를 위해 아픈 마음을 가진 사람을 말한다. "나의 형제 곧 골육의 친척"이란 구체적으로 갈라디아서(4:21-26)에서 언급되었던 아브라함의 적자 이삭을 통해 약속의 씨앗으로 주어진 이스라엘의 언약 백성들을 가리킨다.

"저주"의 헬라어는 아나데마[181](ἀνάθεμα, nn)인데 이는 '저주를 받아 위로 들어 올려져 십자가에 달리다'라는 의미로서 그리스도와의 연합이 파기되어 영벌을 받게 된 상태를 가리켜 저주받은 상태라고 한다.

"내 자신이 저주를 받아 그리스도에게서 끊어질지라도 원하는 바로라"는 것은 반어법(反語法)으로 구원의 취소를 얘기하려는 것이 아니라 지도자 모세의 동족을 향한 애끓는 마음을 드러낸 말씀이다.

한편 예수님 편에서도 저주를 자청하셨는데 이때 '저주'라는 것은 하나님의 본체이심에도 불구하고 인간으로 이 땅에 성육신하신 것 자체가 저주를 자청하신 것이며 역사상 유일한 의인으로서 인간의 죄를 대신하여 십자가에 달리시면서 수치와 저주를 몽땅 안고 가신 것 또한 저주를 자청하신 것이다.

4 저희는 이스라엘 사람이라 저희에게는 양자 됨과 영광과 언약들과 율법을 세

---

[181] 아나데마(ἀνάθεμα, nn)는 (from 303 /aná, "up" concluding a process, which intensifies 5087 /títhēmi, "to place") – properly, place up, referring to something pledged (given up) to destruction; a divine curse/ban ("accursed"); an "oath-curse."이다.

우신 것과 예배와 약속들이 있고

이 부분은 민족적 유대인들(표면적, 혈통적 유대인들)의 특권에 대해 하나씩 나열하고 있는 구절이다. "이스라엘(창 32:28, 요 1:31, 47, 49, 12:13) 사람이라"에서 보듯 그 이름은 하나님께서 처음으로 주신 것(창 32:28, 야곱에게)이며 그들은 하나님에 의해 선택되어졌고 구약시대의 주역이 되었다.

이스라엘의 헬라어는 이스라엘리테스[182](Ἰσραηλίτης, nm, an Israelite)이며 히브리어는 동일한 음역(יִשְׂרָאֵל, "God strives", another name of Jacob and his desc)인데 이는 사라(שָׂרָה, v, to persist, exert oneself, persevere)와 엘(אֵל, God, in pl. gods)의 합성어로서 '하나님께서 인도하신다, 하나님이 이끌어 가신다'라는 의미이다.

"저희는"에 해당하는 헬라어는 호이티네스(οἵτινες)인데 이는 '성품과 성질'을 강조하는 관계대명사로서 이스라엘 사람은 하나님과 세상에 대해 고유한 특권과 사명을 가지고 있음을 함의하고 있다.

"양자 됨"이란 '법적, 신분적' 상태로서 원래는 자격이나 공로가 없었으나 양자가 됨으로서 자격을 가지게 되었다라는 의미가 내포된 단어이다. 로마서 8장 14-15절은 "하나님의 영으로 인도함을 받는 그들은 곧 하나님의 아들"이며 성령님은 친히 "우리가 하나님의 자녀인 것을 증거(8:16)"하셨고 그런 우리를 가리켜 "하나님의 후사(8:17)"라고 말씀하셨다.

---

[182] 이스라엘리테스(Ἰσραηλίτης, nm)는 an Israelite, one of the chosen people of Israel, a Jew/(from 2474 /Israḗl, "Israel") – an Israelite; a descendant of the elect-nation of Israel. 2475 /Israēlítēs ("Israelite") has a positive (covenant) overtone, implying someone is a true covenant-believer. In contrast, 1445 /Hebraíos ("Jew") in the NT has a negative implication of being hostile to Christ, the true Messiah이다.

"영광과"에서의 '영광'의 헬라어는 독사[183](δόξα, nf)이며 히브리어는 가시적이고 빛나는 하나님의 현현(theophany)인 쉐키나(Talmud הַגְנִיש, Shekinah or Shechinah)이다. 이 '영광'은 시내산에서 십계명을 받을 때 임했던 하나님의 영광(출 24:16-17)이었고 하나님의 임재의 장소이던 성막(출 40:34)과 지성소의 속죄소 혹은 시은좌(레 16:2), 그리고 성전에 임했던 하나님의 영광(왕상 8:10-11, 대하 7:1-2, 겔 1:28)이다.

"언약들과"에서의 '언약'이란 6대 언약인 아담 언약(창 3:14-19), 노아 언약(창 6:17-22, 8:20-22, 9:1-17), 아브라함 언약(창 12:1-3, 15:1-21, 17:1-21), 모세 언약(출 24:8, 34:10, 신 29:1~), 다윗 언약(삼하 7:1-29, 23:5, 6, 시 89:28), 예수 그리스도의 새 언약(렘 31:31-34)을 가리킨다.

"율법을 세우신 것"에서의 '율법'이란 시내산에서 주셨던 모세율법(출 20:1~)을 가리킨다.

"예배"의 헬라어는 라트레이아[184](λατρεία, nf)인데 이는 광야에서의 장막 예배(히 9:1, 6), 이후 성전 건축 후의 성전 예배와 회당 예배(요 16:2), 그리고 각 가정에서 드리는 가정 예배(출 13:14-16) 등을 모두 포함하는 것이다.

"약속들"이란 6대 언약과 동시에 메시야 약속(사 55:3)과 갈라디아서 3장 16절과 사도행전 13:23, 32-34절의 약속을 가리킨다.

"이 약속들은 아브라함과 그 자손에게 말씀하신 것인데 여럿을 가리켜

---

183 독사(δόξα, nf)는 (from dokeō, "exercising personal opinion which determines value") – glory. 1391 /dóksa ("glory") corresponds to the OT word, kabo (OT 3519, "to be heavy"). Both terms convey God's infinite, intrinsic worth (substance, essence)이다.

184 라트레이아(λατρεία, nf)는 (from 3000 /latreúō, "render sacred service") – sacred (technical) service. 2999 /latreía("technical, priestly-service") occurs five times in the NT (Jn 16:2; Ro 9:4, 12:1; Heb 9:1,6)이다. See 3000 (latreuō))

그 자손들이라 하지 아니하시고 오직 하나를 가리켜 네 자손이라 하셨으니 곧 그리스도라"_갈 3:16

"하나님이 약속하신대로 이 사람의 씨에서 이스라엘을 위하여 구주를 세우셨으니 곧 예수라"_행 13:23

"우리도 조상들에게 주신 약속을 너희에게 전파하노니 곧 하나님이 예수를 일으키사 우리 자녀들에게 이 약속을 이루게하셨다 함이라 시편 둘째 편에 기록한 바와 같이 너는 내 아들이라 오늘 너를 낳았다 하셨고 또 하나님께서 죽은 자 가운데서 저를 일으키사 다시 썩음을 당하지 않게 하실 것을 가르쳐 가라사대 내가 다윗의 거룩하고 미쁜 은사를 너희에게 주리라 하셨으니"_행 13:32-34

5 조상들도 저희 것이요 육신으로 하면 그리스도가 저희에게서 나셨으니 저는 만물 위에 계셔 세세에 찬양을 받으실 하나님이시니라 아멘

"조상들"이란 아브라함, 이삭, 야곱, 요셉, 모세, 다윗을 포함한 이스라엘의 모든 귀한 조상들을 가리킨다.

"예수 그리스도"라는 말에는 인성(예수, 유일한 의인으로서 우리의 죄를 대신할 구원자)과 신성(그리스도, 메시야, 성부하나님의 유일한 기름부음 받은 자)이 동시에 들어있는데 이는 신인양성(神人兩性)의 하나님임을 드러내는 말이다.

6 또한 하나님의 말씀이 폐하여진 것 같지 않도다 이스라엘에서 난 그들이

다 이스라엘이 아니요

"하나님의 말씀"이란 4절의 언약에 나타난 약속의 말씀을 가리킨다. "폐하여지다"의 헬라어는 에크핍토[185](ἐκπίπτω, v)인데 이는 '떨어지다, 효과없게 되다'라는 의미이다. 즉 하나님의 약속의 말씀은 떨어지거나 효과가 없어진 것이 아니라는 말이다.

7 또한 아브라함의 씨가 다 그 자녀가 아니라 오직 이삭으로부터 난 자라야 네 씨라 칭하리라 하셨으니 8 곧 육신의 자녀가 하나님의 자녀가 아니라 오직 약속의 자녀가 씨로 여기심을 받느니라

원래 아브라함의 자식은 8명(창 25:2)이었다. 그러나 약속의 씨, 언약의 계보는 오직 이삭으로만 이어진다. 그렇기에 이스라엘에게서 난 그들이 다 이스라엘이 아니요 아브라함의 씨가 다 그 자녀가 아니라는 것이다. 또한 육신의 자녀가 다 하나님의 자녀가 아니라 오직 약속의 자녀만이 씨로 여기심을 받느니라고 하신 것이다.

한편 "씨"의 헬라어는 스페르마(σπέρμα, nn)이며 "자녀"의 헬라어는 테크논(τέκνον, nn)이다[186]. 이는 이스마엘과 이삭 간의 차이를 드러내고

---

185 에크핍토(ἐκπίπτω, v)는 I fall out, fall off, fall away, fade away, wither away/I fall out, fall off, fall away; hence in nautical language: I fall off from the straight course; of flowers: I fade away, wither away; I fall from, lose, forfeit; I am cast ashore; I am fruitless이다.

186 스페르마(σπέρμα, nn)는 (a) seed, commonly of cereals, (b) offspring, descendents 이고 테크논(τέκνον, nn)은 properly, a child; (figuratively) anyone living in full dependence on the heavenly Father, i.e. fully (willingly) relying upon the Lord in glad submission. This prompts God to transform them into His likeness)이다.

있는 것으로 유기된 육신의 자녀와 택정함을 입은 약속의 자녀를 대조하고 있다(Calvin, Hendriksen).

7절은 11절에 연결된다. 그것이 바로 9절의 "약속의 말씀"이며 8절의 "약속의 자녀가 씨로 여기심을 받느니라"인 것이다. 그리하여 13절에서는 에서와 야곱을 예로 들어주셨다. 또한 15절의 모세와 17절의 바로를 대조하면서 예로 들어주시기도 하셨던 것이다. 더 나아가 19-20절의 토기장이와 진흙의 비유도 실례(實例)로 드셨다. 종국적으로는 호세아 선지자와 이사야 선지자를 호출하셔서 "주께서 땅 위에서 그 말씀을 이루사 필하시고 끝내시리라(9:28)"고 대언하게 하셨다.

9 약속의 말씀은 이것이라 명년 이 때에 내가 이르리니 사라에게 아들이 있으리라 하시니라

"약속"의 헬라어는 에팡겔리아[187]($ἐπαγγελία$, nf)이다. 이와 비슷한 헬라어가 유앙겔리온($εὐαγγέλιον$, the good news of the coming of the Messiah)인데 '복음'이라는 의미이다. 즉 "약속의 말씀"이란 '하나님의 은혜의 복음($τὸ\ εὐαγγέλιον\ τῆς\ χάριτος\ τοῦ\ Θεοῦ$, the gospel of the grace of God, 행 20:24)'을 가리킨다.

갈라디아서 4장 21-31절은 약속의 자녀 이삭에 대해 자세히 말씀하고

---

187 에팡겔리아($ἐπαγγελία$, nf)는 (a feminine noun comprised of 1909 /epí, "appropriately on" and aggellō, "announce") – a promise which literally "announces what is fitting" (apt, appropriate))이다.

있다. 이삭은 창세기 17장에서 할례 후 하나님의 약속에 의해 주어진 아들이다. 여기서 '할례'란 '나는 죽었다'라는 의미로 예수 그리스도의 십자가 죽음을 예표하며 '할례에 참예함'이란 예수의 십자가에 나도 함께 죽었다라는 것을 의미한다.

반면에 이스마엘은 창세기 16장에서 보듯 육체를 따라 난 아들이다. 전자가 자유하는 여자에게서 난 자라면 후자는 계집종에게서 난 자이다.

10 이뿐 아니라 또한 리브가가 우리 조상 이삭 한 사람으로 말미암아 잉태하였는데

"이뿐 아니라"는 말에는 2가지 사실이 전제되어 있다. 첫째는 나이 많고 인간의 육체상으로는 불임(infertility)이었던 사라가 하나님의 능력으로 이삭을 낳은 것과 상대적으로 사라보다는 젊은 나이였지만 리브가의 출산(이삭의 나이 60세 때에 아브라함은 100세 때에 자식을 얻음, 이삭은 40세에 결혼 후 20년간 아이가 없었음, 창 25:20, 26)에도 하나님의 간섭이 있었다는 것이다. 둘째는 어머니가 달랐던 이삭과 이스마엘의 경우 하나님의 선택과 유기가 주어졌고 비록 한 엄마인 리브가에서 난 에서와 야곱의 경우에도 하나님의 선택과 유기가 주어짐을 드러내고 있다.

결국 모든 것은 하나님의 섭리와 경륜 아래 있으며 '선택과 유기'는 전적으로 하나님의 주권 영역이라는 것이다

11 그 자식들이 아직 나지도 아니하고 무슨 선이나 악을 행하지 아니한 때에 택하심을 따라 되는 하나님의 뜻이 행위로 말미암지 않고 오직 부르시는 이에게로 말미암아 서게 하려 하사

이 구절은 하나님의 주권적 의지와 하나님의 무조건적 은혜에 대해 말씀하고 있다. 그렇기에 이 구절을 묵상할 때에는 "택하심을 따라", "하나님의 뜻", "부르시는 이에게로"라는 말에 주목해야 한다.

12 리브가에게 이르시되 큰 자가 어린 자를 섬기리라 하셨나니 13 기록된 바 내가 야곱은 사랑하고 에서는 미워하였다 하심과 같으니라

하나님의 주권 영역을 강조하는 말씀으로 "택정과 유기" 교리를 다시 묵상해야 할 것이다. 전제할 것은 이 교리의 경우 타인에게 적용하는 것이 아니라는 점이다. 하나님의 은혜로 아무 쓸모 없는 나를 지금의 이 자리로 인도하셨는데 그것은 만세 전에 하나님의 은혜로 나를 택정하심 때문이었다는 고백을 통해 감사와 찬양을 올려드리는 것이 '택정과 유기' 교리를 바로 이해한 것이다.

"사랑하다"의 헬라어 아가파오(ἀγαπάω, v)는 '택함을 받다'라는 의미인 반면에 "미워하다"의 헬라어는 미세오(μισέω, v)인데 이는 우선순위 개념으로서 '택함받지 못했다'라는 것을 가리킨다.[188]

---

188 아가파오(ἀγαπάω, v)는 properly, to prefer, to love; for the believer, preferring to "live through Christ" (1 Jn 4:9,10), i.e. embracing God's will (choosing His choices) and obeying them through His power)로서 택함을 받다라는 의미인데 반하여 "미워하다"의 헬라어는 미세오(μισέω, v, properly, to detest (on a comparative basis); hence, denounce;

14 그런즉 우리가 무슨 말 하리요 하나님께 불의가 있느뇨 그럴 수 없느니라

이 구절을 두고 Calvin은 하나님의 주권에 의한 당신의 자의적 선택은 인간의 상식적 판단에 의한 공평함보다 훨씬 더 중요하다라고 했다.

15 모세에게 이르시되 내가 긍휼히 여길 자를 긍휼히 여기고 불쌍히 여길 자를 불쌍히 여기리라 하셨으니 **16** 그런즉 원하는 자로 말미암음도 아니요 달음박질하는 자로 말미암음도 아니요 오직 긍휼히 여기시는 하나님으로 말미암음이니라

"긍휼히"라는 것이 슬픔과 비참함을 외적(外的)으로 표현한 것이라면 "불쌍히"라는 것은 이를 내적(內的)으로 표현한 것이다.

16절은 하나님의 주권을 설명하는 구절로서 여기서 "원하는 자, 달음박질하는 자"는 구체적으로 모세를 가리킨다(출 32:31-32, 33:18-19). 결국 주권자이신 하나님께서 긍휼히 여길 자를 긍휼히 여기시고 불쌍히 여길 자를 불쌍히 여기신다는 의미이다.

17 성경이 바로에게 이르시되 내가 이 일을 위하여 너를 세웠으니 곧 너로 말미암아 내 능력을 보이고 내 이름이 온 땅에 전파되게 하려 함이로라 하셨으니

---

to love someone or something less than someone (something) else, i.e. to renounce one choice in favor of another)이다.

역사의 주관자이신 하나님은 역사를 통하여 시대를 통하여 당신의 능력을 보이고 당신의 이름이 온 땅에 전파되게 하는데 적재적소(適材適所)에 사람을 들어 쓰신다. 다만 악역으로 쓰일 때가 있는 가하면 하나님의 존귀한 자로 쓰일 때가 있다. 여기서 우리가 긴장해야 할 것은 하나님의 일(사역)에 쓰였다고 하더라도 반드시 하나님의 마음에 합한 자는 아닐 수도 있다라는 점이다.

"세웠으니"의 헬라어는 에크세게이로[189]($ἐξεγείρω$, v)인데 이는 '허용하다'라는 의미이다. 결국 하나님의 주권 아래 하나님의 도구로 허용되었다라는 의미이다.

18 그런즉 하나님께서 하고자 하시는 자를 긍휼히 여기시고 하고자 하시는 자를 강퍅케 하시느니라 **19** 혹 네가 내게 말하기를 그러면 하나님이 어찌하여 허물하시느뇨 누가 그 뜻을 대적하느뇨 하리니 **20** 이 사람아 네가 뉘기에 감히 하나님을 힐문하느뇨 지음을 받은 물건이 지은 자에게 어찌 나를 이같이 만들었느냐 말하겠느뇨

하나님은 "하고자 하시는 자를" 긍휼히 여기시고 "하고자 하시는 자"를 강퍅케 하신다. 여기서 "하고자 하시는"의 헬라어는 델레이[190]($θέλει$,

---

189 에크세게이로($ἐξεγείρω$, v)는 (from 1537 /ek, "wholly out from," intensifying 1453 / egeírō, "raise") – properly, raise out completely, emphasizing its end-impact on the person God raises up. The specific force of 1825 /eksegeírō ("raise completely up") is defined by the context and only occurs twice in the NT이다.

190 델레이($θέλει$, V-PIA-3S, (a primitive verb, NAS dictionary)는 to desire (wish, will), wanting what is best (optimal) because someone is ready and willing to act)이다. 동사 델로

V-PIA-3S, (a primitive verb, NAS dictionary))이다. 동사 델로(θέλω)는 뚜렷한 목적을 지향하는 법령적 의미(Vincent)인데 이는 하나님의 필연적이고도 주권적인 의지를 가리킨다.

"허물하다"의 헬라어는 멤포마이[191](μέμφομαι, v)로서 '탓하다, 비난하다, 책임을 묻다'라는 의미이고 "힐문하다"의 헬라어는 안타포크리노마이(ἀνταποκρίνομαι, v, to answer again)인데 이는 안티(ἀντί)와 아포크리노마이(ἀποκρίνομαι)의 합성어로서 '반대하여 말하다, 되받아 말하다'라는 의미이다. 결국 피조물은 창조주이신 하나님께 대해 탓하거나 비난할 수 없으며 책임을 지라고 반대하여 말하며 되받아쳐서는 안 된다.

21 토기장이가 진흙 한 덩이로 하나는 귀히 쓸 그릇을, 하나는 천히 쓸 그릇을 만드는 권이 없느냐

"토기장이"란 예수님을 가리킨다(슥 11:12-13, 렘 18:4, 6). 특히 예레미야서에는 '토기장이'이신 예수님의 권한에 대해 "자기 의견에 선한대로", "진흙이 토기장이의 손에 있음 같이 너희가 내 손에 있느니라"고 말씀하셨다. "진흙 한 덩이"란 '가치없는 존재, 별 볼 일 없는 존재'라는 의미이다.

한편 디모데후서 2장 20절에는 금그릇, 은그릇, 나무그릇, 질그릇이 나

(θέλω, ("to desire, wish") is commonly used of the Lord extending His "best-offer" to the believer – wanting (desiring) to birth His persuasion (faith) in them which also empowers, manifests His presence etc이다. See 2307 (**thelēma**))

191 멤포마이(μέμφομαι, v)는 to blame, find fault/(from mempteos, "rejected because condemned") – find fault, see as fully blameworthy (disgraceful, condemnable); hence, rejected because deep wrongs by omission or commission)이다.

오는데 그릇을 재료별로 분류했다. 그러다 보니 마치 재료에 방점을 둔 듯하나 결코 그렇지 않다. 물론 재료도 중요한 것이 사실이다. 그러나 그 말씀에는 깊은 뜻이 있는데 재료의 귀함이 아니라 주인의 쓰심에 '합당한 거룩하고 귀한' 그릇이 되라에 방점이 있다. 그렇기에 고린도후서 4장 7절에는 질그릇이라 할지라도 그릇의 재료에 초점이 있는 것이 아니라 그 안에 무엇이 담겨 있느냐에 따라 보물함(보석함)이 됨을 말씀하고 있다.

22 만일 하나님이 그 진노를 보이시고 그 능력을 알게 하고자 하사 멸하기로 준비된 진노의 그릇을 오래 참으심으로 관용하시고 **23** 또한 영광 받기로 예비하신 바 긍휼의 그릇에 대하여 그 영광의 부요함을 알게 하고자 하셨을지라도 무슨 말 하리요

22절의 "멸하기로 준비된"에서의 '준비하다'의 헬라어는 카테르티스메나(κατηρτισμένα, having been fitted, V-RPM/P-ANP)이다. 이는 하나님의 주권적 의지의 결과로서 "멸하기로 준비된 진노의 그릇"이 될 것이라는 말이다. 그 진노에 대한 시기의 더딤 곧 오래참으심으로 관용하는 것은 하나님의 진노와 능력을 그에게 알게 하려 하심이다.

23절의 "영광 받기로 예비하신 바"에서의 '예비하다'의 헬라어는 프로에토이마센(προητοίμασεν, He prepared beforehand, V-AIA-3S)인데 이 또한 하나님의 주권적 의지의 결과로서 "영광 받기로 예비한 긍휼의 그릇"이 될 것인데 긍휼이라는 택함에는 사전성(previousness)이 함의되어 있다.

결국 멸망이냐 영광이냐라는 것은 지금도 진행 중인 과정("오래 참으심으로 관용하시고")이다. 그래서 결과가 더욱 중시된다. 유기(遺棄, abandonment)의 경우 우리는 이해할 수도 알 수도 없다. 다만 하나님의 주권을 인정해야 하는 것뿐이다. 그러나 하나님의 선택(택정함)은 만세 전부터 예정되었던 하나님의 크신 은혜이기에 나를 택하신 것에는 '사전성과 긍휼성'이 있어 우리는 그 은혜에 그저 감사할 뿐이다.

24 이 그릇은 우리니 곧 유대인 중에서뿐 아니라 이방인 중에서도 부르신 자니라

이 구절에서의 "부르심"이란 23절의 "예비하심"이란 말과 같은 의미이다. 곧 부르신 자란 만세 전에 택정된, 예비한 자라는 의미이다.

한편 '진노의 그릇'이란 완고한 유대인을 가리키며 '긍휼의 그릇'이란 구원으로 초대받은 만세 전에 택정된, 준비된 자 곧 '영적 이스라엘'을 가리킨다.

25 호세아 글에도 이르기를 내가 내 백성 아닌 자를 내 백성이라, 사랑치 아니한 자를 사랑한 자라 부르리라 **26** 너희는 내 백성이 아니라 한 그곳에서 저희가 살아계신 하나님의 아들이라 부름을 얻으리라 함과 같으니라

호세아 2장 23절의 말씀을 인용하고 있는 바 로(לֹא) 루하마(긍휼히 여김을 받지 못한 자, 호 1:6, רְחָמָה), 로(לֹא) 암미(내 백성이 아니다, 호 1:9, עַמִּי)를 향해 포기하지 않고 기꺼이 하나님의 자녀로 부르고 계심을 볼 수 있는 구절이다.

"그곳에서"란 당시 유대인들이 많이 거주하던 본도(Bithynia-Pontus, 현 터키 북부의 흑해 연안지역), 갈라디아, 갑바도기아(Cappadocia, 동쪽으로 유브라데 강, 북쪽으로 본도와 경계하고 있는 소아시아의 동부의 주), 비두니아 등지를 가리킨다. 즉 유대인 디아스포라가 어디에 있든지 예수를 믿음으로 하나님의 자녀가 되듯이 이방인 또한 어디에 있든지 예수를 믿으면 하나님의 자녀가 될 것임을 말씀하고 있다.

27 또 이사야가 이스라엘에 관하여 외치되 이스라엘 뭇 자손의 수가 비록 바다의 모래 같을지라도 남은 자만 구원을 얻으리니

이는 마치 북왕국 이스라엘에 대한 앗수르의 침략과 유다 왕국에 대한 바벨론의 침략으로 인해 비록 민족의 숫자가 적어질지라도 그 숫자에 관계없이 '남은 자(Remnant)'만 구원을 얻게 될 것을 말씀하고 있는 것이다. 한편 이사야(7:4, 8:18)에서도 남은 자를 강조했다. 바울이 강조한 남은 자란 영적 이스라엘을 가리킨다.

28 주께서 땅 위에서 그 말씀을 이루사 필하시고 끝내시리라 하셨느니라

이사야 10장 23절 말씀의 인용이다. 이 구절은 '절대 주권자이신 하나님의 말씀은 변개됨이 없으며 가능한 한 빨리 반드시 성취된다'라는 의미이다.

"이루사", "필하시고", "끝내시리라"의 헬라어는 쉰텔론 카이 쉰텔론 포이에세이(συντελῶν(concluding) καὶ συντέμνων(bringing swiftly), ποιήσει(will perfume))이다[192]. 여기서 "이루다"의 헬라어는 쉰텔리오(συντελέω, v)인데 이는 '완수하다, 결론짓다, 끝내다'라는 의미이다. "필하다"의 헬라어는 쉰템노(συντέμνω, v)인데 이는 '재빨리 가져오다, 신속히 자르다, 순식간에 마치다'라는 의미이다. "끝내다"의 헬라어는 포이에오(ποιέω, v)인데 이는 '행하다, 완공하다'라는 의미이다. 결국 하나님의 주권적 의지에 따라 결론을 지어 완수하되 순식간에 재빨리 그리고 반드시 이룰 것이라는 의미이다.

29 또한 이사야가 미리 말한 바 만일 만군의 주께서 우리에게 씨를 남겨 두시지 아니하셨더면 우리가 소돔과 같이 되고 고모라와 같았으리로다 함과 같으니라

"씨"란 예수 그리스도의 공로로 약속의 자녀된 우리가 진정한 영적 이스라엘인 '남은 자(Remnant)'가 되었음을 가리키고 있다. 한편 "소돔과 같이 되고 고모라와 같았으리로다"라는 것은 완전한 멸망 곧 씨를 남겨 두지 않겠다는 말씀이다. 결국 하나님의 은혜로 남은 자가 되었음에 그저

---

192 "이루다"의 헬라어는 쉰텔리오(συντελέω, v, to complete, accomplish/(from 4862 /sýn, "closely with" and 5055 /teléō, "to complete, finish") - properly, culminate (consummate), reaching the desired end-point (result, fulfillment). 4931 /synteléō ("culminate") focuses on the "end-point" of two or more related factors working together to reach fulfillment)인데 이는 완수하다, 결론짓다, 끝내다라는 의미이다.
"필하다"의 헬라어는 쉰템노(συντέμνω, v, to cut in pieces/(from 4862 /sýn, "identity with" and **temnō**, "cut, divide") - properly, cut together with, which "limits or restricts the scope of" (Souter), i.e. to make "the shortest way possible" (J. Thayer))인데 이는 재빨리 가져오다, 신속히 자르다, 순식간에 마치다라는 의미이다.
"끝내다"의 헬라어는 포이에오(ποιέω, v, (a) I make, manufacture, construct, (b) I do, act, cause)인데 이는 행하다, 완공하다라는 의미이다.

감사일 뿐이다.

30 그런즉 우리가 무슨 말 하리요 의를 좇지 아니한 이방인들이 의를 얻었으니 곧 믿음에서 난 의요

이 구절에서는 "의(義)"가 세 번이나 나온다. 처음의 것은 '자기 의(義) 곧 율법적인 의(義)'를 가리킨다. 곧 이방인들이 남은 자가 된 것은 자기 의(義)를 추구하지 않고 믿음으로 구원된 것이다. 둘째의 것은 '하나님의 의(義)'인데 이는 무조건적인 긍휼의 은혜요 만세 전에 택하심의 은혜이다. 마지막 셋째의 것은 '하나님의 선물(엡 2:8-9)'인 믿음에서 난 의(義)를 가리킨다.

31 의의 법을 좇아간 이스라엘은 법에 이르지 못하였으니

"의(義)의 법"이란 율법을 가리키며 "법에 이르지 못하였으니"에서의 '법'은 진정한 의(義)의 법인 그리스도 예수 안에 있는 생명의 성령의 법(8:2)을 가리킨다. 곧 이스라엘 백성들은 율법은 좇아갔으나 생명의 성령의 법에는 이르지 못하였다라는 말이다.

32 어찌 그러하뇨 이는 저희가 믿음에 의지하지 않고 행위에 의지함이라 부딪힐 돌에 부딪혔느니라 **33** 기록된 바 보라 내가 부딪히는 돌과 거치는 반석을

시온에 두노니 저를 믿는 자는 부끄러움을 당치 아니하리라 함과 같으니라

"부딪힐 돌"이란 예수 그리스도를 가리킨다. 다니엘서(2:34, 45)에서는 사람의 손으로 하지 아니한 "뜨인 돌"이라고 했다. 이사야 28장 16절에는 "귀하고 견고한 기초돌"이라고 했고 시편 95편 1절에는 "구원의 반석"이라고 했다. 베드로전서에는 보배로운 산 돌(2:4), 산 돌(2:5), 모퉁이 돌(2:6), 모퉁이의 머릿돌(2:7, 막 12:10, 시 118:22), 부딪히는 돌과 거치는 반석(2:8)이라고 했다.

한편 이사야 8장 14-15절에 의하면 이스라엘의 두 집에는 "거치는 돌, 걸리는 반석"이 될 것이며 예루살렘 거민에게는 "함정, 올무"가 되니 많은 사람들 곧 앗수르와 바벨론은 예수로 인해 "거칠 것이며 넘어질 것이며 부러질 것이며 걸릴 것이며 잡힐 것"이라고 하셨다.

종국적으로 거치는 돌 곧 모퉁이의 머릿돌(마 21:42)은 심판하는 돌이 될 것(마 21:44)을 말씀하셨다.

하나님의 의가 드러난 십자가 복음

.
.
.
.
.

괴짜 의사 Dr. Araw의
쉽고 바르게 읽는 로마서 장편(掌篇) 강의

레마이야기 10

마음으로 믿어 의에 이르고
입으로 시인하여 구원에 이르느니라
(10:10)

로마서는 이신득의(以信得義), 이신칭의(以信稱義)를 선명하게 말씀해 주고 있다. 믿음으로 의롭다 칭함(Justification, 칭의)을 얻었다는 것이다. '오직 믿음(Sola Fide)'이라는 것이다. 복음에는 "하나님의 의(義)"가 나타나서 '믿음(피스티스)'으로 '믿음(피스튜오)'에 이르게 한다. 그리하여 오직 의인은 '믿음(피스토스)'으로 말미암아 살게 된 것이다. 하나님께서 허락하셔서 주신 믿음(피스티스)으로 반응한 우리가 믿게(피스튜오) 되어 의(義)롭다 칭하심을 얻었는데 이는 하나님의 신실하심, 미쁘심(피스토스) 때문이었다라는 것이다.

그저 감사일 뿐이다. 그저 할렐루야이다.

로마서 1장에서는 불의로 진리를 막는 자들의 실상에 대해 말씀해 주셨다. 그들은 하나님의 진노를 받게 되는데 "더러움에 내어 버려둠(24)"을 당하게 되고 "부끄러운 욕심에 내어 버려둠(26)"을 당하게 된다. 결국 그들은 "상실한 마음에 내어 버려둠(28)"을 당하고 만다.

2장에서는 하나님을 안다고 하는 유대인들의 실상에 대해 말씀해 주셨다. 그들은 하나님의 인자하심, 용납하심, 길이 참으심을 멸시함(4)은 물론이요 은근한 교만, 고집과 회개치 아니하는 마음을 가졌다(5). 그들은 율법을 의지하고 자랑하면서(17) 하나님을 모독했다. 알고도 가르친 것과 실천한 것이 달랐음(17-24)을 폭로하고 있다.

3장에서는 유대인이든 이방인이든 간에 "의인은 없나니 하나도 없다(10)"라고 단정지어 말씀하고 있다. 모든 사람이 죄를 범하여(연합과 대표의 원리) 전적 부패, 전적 무능, 전적 타락 상태가 되었기에 하나님의 영광에 이르지 못하게 되었다라는 것이다. 그러나 "하나님의 한 의(21)"가 나타나 "예수 그리스도 안에 있는 구속으로 말미암아 하나님의 은혜(24)"에 의해 의롭다 하심을 얻게 되었음을 명확하게 밝히고 있다. "믿음으로 말미암아(30, 31)" 할례자든 무할례자든 누구든지 상관없이 하나님은 의롭게 하신다.

4장은 믿음의 조상이라는 아브라함을 실례로 드셨다. 그는 오직 믿음으로(4:3, 창 15:6) 의롭다 하심을 얻은 사람이라는 것이다. 그는 행위로도(2) 아니요 할례로도(11) 아니며 율법으로(13) 말미암은 것은 더더욱 아니라는 것이다. 오직 믿음의 의(義)로 말미암은 것(13)이라고 하셨다. 더하여 일한 것이 없이 하나님께 의(義)로 여기심을 받는 사람의 행복에 대해 다윗을 예로(6, 7, 8) 들어주시며 "그 불법을 사하심을 받고 그 죄를 가리우심을 받는 자는 복이 있고 주께서 그 죄를 인정치 아니하실 사람은 복이 있도다"라고 말씀하고 있다. 결국 모든 것이 이신득의 곧 오직 믿음으로 의(義)롭다 하심을 얻었다라는 것이다.

5장은 오직 믿음으로 의롭다 하심을 얻게 된 우리는 이제 "예수 그리스도로 말미암아 하나님으로 더불어 화평(1)"을 누릴 수 있게 되었음을 선포하고 있다. 그것은 은혜이다. 그로 인해 하나님의 영광을 바라보게 되었고 하나님의 영광이라는 소망을 갖게 되었다. 한편 하나님과의 화평이란 연합과 대표의 원리에 의해 하나님과의 바른 관계와 교제를 갖게 되었음을 의미한다. 곧 우리로 화목을 얻게 하신 우리 주 예수 그리스도로 말미암아 하나님 안에서 풍성한 기쁨을 누리게 되었다라는 것이다.

6장은 이신득의로 인해 하나님과 화평을 누림으로 한 번 인생을 기쁨 속에 살아가게 된 우리라 할지라도 already~not yet이기에 육신의 장막을 벗는 그날까지는 죄와 싸워야 한다라는 것이다. 다시 말하면 성령님의 주권적인 인도 하에 그분의 통치, 질서, 지배 하에서 성화의 삶을 살아가야 한다. 죄로 죽을 몸에 왕노릇(12)하지 못하게 해야 하며 불의의 병기(13)로 사망을 위하여 열매(7:5)를 맺지 않기 위해 부단히 싸워야 한다. 왜냐하면 이미 우리는 죄에 대하여는 죽은 자(11)이기 때문이다. 우리는 의(義)의 병기(13)로서 그리스도 예수 안에서 하나님을 대하여는 산 자(11)로 하나님께 종이 되어 거룩함에 이르는 열매(22), 하나님을 위하여 열매(7:4)를 맺어가야 한다.

7장은 율법의 기능에 대해 말씀하고 있다. 남편을 율법으로 비유한 후 남편이 죽으면 아내는 그 남편의 법에서 벗어나게 되듯 그리스도로 말미암아 율법에서 벗어나게 되었음을 말씀하고 있다.

한편 율법은 하나님의 은혜로 주신 것(요 1:16, 17)이다. 그렇다 하더라도 율법을 행함으로 구원을 얻을 육체는 없다. 또한 그러라고 주신 것도 아니다. 율법은 죄를 깨닫게 하여 우리가 죄인 됨을 알고 그 죄를 회개케 하려는 것이며 더 나아가 율법을 완성하실 그리스도, 메시야를 소망하라고 주신 것이다. 이신칭의로 말미암아 하나님의 자녀가 되었다 하더라도 우리는 여전히 제한된 육신을 가졌기에 원하는 바 선 보다는 원치 아니하는 바 악을 행하기에 빠르다(15-19). 그런 내 안에는 두 법, 즉 죄의 법과 하나님의 법이 있음(20-25)을 알아야 한다. 그렇기에 바울은 "오호라 나는 곤고한 사람(24)"이라고 외치며 "이 사망의 몸에서 누가 나를 건져내랴(24)"라고 부르짖었던 것이다.

8장은 황금장으로서 로마서의 핵심이요 성경 전체의 핵심이기도 하다. 이신칭의 이신득의로 인해 구원을 얻게 된 우리는 "예수 그리스도 안에 있는 생명의 성령의 법"으로 인해 죄와 사망의 법에서 해방되었다. 그런 우리 안에는 그리스도의 영, 또 다른 보혜사이신 진리의 영이신 성령님이 내주하신다. "하나님의 영으로 인도함을 받는(14)" 우리 모두는 "하나님의 아들"이며 양자의 영을 받았으므로 아바 아버지라 부를 수 있고 하나님의 자녀, 곧 하나님의 후사가 되었다. 성부하나님은 자녀된 우리를 내우외환(內憂外患)의 그 어떤 것에서도 보호하실 뿐만 아니라 당신의 사랑에서도 결코 끊을 수 없다고 선포하셨다.

9장에서는 "이스라엘 사람"의 의미를 한 번 더 되새겨 볼 것을 말씀하셨다. '이스라엘'이라는 명칭은 얍복 강가의 야곱에게 하나님께서 처음으로 주신 이름이다.

"저희는 이스라엘(창 32:28, 요 1:31, 47, 49, 12:13) 사람이라"는 말씀에서 보듯 그들은 하나님에 의해 선택되어졌고 구약시대의 주역으로 발탁되었다. 이스라엘의 헬라어는 이스라엘리테스(Ἰσραηλίτης, nm, an Israelite)이며 히브리어는 동일한 음역(יִשְׂרָאֵל, "God strives", another name of Jacob and his desc)인데 이는 사라(שָׂרָה, v, to persist, exert oneself, persevere)와 엘(אֵל, God, in pl. gods)의 합성어이다.

결국 하나님의 주권적 의지는 이스라엘을 선민(選民)으로 약속하셨듯이 '영적 이스라엘 사람'을 약속의 자녀로 여기시고 끝까지 인도하실 것이라는 의미이다.

10-1 형제들아 내 마음에 원하는 바와 하나님께 구하는 바는 이스라엘을 위함이니 곧 저희로 구원을 얻게 함이라

이 구절에서의 "내 마음에 원하는 바"와 "하나님께 구하는 바"는 앞서 9장 1-3절의 내용을 말한다. 나라와 민족의 구원을 향한 마음은 올바른 지도자의 필수 덕목 중 하나이기도 하다. 그런 지도자였던 바울과 모세로부터 우리는 잘 배워야 할 것이다.

2 내가 증거하노니 저희가 하나님께 열심이 있으나 지식을 좇은 것이 아니라 3 하나님의 의를 모르고 자기 의를 세우려고 힘써 하나님의 의를 복종치 아니하였느니라

이 구절은 오늘날의 기복신앙을 가진 종교인들에게, 특히 어설픈 기독교인들이 한 번 더 새겨 보아야 할 말씀이다. 종교에 대한 방향, 의도, 목적이 잘못된, 그리하여 지나친 열심은 종교적 광기(狂氣)를 불러 일으켜 우민화(愚民化)를 불러 온다는 사실에 집중해야 한다. 급기야는 악순환(惡循環)을 통해 또 다른 광기를 초래하고야 만다.

"열심"의 헬라어는 젤로스[193]($ζῆλος$, nm, nn)이다. 의도나 방향이 잘못된 열심은 무서운 결과를 초래하기에 기도를 통하여 정기적으로 성령님의 음성을 듣는 겸손함이 필요하다. 바울이 되기 전 사울은 잘못된 열심이 지나쳐서 문제를 일으켰던 사람(행 22:3-4, 갈 1:14, 4:9-11, 17, 골 2:8, 빌 3:6-9)이다.

"지식"의 헬라어[194]는 에피그노시스(롬 1:28, 3:20, $ἐπίγνωσις$, nf)인데 이

---

193 젤로스($ζῆλος$, nm, nn)는 (a) eagerness, zeal, enthusiasm, (b) jealousy, rivalry/(an omamopoeic term that mimics the sound of water bubbling over from heat and perhaps derived from 2204 /zéō, "to boil") – properly, burning emotion (inner feeling boiling over, "boiling from heat," J. Thayer); (figuratively) something very fervent ("red-hot") as with Spirit-fueled zeal to serve the Lord. This root (zē-) is used both negatively ("jealousy") and positively ("zeal") depending on the context이다.

194 에피그노시스(롬 1:28, 3:20, $ἐπίγνωσις$, nf)는 knowledge of a particular point (directed towards a particular object); perception, discernment, recognition, intuition/ (from 1909 /epí, "on, fitting" which intensifies 1108 /**gnósis**, "knowledge gained through first-hand relationship") – properly, "contact-knowledge" that is appropriate ("apt, fitting") to first-hand, experiential knowing. This is defined by the individual context. See 1921 (**epignōskō**))인데 이는 신성(godliness)과 결부된 철저한 지식(through knowledge)을 가리킨다.

는 신성(godliness)과 결부된 철저한 지식(through knowledge)을 가리킨다. 이와 달리 일반적인 지식을 말할 때에는 그노시스(롬15:14, 고전 1:5, 고후 2:14, 엡 3:19, γνῶσις, nf)를 사용한다.

4 그리스도는 모든 믿는 자에게 의를 이루기 위하여 율법의 마침이 되시니라

"마침"이란 텔로스[195](τέλος, nn)인데 이는 '끝, 목표'라는 의미로 통전적이고도 종합적인 완성으로서 다 이루었다(요 19:30)라는 의미이다. 곧 그리스도께서는 자신의 구속 사역으로 모든 율법의 요구를 충족시켰으며 율법을 종결지었다라는 의미이다(Calvin, Bruce, Wuest, Lietzmann, Black, Murray, Godet, Meyer).

5 모세가 기록하되 율법으로 말미암는 의를 행하는 사람은 그 의로 살리라 하였거니와 6 믿음으로 말미암는 의는 이같이 말하되 네 마음에 누가 하늘에 올라가겠느냐 하지 말라 하니 올라가겠느냐 함은 그리스도를 모셔 내리려는 것이요 7 혹 누가 음부에 내려가겠느냐 하지 말라 하니 내려가겠느냐 함은 그리스도를 죽은 자 가운데서 모셔 올리려는 것이라

---

195 텔로스(τέλος, nn)는 (a) an end, (b) event or issue, (c) the principal end, aim, purpose, (d) a tax/a neuter noun) – properly, consummation (the end-goal, purpose), such as closure with all its results/This root (tel-) means "reaching the end (aim)." It is well-illustrated with the old pirate's telescope, unfolding (extending out) one stage at a time to function at full-strength (capacity effectiveness)이다.

"율법으로 말미암는 의를 행하는 사람은 그 의로 살리라"고 하셨는데 이 말은 '율법의 계명을 그대로 온전히 실행하면 구원이 되는 것은 팩트(fact, 사실)'라는 말이다. 왜냐하면 그 율법은 하나님의 은혜로 주어진 것이기 때문이다. 그러나 타락하고 부패한 본성을 지닌 인간은 율법을 다 행할 수 없어서 율법으로 의를 얻을 수 없다라는 것을 강조한 말씀이다(롬 3:20).

"믿음으로 말미암는 의는 이같이 말하되"라는 것은 '오직 믿음으로 의롭게 된다'라는 의미로 '성경이 믿음의 의에 관하여 이같이 말씀하시되'라고 학자들(Murray, Hendriksen)은 해석하고 있다.

5절의 전반부인 "율법으로 말미암는 의"라는 것은 그 다음 구절인 6절과 7절의 후반부인 "그리스도를 모셔 내리려는것", "그리스도를 죽은 자 가운데서 모셔 올리려는 것"을 통해 "율법으로 말미암는 의"를 이해할 수 있다.

또한 6절의 전반부인 "믿음으로 말미암는 의"는 "누가 하늘에 올라가겠느냐 하지 말라", "누가 음부에 내려가겠느냐 하지 말라"를 통해 그 의미를 이해할 수 있다. 결국 "누가 하늘에 올라가겠느냐, 누가 음부에 내려가겠느냐"라는 것은 '믿음의 의'를 위해 메시야를 찾아 하늘로 올라가거나 음부로 내려가는 노력이 필요치 않다(Clarke)라는 의미이다.

한편 Bengel은 그리스도께서 성육신 하시고 공생애 후 죽으시고 음부의 고통을 체험하셨으며 모든 것을 다 이루신 후 부활하셔서 승천하심으로 하나님의 언약을 성취하셨다라고 해석했다. 이후 우리는 그 예수를 입으로 시인하고 마음으로 믿으면(롬 10:9-10) 또 다른 보혜사이신 성령님의 내주하심으로 그리스도의 사람이 된다(롬 8:9). 그러므로 이제 후로는 구원을 위해 예수께서 다시 하늘에서 내려올 필요도 없고 우리 또한 구원을 위해 하늘(신 30:12)로 올라가거나 음부(바다 밖, 신 30:13)로 내려갈 노력을 할 필요가 없게 된 것이다.

이제 후로는 신명기 30장 14절과 로마서 10장 9-13절의 말씀대로 "믿음의 말씀"을 따르는 것이 중요할 뿐이다. 즉 구원의 길은 어떠한 행위가 아니라 믿음으로만 가능하다라는 것이다. 그 믿음의 말씀 즉 복음은 우리에게서 멀지도 않고 어렵지도 않다. 왜냐하면 하나님의 은혜로 주신 믿음을 따라 9-13절 말씀대로만 하면 되기 때문이다.

8 그러면 무엇을 말하느뇨 말씀이 네게 가까워 네 입에 있으며 네 마음에 있다 하였으니 곧 우리가 전파하는 믿음의 말씀이라 9 네가 만일 네 입으로 예수를 주로 시인하며 또 하나님께서 그를 죽은 자 가운데서 살리신 것을 네 마음에 믿으면 구원을 얻으리니

신명기 30장 14절의 말씀과 상통한다. "우리가 전파하는 믿음의 말씀"이라는 것에서 "전파하다"의 헬라어는 케륏쏘[196](Κηρύσσω, v)이고 "믿음의 말씀"이라는 것은 '예수 그리스도로 인한 하나님의 은혜의 복음'을 가리킨다.

더 나아가 "말씀"이란 그리스도의 인격 자체를 의미하는 로고스

---

[196] 케륏쏘(Κηρύσσω, v)는 to be a herald, proclaim/properly, to herald (proclaim); to preach (announce) a message publicly and with conviction (persuasion)이다.

(λόγος)이기도 하지만 순수한 말씀 자체를 가리키는 레마(ῥῆμα), 그리스도의 복음인 권위의 말씀으로서의 케뤼그마(κῆρυγμα)를 가리키기도 한다. 즉 66권 정경 31,173구절의 말씀이 바로 권위의 말씀인 케뤼그마이며 그중 나에게 들려주신, 내게 다가오신 하나님의 말씀이 레마이고 그중 나의 라이프 스타일이 되어 나를 이끌고 가시는 살아계신 그 말씀이 바로 로고스이다.

"믿음의 말씀" 곧 하나님의 은혜의 복음은 네 입에 가깝고 네 마음에 있다라고 했는 바 신명기 30장 14절은 더 자세하게 "오직 그 말씀이 네게 심히 가까와서 네 입에 있으며 네 마음에 있은 즉 네가 이를 행할 수 있느니라"고 했다. 이는 입으로는 시인해야 하며 마음으로는 믿어야 한다라는 의미이다. 결국 마음으로 믿어 의에 이르고 입으로 시인하여 구원에 이르게 된다라는 말씀이다.

구원에 이르는 믿음 즉 구원의 필수 조건은 내적 믿음("마음에")과 함께 외적 시인("입으로")이 결부됨으로 반드시 전인적(全人的)이어야만 한다(마 10:22, 눅 12:8, 요 9:22, 12:42, 약 2:17-22, 요일 2:23, 4:15, Murray). 그런 신앙고백의 결과가 바로 구원인 것이다.

한편 외적 시인이란 "입으로" 예수를 주로 시인하는 것인데 예수의 주 되심(Lordship)이라는 것은 그리스도의 성육신과 수난, 죽음, 부활, 승천과 함께 승리주 하나님으로서의 하나님 보좌 우편에 앉으심까지 시인하는 것을 통칭(마 28:18, 행 2:36, 10:36, 롬 1:4, 14:9, 고전 12:3, 엡 1:20-23, 빌 2:11, 히 1:3, 벧전 3:21, 22, Murray)한다. 반면에 내적 믿음이란 "마음에" 믿는 것으로 그리스도의 죽음과 부활(롬 1:4, 고전 15:3, 4)을 믿는 것이다.

10 사람이 마음으로 믿어 의에 이르고 입으로 시인하여 구원에 이르느니라

　마음으로 믿은 후에 입으로 시인하는 것이 논리적인 순서(logical sequence)이다. Denny에 의하면, 마음으로 믿어 의에 이르는 것과 입으로 시인하여 구원에 이르는 것은 동전의 양면과 같다라고 했다.

　"믿어"와 "시인하여"의 헬라어는 피스튜에타이(πιστεύεται, V-PIM/P-3S)와 호모로게이타이(ὁμολογεῖται, V-PIM/P-3S)인데 이는 둘 다 수동태로서 믿음은 하나님이 허락하신(주신) 선물 곧 명사(피스티스)인 것이다.

11 성경에 이르되 누구든지 저를 믿는 자는 부끄러움을 당하지 아니하리라 하니

　로마서 9장 33절과 이사야 28장 16절의 인용 말씀이다. 이는 믿음의 보편성에 대해 말씀하고 있는 것이다.

　"기록된 바 보라 내가 부딪히는 돌과 거치는 반석을 시온에 두노니 저를 믿는 자는 부끄러움을 당치 아니하리라 함과 같으니라" _롬 9:33

　"그러므로 주 여호와께서 가라사대 보라 내가 한 돌을 시온에 두어 기초를 삼았노니 곧 시험한 돌이요 귀하고 견고한 기초 돌이라 그것을 믿는 자는 급절하게 되지 아니하리로다" _사 28:16

12 유대인이나 헬라인이나 차별이 없음이라 한 주께서 모든 사람의 주가 되사 저를 부르는 모든 사람에게 부요하시도다 **13** 누구든지 주의 이름을 부르는 자

는 구원을 얻으리라

12절은 로마서 3장 29-30절, 고린도전서 12장 4-31절을 연계하여 묵상하면 그 해석의 깊이를 더해줄 것이다.

"부요하시도다"라는 것은 구원에 대한 특징으로 온 우주의 주인이신 하나님의 부요(시 50:10-12, 학 2:8)하심과 그리스도의 측량할 수 없는 풍부함(엡 3:8, 계 5:12)을 구원받은 자들이 은혜로 누리게 될 것을 가리킨다.

13절은 사도행전 4장 12절, 16장 31절과 요한복음 3장 16절, 디도서 2장 11절, 요엘서 2장 32절과 상통한다.

결국 5절과 6절의 전반부, 6절 후반부와 7절을 묶고 8절은 단독으로 묵상하면 해석에 도움이 된다. 그리고 난 후 9-13절을 한 묶음으로, 14-15절을 한 묶음으로 묵상해 보라.

이를 연결하면 "율법으로 말미암는 의"는 율법을 행함으로 의롭게 된다라는 것이다. 그러나 인간은 율법을 다 행할 수 없기에 결국 그 율법은 불완전한 것이라는 말이다. 또한 율법을 통해 죄인임을 깨닫고 나면 그 죄를 '영 단번(once for all)'에 해결할 수 있는 메시야를 갈망하게 되는데 여기까지가 율법의 기능이요 필요성이다.

"믿음으로 말미암는 의"는 그 예수가 메시야이며 그 예수를 믿음으로만 의롭게 된다라는 말이다. 믿음으로 의롭게 되는 내용이 바로 9-13절이며 이를 위해 14-15절은 복음을 전하기 위해 부르심과 보내심을 받은 사명자가 복음을 전파해야만 하고 그 복음을 듣고 믿는 모두가 다 구원이 된다라는 것이다. 왜냐하면 믿음은 들음에서 나기 때문이다.

14 그런즉 저희가 믿지 아니하는 이를 어찌 부르리요 듣지도 못한 이를 어찌 믿으리요 전파하는 자가 없이 어찌 들으리요 **15** 보내심을 받지 아니하였으면 어찌 전파하리요 기록된 바 아름답도다 좋은 소식을 전하는 자들의 발이여 함과 같으니라

이 구절은 하나님의 부르심과 보내심을 따라 어디에 가서든지 '복음 곧 좋은 소식'을 전하는 자들의 발은 진정 아름다운 것이라고 말씀하고 있다. 먼저 믿은 자들이 복음을 전파하게 되면 만세 전에 택정된 자들은 복음이 들려지는 즉시 믿어서 돌아오게 된다(카데마이). 문제는 아직도 세상에 거하는 사람들 중에는 복음을 듣지 못하여 여전히 세상에서 아무 것도 모른 채 살아가고 있는 사람들(카데마이)이 있다라는 것이다. 14절은 그렇게 복음을 듣지 못한 자들이 복음을 듣지 못해 돌아오지 못한다면 적극적으로 복음을 전해야 그들이 믿고 돌아올 수 있지 않겠는가라고 말씀하고 있다. 곧 "아름답도다 좋은 소식을 전하는 자들의 발이여"라는 것이다.

한편 전도란 선포이지 결코 설득이 아님을 알아야 한다. 왜냐하면 인간에게는 예수를 믿을 수 있는 논리나 분별력이 없기 때문이다. 성령님이 가르쳐 주셔야만 믿을 수 있다(고전 12:3, 1:21, 롬 3:21). 믿음은 하나님의 선물이지 우리의 땀과 눈물의 소산이 아님을 알아야 한다.

"좋은 소식을 전하는 자들의 발이여"라는 것은 이사야 52장 7절의 말씀대로 바벨론으로부터 이스라엘이 해방되었음을 알리기 위해 그 기쁜 소식을 가지고 빨리 달리며 산을 넘어가는 자에 대한 묘사로서 복음전도자의 열정 또한 이런 모습이어야 한다라는 것이다.

아름다운 좋은 소식을 -〉 사명자가 -〉 복음 전파에 목숨을 걸 때 -〉 이

복음을 누구든지 듣고 믿고 받아들이면(9-11), 즉 주의 이름을 부르는 자(12-13)는 누구든지 구원을 얻게 된다라는 도식이 성립되는 것이다.

16 그러나 저희가 다 복음을 순종치 아니하였도다 이사야가 가로되 주여 우리의 전하는 바를 누가 믿었나이까 하였으니

"주여 우리의 전하는 바를 누가 믿었나이까"라는 것은 이사야 53장 1절의 70인역(LXX)의 인용으로서 이스라엘이 고난 받는 종으로 오신 메시야를 이해하지 못하고 거부할 것임(요 12:38)을 함의(含意)하고 있다.

17 그러므로 믿음은 들음에서 나며 들음은 그리스도의 말씀으로 말미암았느니라

17절은 "믿음은 들음에서"라고 했다. 그러므로 우리는 그분의 세미한 음성에 민감해야 한다. 히브리서 5장 11절, 시편 40편 6절, 데살로니가전서 5장 27절의 말씀을 묵상하면 도움이 될 것이다.

"멜기세덱에 관하여는 우리가 할 말이 많으나 너희의 듣는 것이 둔하므로 해석하기 어려우니라"_히 5:11

"주께서 나의 귀를 통하여 들리시기를 제사와 예물을 기뻐 아니하시며 번제와 속죄제를 요구치 아니하신다 하신지라"_시 40:6

"내가 주를 힘입어 너희를 명하노니 모든 형제에게 이 편지를 읽어 들리라"_살전 5:27

결국 듣는 것이 둔하면 동사형 믿음은 자라지 않는다는 것이며 주님은 우리 각자의 귀를 통하여 당신의 음성을 매사 매 순간 끊임없이 들려주시지만 아예 관심을 갖지 않거나 도통 들으려하지 않으면 역시 동사형 믿음은 자라나지 않는다라는 것이다. 그렇기에 우리는 형제들이나 세상을 향해 그들이 듣든지 아니듣든지 때를 얻든지 못 얻든지 말씀을, 복음을 지속적으로 선포해야만 한다.

평신도 신학자였던 폴 스티븐스(캐나다 리전트칼리지 명예교수, 맥매스터대, 풀러신학교)는 "교회만 다니지 말고 교회가 되어라"고 하며 오직 말씀, 오직 복음, 오직 예수에 초점을 두고 복음과 십자가로 살아갈 것을 말했다.

"그리스도의 말씀"의 헬라어는 레마토스 크리스투($ῥήματος\ Χριστοῦ$, the Word of Christ)인데 이는 목적 속격으로 해석하면 '그리스도에 관한 말씀'이 되고 단순 속격으로 해석하면 '그리스도의 말씀'이 된다. 전자가 들음의 내용이라면(Godet, Denny. Robertson) 후자는 믿음을 가능케하는 복음의 도구(Alford) 혹은 복음의 출처가 바로 그리스도라는 의미이다. 이는 그리스도에게서 비롯된 복음을 믿음으로 구원이 될 수 있다는 사실(Meyer, Alford, Vincent)을 강조한 것이다. 더하여 나는 '믿음'을 얘기할 때 동사, 명사, 형용사적 의미를 나누어 묵상해야 한다라고 주장한다(〈오직 믿음, 믿음, 그리고 믿음〉, 도서출판 산지 참고).

18 그러나 내가 말하노니 저희가 듣지 아니하였느뇨 그렇지 아니하다 그 소리가 온 땅에 퍼졌고 그 말씀이 땅 끝까지 이르렀도다 하였느니라

시편 19편 4절의 인용이다.

"듣지 아니하였느뇨"라는 것은 '듣지 못하였느뇨'라는 의미이다. 즉 '듣지 못하였을 리가 없다'라는 것으로 그 소리가 온 땅에 퍼졌고 그 말씀이 땅 끝까지 이르렀는데 왜 못들었다라고 핑계대느냐 라는 의미이다.

시편 19편의 구조는 '창조의 섭리를 찬양'하는 것으로 일반 계시(1-6)와 특별 계시(7-14)로 설명한다(Murray). 그러나 이 둘을 구분하기 보다는 상호보조적으로 해석하면서 종말론적인 구원사적 관점으로 전개해 나감이 마땅하다.

당시 바울은 소아시아와 마게도냐의 큰 간선도로를 따라 큰 도시들을 중심으로 선교했다(Ramsey). 그의 선교에 있어 빌립보는 로마에 이르는 군사도로(Via Epnatia)였기에 아주 중요한 거점지역이었다. 그리하여 결국 로마서 15장 19절에서 말씀한 대로 예루살렘에서 일루리곤(아드리아 해 동쪽 연안)까지 편만하게 복음을 전할 수 있었던 것이다.

19 그러나 내가 말하노니 이스라엘이 알지 못하였느뇨 먼저 모세가 이르되 내가 백성 아닌 자로써 너희를 시기나게 하며 미련한 백성으로써 너희를 노엽게 하리라 하였고

"알지 못하였느뇨"라는 것의 내용은 복음(Chrysostom, Hofmann)과 복음의 세계적 전파(Vincent, Meyer)를 가리킨다. 전자의 경우 유대인들이 복음을 먼저 들었고 그 내용을 잘 알고 있었으나 거부했던 것(Lenski, Hendriksen)을 가리킨다. 후자의 경우는 구약시대부터 이미 하나님의 구원 계획은 세상 온 나라의 백성들을 구하는(창 12:1-3) 종말론적인 것이

었음에도 불구하고 혈통적 유대인들이 '구원은 자신 만의 것'이라며 배타적으로 이해한 것을 가리킨다. 결국 이스라엘이 알고도 믿지 않았다라는 말이다.

이 구절은 신명기 32장 21절의 "모세의 노래"의 인용 부분으로 유대인들의 불신앙을 꼬집고 있다(신 32:16-17; 고전 10:20, 22/신 32:5; 빌 2:15/신 32:43; 히 1:6, Harris, Lindars).

결국 이 구절은 이스라엘이 '신(אֱלֹהִים) 아닌(לֹא) 것'을 섬겨서 하나님을 시기나게 하였기에 하나님께서도 '그의 백성이 아닌 백성(לֹא עַמִּי, 로암, not my people)'을 통해 이스라엘을 투기나게 하겠다라는 의미이다.

"백성 아닌 자"와 "미련한 백성"은 둘 다 모두 영적 지식이 없어 원래부터 우상을 숭배했던 이방인들을 가리킨다.

20 또한 이사야가 매우 담대하여 이르되 내가 구하지 아니하는 자들에게 찾은 바 되고 내게 문의하지 아니하는 자들에게 나타났노라 하였고

"담대하여"의 헬라어는 아포톨마(ἀποτολμᾷ, V-PIA-3S, is very bold, ἀποτολμάω)인데 이는 '스스로를 담대히 하다(to be bold of one's self, Thayer)'라는 것으로 이사야가 끝까지 담대하게 대처하다라는 의미이다. 곧 이 구절은 이사야 65장 1절의 인용으로 하나님께 순종하지 않고 반역하는 이스라엘에 대한 하나님의 경고(65:5-7)이다.

구원에 있어 하나님의 주권적인 선택은 오히려 '구하지 아니하는 자들'과 '문의하지 아니하는 자들'에게 나타났다. 이들은 만세 전에 하나님의 은혜로 택정함을 입은 사람들이다.

21 이스라엘을 대하여 가라사대 순종치 아니하고 거스려 말하는 백성에게 내가 종일 내 손을 벌렸노라 하셨느니라

이 구절은 이사야 65장 2절의 인용말씀으로 하나님의 계속적인 요구에도 불구하고 이스라엘은 복음을 거절했다(Bruce).

"거스려말하다"의 헬라어는 안틸레고[197]($ἀντιλέγω$, v)인데 이는 하나님께 대한 불순종의 결과로 스스로 자신의 독립을 선언하며 더 나아가 하나님을 모독한 것(K.S. Wuest, Lenski)을 말한다.

"내 손을 벌렸노라"는 것은 이사야 65장 2절의 "내가 종일 손을 펴서 자기 생각을 좇아 불선한 길을 행하는 패역한 백성들을 불렀나니"라는 것을 말한다. 누가복음 15장 20절의 집 나간 탕자를 애타게 기다리는 아버지의 모습이 오버랩된다. 결국 "내가 종일 내 손을 벌렸노라"는 것은 이스라엘의 전 역사를 통해 무조건적인 사랑으로 지칠 줄 모르고 끊임없이 베풀어오신 하나님의 그 사랑을 신인(神人) 동형(同型) 동성론(同性論)적 표현으로 보여준 것이다(Denny).

---

197 안틸레고($ἀντιλέγω$, v)는 to speak against, to contradict, oppose/(from 473 /antí, "opposite to" and 3004 /légō, "speaking to a conclusion") – properly, voicing opposition; to contradict, especially in a hostile (argumentative) way – i.e. to dispute in order to thwart이다.

하나님의 의가 드러난 십자가 복음
.
.
.
.
.

괴짜 의사 Dr. Araw의
쉽고 바르게 읽는 로마서 장편(掌篇) 강의

레마이야기 11

곁 가지(돌감람나무)와 원 가지(참감람나무)

10장의 마지막 절인 21절에는 순종치 아니하고 거스려 말했던 이스라엘에게 그럼에도 불구하고 하나님은 종일 그 손을 벌려 그들이 돌아오기만을 기다렸다고 하셨다. 마치 집 나간 탕아가 '그저' 돌아오기만을 목놓아 기다렸던 그 아버지처럼(눅 15:11-32).

계속하여 11장 1절은 이렇게 시작한다. 아버지 하나님의 마음을 모르고 끝까지 곁길로 나가 버린 이스라엘에 대하여 하나님은 그들을 버리셨느뇨? 라고 묻는다. 그에 대한 답은 집 나간 탕아를 맞이하는 아비를 보면 명확하게 알 수 있다.

아버지 하나님은 이스라엘의 남은 자를 두셨는데 "은혜로 택하심을 따라 남은 자"들이다. 그들을 가리켜 "바알에게 무릎을 꿇지 아니한 사람 칠천"이라고 했다. 한편 칠천(7,000)이란 $7 \times 10 \times 10 \times 10$으로서 7은 맹세의 수, 언약의 수, 약속의 수, 완전수이며 10, 100, 1000은 만수이다. 만세 전에 크신 은혜로 하나님께서 택정한 많은 수이다. 이를 가리켜 계시록 7장 9절에는 "아무라도 능히 셀 수 없는 큰 무리"라고 했고 7장 14절에는 "어린 양의 피에 그 옷을 씻어 희게 한 자들"이라고 했다.

택하심을 따라 남은 자 된 유대인들과 함께 때가 되매 택하심을 입은 자들 중 부르심을 받은 이방인들에게도 동일하게 구원이 이르게 되었다. 그저 할렐루야이다.

아직도 세상에는 만세 전에 하나님의 은혜로 택함(택정) 받았으나 여전히 세상에 거한 자들(카데마이, 계 14:6)이 많다. 그들은 복음을 듣지 못해 예수를 믿지 못한 사람들이다. 우리는 이들이 복음을 듣고(롬 10:14-15) 다시 돌아오기를 기다리는 아버지 하나님의 마음을 읽을 수 있어야 한다. 복음 전파란 우리를 향한 '하나님의 뜻(델레마 데우)'으로 그들이 듣든지 아니 듣든지 때를 얻든지 못 얻든지 복음을 선포하거나 복음의 증인으로서의 살아감을 말한다.

태초에 삼위하나님은 천지를 창조하신 후 당신의 형상을 따라 당신의 모양으로 남성과 여성을 만드시고 세상을 다스리게(관리하게) 하셨다. 피조물인 인간은 에덴동산에서 "하나님과 같이 되려다가(창 3:5)" 그 에덴동산에서 쫓겨났다. 이후 영적 죽음 상태의 죄인 된 아담과 하와는 자녀를 낳게 되고 아담은 930세까지 살며(히 9:27) 많은 자녀를 낳게 된다(창 5:4-5).

그러나 아담의 계보는 셋으로 이어졌다.

아담의 10대손인 노아 시대에 이르면 죄인 된 인간들의 그 악행은 극(네피림 사상)에 다다르게(창 6:5-7) 된다. 그리하여 하나님은 전 지구적인 홍수를 일으켜 기식하는 모든 생물을 다 멸하신 후 노아 방주에 올랐던 8명으로부터 하나님의 재창조를 다시 시작하신다. 그러나 하나님과의 관계가 깨어져있던, 영적 죽음 상태인 죄인 된 인간은 아버지하나님의 마음과는 달리 점점 더 멀리 갔다. 급기야는 바벨탑을 쌓는다(창 11장). 그리하여 하나님의 원 역사(Original History)는 닫히게 된다.

12장에 이르러서는 갈대아 우르('불'이라는 뜻) 땅에 살고 있던 아브라함을 영광의 하나님이 찾아가(행 7:2-4) 젖과 꿀이 흐르는 약속의 땅 가나안으로 들이신다.

이후 아브라함, 이삭, 야곱, 요셉에 이르기까지 역사의 주관자 하나님께서 계속하여 역사를 이끌어가셨다. 그렇게 500년이 흘렀다. 흉년과 기근을 피하여 가나안에서 애굽 땅으로 이주하여 430년 동안이나 살았던 이스라엘 백성들이 점점 더 억압을 받게 되자 하나님은 지도자 모세를 택하셔서 출애굽을 하게 하셨다.

하나님은 출애굽 후 광야에서 율법을 주어 인간의 연약함과 죄 됨, 그리고 메시야의 필요성을 알고 갈망하기를 원하셨다. 그리고는 그 일에 한 민족을 택하셔서 선민으로 삼으셨던 것이다. 하나님은 그들이 당신의 마음을 알리는데 앞장서기를 원했다. 그러나 이스라엘은 선민으로서의 의무와 책임보다는 권리를 앞세웠다. 끈질긴 인간의 죄성이다. 더 나아가 그리스도 대신에 율법이라는 되지도 않을 '자기 의'를 붙들고야 말았다.

그런 그들에게는 결코 희망이 없었다.

결국 때가 되매 그 율법을 완성하신 초림의 예수 그리스도가 오셔서 당신을 통해 인간의 구원이 주어졌다. 조건은 그리스도 메시야이신 '그 예수를 믿어야' 하는 것이다. 감사한 것은 믿음이 하나님의 은혜의 선물이라는 사실이다. 로마서10장 9-13절은 누구든지 저를 믿는 자는, 부르는 자는 부끄러움을 당하지 아니하고 구원을 얻으리라고 하셨다.

한편 하나님의 마음을 알리는 그 일에 선택받은 유대인을 가리켜 로마서 11장 17절은 "참감람나무"라고 했고 먼저 선택받지 못한 이방인들을 "돌감람나무"라고 비유했다. 문제는 뿌리인 예수에게 붙어 있는 것이 중요하며 그 열매가 돌감람나무이든 참감람나무이든 간에 다시 살아나게 된다라는 것이었다. 즉 예수께 붙어있으면 돌감람나무든 참감람나무든 간에 '선민 곧 영적 이스라엘'이 된다는 것이다. 감사하게도 11장 23절에는 "접붙이실 능력이 하나님께 있음이라"고 했다.

주의할 것은 접붙임 받아 살아나게 된 이방인들은 선민인 이스라엘을 향하여 자긍하거나 높은 마음을 품지 말라는 것이다. 모든 것이 하나님의 은혜임을 알라는 것이다. 더 나아가 "하나님의 은사와 부르심(롬 11:29)"에는 후회하심이 없기에 만세 전에 택정된 자는 유대인이든 헬라인이든 간에 하나님의 때에 하나님의 방법으로 복음이 들려져서 다시 돌아오게 될 것이라는 점이다. 이 모든 일은 하나님의 섭리와 경륜이다. 섭리와 경륜은 너무 커서 우리의 지식과 상식으로는 도무지 알 수가 없다. 그렇기에 로마서 11장 33절은 "하나님의 지혜와 지식의 부요함이여 그의 판단은 측량치 못할 것이며 그의 길은 찾지 못할 것이로다"라고 말씀하고 있다.

곁 가지인 돌감람나무

원 가지인 참감람나무

접붙임

뿌리이신 예수 그리스도

"이는 만물이 주에게서 나오고 주로 말미암고 주에게로 돌아감이라 영광이 그에게 세세에 있으리로다 아멘" _롬 11:36

11-1 그러므로 내가 말하노니 하나님이 자기 백성을 버리셨느뇨 그럴 수 없느니라 나도 이스라엘인이요 아브라함의 씨에서 난 자요 베냐민 지파라

11장은 결코 하나님이 이스라엘을 버리지 않으셨다라고 강조하는 설의법(設疑法)[198]적(的) 표현으로 시작된다(Wuest). "그럴 수 없느니라"의 헬라어 메 게노이토(μὴ γένοιτο, never may it be)의 의미인 '그런 일이 절대로 생기지 않을 것이다(신 31:6, 삼상 12:22, 시 94:14, 렘 31:37)'라는 것을 보면 쉽게 알 수 있다.

"버리셨느뇨"의 헬라어는 아포사토(ἀπώσατο, V-AIM-3S)인데 이는 아포데오(ἀπωθέω, v, to thrust away)의 부정과거형이다. Hendriksen에 의하면 '이스라엘에게 결정적인 유기(토해 내침)는 결코 없다'라고 했다. 나는 헨드릭슨의 말에 동의하기는 하나 오해의 소지가 있어 첨언하고자

---

[198] 누구나 다 아는 사실을 짐짓 의문형식으로 제시하여 독자가 스스로 결론을 내리게 하는 표현법, 두산백과

한다. 그가 말한 '이스라엘'이란 단순한 이스라엘 민족이 아니라 '택정함을 입은 영적 이스라엘 곧 이면적 유대인에게는 유기가 없다'라는 말로 표현하는 것이 보다 더 안전하다라고 생각된다.

2 하나님이 그 미리 아신 자기 백성을 버리지 아니하셨나니 너희가 성경이 엘리야를 가리켜 말한 것을 알지 못하느냐 저가 이스라엘을 하나님께 송사하되

"미리 아신"의 헬라어[199]는 프로에그노(προέγνω, V-AIA-3S)인데 이는 프로기노스코(προγινώσκω, v)라는 의미로서 '한 번 택하신'이라는 뜻이다. 즉 하나님은 한 번 택하신 자기 백성은 결코 버리지 아니하실 뿐만 아니라 강력한 보증(guarantee)이 되신다라는 것이다.

한편 '미리 아신'의 대상이 전체 이스라엘인가(Gulford, Godet, Meyer) 아니면 이스라엘 중 택한 자들에게 국한된 것인가(Calvin, Hodhe, Maldane)로 나눌 수 있는데 나는 후자를 지지한다. 그렇기에 프로에그노는 개인적 예지(豫知)이지 민족적 예지가 아니다.

"엘리야를 가리켜"라는 것은 '엘리야의 이야기에서는(Alford)' 혹은 '엘리야의 경우에는(Robertson)'이라는 의미이다.

"송사하되"의 헬라어는 엥튀카오[200](ἐντυγχάνω, v)인데 이는 카타

---

199 프로에그노(προέγνω)는 V-AIA-3S이며 프로기노스코(προγινώσκω, v)는 to know beforehand/(from 4253 /pró, "before" and 1097 /ginóskō, "to know") – properly, foreknow; used in the NT of "God pre-knowing all choices – and doing so without pre-determining (requiring) them" (G. Archer)이다.

200 엥튀카오(ἐντυγχάνω, v)는 (a) I meet, encounter, hence: (b) I call (upon), make a petition, make suit, supplication이다.

(κατὰ, against)를 동반하였기에 '~를 반박하여 송사하다'라는 의미가 된다.

3 주여 저희가 주의 선지자들을 죽였으며 주의 제단들을 헐어버렸고 나만 남았는데 내 목숨도 찾나이다 하니 4 저에게 하신 대답이 무엇이뇨 내가 나를 위하여 바알에게 무릎을 꿇지 아니한 사람 칠천을 남겨 두었다 하셨으니 5 그런즉 이와 같이 이제도 은혜로 택하심을 따라 남은 자가 있느니라

"대답"의 헬라어[201]는 크레마티스모스(χρηματισμός, nm)인데 이는 '신적인 응답'이라는 의미이다. 이의 동사 크레마티조(χρηματίζω)는 '하나님의 응답'이라는 의미로 사용되었다(마 2:12, 22, 눅 2:26, 행 10:22, 히 8:5, 11:7, Bruce, Bauer).

"바알에게"의 헬라어는 테 바알(τῇ, Art-DFS, Βάαλ)인데 놀랍게도 여기에는 여성 정관사가 사용되어 있다. 바알은 남(男)신(神)임에도 불구하고 말이다. 이에 대하여 Bruce는 히브리 사본 중 바알은 '수치'라는 뜻의 여성명사 보쉐트(the Hebrew בֹּשֶׁת)로 대치되기도 하기에 여성 정관사가 쓰였다라고 주장했다.

"그런즉 이와 같이"에서의 헬라어는 후토스 운(Οὕτως οὖν)인데 이는

---

201 크레마티스모스(χρηματισμός, nm, a divine response, an oracle)는 신적인 응답을 가리킨다. 이의 동사 크레마티조(χρηματίζω)는 (originally: I transact business), (a) act. of God: I warn; pass: I am warned by God (probably in response to an inquiry as to one's duty), (b) (I take a name from my public business, hence) I receive a name, am publicly called/(from xrēma, "a legal agreement for transacting business") – properly, to admonish on the basis of a valid standard (what has true worth); used of God admonishing (warning) people – based on what has real value to Him이다.

엘리야 시대의 사건과 바울 시대의 상황을 밀접하게 연결시키기 위해 이런 표현을 사용한 것이다.

한편 "이제도"의 헬라어는 엔 토 뉜 카이로(ἐν τῷ νῦν καιρῷ)인데 이때 시간을 의미하는 헬라어를 크로노스(χρόνος, 단회적인 시간)가 아닌 카이로스(καιρός, nm, 시간들의 연속, 하나님이 정하신 때)를 사용하고 있음에 주목해야 한다.

"청함을 받은 자는 많되 택함을 입은 자는 적으니라(마 22:14)"는 것은 노아 홍수 시대에 방주에의 초청은 엄청 많았으나 모두 거절함으로 심판을 받았고 택함을 입은 자 8명만 구원을 받았다라는 것을 강조한 말이다. 그러므로 '남은 자'라는 것은 한마디로 '택정함은 입은 자'를 가리킨다. 반면에 7절의 '남은 자'는 문자적으로는 동일하나 6절인 이 구절에서의 의미와는 정 반대로 '유기된 남은 자'라는 의미이다.

6 만일 은혜로 된 것이면 행위로 말미암지 않음이니 그렇지 않으면 은혜가 은혜 되지 못하느니라

"되지 못하느니라"의 헬라어는 우케티 기네타이(οὐκέτι γίνεται)인데 이는 '참된 본질을 드러내지 못한다, 특성을 상실한다'라는 의미이다. 결국 만일 은혜가 행위로 인한 것이라면 그 은혜는 은혜로서의 참된 본질을 상실한 것이라는 의미이다.

7 그런즉 어떠하뇨 이스라엘이 구하는 그것을 얻지 못하고 오직 택하심을 입은 자가 얻었고 그 남은 자들은 완악하여졌느니라

"그 남은 자"가 가리키는 것은 하나님의 은혜로 택정함을 받은 자들로부터 제외된, 유기된 자로서의 대다수 이스라엘 사람들을 가리킨다.

"완악하여졌느니라"의 헬라어는 포로오[202](πωρόω, v)인데 이는 '단단해져서 무감각해지다, 심령을 둔하게 하다'라는 의미이다.

8 기록된 바 하나님이 오늘날까지 저희에게 혼미한 심령과 보지 못할 눈과 듣지 못할 귀를 주셨다 함과 같으니라

이사야 29장 10절, 신명기 29장 4절의 복합 인용이며 이사야 6장 9-10절의 사상이 포함되어 있다. 선민으로 부름받은 이스라엘은 지난 역사 속에서 수많은 하나님의 역사를 보았고 들었다(신 6:1-9). 그러나 반복하여 범죄를 저질렀을 뿐만 아니라 급기야는 예수 그리스도를 십자가에 못 박아버리기까지 했다. 그런 그들을 가리켜 "혼미한 심령, 보지 못할 눈, 듣지 못할 귀"를 가진 자라고 한다.

여기서 지혜의 히브리어(왕상 3:9, 지혜로운 마음, 듣는 마음) 레브(לֵב) 쇼메아(שֹׁמֵעַ)를 묵상하면 이 구절이 더욱 선명해진다. 지혜란 바르게 분별하고 잘 깨닫는 머리, 영안, 큰 귀, 하나님의 음성에 민감하게 반응하는 예민한 마

---

202 포로오(πωρόω, v)는 (from pōros, a kind of marble) – properly, made of stone; (figuratively) insensible; dull, unperceptive as a rock; calloused (hardened); i.e. unresponsive (dense), completely lacking sensitivity or spiritual perception이다.

음을 가리킨다. 그렇다면 이 구절의 "저희"는 지혜가 없는, 하나님을 대적하는 교만한 무리들을 가리키며 그렇기에 저들을 가리켜 '유기되었다'라고 말할 수 있는 것이다.

"혼미한"의 헬라어는 카타뉙시스[203](κατάνυξις, nf)인데 이는 심각한 슬픔으로 무감각해진 상태(Sanday & Headlam)를 말하는 것으로서 불순종함으로 이미 굳어져 버린 유대인들의 영적 마비 상태(Thayer)를 가리킨다.

9 또 다윗이 가로되 저희 밥상이 올무와 덫과 거치는 것과 보응이 되게 하옵시고 10 저희 눈은 흐려 보지 못하고 저희 등은 항상 굽게 하옵소서 하였느니라

시편 69편 22-23절의 인용이다. 시편 69편은 원수에 대한 신적(神的)인 보복을 기원하는 기도문이다. 신약에서는 그리스도의 수난에 연관되어 사용되었다. 시편 69편 9절은 로마서 15장 3절에, 21절은 마태복음 27장 48절에, 25절은 사도행전 1장 20절에 인용되었다.

"주의 집을 위하는 열성이 나를 삼키고 주를 훼방하는 훼방이 내게 미쳤나이다"_시 69:9

"그리스도께서 자기를 기쁘게 하지 아니하셨나니 기록된 바 주를 비방하는 자들의 비방이 내게 미쳤나이다 함과 같으니라"_롬 15:3

---

203 카타뉙시스(κατάνυξις, nf)는 deep sleep, torpor, insensibility, stupor/properly, a violent strike (prick); (figuratively) the bewilderment which comes after being struck, like falling into a mental stupor (used only in Ro 11:8)이다.

"저희가 쓸개를 나의 식물로 주며 갈할 때에 초로 마시웠사오니"_시 69:21

"그 중에 한 사람이 곧 달려가서 해융을 가지고 신 포도주를 머금게 하여 갈대에 꿰어 마시우거늘"_마 27:48

"저희 거처로 황폐하게 하시며 그 장막에 거하는 자가 없게 하소서"_시 69:25

"시편에 기록되었으되 그의 거처로 황폐하게 하시며 거기 거하는 자가 없게 하소서 하였고 또 일렀으되 그 직분을 타인이 취하게 하소서 하였도다"_행 1"20

"덫"과 "올무"는 같은 의미로 '파괴와 상실'을 상징하며 중언법(重言法, 2개의 명사를 접속사로 연결하여 하나의 정리된 뜻을 나타내는 수사법, 국어사전)적으로 사용되었다. "밥상"은 생명의 근거로, "거치는 것"(σκάνδαλον, nn, a stick for bait (of a trap), generally a snare, a stumbling block, an offense)"은 덫, 올무와 같은 의미로 사용되었다.

"보응[204](ἀνταπόδομα, nn)"이란 합법적인 보복을 가리키는 것으로 7절의 완악하여짐과 8절의 혼미한 심령에 대한 처벌적 의미를 함의하고 있다(Murray).

10절에서는 9절의 '보응'으로 인한 두 가지 모습을 드러내고 있다. 첫째는 영안이 어두워져 영적 통찰력이 저하된 상태이고 둘째는 "등이 굽

---

[204] 보응(ἀνταπόδομα, nn)은 a neuter noun derived from 467 /antapodídōmi) - recompense ("a pay-back"); a just retribution. See 467 /antapodídōmi ("to give matching payback")이다.

음"이라는 것으로 포로가 되어 등이 굽어짐(Wuest)이나 슬픔이나 고통으로 위축된(Murray) 상태를 가리킨다.

11 그러므로 내가 말하노니 저희가 넘어지기까지 실족하였느뇨 그럴 수 없느니라 저희의 넘어짐으로 구원이 이방인에게 이르러 이스라엘로 시기나게 함이니라

"넘어지기까지 실족하였느뇨"라는 것은 이스라엘이 완악하게 된 것은 사실이나 절대적으로 유기된 것은 아니라는 의미이다(Cranfield, Ridderbos, Hendriksen).

"그러므로 내가 말하노니 저희가 넘어지기까지 실족하였느뇨(Λέγω οὖν, μὴ ἔπταισαν ἵνα πέσωσιν?, Again I ask: Did they stumble so as to fall beyond recovery?)에서 히나(ἵνα, that)에 대한 3가지 해석이 있다. 첫째, ~하기 위하여(in order that)라는 목적의 의미(Meyer, Godet)와 둘째, 'that' 정도의 가벼운 의미(Denny, Lightfoot, Sanday & Headlam)이다. 마지막 셋째는 결과의 의미로서 이스라엘이 실족하여 망하게 되는 것을 거부한다라는 의미이다(Wuest). 결국 뒤이어 나오는 "그럴 수 없느니라"는 것으로 보아 이스라엘이 실족하긴 했어도 회복할 수 없는 결정적인 타락(complete irrevocable fall, 넘어지기, 실족함, sanday & Headlam)에 빠진 것은 아니라는 의미이다.

"저희의 넘어짐으로 구원이 이방인에게 이르러"라는 것은 이스라엘의 불순종의 결과를 말하는 것이다. Bruce는 신명기 32장 21절의 모세의 노

래를 바울이 로마서 10장 19절로 해석했다고 말하고 있다. 한편 유대인들의 박해로 인해 초대교회 교인들은 뿔뿔이 흩어져 그곳에서 복음을 전함으로 이방인에게 하나님의 은혜의 복음이 전해지는 계기가 되었다(행 8:1, 11:19-21). 하나님의 크고 깊으신 섭리와 경륜을 다시 볼 수 있는 부분이다.

"넘어짐"의 헬라어는 파라프토마[205]($παράπτωμα$, nn)인데 이는 상징적 의미로 '범죄(transgression)'라는 의미이다.

"이스라엘로 시기나게 함이니라"에서의 시기나게 함($παραζηλῶσαι$, to provoke to jealousy)에는 다소 긍정적인 의미를 함의하고 있는 바 이스라엘을 다시 하나님께로 돌아오게 하려는 '자극'이라는 의미가 들어있다.

참고[206]로 시오니즘(Zionism, 고대 유대인들이 고국 팔레스타인에 유대 민족국가를 건설하는 것을 목표로 한 유대 민족주의 운동)을 주창하는 세대주의자들(dispensationalist)이 있다. 이들 세대주의는 교회 및 교파의 형식적 제도나 조직을 경시하는 교회갱신운동 단체인 플리머드 형제단(Plymouth Brethren)에서 유래했다. 대표적 지도자는 아일랜드 출신의 다비(J.N. Darby, 1800-1882)이며 그들은 스코필드 관주 성경을 사용한다

"세대주의자들"의 특징은 첫째, 성경을 지나치게 문자적으로 해석한다. 둘째, 구약 이스라엘과 신약 교회의 관계성을 부인한다. 셋째, 전천년왕

---

205 파라프토마($παράπτωμα$, nn)는 a false step, a trespass/(from 3895 /parapíptō, see there) – properly, fall away after being close-beside, i.e. a lapse (deviation) from the truth; an error, "slip up"; wrong doing that can be (relatively) unconscious, "non-deliberate."이다.

206 교회용어 사전, 네이버 지식백과 참조

국설을 근간으로 일곱 세대로 구분했는데(무죄시대, 양심시대, 인류통치시대, 약속시대, 율법시대, 은혜시대, 왕국시대) 각 시대는 서로 관련성이 없다라고 했다.

한편, 세대주의자들의 주장을 가만히 생각해보면 자연스럽게 다음의 3가지 질문이 떠오른다. 첫째, 우리는 이방인의 들러리인가? 둘째, 이스라엘이 회복되면 세상과 역사는 끝이 나는가? 셋째, 참 이스라엘이 과연 누구인가? 이 세 가지 질문에 대한 세대주의자들의 대답은 모두 다 성경과는 충돌이 되기에 무천년설자로서 개혁주의자인 나는 세대주의라는 옷이 불편하다.

"이스라엘"이란 예수 그리스도 안에서 한 지체된 하나님의 모든 자녀들로서 '영적 이스라엘'을 가리킨다.

12 저희의 넘어짐이 세상의 부요함이 되며 저희의 실패가 이방인의 부요함이 되거든 하물며 저희의 충만함이리요

"되거든~하물며"에서 '하물며'의 앞에 '하나님의 사랑과 긍휼의 속성상'이라는 말이 생략되어 있다. 곧 하나님의 사랑과 긍휼의 속성상 하물며 저희의 충만함이리요라는 것이다.

"넘어짐과 실패", "세상과 이방인"이 댓구를 이루며 12절의 말씀을 강조하고 있다. 즉 "세상의 부요함, 이방인의 부요함"이라는 것은 복음을 듣고 믿음으로 구원받아 하나님의 자녀가 된 모든 사람의 부요함을 가리킨다.

"충만함"의 헬라어는 플레로마[207](πλήρωμα, nn)인데 이는 '가득함, 완전함'이라는 의미로서 종말의 끝에 완성될 영적 이스라엘의 구원(Murray), 혹은 구원받는 자의 수(Godet, Sanday & Headlam)를 가리킨다.

13 내가 이방인인 너희에게 말하노라 내가 이방인의 사도인 만큼 내 직분을 영광스럽게 여기노니

"이방인의 사도"라는 것은 바울의 정체성으로 소명(Calling)과 사명(Mission)에 대한 유한된 한 번 인생의 분명한 방향 설정을 천명한 것이다.

"영광스럽게 여기노니"라는 것을 Murray는 하나님의 구속사적 섭리와 목적을 바울 자신이 이방인의 사도 됨과 연결하는 것이라고 했다. 곧 이방인의 구원이 선행된 후에야 유대인의 구원에 대한 충만한 수가 이르게 될 것이라는 의미이다.

14 이는 곧 내 골육을 아무쪼록 시기케 하여 저희 중에서 얼마를 구원하려 함이라

이 구절을 통해 우리는 하나님의 구원은 민족, 혈통, 국가 단위에 머무는 것이 아님을 선명하게 알 수 있다. 그러므로 현재 민족적(혈통적) 이스

207　플레로마(πλήρωμα, nn)는 (a) a fill, fullness; full complement; supply, patch, supplement, (b) fullness, filling, fulfillment, completion이다.

라엘이란 성경이 말하는 그 영적 이스라엘이 아니다.

역사의 주관자 하나님께서 유대인을 선민으로 삼은 것은 인간의 구원을 설명하는 하나님의 방법 혹은 방식일 뿐이다. 더 나아가 하나님께서 유대인을 선민으로 먼저 택한 것은 그들이 아버지 하나님의 마음을 헤아려 온 세상에 하나님의 은혜의 복음을 전하게 하려는 당신의 경륜의 도구였던 것이다.

15 저희를 버리는 것이 세상의 화목이 되거든 그 받아들이는 것이 죽은 자 가운데서 사는 것이 아니면 무엇이리요

"버리는 것"이란 하나님에 의해 거절됨 즉 신적 유기(遺棄)라는 의미(Murray)이다. 한편 "화목"은 이와는 대조적인 표현으로 복음을 통해 이방인이 하나님과 화목[208](καταλλαγή, nf)을 이루는 것 즉 관계 회복이라는 의미이다. 결국 "세상의 화목"이라는 것은 예수 그리스도의 대속 죽음을 통한 세상의 하나님과의 관계 회복을 가리킨다(롬 5:1, 10-11, 고후 5:18-20). "받아들이는 것"이란 종말 시대에 구원받은 영적 이스라엘의 수가 충만해지는 것(11:12, 25, 26)을 가리키는 것으로 "버리는 것"과 대조되고 있는 표현이다.

"죽은 자 가운데서 사는 것"이라는 해석은 학자들마다 그 해석이 분분

---

208 화목은 카탈라게(καταλλαγή, nf)인데 이는 reconciliation (restoration) as the resulting of Christ exactly (precisely) exchanging His righteousness (blood) for our guilt. See 2644 (katallassō)이다.

하다. 첫째, 전 인류의 회개(Bengel), 둘째, 이스라엘이 하나님의 은혜로 예수 그리스도로 말미암아 영적인 죽음에서 살아나는 것(Wuest), 셋째, 이스라엘의 민족적 회심 이후에 있을 성도들의 부활(Origen, Zahn, Meyer, Bruce) 등등이다. 나는 셋 다를 지지하나 세번 째의 해석에는 약간 부담감을 느끼고 있다.

16 제사하는 처음 익은 곡식 가루가 거룩한즉 떡덩이도 그러하고 뿌리가 거룩한즉 가지도 그러하니라

이 구절은 거제(擧祭)의 규례(민 15:17-21)를 나타낸 것이다.

"처음 익은 곡식 가루"의 헬라어는 아파르케[209](ἀπαρχή, nf)인데 이는 추수 후 제사장에게로 가져가 여호와 앞에 흔들어 드리는 요제(搖祭)의 곡식 한 단을 가리킨다(레 23:10-11, 15). 이렇게 첫 곡식을 드려 그 곡식이 거룩케 되면 나머지 곡식도 거룩케 된다고 인정받게 되는 것이다.

한편 이들을 가리켜 이스라엘 조상들 특히 족장들이라고 해석(Murray, Wuest, Hendriksen)하기도 하나 바울은 예수를 영접한 유대인들, 즉 구원받을 자의 대열에 포함된 영적 유대인으로서의 남은 자(Harrison, Bruce)를 가리킨다라고도 말한다. "뿌리와 가지, 참감람나무와 돌감람나무"와 연관시켜 묵상해보라. "뿌리"란 하나님 곧 예수 그리스도를 가리킨다.

---

209 아파르케(ἀπαρχή, nf)는 he first-fruits, the earliest crop of the year, hence also met., for example, of the earliest converts in a district; there is evidence in favor of rendering in some passages merely by: sacrifice, gift이다.

"떡덩이 혹은 가지"의 경우 아브라함을 비롯하여 택함 받은 조상의 택함 받은 후손들, 즉 영적 이스라엘족속으로서 회심했거나 장차 하나님께로 돌아오게 될 영적 유대인으로서의 남은 자를 가리킨다.

처음 익은 곡식, 첫 열매에 관한 것은 레위기 23장 10-11절, 민수기 15:17-21절을 묵상해보라.

17 또한 가지 얼마가 꺾여졌는데 돌감람나무인 네가 그들 중에 접붙임이 되어 참감람나무 뿌리의 진액을 함께 받는 자 되었은즉

"돌감람나무"는 이방인을, "참감람나무(시 52:8, 렘 11:16)"는 유대인 즉 이스라엘을 가리킨다. 한편 돌감람나무는 야생의 감람나무로서 열매에 기름이 적어 경제성이 없는 쓸모없는 나무를 가리킨다.

참고로 "접붙임"이란 현대의 농업지식에 의하면 나쁜 나무에 좋은 가지를 붙이는 것을 말한다. 그렇기에 이 구절을 보면 참감람나무(좋은 나무)에 돌감람나무(나쁜 가지)가 접붙임을 받았기에 하나님의 구원 방식은 현대의 농업 지식과 정반대이다. 곧 자연법칙을 초월한 방법으로 돌감람나무인 이방인들을 구원하신 하나님의 방법에 주목해야 한다.

"진액을 함께 받는 자 되었은 즉"이라는 말을 통하여는 하나님의 측량할 수 없는 은혜를 함께 받는 자가 되었다라는 것으로 물밀듯 밀려오는 그윽한 은혜가 느껴진다.

18 그 가지들을 향하여 자긍하지 말라 자긍할지라도 네가 뿌리를 보전하는 것이 아니요 뿌리가 너를 보전하는 것이니라 **19** 그러면 네 말이 가지들이 꺾이운 것은 나로 접붙임을 받게 하려함이라 하리니

잘려나간 가지 즉 구원의 대열에서 떨어져나간 혈통적 유대인들을 향해 이방인들은 오버함으로 그릇된 자긍심을 가지지 말라는 말이다. 왜냐하면 이방인들은 돌감람나무로서 참감람나무인 유대인들에게 접붙임을 받았기 때문이다. 이는 앞서 언급했듯이 자연적인 '접붙임'과는 정반대이다.

"네, 나"가 가리키는 것은 돌감람나무였던 이방인 크리스천을 말한다.

농부이신 하나님, 뿌리이신 예수님만이 접붙인 가지가 잘 자라도록 물과 양분을 공급하고 늘 가꾸시고 세심하게 돌보신다. 또한 그 가지를 계속 접붙일 것인지 가지치기를 할 것인지를 결정하신다. 한편 '꺾이운 가지 곧 가지치기'란 혈통적 유대인의 유기를, '접붙임'이란 이방인의 구원을 상징한다.

20 옳도다 저희는 믿지 아니하므로 꺾이우고 너는 믿으므로 섰느니라 높은 마음을 품지 말고 도리어 두려워하라 **21** 하나님이 원 가지들도 아끼지 아니하셨은즉 너도 아끼지 아니하시리라

"옳도다" 헬라어는 "칼로스(καλῶς)인데 이는 '충분히 옳다(true enough)'라는 것으로 혈통적 유대인들의 복음 거부로 인해 이방인들이 구원을 얻게 된 것은 하나님의 구속사(Redemptive history)의 전개 과정이었다라는 의미이다.

20절은 에베소서 2장 8-9절의 말씀으로 구원은 오로지 믿음에 의한 것이라는 말이다. 한편 믿음으로 은혜로 구원을 얻은 것은 맞지만 하나님에 대한 태도에는 "경외감(fear and trembling)"이 있어야 한다.

"너희가 그 은혜를 인하여 믿음으로 말미암아 구원을 얻었나니 이것이 너희에게서 난 것이 아니요 하나님의 선물이라 행위에서 난 것이 아니니 이는 누구든지 자랑치 못하게 함이니라" _엡 2:8-9

22 그러므로 하나님의 인자와 엄위를 보라 넘어지는 자들에게는 엄위가 있으니 너희가 만일 하나님의 인자에 거하면 그 인자가 너희에게 있으리라 그렇지 않으면 너도 찍히는 바 되리라

"인자(롬 2:4)"의 헬라어는 클레스토테스[210]($χρηστότης$, nf)인데 이는 이방인의 접붙임을 허용한 것에 대한 하나님의 긍휼하심과 지극하신 사랑을 가리킨다.

"엄위"의 헬라어는 아포토미아[211]($ἀποτομία$, nf)인데 이는 '끊어버리다'라는 의미로 하나님을 거역하는 자에 대한 엄정함, 혹독함, 유대인들의 불순종을 향한 가지치기(유기와 진노, 롬 9:29, 10:21, 11:7-11, 15, 17, 19-21)를 가리킨다.

---

210 클레스토테스($χρηστότης$, nf)는 goodness, excellence, uprightness, kindness, gentleness/(a noun, derived from 5543 /xrēstós, "useful, profitable") - properly, useable, i.e. well-fit for use (for what is really needed); kindness that is also serviceable이다.

211 아포토미아($ἀποτομία$, nf)는 sharpness, steepness/(lit: sheerness, of a rock), abruptness, harshness, severity, rigor이다.

23 저희도 믿지 아니하는 데 거하지 아니하면 접붙임을 얻으리니 이는 저희를 접붙이실 능력이 하나님께 있음이라 **24** 네가 원 돌감람나무에서 찍힘을 받고 본성을 거스려 좋은 감람나무에 접붙임을 얻었은즉 원 가지인 이 사람들이야 얼마나 더 자기 감람나무에 접붙이심을 얻으랴

"본성을 거스려"라는 것은 일반적인 자연법칙에는 나쁜 나무에 좋은 가지를 접붙여야 하는 것임에도 불구하고 이와는 반대로 나쁜 가지가 좋은 나무에 접붙여진 것은 자연의 순리마저 벗어난 크신 하나님의 은혜였다라는 것이다.

"얼마나 더"에 해당하는 헬라어는 포소 말론(πόσῳ μᾶλλον, how much more)인데 이런 기법(더 큰 것에서 작은 것에로의 전이, from the greater to the less)은 바울이 흔히 사용한 특징적 기법(롬 5:9, 11:12, Robertson) 중 하나이다.

25 형제들아 너희가 스스로 지혜있다 함을 면키 위하여 이 비밀을 너희가 모르기를 내가 원치 아니하노니 이 비밀은 이방인의 충만한 수가 들어오기까지 이스라엘의 더러는 완악하게 된 것이라

"이 비밀"의 헬라어는 뮤스테리온[212](μυστήριον, nn)인데 이는 비밀이

---

[212] 뮤스테리온(μυστήριον, nn)은 a mystery or secret doctrine/(the root of the English term, "mystery") - mystery. In the Bible, a "mystery" (3466 /**mystérion**) is not something unknowable. Rather, it is what can only be known through revelation, i.e. because God reveals it이다.

라기보다는 '신비(mystery)'라는 의미로서 하나님의 섭리와 경륜을 드러내는 것 곧 계시되는 것들을 가리킨다. 곧 자연적인 사고(思考) 즉 인간의 상식적 생각으로는 이해하기 힘든 하나님의 구속 섭리, 성육신, 예수 그리스도의 대속적 죽음과 부활, 예수를 믿음으로 구원되는 신비를 가리키고 있다.

"모르기를 원치 아니하노니"라는 것은 이중 부정으로서 구원의 신비를 더욱더 잘 알기를 원한다라는 것을 강조한 것(롬 1:13, 고전 10:1, 12:1, 고후 1:8, 살전 4:13)이다.

"이방인"의 헬라어[213]는 톤 에드논(τῶν ἐθνῶν/ἔθνος, nn)인데 이는 '이방인의 것(율법 하의 모든 것)'을 가리킨다.

"충만한 수"라는 것은 '영적 이스라엘의 충만한 수'라는 것으로 하나님의 궁극적 구원에 있어서의 이방인과 유대인 모두를 의미하고 있다.

26 그리하여 온 이스라엘이 구원을 얻으리라 기록된 바 구원자가 시온에서 오사 야곱에게서 경건치 않은 것을 돌이키시겠고

"온 이스라엘"에서의 '온'이란 '선택된'이라는 의미로 '영적 이스라엘'을 가리키며 마태복음 10장 22절에는 "나중까지 견디는 자"라고 달리 표현하기도 했다.

---

213 톤 에드논(τῶν ἐθνῶν/ἔθνος, nn)은 (from ethō, "forming a custom, culture") - properly, people joined by practicing similar customs or common culture; nation(s), usually referring to unbelieving Gentiles (non-Jews)이다.

"구원자"란 메시야를 가리키며 "시온"은 하늘에 계신 하나님의 도성(히 12:22, 갈 4:26)으로서 거룩한 성 새 예루살렘(계 21:2)을 가리킨다. "야곱에게서 경건치 않은 것을 돌이키시겠고"라는 것은 불경한 이스라엘을 예수 그리스도를 통해 하나님과 화목시킬 것을 말씀하고 있다.

"돌이키시겠고"의 헬라어는 아포스트레포[214](ἀποστρέφω, v)인데 이는 회개하다(메타노이아, μετάνοια, nf, 슈브, שׁוּב, v)라는 의미로 죄의 고백과 함께 하나님께로 다시 되돌아오는 것까지를 포함한다.

27 내가 저희 죄를 없이 할 때에 저희에게 이루어질 내 언약이 이것이라 함과 같으니라

이사야 27장 9절의 인용부분으로서 예레미야 31장 31-34, 미가서 5장 2절의 사상도 포함되어 있는 구절이다.

"죄를 없이 할 때에"라는 말 속에는 그리스도의 대속 죽음이 함의되어 있다. 한편 "내 언약이 이것이라"에서의 언약이란 예레미야 31장 31절이하(~34)의 말씀을 가리킨다.

28 복음으로 하면 저희가 너희를 인하여 원수된 자요 택하심으로 하면 조상들

---

214   아포스트레포(ἀποστρέφω, v)는 to turn away, turn back/(from 575 /apó, "away from," which intensifies 4762 /stréphō, "to turn") – properly, turn away from, i.e. depart (separate) from the previous point. 654 (apostréphō) emphasizes the personal element involved with turning away or rejecting (L & N, 1, 68.44)이다.

을 인하여 사랑을 입은 자라

이 구절은 "복음과 택하심", 유대인인 "저희"와 그리스도를 믿는 이방인인 "너희", "원수된 자"와 "사랑을 입은 자"의 댓구에 주목하며 묵상을 하면 더욱 풍성해진다.

만세 전에 하나님의 은혜로 택하심, 예수 그리스도의 복음	
먼저는(첫째는) 유대인	나중은 이방인을 총칭하는 헬라인
저희가	너희를
원수된 자	사랑을 입은 자

"복음으로 하면"이란 '복음에 의하면' 즉 '구원의 소식을 담고 있는 복음 전파의 기준에서 보면'이라는 의미(Wuest)이다. "너희를 인하여"라는 것은 이스라엘의 넘어짐으로 구원이 이방인에게 이른 것을 가리킨다.

"원수된 자"의 주체는 유대인으로서 하나님이 이방인을 구원하시기 위해 이스라엘로 하여금 복음을 거부하게 하셨고 이로 인해 이스라엘은 하나님의 적대자로 간주되었다라는 의미이다. "사랑을 입은 자[215](ἀγαπητός, adj)"라는 것에서는 택하신 백성(영적 이스라엘)에 대한 취소되지 않는 하나님의 신적 사랑을 보여주고 있다(Murray).

---

215 사랑을 입은 자의 헬라어는 아가페토스(ἀγαπητός, adj)인데 이는 oved, beloved, with two special applications: the Beloved, a title of the Messiah (Christ), as beloved beyond all others by the God who sent Him; of Christians, as beloved by God, Christ, and one another 이다.

29 하나님의 은사와 부르심에는 후회하심이 없느니라

"하나님의 은사와 부르심"에 관하여는 다음의 고린도전서 7장(17, 20, 24)과 베드로후서 1장 10절, 로마서 9장 11절의 말씀과 연결하여 묵상하면 도움이 된다.

"오직 주께서 각 사람에게 나눠 주신대로 하나님이 각 사람을 부르신 그대로 행하라 내가 모든 교회에서 이와 같이 명하노라"_고전 7:17

"각 사람이 부르심을 받은 그 부르심 그대로 지내라"_고전 7:17

"형제들아 각각 부르심을 받은 그대로 하나님과 함께 거하라"_고전 7:20

"그러므로 형제들아 더욱 힘써 너희 부르심과 택하심을 굳게 하라 너희가 이것을 행한 즉 언제든지 실족지 아니하리라"_벧후 1:10

"그 자식들이 아직 나지도 아니하고 무슨 선이나 악을 행하지 아니한 때에 택하심을 따라 되는 하나님의 뜻이 행위로 말미암지 않고 오직 부르시는 이에게로 말미암아 서게 하려 하사"_롬 9:11

한편 "은사"의 헬라어는 카리스마[216](χάρισμα, nn)인데 이는 '공적이 전혀 없음에도 불구하고 하나님으로부터 받게 된 무조건적 은혜나 호의'로서 혈통적 이스라엘에게 부여된 독특한 민족적 은혜(Godet)를 가리키

---

216 카리스마(χάρισμα, nn)는 (from "grace," 5485 /xáris) - properly, the operation of grace (divine favor), i.e. a grace-endowment to edify the Church (note the -ma suffix, focusing on the end-result of the endowment of grace)/τὰ χαρίσματα, the gifts이다.

기도 한다. "부르심"의 헬라어는 클레시스²¹⁷(κλῆσις, nf)인데 이는 구원으로 인도하는 하나님나라에의 초대(Thayer)로서 메시야왕국에 참여하도록 초대하신 하나님의 행위를 말한다. 그러므로 "은사와 부르심"이란 다른 단어(Cranfield)이나 같은 의미로서 이스라엘이 받은 특권을 언급한 강조적 표현이다(Kasemann).

"후회하심이 없느니라"의 헬라어는 아메타멜레토스²¹⁸(ἀμεταμέλητος, adj)인데 이는 '돌이키심이 없다'라는 의미로 '되돌이키지 않는 어떤 결정성(irrevocable of something)'을 강조한 표현(Bauer)이다. 한편 '하나님의 후회(창 6:6, 민 23:19, 삼상 15:11, 29)'라는 것을 오해하면 마치 하나님의 속성이 변개하기도 하는 것처럼 여겨지지만 그렇지 않다. '하나님의 후회'라는 것은 오히려 인간의 악함에 대한 하나님의 슬픔과 분노의 감정을 표현한 것으로 신인 동형 동성론(anthropomorphism)적 표현이라고 한다.

30 너희가 전에 하나님께 순종치 아니하더니 이스라엘의 순종치 아니함으로 이제 긍휼을 입었는지라 31 이와 같이 이 사람들이 순종치 아니하니 이는 너희에게 베푸시는 긍휼로 이제 저희도 긍휼을 얻게 하려 하심이니라

---

217 클레시스(κλῆσις, nf)는 (from 2564 /kaléō, "to call, summon") – calling; used of God inviting all people to receive His gift of salvation – with all His blessings that go with it (Ro 11:29; Eph 4:4; 2 Pet 1:10)이다.

218 아메타멜레토스(ἀμεταμέλητος, adj)는 not repented of/(an adjective, derived from 1 /A "not" and 33387/metamelomai, "regret") – properly, no change of concern (interest), i.e. without regret or remorse for an action because it was done from deep conviction (true concern)이다.

이방인의 구원은 이스라엘의 회복과 연결(11:11, 12, 15, 28)됨을 드러내고 있다. 즉 현재 이방인이 순종하는 것처럼 장차 이스라엘도 하나님께로 돌아올 것이라는 의미이다.

"이스라엘의 순종치 아니함으로"라는 것은 '그들의 불순종 때문에(공동번역)', '이들의 불순종을 통하여(표준신약전서)'라는 의미이다.

우리가 반드시 기억해야 할 것은 이방인이나 유대인들의 구원은 오직 하나님의 긍휼 때문임을 알아야 하는 것이다.

32 하나님이 모든 사람을 순종치 아니하는 가운데 가두어 두심은 모든 사람에게 긍휼을 베풀려 하심이로다

"모든 사람, 모든 사람"이라고 두 번 거듭 반복한 것은 하나님의 구원은 국가나 민족, 혈통에 국한된 것이 아니라 택정함을 입은 모든 인류임을 드러낸 것이다. 즉 유대인이나 이방인이나 차별 없이 하나님의 긍휼하심을 입은 모든 사람(Bruce)을 가리킨다. 결국 구원받는 개개인에 대한 운명을 선언한 것이 아니라 각양 각색의 다양한 사람들이 예수 그리스도를 믿음으로 구원에 이르게 된다라는 진리를 선포한 것이다.

"순종치 아니하는 가운데 가두어 두심"이란 '율법 하에 불순종하는 인간들을 완전히 봉쇄하다'라는 의미로서 불순종이 인간 전체를 사로잡고 있기에 하나님에 대한 인간의 숙명적인 불순종을 은혜로 주신 율법으로 통제할 것이라는 말이다.

33 깊도다 하나님의 지혜와 지식의 부요함이여 그의 판단은 측량치 못할 것이며 그의 길은 찾지 못할 것이로다

"깊도다 하나님의 지혜와 지식의 부요함"이라는 것은 계시록 4장 11절과 상통하기에 '부요와 지혜와 지식(LV, RSV, 공동번역, NIV, 새번역 신약전서, 표준신약전서, Meyer, Barth)'이라고 번역함이 적당하다.

한편 '부요'란 하나님의 속성의 풍부함(롬 2:4, 9:23, 엡 1:7, 3:16)을 가리킨다. "지혜"는 종합적이고 폭넓은 통찰력을, "지식"은 감각적인 사물에 대한 인지(認知)를 가리키지만 이들 세 가지는 하나님의 전지하신 속성에 대한 중언법적 표현이기도 하다.

"판단"의 헬라어는 크리마[219](κρίμα, nn)이고 "그의 판단은 측량치 못할 것"이라는 말은 하나님의 판단은 '이해할 수 없는 불가해석(incomprehensibility, Bauer)'이라는 의미이다.

결국 "하나님의 판단은 측량치 못할 것이며"라는 것에서의 '판단'이란 '심판 혹은 정죄'라는 단순한 의미가 아니다. 오히려 '인간의 삶 가운데 구현되는 하나님의 섭리적 결정 곧 하나님의 지혜와 지식의 부요함'은 인간으로서는 도저히 측량치 못할 뿐만 아니라 이해할 수도 없는 불가해석이라는 말이다.

"길"의 헬라어는 호도스(ὁδός, nf, a way, road, journey, path)인데 이는 '하나님의 섭리적 행위'를 가리킨다. "찾지 못할 것이로다"라는 것은 '탐지해 낼 수 없다'라는 의미이다(Vincent).

---

219 크리마(κρίμα, nn)는 (a) a judgment, a verdict; sometimes implying an adverse verdict, a condemnation, (b) a case at law, a lawsuit/τὰ κρίματα, the judgements이다.

34 누가 주의 마음을 알았느뇨 누가 그의 모사가 되었느뇨

이사야 43장 13절의 70인역(LXX)의 인용이다. 고린도전서 2장 16절과도 대조해보면 묵상이 보다 더 풍성해질 수 있다.

"누가 주의 마음을 알았느뇨"라는 것은 하나님의 무한하신 깊은 지식은 인간의 유한성으로 측량할 수 없다라는 것이다.

"누가 그의 모사가 되었느뇨"라는 것은 완전하신 하나님 자신만이 당신의 일을 판단하고 시행하신다라는 의미이다.

35 누가 주께 먼저 드려서 갚으심을 받겠느뇨

이 구절은 욥기 41장 11절의 말씀이다.

하나님께서는 온 우주의 주인이시기에 어떤 부족함도 느끼지 않음으로 인간에게 그 어떤 것도 의존하지 않으신다라는 말이다.

36 이는 만물이 주에게서 나오고 주로 말미암고 주에게로 돌아감이라 영광이 그에게 세세에 있으리로다 아멘

이 구절은 9장 1절에서 11장 35절까지의 요약이기도 하고 넓게는 3장 21절-11장 36절의 요약이기도 하다. 고린도전서 8장 6절, 골로새서 1장 15-17절의 말씀과 상통하고 있다.

"그러나 우리에게는 한 하나님 곧 아버지가 계시니 만물이 그에게서 났고 우리도 그를 위하며 또한 한 주 예수 그리스도께서 계시니 만물이 그로 말미암고 우리도 그로 말미암았느니라"_고전 8:6

"그는 보이지 아니하시는 하나님의 형상이요 모든 창조물보다 먼저 나신 자니 만물이 그에게 창조되되 하늘과 땅에서 보이는 것들과 보이지 않는 것들과 혹은 보좌들이나 주관들이나 정사들이나 권세들이나 만물이 다 그로 말미암고 그를 위하여 창조되었고 또한 그가 만물보다 먼저 계시고 만물이 그 안에서 함께 섰느니라"_골 1:15-17

"주에게서 나오고"의 헬라어는 엑스(ἐξ, from)인데 이는 만물의 기원(origin)을, "주로 말미암고"의 헬라어는 디아(διά, through, by)인데 이는 경로 혹은 과정을, "주에게로 돌아감이라"의 헬라어는 에이스(εἰς, unto(to))인데 이는 종국(운명) 혹은 목표를 의미한다. 여기서 '주'라는 것은 창조주 하나님을 가리킨다(시 104:24, 잠 3:19). 결국 하나님만이 유대인과 이방인들의 구원의 동인(動因)이자 완성자요 목표라는 의미이다(Hendriksen, 고전 8:6, 엡 4:5-6).

하나님의 의가 드러난 십자가 복음
·
·
·
·
·

괴짜 의사 Dr. Araw의
쉽고 바르게 읽는 로마서 장편(掌篇) 강의

레마이야기 12

하나님이 기뻐하시는
거룩한 산 제사, 영적 예배(12:1)

일반적으로 로마서를 나눌 때 1-11장까지를 복음과 교리에 관한 것이라고 한다면 12-16장까지는 복음과 십자가로 살아가고 복음과 십자가를 자랑하는 삶에 대해 말씀하고 있다. 특히 마지막 16장은 예수 그리스도 안에서 한 지체된 동역자들 간의 관계와 교제에 관한 삶에 대해 말씀하고 있다.

우리는 만세 전에 하나님의 은혜로 택정함을 입었다. 때가 되매 하나님의 유일한 기름부음 받은 자이신 그리스도 메시야 곧 구원자이신 예수께서 이 땅에 오셨다. 성육신하신 신인(神人) 양성의 예수님은 공생애 전까지 수동적 입장을 취하시며 인성으로서 모든 것을 순종하시고 배우셨다(메시아닉 신비, Messianic Secret). 공생애 가운데에서는 메시아닉 사인(Messianic sign)을 통해 당신께서 그리스도 메시야이심을 드러내신 후 천국 복음(하나님나라 복음)을 가르치시고 전파하셨다. 이후 대가 지불인 십자가 보혈이라는 속량(대속제물, 화목제물)으로 우리의 수치와 저주를 대신하셨다.

예수님은 승천하시면서 우리에게 지상대명령(Great Commandment)을 주셨는데 이른바 마태복음 28장 18-20절이다.

"예수께서 나아와 일러 가라사대 하늘과 땅의 모든 권세를 내게 주셨으니 그러므로 너희는 가서 모든 족속으로 제자를 삼아 아버지와 아들과 성령의 이름으로 세례를 주고 내가 너희에게 분부한 모든 것을 가르쳐 지키게 하라 볼찌어다 내가 세상 끝날까지 너희와 항상 함께 있으리라 하시니라"_마 28:18-20

로마서는 1장 16-17절을 통해 모든 믿는 자에게 구원을 주시는 하나님의 능력이 바로 복음이라고 천명함으로 시작한다. 하나님의 공의와 사랑의 결정체인 십자가가 바로 복음인데 그 복음의 주체이신 예수를 믿음(피스티스)으로 믿음(피스튜오)에 이르게 된다고 선포하고 있다. 그 보증이 바로 하나님의 미쁘심(피스토스)이다[220].

모든 사람은 죄인으로서 영적 죽음 상태로 태어난다. 그렇기에 선민이었던 유대인도 이방인도 모두가 다 죄인이다. 의인은 없나니 하나도 없

---

220 〈오직 믿음, 믿음, 그리고 믿음〉, 도서출판 산지, 이선일, 이성혜, 2021

다. 아담의 원죄로 인하여 대표와 연합의 원리에 의해 모든 사람은 죄를 범하여 영적 죽음 가운데 태어났다. 그리스도 안에 있는 구속으로 말미암아 하나님의 은혜로 값없이 의롭다 하심을 얻어 믿음으로 이면적 유대인, 곧 영적 이스라엘이 된 것이다. 그러므로 누구든지 그리스도 예수 안에서는 하나(Variety in Unity)이다. 혈통적 이스라엘의 국부였던 아브라함 또한 믿음으로 구원을 얻은 것이다.

그 예수를 믿음으로 의롭다 하심을 얻어 '영적 이스라엘' 된 우리는 이후 예수 그리스도로 말미암아 하나님으로 더불어 화평(샬롬, 에이레네)을 누리게 되었고 그리하여 성령님의 통치와 질서, 지배 하에서(성령 충만 가운데) 하나님과의 바른 관계와 친밀한 교제 속에서 살아가게 되었다. 이후 우리는 더 이상 죄에게 종 노릇 하여 불의의 병기로 사망을 위하여 열매를 맺지 말고 의의 병기가 되어 거룩함에 이르는 열매를 맺으며 살아가야 한다. 그러나 아직은 already~not yet이기에 육신의 장막을 벗는 그날까지는 우리 안에 하나님의 법과 죄의 법이 뒤엉켜 있다는 사실에 직면해야 한다. '원하는 선보다는 원치 아니하는 악'으로 빨리 달려갈 수밖에 없음을 직시해야 한다. 그런 곤고함으로 살아가는 우리에게 유일한 해결책은 그리스도 예수 안에 있는 생명의 성령의 법 아래로 들어가는 것이다. 이른바 성령님께 온전한 주권을 드리고 그분의 통치, 질서, 지배 하에서만(성령 충만으로만) 살아감으로 죄와 사망의 법과 싸워야 할 것이다. 피흘리기까지…….

제한되고 유한된 한 번 인생을 살아가며 원치 않는 죄 가운데 살아간다고 할지라도 하나님이 우리를 위하시기에 어느 누구도 우리를 참소할 수가 없고 그 관계를 끊을 수도 없다. 그들이 모든 수단을 동원하여 우리를 넘어뜨리려 하여도 우리는 로마서 8장 35, 38-39절의 말씀을 견고하게 붙들고 살아가야 한다.

"누가 우리를 그리스도의 사랑에서 끊으리요 환난이나 곤고나 핍박이나 기근이나 적신이나 위험이나 칼이랴" _롬 8:35

"내가 확신하노니 사망이나 생명이나 천사들이나 권세자들이나 현재 일이나 장래 일이나 능력이나 높음이나 깊음이나 다른 아무 피조물이라도 우리를 우리 주 그리스도 예수 안에 있는 하나님의 사랑에서 끊을 수 없으리라" _롬 8:38-39

하나님은 약속의 말씀(6대 언약)을 통해 약속의 자녀를 허락하셨다. 하나님의 주권적 의지는 하고자 하시는 자를 택하셔서 그렇게 인도해 가신다. 어느 시대건 어느 민족이건 간에 하나님은 당신의 은혜로 '남은 자(Remnant)'를 두셔서 그들을 보호하시고 인도해 가신다. 동시에 그들을 하나님의 하나님 되심에 대한 도구로 사용하신다. 그런 하나님의 섭리와 경륜은 너무 커서 우리가 다 알 수는 없다.

"깊도다 하나님의 지혜와 지식의 부요함이여, 그의 판단은 측량치 못할 것이며 그의 길은 찾지 못할 것이로다. 누가 주의 마음을 알았느뇨 누가 그의 모사가 되었느뇨 누가 주께 먼저 드려서 갚으심을 받겠느뇨 이는 만물이 주에게서 나오고 주로 말미암고 주에게로 돌아감이라 영광이 그에게 세세에 있으리로다 아멘" _롬 11:33-36

그러므로 예수님 안에서 새 생명(New life, 영생)을 통해 새로운 피조물(New Creation)이 된 우리는 하나님이 기뻐하시는 거룩한 산 제사를 드리며 살아가야 한다. 이른바 영적 예배(Spiritual Worship)이다. 삶으로 드리는 모든 예배이다. 그리스도인 된 우리는 삼위하나님을 찬양하고 경배하는 일에 올인해야 한다. 하나님이 선하시고 기뻐하시고 온전하다고 여기시는 그 뜻을 정확하게 분별하며 살아가야 한다.

그렇다면 우리를 향한 하나님의 뜻(델레마 데우)은 구체적으로 무엇일까? 데살로니가 전서 4장 3절과 5장 16-18절에 의하면 거룩함(카다쉬)으로 살아가는 것, 항상 기뻐하고 쉬지 말고 기도하며 범사에 감사하며 살아가는 것이라고 말씀해 주셨다.

이제 후로는 우리 안에 내주하시는 주인되신 성령님께 보다 더 민감함으로 그렇게 살아가야 할 것이다.

할렐루야!

12-1 그러므로 형제들아 내가 하나님의 모든 자비하심으로 너희를 권하노니 너희 몸을 하나님이 기뻐하시는 거룩한 산 제사로 드리라 이는 너희의 드릴 영적 예배니라

지금까지의 1-11장이 복음과 교리에 관한 설명이라면 12-16장은 그리스도인의 삶에 대한 실천적 권면이다(Hendriksen).

"모든 자비하심"이란 만세 전의 하나님의 택정하심과 부르심, 예수 그리스도의 초림으로 인한 칭의(稱義, Justification), 성령님의 내주하심으로 인한 성화(聖化, Sanctification), 그리고 종국적으로 심판주이신 예수

님의 재림으로 미래형 하나님나라에서의 영화(榮化, Glorification)에 따른 하나님의 끊임없는 은혜(Wuest)를 가리킨다.

"권하노니"의 헬라어는 파라칼레오²²¹(παρακαλέω, v)인데 이는 우리를 위하여 죽으신 예수님의 십자가 대속 죽음과 하나님의 크신 은혜가 전제된 소중한 권고를 의미한다. 곧 하나님의 모든 자비하심이라는 말 속에는 예수님의 십자가 보혈로 하나님의 언약이 성취되었기에 당연히 권면되어지는 것이라는 의미이다.

"너희 몸(yourselves)"이라는 말 속에는 성도는 이미 성령의 전(고전 6:19)이요 성전(고전3:16) 그 자체이며 그리스도의 지체라는 의미가 내재되어(고전 6:15) 있다. 한편 2절의 "마음(νοῦς, nm)" 또한 "너희 몸(σῶμα, nn)"과 더불어 인격 전체를 가리키는 것이다. 곧 인간의 영이란 처음부터 몸과 분리될 수 없으며 인간의 인격 속에 있는 하나로서의 완전한 요소(창 2:7, 21-23)이다. 장차 우리가 부활될 때에는 부활체 곧 변화된 몸이 될 것(롬 8:23, 고전 15:54-56, 빌 3:21, Murray)이다.

"산 제사"에 있어서의 '산'이란 헬라어로 조산(ζῶσαν, V-PPA-AFS, living)인데 이는 '합리적인, 합당한, 신령한, 영적인'이라는 의미이다. 곧 신령한 영적 예배라는 것이다. 결국 산 제사인 영적 예배에는 '거룩함'이 전제되어 있다. '거룩함'이라는 의미는 6가지인데 구별됨(Set apart), 순수함과 정직함(Purity & Honesty), 알차게 살아감(Fulfill), 빛과 소

---

221 exhortation, (a) I send for, summon, invite, (b) I beseech, entreat, beg, (c) I exhort, admonish, (d) I comfort, encourage, console/(from 3844 /pará, "from close-beside" and 2564 /kaléō, "to call") - properly, "make a call" from being "close-up and personal." 3870 / parakaléō ("personally make a call") refers to believers offering up evidence that stands up in God's court)

금(Salt & Light), 광채(Sheen), 향기(fragrance, perfume)로의 역할, 고상함(Loftiness, 예수님의 성품, 즉 온유와 겸손, 경건, 선한 양심), 복음 전파(Preaching)를 가리킨다. 그러므로 "산 제사, 영적 예배"에는 반드시 '거룩함'이 전제되어야 한다.

"예배"의 헬라어는 라트레이아²²²(λατρεία, nf)인데 이는 예배(RSV, worship) 혹은 섬김(KJV, service)으로 번역되며 삶으로 드리는 모든 것이 '예배'이다. 곧 학생은 공부가 예배이며 자식은 부모를 향한 효도가 예배이고 부모는 자식을 잘 양육함이 예배이다. 직장인은 열심히 직장에서 '주께 하듯' 일을 하는 것이 예배이며 부부가 아름답게 행복하게 사는 것 또한 예배이다. 참고로 '성지순례'라는 말에서의 성지(聖地)란 성령님이 내주하시는 각자의 몸을 가리킨다. 참고로 '부부 간의 성지순례'는 아내가 남편을, 남편이 아내를 찾아가는 것(창 2:25)을 말한다.

2 너희는 이 세대를 본받지 말고 오직 마음을 새롭게 함으로 변화를 받아 하나님의 선하시고 기뻐하시고 온전하신 뜻이 무엇인지 분별하도록 하라

"세대"의 헬라어는 아이온²²³(αἰών, nm)인데 이는 말세를 만난 성도들

---

222 service rendered to God, perhaps simply: worship/(from 3000 /**latreúō**, "render sacred service") – sacred (technical) service)

223 a space of time, an age, a cycle (of time), especially of the present age as contrasted with the future age, and of one of a series of ages stretching to infinity/see also the cognate adjective, 166 /**aiónios,** "age-long") – properly, an age (era, "time-span"), characterized by a specific quality (type of existence)

이 겪는 온갖 종류의 시대상황 혹은 시대정신을 의미한다(고전 10:11, 벧전 1:20). 결국 말세를 살아가는 성도들이 겪는 비신앙적인 사상과 충돌 양상(Trench, Bengel) 등을 가리키는 것으로 모든 견해, 사조, 가치관, 풍조, 경향, 패턴, 스타일 등등을 함의하고 있다.

"본받지 말고"에서의 '본(本)'의 헬라어는 쉬스케마티조[224](συσχηματίζω, v)인데 이는 '어떤 것으로부터 형성하다(to form after something)'라는 의미로서 어떤 행위의 양상(mode of conduct)을 모방하는 것(Godet)을 가리킨다.

"마음"의 헬라어는 누스[225](νοῦς, nm)인데 이는 1절의 "몸"과 같은 의미로서 인간의 지적 능력이나 도덕적 능력 등을 포함하는 '전 인격'을 의미한다.

"변화를 받아"에서의 '변화'의 헬라어는 메타모르포오[226](μεταμορφόω, v)인데 이는 '외모의 변화'를 가리킨다. 그러나 고린도후서 3장 18절의 성화의 모습에 견주어 보면 '내적 본성(inmost nature)의 변화'를 의미하는 것이다(Sanday & Headlam). 그렇기에 과정을 통한 지속적이고도 반

---

[224] to conform to/(from 4862 /sýn, "identified with" and sxēmatizō, "having outward shape") – properly, assuming a similar outward form (expression) by following the same pattern (model, mold)

[225] the mind, the reason, the reasoning faculty, intellect/the God-given capacity of each person to think (reason); the mind; mental capacity to exercise reflective thinking. For the believer, 3563 (noús) is the organ of receiving God's thoughts, through faith)

[226] I transform, transfigure/(from 3326 /metá, "change after being with" and 3445 /morphóō, "changing form in keeping with inner reality") – properly, transformed after being with; transfigured)

복적인 변화를 가리킨다.

"선, 기쁨, 온전함"의 헬라어는 각각 아가도스, 유아레스토스, 텔레이오스(ἀγαθός, εὐάρεστος, τέλειος)인데 이는 각각 모든 사람들에게 적용되는 하나님이 세상을 다스리는 윤리적 기준(롬 12:9, 21, 13:3)을, 하나님의 선하신 뜻이 피조 세계에 실현될 때 수반하는 기쁨을, 하나님의 윤리적 완전함의 속성에 의한 조금도 모자람이 없는 하나님의 무한성을 가리킨다.

"분별하도록 하라"에서의 '분별'의 헬라어는 도키마조[227](δοκιμάζω, v)인데 이는 '시험을 통해 입증함으로 수납하다(accept as approved after testing, Rienecke)'라는 의미이다. 즉 성도들 자신의 삶을 시험대 위에 올려놓아 하나님의 뜻에 부합하는지의 여부를 확인한다라는 의미(Wuest)를 가지고 있다. 동시에 미혹되지 말라는 의미이기도 하다.

한편 디모데후서 2장 15절에서는 비슷한 의미로 "분변하다"라고 되어 있다. 이는 로마 군대 용어로서 오르도토메오[228](ὀρθοτομέω, v)인데 군대의 진입을 용이하게 하기 위해 '길을 똑바로 내다'라는 의미이다.

3 내게 주신 은혜로 말미암아 너희 중 각 사람에게 말하노니 마땅히 생각할 그

---

[227] (from 1384 /dókimos, "approved") – properly, to try (test) to show something is acceptable (real, approved); put to the test to reveal what is good (genuine). See 1384 (dokimos)

[228] I cut straight; met: I handle correctly, teach rightly/(from **temnō**, "to cut" and 3717 / **orthós**, "straight") – properly, cut straight (on a straight line), i.e. "rightly divide" (correctly apportion)

이상의 생각을 품지 말고 오직 하나님께서 각 사람에게 나눠주신 믿음의 분량대로 지혜롭게 생각하라

"말하노니"라고 표현한 것은 1절의 "권하노니"라는 말보다 훨씬 더 권위가 있는 말이다. 1-8절까지는 성도들의 공동생활에 대한 권면으로서 '자기 분수를 잘 지키라(Alford)'는 것이다.

"그 이상의"에 해당하는 헬라어는 파라[229](παρά)인데 이에는 '비교하다'라는 의미가 들어 있다.

"생각하다"의 헬라어는 므네모뉴오[230](μνημονεύω, v)인데 이는 '명심하다, 간과하지 않다'라는 의미이다. 로마서 8장 5-7절에는 프로네오(φρονέω, v)라고 하였는데 '가치를 두다, 꽂히다'라는 의미이다.

참고로 로마서 12장 3절의 말씀을 통해 '생각, 꽂힘'에 대한 3가지 헬라어 원어를 묵상해보자. 한글 번역으로는 '생각'이라는 단어가 3회 나오지만 헬라어 원본에는 4회가 나온다. 프로네오(φρονέω, v/φρόνημα, nn)를 통한 일종의 언어유희(word play)이다.

프로네인(φρονεῖν, 생각할, 생각하라, φρονέω, v)이라는 헬라어는 2회 나오는데 to think, mind라는 의미이고 1회의 소프로네인(σωφρονεῖν, 지혜롭게, 겸손, 자제, σωφρονέω, v)은 to be sober-minded(sound mind)라는 의미이며 나머지 1회의 휘페르프로네인(ὑπερφρονεῖν, 그 이상의 생각

---

[229] 파라(παρά)는 gen: from; dat: beside, in the presence of; acc: alongside of/**pará** (a preposition) – properly, close beside. 3844 /**pará** ("from closely alongside") introduces someone (something) as very "close beside.")이다.

[230] 므네모뉴오(μνημονεύω, v)는 to call to mind, to make mention of, hold in remembrance/to recall by memory (without implying anything was previously forgotten)이다.

을 품다, ὑπερφρονέω, v)은 to be high-minded(high thought, over-proud)라는 의미이다. 그러므로 하나님께서 개개인에게 주신 지혜는 획일적이지 않고 각자의 '믿음의 분량'에 따라 인격적으로 주신다(마 25:15, 다섯, 두, 한 달란트)라는 것이다.

한편 이 구절에서의 '믿음의 분량'이라는 것은 죄인된 인간이 의롭다 인정함을 받아 구원에 이르게 된 '복음의 진리에 대한 믿음'을 가리키는 것이 아니다. 오히려 '새로운 피조물로서의 영적인 능력 혹은 성향'을 가리키는 것으로 4, 6절의 "직분" 혹은 "은사"와 연결되는 개념(Bruce, Murray, Wuest)이다.

4 우리가 한 몸에 많은 지체를 가졌으나 모든 지체가 같은 직분을 가진 것이 아니니 5 이와 같이 우리 많은 사람이 그리스도 안에서 한 몸이 되어 서로 지체가 되었느니라

"많은 지체, 모든 지체"에서의 '많은, 모든'에 해당하는 헬라어[231]는 각각 폴뤼스(πολύς, adj)와 파스(πᾶς, adj)인데 이는 다양한 구성원의 다양한 직분을 가리키는 것으로서 직분(πρᾶξις, nf)이란 행동, 실천(practice), 기능(function)이라는 의미이다.

---

[231] 폴뤼스(πολύς, adj)는 much, many/many (high in number); multitudinous, plenteous, "much"; "great" in amount (extent)이고 파스(πᾶς, adj)는 all, every/each, every; each "part(s) of a totality" (L & N, 1, 59.24))인데 이는 다양한 구성원의 다양한 직분을 가리킨다. 직분은 프락시스(πρᾶξις, nf, (a) a doing, action, mode of action; plur: deeds, acts, (b) function, business/"a function, implying sustained activity and/or responsibility" (L & N, 1, 42.5). See 4238 (prássō)이다.

"지체"의 헬라어는 멜로스²³²(μέλος, nn)인데 이는 "그리스도 안에서 한 몸(고전 10:17, 12:27)"이라는 의미로 신자들의 통일성을 강조하는 것이다. 그러므로 그리스도 안에서 유기적으로 연합된 지체들의 상호보완성과 더불어 그리스도를 중심으로 형성된 우주적 교회의 유일성을 강조한 것이다(Hendriksen).

나는 이를 가리켜 '예수 그리스도 안에서 지체들의 다양성(Variety in Unity)'이라고 명명한다. 이는 몸된 교회의 머리이신 유일한 한 분 예수 그리스도 안에서 각각의 다양한 지체들을 가리킨다(엡 1:22-23, 4:15-16, 골 1:18).

6 우리에게 주신 은혜대로 받은 은사가 각각 다르니 혹 예언이면 믿음의 분수대로,

"은혜대로"라는 것은 '은혜를 따라'라는 의미로 은혜(χάρις, nf)는 하나님의 넘치는, 무궁무진한 값없는 사랑을 가리킨다. 은혜와 동일한 어근의 용어가 은사(χάρισμα, nn)인데 이는 그리스도인이 교회를 잘 섬기게끔 하는 탁월한 능력(Thayer)으로서 교회의 공적 유익을 위한 것이다. 그러므로 '은사'는 '직분'의 개념을 함의하고 있다.

"각각 다르니"라는 것은 지체가 많지만 유기체적으로 한 몸을 이루듯이

---

[232] 멜로스(μέλος, nn)는 a member or limb (of the body)/properly, a member (part) belonging to the whole; (figuratively) any function of human personality, such as "sanctified imagination" (Ro 6:13; Col 3:5; Js 4:1). 3196 (**mélos**) also specifically refers to believers as part (members) of Christ's mystical body (Eph 5:30)이다.

교회의 머리이신 예수 그리스도 안에서 다양한 성도의 다양한 은사들을 가리킨다. 여기서는 '다양한 은사'란 12장에 언급된 7가지 은사와 고린도전서 12장의 여러가지 은사들을 말한다.

당시 예언자의 직분이나 예언의 은사는 사도라는 직분의 그 다음 가는 중요성을 지니고 있었다(고전 12:28). 그러나 사도권 논쟁이 없었던 로마 교회에서는 굳이 사도의 직분에 대하여는 세세하게 설명하지 않고 있다.

"예언(προφητεία, nf)"이란 성령하나님으로부터 주어진 특별한 계시를 말한다(행 11:27-28, 21:1). 이 예언은 미래적인 일을 예고(predict)하는 것에 더하여 위로, 권면, 판단, 교훈의 의미가 내재되어 있다(고전 14:3, 31, Hendriksen). 또한 설교라는 의미도 있다.

"분수(ἀναλογία, nf)"라는 것은 비율(proportion)이라는 의미로 규범과 한계(Meyer)라는 개념이 내재되어 있다. 그러므로 예언할 때에는 "믿음의 분량대로(12:3)" 해야 한다. 동시에 자신의 믿음의 한계 내에서 도가 지나치지 않도록 극히 절제해야 한다. 결국 6-8절까지의 모든 일들은 "믿음의 분량대로, 믿음의 분수대로" 해야한다라는 것이다. 더 나아가 모든 것에는 "사랑"이 전제되어야 하며 그렇지 않으면 거짓과 악에 속하게 될 뿐임을 기억해야 한다.

7 혹 섬기는 일이면 섬기는 일로, 혹 가르치는 자면 가르치는 일로,

"섬기는 일(διακονία, nf)"이란 타인에 대한 봉사 등 개인적인 사역(personal ministry)외에도 음식 준비(눅 10:40), 말씀 사역(행 6:4), 화목케 하는 일(고후 5:18) 등을 말한다. 이는 초대교회의 집사직(διάκονος, nf, nm)이라는 헬라어와 동일한 어근이다. 그렇기에 이 은사는 주어진 영역 속에서 실제적인 행동을 통해 그 진가를 드러내되 믿음의 분량대로 성실하게 해야 한다.

또한 '계시-예언'에 대조되어 언급된 '지식-가르치는 것'은 고린도전서 14장 6절에서 명확하게 말씀하고 있다.

"그런즉 형제들아 내가 너희에게 나아가서 방언을 말하고 계시나 지식이나 예언이나 가르치는 것이나 말하지 아니하면 너희에게 무엇이 유익하리요"_고전 14:6

한편 오늘날의 직접 계시는 주어지지는 않는다라고 주장하는 견해에 나는 동의하고 있다. 왜냐하면 정경화작업이 완성된 AD 4세기 후에는(구약 AD 90년, 신약 AD 397년) 이미 주어진 '기록된 계시' 곧 '성경 말씀'을 성령님의 인도하심을 따라 체계적으로 잘 해석하여 교회들에게 전달하는 것이 본질이기 때문이다. 이것이 가르치는 자의 올바른 도리이다. 그들은 성경 말씀을 사사로이 풀거나 억지로 풀지 않도록(벧후 1:20-21) 기본적으로 하나님이 허락하신 지혜와 자신의 땀과 눈물을 쏟아 이룩한 지식을 함께 갖추어야 할 것이다.

당시 사도가 말씀의 선포(케뤼그마)를 담당했다면 초대교회의 교사들은 말씀에 따른 실제적인 양육을 감당했다.

8 혹 권위하는 자면 권위하는 일로, 구제하는 자는 성실함으로, 다스리는 자는

부지런함으로, 긍휼을 베푸는 자는 즐거움으로 할 것이니라

"권위하는 자(ὁ παρακαλῶν, V-PPA-NMS, 권면, 위로)"라는 것은 파라칼레오[233](Παρακαλέω, v)의 현재분사형으로 예언하는 은사와는 조금 다르다. 이는 가르치면서 생활 속에서 말씀을 잘 적용하고 살아가도록 장려하고 권고하는 은사를 말한다. 이들 '권위하는 자'는 교회 생활을 할 때 양육과 교제를 맡았을 것(행 15:21, 32, 16:40)으로 생각된다.

"구제하는 자(ὁ μεταδιδοὺς)"는 섬기는 일을 하는 자로서 개인적인 자선(Godet, Murray, Hendriksen)을 행하는 자라는 의미이다. 예루살렘 초대교회에서는 한때나마 개인의 사유재산을 공유했던 적도 있었다. 반면에 이방 교회의 경우에는 재산 공유가 거의 없었던 것으로 보인다.

한편 구제함의 원리는 '성실함으로(ἐν ἁπλότητι)'인 바 이는 '순진함, 단순함, 성실함'을 가리키는 것으로 자비와 관용의 태도로 관대하게(약 1:5), 넉넉하고 후하게(Thayer) 해야 한다(고후 8:2, 9:11, 13, 엡 6:5)라는 것이다. KJV에서는 단순성(simplicity)으로 번역했는데 이는 감추어진 동기가 없는 순수한 마음을 강조한 것(Hendriksen)이다.

"다스리는 자(ὁ προϊστάμενος)"에 해당하는 헬라어는 프로(πρό, 앞에)와 히스테미(ἵστημι, 선 자)의 합성어로서 감독이나 장로 등 교회의 치리와 운영의 책임을 맡은 사람을 가리킨다. 이들에게 요구된 태도는 "부지런함(ἐν σπουδῇ)"인데 이는 '급히(마 6:25) 서두름, 열망, 노련함, 부지런함'

---

233 파라칼레오(Παρακαλέω, v)는 (a) I send for, summon, invite, (b) I beseech, entreat, beg, (c) I exhort, admonish, (d) I comfort, encourage, console)이다.

등의 의미로(Wuest)사용되었다. 곧 근면함과 도덕적인 긴장이 필요하다 (Denny)라는 것이다.

"베푸는 자(ὁ ἐλεῶν)"란 금전적인 구제가 아니라 어려움에 처한 사람들에게 직접적인 봉사로써 자비를 베푸는 은사를 가진 자를 말한다, 이들에게 요구되는 태도는 "즐거움으로(ἐν ἱλαρότητι)"이다. 우울함이나 억지가 없이(Calvin) 기쁨과 상냥함으로 고통 중에 있는 자들을 어루만져 위로하는 태도(Vincent)가 진정한 '호 엘레온'이다.

9 사랑엔 거짓이 없나니 악을 미워하고 선에 속하라

"사랑"에는 10절의 형제 사랑, 14절의 원수 사랑까지도 포함한다. 즉 다른 사람에 대한 이타적인 사랑(H. Ridderbos)을 가리킨다.

"거짓이 없나니"의 헬라어는 아니포크리토스[234](ἀνυπόκριτος, adj)인데 이는 '외식이 없이, 위선적이지 않게(Bruce)'라는 의미이다.

"미워하고"의 헬라어는 아포스튀게오(ἀποστυγέω, I detest, abhor)인데 이는 마음속에 품은 은밀한 증오가 아니라 밖으로 표현된 미움을 가리킨다. 그렇기에 악에 대한 그리스도인의 태도는 소극적인 기피에 머무는 것이 아니라 적극적인 것이어야 한다.

"선에 속하라"는 것은 성도들로 하여금 적극적인 윤리적 행위가 선에

---

234 아니포크리토스(ἀνυπόκριτος, adj)는 unhypocritical, unfeigned, without hypocrisy, sincere/(an adjective, derived from alpha-privative 1 /A "not" and 5271 /**hypokrínomai**, "to act as a hypocrite") – properly, not a phony ("put on"), describing sincere behavior free from hidden agendas (selfish motives) – literally, "without hypocrisy" (unfeigned)이다.

속할 수 있도록 사랑을 실천하라는 것이다.

"속하라"의 헬라어는 콜라오[235](κολλάω, v)인데 이는 단단한 결속으로 전인적인 동조(Abbott-Smith, A Manual Greek Rexicon of the New Testament)를 의미한다. 이 단어는 결혼 관계에 흔히 사용(마 19:5, 고전 6:16-17)되었다. 결국 선에 대한 성도의 자세는 적극적인 헌신의 자세(Murray)와 더불어 선과 일체되어야 한다라는 것이다.

10 형제를 사랑하여 서로 우애하고 존경하기를 서로 먼저 하며

"형제 사랑(φιλαδελφία, nf)"은 형제간의 사랑을, "서로 우애(φιλόστοργος, adj)"는 친족, 가족, 종족 간의 사랑을 가리키는 것으로 필(φιλ)로 시작하는 헬라어 두 단어를 사용함으로 언어 유희(word play)를 통한 강조를 드러내고 있다[236]. 형제란 예수 그리스도 안에서 한 피 받아 한 몸 이룬 혈육적인 사랑을 강조하는 말이다. 또한 진정한 사랑이란 '존경'과 '먼저'가 선행되어야 하는데 이것이 바로 거짓이 없는 사랑으로

---

235 콜라오(κολλάω, v)는 (lit: I glue); hence: mid. and pass: I join myself closely, cleave, adhere (to), I keep company (with), of friendly intercourse/(from kólla, "glue") - to bond (cleave), adhere to (literally, "glued together"); to cleave, join to; (figuratively) intimately connected in a soul-knit friendship)이다.

236 필라델피아(φιλαδελφία, nf)는 the love of brothers, brotherly love/(from 5384 /phílos, "loving friend" and 80 /adelphós, "a brother") - properly, affection for the brethren (fellow-believers))"으로서 형제간의 사랑을, 필로스토르고스(φιλόστοργος, adj)는 tenderly loving, kindly affectionate to/(from 5384 /phílos, "lover, friend" and storgē, "natural or family love") - properly, a lover of family (used only in Ro 12:10)이다.

서 선에 속한 것이다. "존경하기를 서로 먼저하며"라는 것은 상대를 높이 평가하는 것은 물론이요 무례히 행치 않는 태도를 가리킨다. 여기서 가장 중요한 단어는 '먼저'이다.

11 부지런하여 게으르지 말고 열심을 품고 주를 섬기라

"주를 섬기라"는 것에는 '근면하라, 게으르지 말라, 열심을 품으라'는 세 가지 태도가 동시에 내재되어 있다. 주를 섬기는 것의 구체적인 내용은 에베소서 4장 13절의 "예수 그리스도를 믿는 것과 아는 일"이다. 그것이 바로 예수님을 사랑하는 그리스도인의 바른 자세(Attitude)라고 요한복음 14장 21절은 말씀하고 있다.

"게으르다"의 헬라어는 오크네오(ὀκνέω, v, to shrink (from doing), to hesitate (to do))인데 이는 '늑장부리거나 지연시키는 모습과 태도'를 가리킨다. 이런 자를 가리켜 마태복음 25장 26절은 '악하고 게으른 종(악게)'이라고 했다. 청지기에는 두 종류가 있는데 이른바 '악게(악하고 게으른 청지기)'와 '착충(착하고 충성된 청지기)'이다. 선택은 오롯이 각자의 몫이다.

"열심을 품고(τῷ πνεύματι ζέοντες, 토 프뉴마티 제온테스)"에서의 프뉴마(πνεῦμα)는 '성령, 인간의 영혼(Murray, Wuest, Meyer)'이라는 의미이다. 그렇기에 '성령으로 인한 열심을 품고(새번역, RSV)' 혹은 '열심있는 마음으로(공동번역)', '열렬한 마음으로(현대어성경, KJV, NIV, NASB, LB, TEV)라는 의미를 담고 있다.

12 소망 중에 즐거워하며 환난 중에 참으며 기도에 항상 힘쓰며

바울이 지적한대로 성도가 지녀야 할 3가지 덕목(고전 13:13)이 있다면 믿음, 사랑, "소망(엘피스, ἐλπίς, nf)"인데 그중에 제일은 사랑이다(고전 13:13). 그러나 소망이 없다면 우리가 한 번 인생을 살아가는 동안 타인을 동시에 자신을 사랑하지 못한다. 그 소망은 믿음에서 나온다. 소망 (엘피스, ἐλπίς, nf)이란 미래형 하나님나라에의 입성과 영생을 가리킨다. 결국 고린도전서 13장 사랑장의 결론은 "믿음, 소망, 사랑 이 세 가지는 항상 있을 것인데"라는 말씀에 방점이 있음을 알아야 한다.

인간은 소망 (엘피스, ἐλπίς, nf)을 생각함으로 미래형 하나님나라를 바라보고 즐거워하며 "환난 중에 참으며" 살아갈 수가 있다. 여기서는 어떠한 어려움 속에서라도 소망을 생각하며 참고 견디며 끝까지 버티라는 것으로 바울은 이 구절에서 자신의 생생한 지난날의 경험을 말하고 있는 것이다(고후 1:4, 8, 2:4, 6:4, 7:4, 엡 3:13, 살전 3:7).

"기도에 항상 힘쓰며"라는 것은 소망을 붙든 상태에서 인내하는 최고의 방법은 기도(찬양은 곡조 붙은 기도)라는 의미이다. 결국 그리스도인이 종말 시대를 살아가며 일곱재앙을 이겨내는 원동력은 말씀과 찬양, 그리고 기도(딤전 4:5)뿐이다.

13 성도들의 쓸 것을 공급하며 손 대접하기를 힘쓰라

섬김과 구제, 긍휼 사역의 중요성을 말씀하고 있는 바 구약시대(신

10:18-19)에서부터 시작하여 마태복음 25장 35-36절에서는 예수님도 이렇게 직접 말씀하셨다.

"내가 주릴 때에 너희가 먹을 것을 주었고 목마를 때에 마시게 하였고 나그네 되었을 때에 영접하였고 벗었을 때에 옷을 입혔고 병들었을 때에 돌아 보았고 옥에 갇혔을 때에 와서 보았느니라"_마 25:35-36

한편 당시에는 로마 정부의 압제와 유대인들의 핍박으로부터 그리스도인들이 심한 고난을 받아 재정적 어려움뿐만 아니라 가지고 있던 산업도 빼앗기기 일쑤였다. 더 나아가 고향에서 쫓겨나기도 했다. 그러다보니 나그네들이 엄청 많았다. 그렇기에 예수님 안에서 한 지체된 그런 성도들(나그네들)의 쓸 것을 공급하며 그런 나그네들을 잘 대접하라고 하신 것이다.

"손 대접"이란 히브리서 13장 2절에 의하면 '나그네 대접'을 가리킨다. 행여나 나그네들이 시도 때도 없이 우리를 찾아온다 할지라도 그들은 '손놈'이 아니라 '손님'이다 그들을 향한 최고의 접대 중의 하나는 천국 복음을 전하고 가르치는 것이다. '손님'인줄 알았는데 부지불식간에 예수님을, 천사를 대접할 수도 있음(마 25:35-36)에 긴장해야 할 것이다.

14 너희를 핍박하는 자를 축복하라 축복하고 저주하지 말라

이 구절은 이웃 사랑에 대한 적극적인 교훈이다(마 5:44, 눅 6:28, 행 20:35). 원래 동해보복법(同害報復法, 레 24:20, 신 19:21)은 눈에는 눈, 이에는 이, 상처에는 상처로, 손에는 손으로, 발에는 발로 상해를 입힌 그대로 상해를 가하는 것을 말한다.

예수님은 레위기 19장 18절의 동해보복법(同害報復法, 레 24:20, 신 19:21)의 정신을 다시 상기의 구절로 재해석해 주셨다. 한편 계시록 16장 6-7절에 의하면 전능하시고 참되고 의로우신 심판주 하나님은 반드시 우리를 핍박하는 자에게 보응하시겠다라고 하셨다. 원수갚은 것은 하나님께 있음을 말씀(롬 12:19, 신 32:35)하고 있는 것이다.

15 즐거워하는 자들로 함께 즐거워하고 우는 자들로 함께 울라

이 구절에서는 이웃 사랑을 불신자들에게로까지 확대하라고 말씀하고 있다. 즉 참된 이웃 사랑은 슬픔과 기쁨의 공감대를 모든 이들과 함께 형성하는 것이다. 감사한 것은 18절의 "할 수 있거든"이라는 전제이다.

사실 14-15절은 그렇게 살아가라는 명령이라기보다는 그렇게 하지 못하는 인간적 연약함을 깨닫고 주님만을 붙들고 의지하라는 말씀이다.

기독교는 윤리 도덕을 가르치거나 실행하는 종교가 아니다. 그러나 이미 그 바탕에 윤리와 도덕이 전제되어 있음을 알아야 한다. 그렇다고 하여 성경 말씀을 들어서 윤리와 도덕을 강조하는 것처럼 해석하는 것에는 동의할 수 없다. 나는 이런 말씀을 통하여 확실하게 죄인 된 연약한 자신을 깨달은 후에 어찌할 수 없는 자신을 하나님께 의탁하며 아버지의 마음을 품으라는 것으로 해석한다.

16 서로 마음을 같이 하며 높은 데 마음을 두지 말고 도리어 낮은 데 처하며 스

스로 지혜 있는 체 말라

황금률(黃金律, Golden rule)인 마태복음 7장 12절의 말씀과 상통한다. 곧 상대방의 입장을 먼저 헤아려주라는 것이다.

"그러므로 무엇이든지 남에게 대접을 받고자 하는대로 너희도 남을 대접하라 이것이 율법이요 선지자니라"_마 7:12

"높은 데 마음을 두지 말고"라는 것은 헛된 교만심과 야망, 우월의식을 버리고 겸손을 추구하며 낮은 자세로 타인을 섬기라는 것이다. "스스로 지혜있는 체하지 말라"고 하시며 다시 야고보서 3장 17절의 말씀을 상기시키고 있다.

"오직 위로부터 난 지혜는 첫째 성결하고 다음에 화평하고 관용하고 양순하며 긍휼과 선한 열매가 가득하고 편벽과 거짓이 없나니"_약 3:17

이 구절 또한 반드시 그렇게 살아가라는 것이라기 보다는 그렇게 살아가지 못하는 자신을 바라보라는 의미로 해석해야 한다. 일반적으로 우리는 마음을 같이 하려는 체하며 겸손을 가장하는 위선적인 모습에 아주 익숙하다. 이제 후로는 원하는 바 선보다는 원치 아니하는 악을 행하며 살아가는 자신의 모습을 적나라하게 바라보며 연약한 자신을 직시하고 복음과 십자가만을 붙들고 살아가는 연습을 해야 할 것이다.

17 아무에게도 악으로 악을 갚지 말고 모든 사람 앞에서 선한 일을 도모하라

14절의 "너희는 핍박하는 자를 축복하라 축복하고 저주하지 말라"는 말씀이 적극적인 권면이라면 이 구절은 보충적이며 소극적인 가르침이라고 할 수 있다. 잠언 20장 22절의 말씀과 상통한다.

"너는 악을 갚겠다 말하지 말고 여호와를 기다리라 그가 너를 구원하시리라" _잠 20:22

"선한 일을 도모하라"에서의 "선한"의 헬라어는 칼로스[237](καλός, adj)인데 이는 단순한 도덕적인 행위를 가리키는 것이 아니라 '내적인 선'을 가리킨다. "도모하다"의 헬라어는 프로노에오[238](προνοέω, v)인데 이는 '미리 생각하다(think before), 심사숙고하다, 몰두하다'라는 의미로 '앞서서 생각하며 몰두하여 처리하다'라는 것을 가리킨다.

18 할 수 있거든 너희로서는 모든 사람으로 더불어 평화하라

"할 수 있거든"의 헬라어는 에이 뒤나톤(εἰ δυνατόν)인데 이는 '당신이 할 수 있으면(if you can)', '그것이 가능하다면(if it be possible)'이라는 의미이다.

결국 17-18절은 죄인 된 연약한 자신을 바라보며 원하는 바 선보다는 원치 아니하는 바 악으로 빨리 달려가는 자신을 직시하고 매사 매 순간

---

237 칼로스(καλός, adj)는 beautiful, as an outward sign of the inward good, noble, honorable character; good, worthy, honorable, noble, and seen to be so/attractively good; good that inspires (motivates) others to embrace what is lovely (beautiful, praiseworthy); i.e. well done so as to be winsome (appealing)이다.

238 프로노에오(προνοέω, v)는 (from 4253 /pró, "before" and 3539 /noiéō, "think") – properly, to think (plan) before, showing necessary forethought to act properly (in God's will)이다.

내주(內住)하시는 주인 되신 성령님께 온전한 주권을 드리고 그분의 통치와 질서, 지배 하에 온전히 들어가는 연습을 하라는 것이다.

19 내 사랑하는 자들아 너희가 친히 원수를 갚지 말고 진노하심에 맡기라 기록되었으되 원수 갚는 것이 내게 있으니 내가 갚으리라고 주께서 말씀하시니라

이 구절은 신명기 32장 35절의 말씀인데 '성도의 바른 태도'를 촉구하는 것으로 하나님은 불의를 반드시 심판하시기에 주권자이신 하나님의 진노하심을 믿고 그분께 최종 결과를 맡기라는 것이다(마 12:18, 요 5:30, 9:39, 히 9:27).

"진노하심에 맡기라"에서의 '진노'의 헬라어는 테 오르게(τῇ ὀργῇ)이다. 정관사(τῇ)가 붙어있기에 '하나님의 진노'로 해석(롬 3:5, 5:9, 9:22, 13:5, Cyrsostom, Luther, Wuest, Hendriksen)해야 한다.

20 네 원수가 주리거든 먹이고 목마르거든 마시우라 그리함으로 네가 숯불을 그 머리에 쌓아 놓으리라

잠언 25장 21-22절의 말씀이다.

"네 원수가 배고파하거든 식물을 먹이고 목말라하거든 물을 마시우라 그리하는 것은 핀 숯으로 그의 머리에 놓는 것과 일반이요 여호와께서는 네게 상을 주시리라"_잠 25:21-22

당시 애굽의 풍습에는 회개의 증거로 숯불을 담은 냄비를 머리에 이고 다녔는데 이것을 잠언에 인용했다라는 견해[239]가 있다. 또 다른 견해로는 동방세계에서 난방과 취사용으로 화롯불을 꺼뜨리면 이웃에 가서 숯불을 얻어오게 했다라고 한다. 그렇게 이웃을 이롭게 함으로 그간에 원수로 살았던 이웃과 화해하라는 것이다. 즉 기꺼이 숯불을 건네 주어 이웃의 머리에 이고 가게 하는 친절을 베푸는 그 행위로 인해 지금까지 악을 일삼았던 원수에게 부끄러움과 후회의 감동을 불러일으키게 된다라는 것이다.

21 악에게 지지 말고 선으로 악을 이기라

'지속적인 선행으로 악을 굴복시키라'는 의미이다. '굴복시키다'의 헬라어는 니카오[240](νικάω, v)인데 이는 '극복하다, 지배하다'라고 해석하기도 한다. 결국 육신을 가진 인간은 악을 이길 수는 없기에 악을 지배하고 잘 다스리라는 의미이다.

한편 '선(ἀγαθός)악(κακός)'의 헬라어는 토 아가도 토 카콘(τῷ ἀγαθῷ τὸ κακόν, good evil)으로 서로 반대되는 단어의 조합으로 이루어진 흥미로운 단어이다.

---

239 그랜드종합주석 14, p908

240 I conquer, am victorious, overcome, prevail, subdue/(from 3529 /níkē, "victory") - properly, conquer (overcome); " 'to carry off the victory, come off victorious.' The verb implies a battle" (K. Wuest))

하나님의 의가 드러난 십자가 복음

·
·
·
·
·

괴짜 의사 Dr. Araw의
쉽고 바르게 읽는 로마서 장편(掌篇) 강의

레마이야기 13

주 예수 그리스도로 옷 입으라(13:14)

13장은 전반부(1-7)와 후반부(8-14)로 나누어 해석하면 도움이 된다. 전반부는 진정한 주권자이자 최고의 권세를 가지신 하나님에 대해 말씀하고 있다. 흔히 위에 있는 권세들에게 굴복하라는 것을 지도자에 대한 굴종(屈從)으로 생각하여 그들이 무슨 일을 시키든지 순종(順從)과 복종(服從)하라는 해석을 하곤 한다. 나는 동의하지 않는다. 이 부분을 해석할 때에는 어디에 '방점'이 주어지고 있는가에 주목해야 한다.

모든 권세는 하나님께로부터 났다(1). 왜냐하면 모든 권세는 하나님이 정하셨기 때문이다(1). 그러므로 비록 위에 있는 권세 혹은 권세자가 나쁘다 할지라도 그런 권세 혹은 권세자조차도 하나님이 허용하신 것이다. 그렇다고 하여 이것을 가지고 하나님의 성품이라고 속단해서는 안 된다. 역사의 주관자 하나님의 섭리와 경륜은 너무 커서 우리가 다 알 수가 없다. 마치 무한을 유한에 담을 수 없듯이……

분명한 것은 '분노적 허용 혹은 진노적 허용(호 13:11)'이 있다라는 사실이다. 이는 회복을 전제한 체벌이다. 즉 하나님의 마음과는 달리 인간이 지속적으로 갈망하고 원하면 주시는데 '진노적 허용'의 결과는 참담하고 아플 뿐이다.

결국 악한 지도자조차도 하나님의 허용 하에 하나님이 정하셨으니 그에게 권세가 주어진 것은 사실이라는 의미이다. 그는 "하나님의 사자가 되어(4), 그는 하나님의 일꾼이 되어(6)" 하나님의 도구로 쓰이기도 한다. 그러나 우리가 놓치지 말아야 할 것은 '하나님의 도구'로 쓰였다고 하여 '하나님의 마음에 합한 자'라는 등식을 만들어서는 곤란하다라는 것이다. 역사의 주관자 하나님께서 당신의 섭리와 경륜을 이끌어가심에 있어 그들을 당신의 도구로 그 일에 사용하신 것일 뿐이다. 그렇기에 13장의 전반부를 정확하게 이해하려면 역사의 주관자 하나님의 주권과 권세를 먼저 전제해야 한다. 그런 후에 그들 모두는 부정적 혹은 긍정적 일에 사용된 하나님의 도구라는 것을 받아들여야 한다.

그렇다면 지난 역사상 그리고 작금에 일어나고 있는 악한 지도자들의 악행과 만행에 대해 우리는 어떠한 관점으로 보아야 할까?

먼저는 그들이 하나님의 도구로 사용된 것이 바로 우리의 죄와 타락, 부패한 본성의 결과임을 깨달아야 한다. 그렇기에 우리 자신을 먼저 점검하고 우리의 죄를 철저히 회개하여야 한다. 곧 역대하 7장 13-14절이다. 둘째는 그들의 만행에 대하여 '아닌 것은 아니다'라고 해야한다. 그런 의로운 행위의 결과로 주어지게 될, 악한 권력을 가진 못된 그들로부터의 압제와 핍박은 어쩔수 없이 감내해야만 한다.

결국 13장의 전반부는 악한 그들에게조차 권세를 주신 '하나님의 주권'을 인정하고 '하나님의 질서와 통치'에 들어가야 한다는 것을 강조한 말씀이다. 그렇다고 하여 악한 지도자들의 온갖 만행이나 악한 명령에 단순히 굴복하라는 말씀은 아니다. 그들에 의한 악법이 만들어지지 않도록 미리미리 반대해야 하며 기울어진 운동장이라 할지라도 법이 정해진 테두리 안에서 저항해야 한다.

후반부(8-14)는 옷에 관한 이야기이다. 21세기는 패션의 시대라고 해도 과언이 아닐 정도로 옷의 종류도, 옷에 대한 관심도 많다. 특별히 패스트(fast) 패션을 제외하면 패션은 다양하다 못해 그 모양이나 색깔 등에서 엄청난 디자인들이 생겨났는데 이들은 마치 해석하기 난해한 수수께끼와도 같다. 속옷에서 겉옷에 이르기까지 그 용도와 다양함에 그저 혀를 내두를 뿐이다.

그러나 이곳 13장 후반에서 언급되고 있는 '옷'은 세상의 그것과 판이하게 다르다. 우리는 이런 미묘한 차이를 묵상할 수 있어야 한다

"주 예수 그리스도로 옷(14)입고, 빛의 갑옷(12)"이라는 말씀이 있는가 하면 갈라디아서 3장 27절에는 "그리스도로 옷 입었느니라"는 말씀도 있다. 동일하게 계시록 7장 9, 14, 15절에서도 "옷"을 말씀하고 있다. 이사야 61장 10절에는 "구원의 옷", 창세기 3장 21절에는 "가죽 옷"이 등장한다.

그렇다면 성경이 말하는 "옷"이 무엇이며 무엇을 예표하는 것일까?

성경에서의 '옷'이란 '예수 그리스도'를 상징하는 것으로 예수 그리스도 안에서(in Christ), 예수 그리스도와 합하여 곧 하나 됨(Union with Christ)을 가리킨다.

그렇기에 "옷 입는다(갈 3:27)"라는 것은 '새로운 피조물, 새 것(고후 5:17), 새 사람의 인격과 삶으로 살아가는 것'이라는 의미로 '그리스도 안에서(In Christ) 그리스도와의 영적인 연합(Union with Christ, Hendriksen)'을 가리킨다. 결국 그리스도로 옷 입은 후에는 예수로 말미암은 그리스도의 심장(빌 1:8)을 지니고 신의 성품(벧후 1:4)에 참예하는 자가 되며 그리스도의 형상(갈 4:19)을 이루고 그리스도의 장성한 분량이 충만한 데까지 나아가야 한다.

한편 계시록(17-18장)에는 큰 성 바벨론인 큰 음녀의 이야기가 나온다. 큰 음녀는 "자줏빛 옷과 붉은빛 옷"을 입었으며 '사치와 향락'을 의미하는 "금과 보석과 진주"로 꾸미고 손에 "금잔"을 가졌다. 그 속에는 "가증한 물건과 그의 음행의 더러운 것들"로 가득했다.

'붉은 색'은 죄를 상징하는 색깔이다. 정리해 보면, 큰 음녀는 지독스러운 사치와 함께 그 옷차림이 대단했다라는 것이다. 한편 '사치'라는 것은 '쾌락을 즐기다'라는 의미로서 헬라어로는 스트레니아오(στρηνιάω, to run riot)인데 이는 잘못된 방향을 향해 '절제하지 않고 끝까지 뻗어 나가는 것'을 말한다. 즉 사치란 일종의 '우상숭배'로서 자신을 화려하게 드러내고 치장함으로 신적 권위를 드러내려는 것이며 더 나아가 하나님 앞에서 절제하지 않고 모든 시선과 갈채를 자신이 받는, 곧 하나님의 영광을 가로채는 것을 말한다.

상기의 큰 음녀는 디모데전서 2장 9-15절에서 말씀하고 있는 "염치와 정절이 있는, 아담한 옷을 입은 여자"의 모습과는 완전히 상반되는 것이다. 여기서 '여자'란 그리스도의 신부된 우리들을 가리킨다.

우리는 때와 시기를 정확하게 잘 분별함은 물론이요 어두움의 일을 벗어버리고 빛의 갑옷을 입어야 한다. 주 예수 그리스도로 옷 입어야 한다. 그런 우리는 예수님의 신부이다. 그런 우리는 디모데전서의 말씀대로 염치와 정절이 있는, 아담한 옷을 입은 교회라는 사실을 잊어서는 안 된다.

13-1 각 사람은 위에 있는 권세들에게 굴복하라 권세는 하나님께로 나지 않음이 없나니 모든 권세는 다 하나님의 정하신 바라

"위에 있는 권세들"이란 우리가 육신을 가지고 유한된 한 번 인생을 살아가는 동안의 세상 속에서의 악한 지도자들과 선한 지도자들 모두를 가리킨다.

"굴복하라"는 것은 악한 일을 명령하거나 나쁜 길로 인도할 지라도 순순히 따라가야된다라는 말이 아니다. 권력을 탈취한 그들이 악법을 만들었고 악법도 법이기에 달리 방도가 없으므로 복종할 뿐이다라는 것이다. 또한 그 권세조차도 하나님의 정하신 바이며 하나님께로 났다(허용되다)라는 의미이다. 결국 이 구절은 위에 있는 권세들에게 '굴복하라'에 방점이 있는 것이 아니라 '하나님의 주권(하나님께로 나고 하나님께서 정하신 바)'에 방점

이 있음을 알아야 한다.

"권세는 하나님께로 나지 않음이 없나니"라는 것은 모든 것은 하나님의 허용 하에서 주어졌다라는 것으로 악한 지도자들에게도 권세가 주어진 것은 하나님의 악하심이 아니라 우리가 미처 알지 못하는 하나님의 섭리와 경륜에 따른 '분노적 허용, 진노적 허용(호 13:11)'때문이다. 역사의 주관자 하나님은 크고 작은 모든 것을 주관하시고 통치하신다. 그렇기에 "모든 권세는 다 하나님의 정하신" 것이다.

2 그러므로 권세를 거스리는 자는 하나님의 명을 거스림이니 거스리는 자들은 심판을 자취하리라

"권세를 거스리는 자는 하나님의 명을 거스림이니"라는 것은 권세에 어쩔 수 없이 복종하라는 것이라기보다는 하나님의 주권적 섭리 하에 모든 것이 주어지기에 결과적으로 권세를 거스리는 것은 하나님의 명을 거스림이 된다라는 의미이다.

"거스리는 자는 심판을 자취하리라"에서 심판이란 '하나님의 심판'을 말하는 것이 아니다. 세상의 악한 지도자들로부터의 부당한 심판 즉 폭정(폭압, 억압)을 가리킨다. 결국 선한 지도자를 양육하지 못하고 배출하지 못하여 악한 지도자들이 권력을 탈취하도록 방치한 것은 그리스도인 된 우리의 직무유기의 결과인 것이다.

3 관원들은 선한 일에 대하여 두려움이 되지 않고 악한 일에 대하여 되나니 네가 권세를 두려워하지 아니하려느냐 선을 행하라 그리하면 그에게 칭찬을 받으리라

"관원들은 악한 일에 두려움이 된다"라고 했는데 이는 저들의 경우 버젓이 탈법을 행하면서도 아무 거리낌이 없으나 우리에게는 자신들이 정해놓은 악법조차도 지키지 않으면 위법(악한 일)이라며 겁박(劫迫, 으르고 협박함)과 두려움을 준다라는 의미이다.

또한 악한 관원들이 얘기하는 "선한 일"이란 불법 혹은 탈법을 눈 감은 채 무조건 굴종(屈從) 혹은 굴복(屈服)하며 따르는 것을 가리키며 그들이 얘기하는 "악한 일"이란 우리가 탈법이라고 지적하며 그것을 지키지 않는 것을 그들은 '악한 일'이라고 규정한 것이다. 참으로 어처구니가 없는 상황이다.

한편 이런 모든 일들의 배경에는 하나님의 '진노적 허용 혹은 분노적 허용'이 있음을 알아야 한다. 그리스도인들은 그때그때 일어나는 인간적으로 이해할 수 없는 크고 작은 모든 일조차도 역사의 주관자이신 하나님의 허용 하에서만 일어난다는 사실을 직시해야 한다. 나쁜 짓을 서슴치 않는 "위에 있는 권세들"이나 "관원들(다스리는 자들)"의 경우 그들은 우리들에게 탈법을 지키도록 강요하며 그 일에 순종하는 것을 '선한 일'이라고 우긴다. 반면에 자기들의 명령을 지키지 않으면 '악한 일'이라고 주장한다. 결국 권력을 탈취한 관원들이나 권세자들은 자기들이 세워 놓은 판단(잣대, 정한 기준) 하에 굴복치 아니하는 모든 일을 '악한 일'로 규정하여 그런 일을 행하는 자에게 악한 권력으로 두려움을 준다라는 의미이다.

"선을 행하라 그에게 칭찬을 받으리라"는 것은 비록 탈법과 불법일지라도 그들이 정해놓은 '선'을 행하며 순응하여 잘 따라가면 그들의 인정이나 호의를 받게 된다라는 의미이다.

결국 우리가 살아가는 동안 일어나는 크고 작은 모든 일에는 창조주 하나님, 역사의 주관자 하나님의 허용이 있다라는 것을 확실히 알아야 한다. 매사 매 순간 다가오는 모든 것에 대해 일일이 하나님의 뜻은 다 모른다 할지라도 한 번 인생을 살아가며 '하나님의 하나님 되심을 인정'해야만 된다라는 의미가 들어있음을 놓치지 말아야 한다.

4 그는 하나님의 사자가 되어 네게 선을 이루는 자니라 그러나 네가 악을 행하거든 두려워하라 그가 공연히 칼을 가지지 아니하였으니 곧 하나님의 사자가 되어 악을 행하는 자에게 진노하심을 위하여 보응하는 자니라

"그는 하나님의 사자가 되어 네게 선을 이루는 자니라"는 것을 문자적으로 해석하면 곤란하다. 악한 지도자들이란 진정한 선을 이루는 자가 아니다. 더 나아가 그들은 큰 틀로 보았을 때 하나님의 섭리와 경륜을 이루는 '도구로서의' 하나님의 사자는 맞지만 그렇다고 하여 하나님의 '마음에 합한' 사자는 아니다.

"악을 행하는 자에게 진노하심을 위하여 보응하는 자" 즉 하나님의 경륜을 이어가는 그 일에 도구로 사용된 '하나님의 사자'라는 의미이다.

하나님은 당신의 마음에 합한(맞는) 준비된 자를 쓰시기도 하지만 때로 악한 자를 들어 쓰셔서 역사를 이끌어가시기도 한다. 특히 후자의 경우 그리스도인 된 우리가 끊임없이 죄악으로 뻗을 경우 회복을 전제한 체벌인 '징계($\pi\alpha\iota\delta\epsilon\iota\alpha$, nf, 히 12:5-13)'의 수단으로 사용하심을 성경을 통해, 역사를 통해 잘 알 수 있다. 결국 악한 자들은 '그리스도인들의 선을 위해 존재'하는 징계의 수단이라는 의미이다. 그렇기에 "그는 하나님의 사자가 되어 네게 선을 이루는 자니라"고 말씀하셨던 것이다. 결론적으로 그들의 정체는 2가지이다. 첫째는 그리스도인인 우리에게 선한 일이라고 우기며 자신들의 탈법을 강요하는 자라는 것이고 둘째는 하나님의 도구로서 우리의 선을 이루는 그 일에 쓰임을 받은 자라는 것이다.

전제할 것은 로마서 13장의 전반부를 흐르는 이해하기 힘든 단어들 중 악한 자들을 지칭하는 '관원들, 위에 있는 권세들'을 가리켜 "하나님의 사자", "하나님의 일꾼"이라고 하였는 바 이는 '하나님의 마음에 합한 자'라는 의미보다는 하나님의 섭리 하 경륜에 사용되어진 '하나님의 도구'를 가리키는 것이라는 점이다.

5 그러므로 굴복하지 아니할 수 없으니 노를 인하여만 할 것이 아니요 또한 양심을 인하여 할 것이라 6 너희가 공세를 바치는 것도 이를 인함이라 저희가 하나님의 일꾼이 되어 바로 이 일에 항상 힘쓰느니라 7 모든 자에게 줄 것을 주되 공세를 받을 자에게 공세를 바치고 국세 받을 자에게 국세를 바치고 두려워할 자를 두려워하며 존경할 자를 존경하라

결국 1-7절까지는 '하나님의 주권'을 강조하는 말씀으로 유한된 한 번 인생 동안 곧 종말 시대(교회 시대)를 살아가며 세상 속에서 일어나는 모든 일들은 하나님의 섭리 하 경륜이라는 것이다. 동시에 우리가 이해하기 힘든 악한 일들이 일상에서 버젓이 일어나는 것이나 선한 일들이 우리의 예상보다 훨씬 뒤늦게 바로 잡히는 것, 혹은 아예 악한 일들이 더 횡행하게되는 일 등등 모든 것들은 역사의 주관자 하나님의 섭리 하 경륜의 도구로 사용되어지고 있는 것임을 알아야 한다.

결국 그리스도인들은 역사의 주관자 하나님의 신실하심을 따라 그분의 주권을 인정하며 세상에 살되 세상에 속하지 않는 삶, 세상과 타협하지 않는 삶, 세상에 동화되지 않는 삶에 대한 몸부림이 필요할 뿐이다. 그렇다고 하여 세상과 등지라는 것은 아니다. 만일 그렇다면 우리가 세상 속에서 거룩함으로 살아가라(살전 4:3)는 하나님의 뜻과는 점점 더 멀리 가버리게 될 것이다.

정리하자면, 13장 1-7절까지는 '그렇게 하라'는 것에 방점을 둔 것이 아니라는 점이다. 모든 것은 창조주 하나님의 주권 하에 있고 역사의 주관자 하나님의 섭리와 경륜에 있다라는 것을 말하고 있는 것이다.

이신론(Deism)이라는 것이 있다. 한 마디로 창조주 하나님은 인정하나 역사의 주관자 하나님은 아니라고 하는 것이다. 터무니없는 이단이다. 창조주 하나님은 역사를 주관(역사의 주관자 하나님)하시며 장차 심판(심판주 하나님)하신다. 역사를 주관하심에 있어서 종종 악한 자를 "하나님의 사자"로 쓰신다. 여기서 하나님의 사자란 하나님의 마음에 합한 자라는 의미가 아니라 하나님의 도구라는 의미이다. 그런 악한 자를 사용하시는 역사의 주관자 하나님을 가리켜 '악하다'라고 말해서는 안 된다. 오히려 인간의 악함이나 죄악된 본성 때문에 '하나님의 분노적 허용' 혹은 '진노적 허용'하심으로 그런 자들까지도 하나님의 도구로 사용하신다라는 의미이다.

8 피차 사랑의 빚 외에는 아무에게든지 아무 빚도 지지 말라 남을 사랑하는 자는 율법을 다 이루었느니라

이 구절은 명령법으로 사랑의 빚 말고는 타인에게 어떤 빚도 지지 말라 즉 사랑의 빚만을 지라는 의미(William Hendriksen, 1900-1982, 네덜란드, 미국 기독개혁교회 목사, Christian Reformed Church)이다. "피차, 아무에게든지"가 가리키는 것은 '모든 사람'이다.

"율법"이란 황금율의 두번째 계명인 이웃 사랑(마 22:39, 막 12:31, F.F. Bruce)을 가리킨다. 그러나 Murray는 포괄적 율법 조항들을 가리킨다고 했다. "다 이루었느니라"는 것은 사랑은 율법의 완성(completeness, 갈 5:14, 롬 13:10)이라는 것을 함의하고 있다.

9 간음하지 말라, 살인하지 말라, 도적질하지 말라, 탐내지 말라 한 것과 그 외에 다른 계명이 있을지라도 네 이웃을 네 자신과 같이 사랑하라 하신 그 말씀 가운데 다 들었느니라

십계명 중 6, 7, 8, 10계명으로 인간에 대한 사랑의 계명이다. 이 구절에는 5계명(부모공경)과 9계명(거짓증거말라)이 생략되어 있다. 그리고 6, 7계명의 순서가 바뀌어 있다. 그다지 의미를 두지 않아도 될 듯하다.

"그 외에 다른 계명이 있을지라도"가 가리키는 것은 다음 구절인 10절의 '이웃 사랑'을 강조한 것이다. 그렇기에 "그 말씀 가운데 다 들었느니라"고 하셨던 것이다. 이의 헬라어는 아나케팔라이오오 [241](ἀνακεφαλαιόω, v)이다.

10 사랑은 이웃에게 악을 행치 아니하나니 그러므로 사랑은 율법의 완성이니라

이 구절은 부정의 표현을 통해 강한 긍정을 표현한 수사법이다. Hendriksen은 "사랑이야말로 이웃에게 유익을 주는 것"이라고 했다. 이웃에게 악을 행치 않는 것은 바로 율법의 핵심이기도 하다.

"완성"의 헬라어는 플레로마[242](πλήρωμα, nn)인데 이는 충만(롬 11:12, 25, 15:29)을 가리킨다. 13장 8절의 "다 이루었느니라"와 함께 사랑의 완전함과 충만함이 동시에 강조된 것이다(Barrett).

11 또한 너희가 이 시기를 알거니와 자다가 깰 때가 벌써 되었으니 이는 이제 우리의 구원이 처음 믿을 때보다 가까웠음이니라

"시기(카이로스)"는 특정한 때, 의미있는 시간을 가리킨다. 결국 종말

---

241 아나케팔라이오오(ἀνακεφαλαιόω, v)는 to sum up, gather up/(from 303 /aná, "up," intensifying 2775 /kephalaióō, "bring to a head, recapitulate") – properly, head-up, summing up all the parts as a comprehensive (organized) whole)이다. 이는 세부사항을 하나로 요약한다는 의미로 수사학적 용어(Rhetorical term, Sanday & Headlam)이다.

242 플레로마(πλήρωμα, nn)는 (a) a fill, fullness; full complement; supply, patch, supplement, (b) fullness, filling, fulfillment, completion)이다.

론적 위기감을 강조하기에 그리스도 재림 전의 시기, 즉 말세지말 종말의 때(행 2:17)를 가리키기도 한다(고전 7:29).

"벌써"라는 표현에서는 종말의식을 가지고 그리스도의 재림을 대망하라는 뜻이 함의되어 있다. 한편 "자다가 깰 때가 벌써 되었으니"라는 것은 영적으로 경성할 것을 경고한 말이다.

"처음 믿을 때"라는 것은 그리스도를 주(主)로 고백하고 세례를 받았을 때(Hendriksen, Kasemann)를 가리킨다.

"가까왔음이니라"는 것은 "구원"이라는 말과 연결된 것이 아니라 "우리"라는 말과 연결된다. 즉 우리가 구원(미래적 구원의 단계인 영화)에 점점 더 가까이 다가서고 있다라는 것이다.

11-14절은 어거스틴(Augustine of Hippo)[243]의 회심 구절로 유명하다. 그는 북 아프리카 누미디아(Numidia)에서 이교도인 아버지와 기독교인인 어머니 모니카(Monica) 사이에서 태어났다. 16세 때 카르타고에서 수사학을 배웠고 20세 이후에는 문법학과 수사학을 가르치기도 했다. 그러나 그는 젊은 시절에 방탕과 혼돈 속에서 살았고 한때 마니교에 심취했으며 혼외자를 낳기도 했다.

어느 날 역시 술에 만취된 후 수도원으로 돌아왔는데 담장 너머로 아이들이 외치는 듯한 소리를 들었다.

'톨레레게(Tolle lege, Pick it up, read it)'

---

243 [네이버 지식백과] 아우구스티누스 [Augustinus, Augustine of Hippo] (교회용어사전: 교파 및 역사, 2013. 9. 16, 가스펠서브)

'톨레레게(Tolle lege, Take & Read)'

그렇게 하여 펼친 곳이 이곳 로마서 13장 11-14절이었고 회심 후 밀라노 주교 암브로시우스(Ambrosius)를 통해 깊은 감명을 받기도 했다.

12 밤이 깊고 낮이 가까웠으니 그러므로 우리가 어두움의 일을 벗고 빛의 갑옷을 입자

"밤"은 불신앙과 죽음의 때를, "낮"은 광명과 기쁨의 때를 가리킨다(요 9:4, 살전 5:5). 또한 "낮"은 그리스도의 재림의 날(마 7:22, 살후 1:10, 딤후 1:18, Murray)을 가리키기도 한다.

"어둠의 일"이란 일차적으로는 종교 윤리적으로 어긋난 불법(엡 5:8, 골 1:13)을 가리키지만 흑암의 권세 곧 주 안에서 빛의 자녀들처럼 행치 못한 모든 일을 말한다.

"너희가 전에는 어두움이더니 이제는 주 안에서 빛이라 빛의 자녀들처럼 행하라"_엡 5:8

"그가 우리를 흑암의 권세에서 건져내사 그의 사랑의 아들의 나라로 옮기셨으니"_골 1:13

"빛의 갑옷"이란 표현은 군사적 용어인데 이는 종말 시대를 살아가는 성도들의 치열한 삶이 영적 전투임을 상징한 것(롬 6:13, 고전 9:7, 고후 6:7, 10:14, 엡 6:10-20, 살전 5:8, 딤후 2:3)이다.

13 낮에와 같이 단정히 행하고 방탕과 술 취하지 말며 음란과 호색하지 말며 쟁투와 시기하지 말고

"낮에와 같이 단정히 행하고"라는 것은 그리스도인들은 비록 어두움의 세상에 살지만 낮에 속한 자들임을 자각하고 세상과 타협하거나 세상에 동화되지 말라는 의미이다.

"방탕"의 헬라어는 코모스[244](κῶμος, nm)인데 이는 '축제 행렬(Thayer)'이라는 의미였으나 이후 '흥청거림, 술자리'라는 것으로 그 의미가 바뀌었다. 헬라 문화권에서는 박카스신(주신, 酒神)의 축제일에 술마시며 그 신을 찬양하고 밤새도록 요란스러운 행렬을 벌이는 것을 가리켜 '방탕'이라고 지칭했다.

"음란"의 헬라어는 코이테(κοίτη, nf, (a) a bed, (b) a marriage bed; plur: repeated (immoral) sexual intercourse)인데 이는 법적 도덕적인 것에서 벗어난 무절제한 성행위(sexual intercourse)를 가리킨다. "호색"의 헬라어는 아셀게이아[245](ἀσέλγεια, nf)인데 이는 '음탕함, 억제 불가능한 애욕'으로서 생활상의 방탕한 성문화를 가리킨다.

"쟁투"의 헬라어는 에리스[246](ἔρις, nf)인데 이는 외부로 나타난 투쟁을

---

244 코모스(κῶμος, nm)는 a village festival, revel/(originally, village-merrymaking that took place at the gathering of the grapes, Souter) - a riotous party (drunken feast) which hosted unbridled sexual immorality; hence, revelings (debauched "partying")이다.

245 아셀게이아(ἀσέλγεια, nf)는 (outrageous conduct, conduct shocking to public decency, a wanton violence), wantonness, lewdness/(from **aselgēs**/"brutal") - properly, violent spite which rejects restraint and indulges in lawless insolence (wanton caprice)이다.

246 에리스(ἔρις, nf)는 contention, strife, wrangling/(a primitive word, NAS dictionary) - literally quarrel, strife; properly, a readiness to quarrel (having a contentious spirit), affection for dispute)이다.

의미하며 "시기"의 헬라어는 젤로스[247](ζῆλος, nm, nn)인데 이는 그 쟁투의 원인이 되는 내부적 격정을 가리킨다.

14 오직 주 예수 그리스도로 옷 입고 정욕을 위하여 육신의 일을 도모하지 말라

"도모하다"의 헬라어는 포이에오(ποιέω, v, (a) I make, manufacture, construct, (b) I do, act, cause)인데 이는 염두에 두고 목표를 삼는 행위를 가리킨다(Denny).

한편 성도들에게 요구되는 삶은 "주 예수 그리스도로 옷 입는 것(갈 3:27)"이다. 이는 '그리스도 안에서' 그리고 '그리스도와의 연합'으로서 새 사람을 입는 것(엡 4:24, 골 3:10)을 말한다. 이것은 죄악을 이기는 방법이기도 하다. 그러므로 그리스도인들은 그리스도의 심장(빌 1:8)을 지니고 신의 성품에 참예하고(벧후 1:4) 그리스도의 형상(갈 4:19)을 지니고 종국적으로 그리스도의 장성한 분량이 충만한 데까지 이르러야(엡 4:13) 할 것이다.

---

[247] 젤로스(ζῆλος, nm, nn)는 (a) eagerness, zeal, enthusiasm, (b) jealousy, rivalry/(an omamopoeic term that mimics the sound of water bubbling over from heat and perhaps derived from 2204 /zéō, "to boil") - properly, burning emotion (inner feeling boiling over, "boiling from heat," J. Thayer); (figuratively) something very fervent ("red-hot") as with Spirit-fueled zeal to serve the Lord. This root (zē-) is used both negatively ("jealousy") and positively ("zeal") depending on the context)이다.

하나님의 의가 드러난 십자가 복음

．
．
．
．
．

괴짜 의사 Dr. Araw의
쉽고 바르게 읽는 로마서 장편(掌篇) 강의

레마이야기 14

사나 죽으나
우리가 주의 것이로다(14:8)

14장에서는 본질과 곁가지를 잘 구분할 것을 말씀하고 있다. 본질이 삶의 목적(가치)이라면 곁가지는 삶의 목표(우선순위)이다. 사실 엄밀히 말하면 목적도 중요하고 목표도 중요하다. 그러나 목적이 없는 목표는 본질은 사라진 채 곁가지만 붙드는 격이다.

기독교에서 예수, 그리스도, 생명이 본질이라면 음식, 절기, 할례 등등의 규례들은 그리스도인으로서의 문화와 삶에 대한 태도로서 곁가지이다. 그렇기에 그런 곁가지들이 비록 중요한 것은 사실일지라도 본질을 흔드는 것이어서는 곤란하다. 14장에서 언급하고 있는 로마 교회도, 이전의 고린도 교회와 마찬가지로 이러한 곁가지들에 의해 심한 홍역을 앓았었다.

먼저 5-6절은 날(절기)에 관하여 말씀하고 있다. 본질이 "주를 위하여"라고 한다면 곁가지는 날(안식일, 금식일, 주일 등)과 달(월삭)과 절기(유월절, 오순절, 장막절, 나팔절, 초실절, 무교절, 대속죄일 등)와 해(안식년, 희년)를 중시하는 것(갈 4:8-11)을 말한다. 다시 말하지만 곁가지가 필요 없다라는 것은 아니다. 본질을 흔들지 말라는 것이다. 모든 일을 행함에 있어서 가장 중심은 '주를 위하여'라는 것이다.

둘째는 할례에 관한 것이다. 율법의 가장 중요한 기둥 중의 하나인 할례의 본질은 '나는 죽었다. 이제는 하나님으로 산다'라는 고백과 결단이다. 이를 결단하면서 기꺼이 몸에 육체의 표식(할례)을 하는 것이다. 할례를 하고 안 하고의 문제보다는 '왜 하는 가'에 방점이 있다. 할례란 옛 사람이 예수 그리스도 안에서 온전히 죽고 이제 새로운 피조물로서 하나님께 온전한 주권을 드리고 하나님의 통치, 질서, 지배 하에서 살겠다는 고백이요 결단인 것이다.

셋째는 음식에 관한 것이다. 음식의 경우 먹어도 되느냐 아니냐를 두고서 그렇다고 하는 사람과 그러면 안 된다라고 하는 사람이 첨예하게 논쟁을 하다보면 종국적으로는 그리스도 안에서 한 지체된 교회들이 치열하게 싸우게 된다. 나중에는 감정이 상하여 마치 사마귀(사단 마귀 귀신의 줄임말)를 대하듯 싸운다. 서로를 죽일 듯이…….

고린도전서 8장(1-13절)과 이곳 로마서 14장에서는 상기의 음식 문제에 대해 딱 한 마디로 정리하고 있다.

"주를 위하여."

그리고 너희는 "하나님 안에서 하나(지체)"이니라.

"사랑으로 행하라"는 것이다.

우리는 예수 그리스도 안에서 한 몸이 되어 서로 지체가 되었다. 그렇기에 지체의 다양함은 강약(强弱)이나 귀천(貴賤)의 문제가 아니다. 한편 지체 중에 연약한 부분이 있듯이 공동체를 살아가다 보면 연약한 지체가 있다. 14장은 연약한 지체들에 대한 태도와 그 저변에 사랑이 전제되어야 함을 말씀하고 있다.

먼저 연약한 그들이 혹시나 어떤 부분에 대해 의심한다고 하더라도 잘 포용하고 비판하지 말라고 하셨다(1). 연약한 자의 약점을 담당하라고 하신 것이다(15:1). 더 나아가 예수님 안에서 한 지체된 그들을 업신여기거나 판단(13)하지도 말라고 하셨다(3, 10). 또한 음식물 규례로 인해 그들을 근심하게도 말고 망하게 하지도 말라고 하셨다(15). 아니 보다 더 적극적으로 그들을 사랑하라고 하셨다(15). 왜냐하면 그들 또한 그리스도께서 대신하여 죽은, 주 안에서 한 지체된 자녀로서 한 형제들이기 때문이라고 말씀하셨다(15).

매사에 화평의 일과 덕을 세우는 일을 하고(19) 지체를 대하여 무엇이든지 거리끼게 하는 일을 아니함이 아름다우니라고 하셨다(21). 종국적으로 자기의 옳다 하는 바로 상대에게 자신 만의 세계관이나 가치관을 강요하지 말라고 하셨다(22).

이런 말씀에 대해 우리의 대답은 명쾌하다. 'Yes, My Lord!'

모든 사람은 한 번 인생을 살아가며 목적과 목표를 소유하게 된다. 목적이 가치라면 목표는 우선순위이다. 삶의 목적이 없으면 목표는 뜬 구름이 되고 만다. 반면에 분명한 목적이 있으면 목표 설정이 보다 더 뚜렷해질 뿐만 아니라 그 목적에 맞게 목표들이 주어지게 된다. 바른 목적과 목표를 세우게 되면 유한된 한 번 인생을 가치에 맞추어 우선순위대로 '알차게' 살아갈 수가 있게 된다.

Soli Deo Gloria!

이제 후로는 이를(목적, 핵심 가치) 위해 다른 곁가지(목표)들을 앞세우지 말고 목적에 집중함으로 본질에서 벗어난 부분들에 관하여는 아프더라도 하나 둘씩 가지 치기(pruning, trimming)를 해나가야 할 것이다. 할렐루야!

14-1 믿음이 연약한 자를 너희가 받되 그의 의심하는 바를 비판하지 말라

"믿음이 연약한 자"라는 것은 어떤 상황이나 특별한 계기가 있어 '믿음이 약해진 자'라는 의미이다(Godet). 이들은 특별히 당시 그리스도인이 된 후에도 철저한 안식일 준수나 육식을 거부했던 에세네파(Essenes)의 개종자(Meyer, Lightfoot)를 가리키기도 하며 혹은 유대적 전통에 충실하여 누룩 없는 떡과 물로 성례를 고집하던 에비온(Ebion)파[248]에서 개종

---

248 에비온파는 성령님에 의한 마리아의 동정녀탄생을 부정하며 그리스도의 신성을 부인했

한 신자들을 가리킨다고 한다(Baur). Calvin은 유대인 신자들 중에서 아직 구약의 규례를 버리지 못한 자들이라고도 했다. 또한 당시 이방인 초신자들 중에는 유대교의 규례와 기독교의 규례를 혼동했던 자들이 있었는데 이들을 가리킨다고도 한다.

"비판"의 헬라어는 디아크리시스[249](διάκρισις, nf)이다, 비슷한 단어 중에 디아(διά)와 크리노(κρίνω)의 합성어인 디아크리노(διακρίνω, v)가 있는데 이는 '두 방향으로 판단하는 것'이라는 의미로 '의심하다'라는 말이다.

2 어떤 사람은 모든 것을 먹을 만한 믿음이 있고 연약한 자는 채소를 먹느니라

이 구절은 고린도전서 8장에서의 당시 고린도 교회의 상황이었던 '우상의 제물 문제'를 말씀하고 있는 것으로 보인다. 곧 이교신에게 바쳐진 짐승의 고기를 먹어도 되느냐 안 되느냐의 문제와 더불어 불결하게 취급된 고기(레 11:1-47)에 대한 식용 여부에 관한 문제였다. 예수님은 마태복음

다. '가난, 빈민'이라는 의미의 그들은 이름에 걸맞게 금욕과 고행을 강조했다. 이들은 모세오경을 강조하고 마태복음만을 믿으며 바울서신은 부인한다. 네이버 지식백과, 교회용어사전

249 디아크리시스(διάκρισις, nf)는 the act of judgment/diákrisis (from 1252 /diakrínō, see there) – properly, a thorough judgment, i.e. a discernment (conclusion) which distinguishes "look-alikes," i.e. things that appear to be the same. (Note the intensifying force of the prefix, dia.)이다. 디아(διά)와 크리노(κρίνω)의 합싱어가 바로 디아크리노(διακρίνω, v, (from 1223 /diá, "thoroughly back-and-forth," which intensifies 2919 /krínō, "to judge") – properly, investigate (judge) thoroughly – literally, judging "back–and-forth" which can either (positively) refer to close-reasoning (descrimination) or negatively "over-judging" (going too far, vacillating). Only the context indicates which sense is meant)이다.

(15:17-20)을 통해 입으로 들어가는 것보다 마음에서 나오는 것이 더럽다라고 말씀하셨다.

"입으로 들어가는 모든 것은 배로 들어가서 뒤로 내어 버려지는 줄을 알지 못하느냐 입에서 나오는 것들은 마음에서 나오나니 이것이야말로 사람을 더럽게 하느니라 마음에서 나오는 것은 악한 생각과 살인과 간음과 음란과 도적질과 거짓 증거와 훼방이니 이런 것들이 사람을 더럽게 하는 것이요 씻지 않은 손으로 먹는 것은 사람을 더럽게 하지 못하느니라"
마 15:17-20

3 먹는 자는 먹지 않는 자를 업신여기지 말고 먹지 못하는 자는 먹는 자를 판단하지 말라 이는 하나님이 저를 받으셨음이니라

"하나님이 저를 받으셨느니라"는 것은 이미 성도된 자들은 내주(內住)성령하고 있는 하나님의 성전이기에 서로를 향해 업신(14:3)여기거나 판단(14:10)해서는 안 된다라는 것이다.

4 남의 하인을 판단하는 너는 누구뇨 그 섰는 것이나 넘어지는 것이 제 주인에게 있으매 저가 세움을 받으리니 이는 저를 세우시는 권능이 주께 있음이니라

모든 주권은 하나님께 있다. 아멘(ἀμήν, verily, of a truth, most assuredly, so let it be/ אָמֵן)이다. 우리 모두는 예수 그리스도로 말미암아 하나님 안에서 하나이다. 아멘이다. 나라와 민족, 남녀노소, 인종 등에 관계없이 예수 그리스도 안에서는 차별이 없고 하나인 것이다. 그러므로 저를 세우시는 권능은 오직 예수 그리스도 한 분뿐이다.

5 혹은 이 날을 저 날보다 낫게 여기고 혹은 모든 날을 같게 여기나니 각각 자기 마음에 확정할지니라

"이 날과 저 날"이 가리키는 것은 안식일(Lenski)이나 금식을 행하는 날(Denny)이라고 한다. 혹자는 안식일과 주일이라고 해석하기도 한다. 그러나 모든 날은 주께 속하였기에 모든 날이 다 중요한 것이다(갈 4:10-11, 골 2:16-17).

참고로 십계명의 4계명에는 '안식일을 기억하여 거룩히 지키라'고 하셨다. 그러면 오늘날은 안식일(금요일 저녁~토요일 저녁)을 지켜야 하나 주일(예수님의 부활을 기념하는 일요일)을 지켜야 하나라는 문제가 생길 수 있다. 알아야 할 것은, 성경을 해석할 경우 문자 그대로 해석함이 최우선이다. 그러나 문자만으로 해석해서는 안 된다. 상징과 의미, 예표하는 바가 무엇인지, 더 나아가 문맥을 고려하되 배경까지도 고려해야 한다. 그런 후 아버지의 마음을 알려달라고 기도함으로 말씀을 해석해야 한다.

상기 4계명은 출애굽기 20장 11절과 신명기 5장 15절에서 동일하게 말씀하셨다. 우리는 두 부분의 말씀을 찬찬히 읽으며 미묘한 차이를 발견해야 한다. 전자의 경우 '천지창조'에 관한 이야기가 나온다. 후자의 경우 창조에 관한 얘기는 없으며 '안식'의 이야기가 나온다.

이를 연결하면 결국 4계명이 말하고 있는 것은 첫째, 창조주 하나님을 기억하라이고 둘째는 하나님 안에서만 안식을 누리라는 것이다. 이것이 4계명이 말하고자 하는 것이지 안식일이냐 주일이냐의 논쟁은 전혀 의미가 없음을 알아야 한다.

"확정할지니라"는 것은 다른 사람의 견해에 휩쓸리지 말고 자신의 의견에 충실하라(Luther)는 의미이다.

6 날을 중히 여기는 자도 주를 위하여 중히 여기고 먹는 자도 주를 위하여 먹으니 이는 하나님께 감사함이요 먹지 않는 자도 주를 위하여 먹지 아니하며 하나님께 감사하느니라

"주를 위하여"가 3번이나 반복되었는데 이는 강조의 의미로 그리스도인들의 신앙적 모토와 확신, 생활 태도(Muray)를 가리킨다. 곧 '먹고 마시는 것, 절기, 월삭, 안식일, 주일 준수' 등과 같은 것들에 대하여는 서로 논쟁할 이유가 없다라는 것이다. 왜냐하면 모든 것은 '주를 위하여' 하는 것이기 때문이다.

7 우리 중에 누구든지 자기를 위하여 사는 자가 없고 자기를 위하여 죽는 자도 없도다

이 구절은 그리스도 지향적(Christ-centric)인 삶을 가리키는 것이다. 결국 그리스도인들의 삶은 이기적인 삶이 아니라 이타적인 삶이며 주변에 선한 영향력을 발휘하는 삶이 되어야 한다. 소위 누룩의 영향력이다.

8 우리가 살아도 주를 위하여 살고 죽어도 주를 위하여 죽나니 그러므로 사나 죽으나 우리가 주의 것이로라

이 구절은 그리스도인 된 우리의 고백으로서 삶의 목적과 그에 따른 목표를 강조하는 말씀이다. 삶의 목적인 하나님께 영광을 돌리기위해(고전 6:19-20) 유한되고 제한된 한 번 뿐인 직선 인생의 목표를 설정해야 한다라는 말이다. 이 부분은 핵심구절로서 로마서 장편(掌篇) 주석 〈살아도 주를 위하여, 죽어도 주를 위하여〉라는 책의 제목이자 나의 고백이기도 하다.

"주의 것"이란 주님의 소유라는 의미와 함께 주에게 속한 것이라는 소속의 의미가 있다.

9 이를 위하여 그리스도께서 죽었다가 다시 살으셨으니 곧 죽은 자와 산 자의 주가 되려 하심이니라

그리스도께서 우리를 위하여 십자가에서 대신 죽으심으로 영적 죽음(영벌) 상태에서 죄악 가운데 살고 있던 자들에게 구원의 문이 활짝 열리게 되었다. 동시에 예수님은 죽음을 이기시고 부활하심으로 죄와 사망의 권세 아래 있던 자들이 다시 살아나 부활의 소망을 가지게 되었다. 전제할 것은, 구원의 문은 모든 자들에게 해당되는 것이 아니라 만세 전에 하나님의 은혜로 택정된 자들에게만 해당된다라는 것이다.

흔히 '택정과 유기' 교리를 말할 때마다 알러지 반응을 일으키는 그리스도인들이 의외로 많은 것이 놀랍다. 이는 하나님의 은혜를 간과한 결과이다. '택정'이라는 교리를 올바로 안다면 크신 하나님의 은혜에 감격하지 않을 수 없게 된다. 아무 공로 없는 나를 만세 전에 당신의 크신 은혜로 택정하시고 영 죽을 죄에서 나를 건지셔서 지금의 자리에까지 나를 인도하신 것은 무한하신 하나님은 은혜인 것이다. 그저 감사할 것밖에 없다. 결국 '택정과 유기' 교리는 나 자신에게만 적용하는 것이다.

대부분의 논쟁은 '유기' 교리에 있다. 그들은 '유기'를 말하며 열을 내곤 하는데 그것은 하나님의 주권 영역을 한참 침범한 것이다. 구원은 하나님의 온전한 주권 영역이기 때문이다. 더 나아가 다른 사람들이 유기된 것에 대해 왈가왈부하거나 열을 내는 것은 본인이 하나님보다 의롭다고 생각하는 것임을 알아야 한다. 정확히 표현한다면 다른 이들의 유기는 하나님의 섭리에 있기에 우리는 잘 모르는 영역이다. 우리가 할 일은 나를 택정해주신 하나님의 은혜에 감사하며 아직도 복음을 모르는 상대를 향해 '그들이 듣든지 아니듣든지 때를 얻든지 못 얻든지 예수는 그리스도라 가르치기와 전도하기를 쉬지 않는 것'일 뿐이다.

10 네가 어찌하여 네 형제를 판단하느뇨 어찌하여 네 형제를 업신여기느뇨 우리가 다 하나님의 심판대 앞에 서리라

"판단하느뇨"라는 것은 '판단하지 말라'는 의미로서 그 이유는 첫째, 판단하는 그 또한 같은 일을 행하기 때문이고(롬 2:1) 둘째, 하나님의 판단이 진리대로 되어질 것이기 때문이다(롬 2:2).

한편 인간의 판단은 진실에 입각하지 않으며 사실에 근거하지 않는 경우가 너무 흔하다. 그렇기에 인간의 판단은 신뢰할 수 없으며 필요하지도 않다. 오직 전지전능(全知全能)하신 하나님의 판단만이 신뢰할 수 있고 필요하다. 왜냐하면 신뢰할 수 있는 대상은 하나님뿐이기 때문이다.

"심판대 앞에 서리라"는 것은 '심판대 앞에서 드러나리라'는 의미이다. 여기서 "심판대"라는 것이 '하나님의 심판대(롬 2:16, 알렉산드리아, 바티칸, 베자, 보엘네리안 사본, Augustine)'인지 '그리스도의 심판대(고후 5:10, 풀피리안, 아도스 사본, Marcion, Polycarp, Crysostom, Cyril)'인지에 대하여는 의견이 분분하다. 나는 둘을 구분하는 것에 그다지 관심이 없다. 왜냐하면 이런 해석의 다양함은 '다른 하나님 한 분 하나님'이신 삼위일체 하나님에 대한 묵상의 풍성함을 더해주기 때문이다. 그러므로 나는 다양한 해석을 접할 때마다 본질을 벗어나지 않는다면 여러 가지를 묵상하며 말씀의 깊이를 느끼면서 누리곤 한다.

11 기록되었으되 주께서 가라사대 내가 살았노니 모든 무릎이 내게 꿇을 것이요 모든 혀가 하나님께 자백하리라 하였느니라

이사야 45장 23절, 49장 18절의 말씀과 상통한다. 더하여 빌립보서 2장 10-11절의 말씀과도 상통한다. 즉 하나님은 창조주이시며 역사의 주관자이시고 심판주 하나님이시라는 말이다.

"자백하리라"의 헬라어는 엑소몰로게오²⁵⁰(ἐξομολογέω, v)인데 이는 '인정하다 고백하다'라는 의미이다. 더 나아가 '찬양하다'를 의미하기도 한다(Vincent, Hendriksen, Dunn). 비슷한 헬라어 단어로는 호모로게오²⁵¹(ὁμολογέω, v, 히 13:15)가 있다.

12 이러므로 우리 각인이 자기 일을 하나님께 직고하리라

이 구절은 다음의 4가지로 해석할 수 있다. 첫째, 믿음이 강한 자이건 약한 자이건 간에 모두가 다 하나님 앞에서 심판을 받게 되는 심판의 보편성과 동시에 심판의 개별성을 함의하고 있는 것이다. 둘째는 자신의 일은 자신이 하나님 앞에서 직고해야만 한다라는 의미이다. 셋째, 심판의 주체는 하나님이시다라는 의미이다. 천사나 성도는 심판에 협조하거나 보조적일 뿐이다(마 13:41-42, 고전 6:2, 계 20:4). 넷째, 하나님께 자신의 일을 고백하되 철저히 알려야한다라는 의미이다.

"직고하리라"의 헬라어는 로곤 도세이(λόγον δώσει)인데 이는 '정확히 보고하다(마 12:36, 눅 16:12, 요 3:17, 히 13:17, Robertson)'라는 의미이다.

---

250 엑소몰로게오(ἐξομολογέω, v)는 (a) I consent fully, agree out and out, (b) I confess, admit, acknowledge (cf. the early Hellenistic sense of the middle: I acknowledge a debt), (c) I give thanks, praise/(from 1537 /ek, "wholly out from," intensifying 3670 /**homologéō**, "say the same thing about") – properly, fully agree and to acknowledge that agreement openly (whole-heartedly); hence, to confess ("openly declare"), without reservation (no holding back)이다.

251 호모로게오는 (a) I promise, agree, (b) I confess, (c) I publicly declare, (d) a Hebraism, I praise, celebrate/(from 3674 /**homoú**, "together" and 3004 /**légō**, "speak to a conclusion") – properly, to voice the same conclusion, i.e. agree ("confess"); to profess (confess) because in full agreement; to align with (endorse)이다.

한편 도세이(δώσει, V-FIA-3S)는 디도미(δίδωμι, I offer, give; I put, place)동사의 미래형이다. 이는 최후의 그날에 반드시 있게 될 심판을 의미하는 것으로 정확하게 보고하게 될 그날을 생각하며 지금 위치해 있는 그곳(now & here)에서의 자신의 삶을 잘 점검하고 되돌아보라는 말이다.

13 그런즉 우리가 다시는 서로 판단하지 말고 도리어 부딪힐 것이나 거칠 것으로 형제 앞에 두지 아니할 것을 주의하라

이 구절은 로마 교회 내의 믿음이 강한 자들의 자의적 행동이 약한 자들의 걸림돌이 된 것을 지적하고 있는 것이다. 그러므로 믿음이 강한 자들을 향한 권면(Cranfield, Murray)이다. 더 나아가 모든 로마 교회의 성도들에게 주어진 복합적인 권면이기도 하다(Dunn, Cranfield).

"부딪힐 것"의 헬라어는 프로스콤마(πρόσκομμα, nn, a stumbling-block, an occasion for falling, a moral embarrassment)인데 이는 '길에 놓여있는 걸림돌'이라는 의미이다. 즉 믿음이 연약한 형제가 믿음이 강한 형제를 따라가다가 실족하게 되는 것을 가리킨다.

"거칠 것"의 헬라어는 스칸달론[252](σκάνδαλον, nn)인데 이는 프로스콤마보다 더 적극적인 의미의 덫 혹은 장애물을 가리키는 것(Murray)으로 '의도적으로 형제를 넘어뜨리는 것'을 가리킨다(Godet).

---

252 스칸달론(σκάνδαλον, nn)은 a stick for bait (of a trap), generally a snare, a stumbling block, an offense/properly, the trigger of a trap (the mechanism closing a trap down on the unsuspecting victim); (figuratively) an offense, putting a negative cause-and-effect relationship into motion)이다.

14 내가 주 예수 안에서 알고 확신하는 것은 무엇이든지 스스로 속된 것이 없으되 다만 속되게 여기는 그 사람에게는 속되니라

이 구절은 디모데전서 4장 4절, 디도서 1장 15절에서도 볼 수 있다. 이는 구약의 정결에 관한 율법으로 부정한 음식에 관한 규례(레 11:1-47)를 두고 한 말이다. 즉 더 이상 객관적으로 속된 것은 없고 속되다라고 여기는 '그 사람(ἐκεῖνος, Demonstrative Pronoun, 지시대명사, that one (or neut. that thing), often intensified by the article preceding)'에게만 부정하게 된다라는 의미이다.

"속된 것"의 헬라어는 코이노스[253](κοινός, adj)인데 이는 유대인들에게는 금지된 것이지만 전체 세상의 사람들에게는 일반적인 풍습이나 습관들(Sanday & Headlam)에 해당된다라는 것을 말한다. 즉 단순한 '제의적인 부정함(Crener)'을 의미한다. 그렇기에 바울은 제의적인 부정함보다는 예수 그리스도 안에서 거룩한 것과 속된 것이 새롭게 규정됨을 말하고 있다.

15 만일 식물을 인하여 네 형제가 근심하게 되면 이는 네가 사랑으로 행치 아니함이라 그리스도께서 대신하여 죽으신 형제를 네 식물로 망케 하지 말라

---

253   코이노스(κοινός, adj)는 (a) common, shared, (b) Hebraistic use: profane; dirty, unclean, unwashed/properly, common, referring to what is defiled (stripped of specialness) because treated as ordinary ("common"). 2839 /*koinós* ("defiled") describes the result of a person reducing what God calls special (holy, set apart) – to what is mundane, i.e. stripping it of its sacredness)이다.

이 구절에서는 음식 문제에 관한 새로운 관점을 '사랑'의 차원에서 제시하고 있다. 즉 음식과 사람의 생명을 비교하며 음식의 경우는 먹으면 좋고 못 먹으면 아쉽기는 하지만 근심으로 인한 우울, 죽음에까지는 이르지 않는다라는 것이다.

"근심하게 되면"의 헬라어는 뤼페오[254](λυπέω, v)인데 이는 단순한 근심을 넘어 비탄에 잠기게 되고 상처를 남게게 된다라는 의미이다.

16 그러므로 너희의 선한 것이 비방을 받지 않게 하라

이 구절에서의 "선한 것(τὸ ἀγαθόν)"이란 '믿음의 구원'을 의미한다. 학자들에 따라서는 믿음(De wette), 하나님나라(Meyer, Hodge, Cranfield), 신앙과 복음(Lenski), 믿음이 강한 자들이 누리는 신앙 생활의 자유함(Calvin, Bengel, Sanday & Headlam, Murray, Godet, Denny, Harrison, Wuest)이라고 해석한다. 나는 선한 의도로 가르쳐주려는, 앞서가는 견고한 이들의 초보자들을 향한, 사랑이 내재된 지적(指摘, comment, criticize)으로 해석한다.

한편 비방을 하게 되는 주체들은 첫째는 교회 밖의 사람들이요 둘째는 교회 내의 믿음이 연약한 성도들이다.

---

254 뤼페오(λυπέω, v)는 to distress, to grieve/(from 3077 /lýpē, "deep grief") – to experience deep, emotional pain (sadness), i.e. severe sorrow (grief). 3076 (lypéō) is very intense and hence even used of the pain of childbirth (see Gen 3:16, LXX). See 3077 (lypē) 이다.

17 하나님의 나라는 먹는 것과 마시는 것이 아니요 오직 성령 안에서 의와 평강과 희락이라

"하나님 나라(ἡ βασιλεία τοῦ Θεοῦ)"라는 것에는 현재형 하나님나라(주권, 통치, 질서, 지배)와 미래형 하나님나라(장소, 고전 6:9, 갈 5:21, 살후 1:5)가 있다. 이 구절에서는 현재형 하나님나라를 의미한다.

현재형 하나님나라로서의 교회공동체의 본질적 중요성은 '성령 안에서(ἐν Πνεύματι Ἁγίῳ)' 나타나는 내적이고 근본적인 것들이다. 그러므로 모든 그리스도인들의 윤리적 동인(動因)은 내주하시는 성령님의 인도하심에 의존해야 한다.

"의(義)"의 헬라어는 디카이오쉬네(δικαιοσύνη)이고 평강의 헬라어는 에이레네(εἰρήνη)인데 이는 하나님의 구속의 결과 인간과 하나님은 화평의 관계를 이루게 되었다라는 의미이다. 즉 샬롬의 관계로 우리는 은혜를 누리게 되었고 그 은혜로 인하여 기쁨과 감사가 넘치는 생활을 하게 되었다라는 것이다.

한편 일단의 학자들(Vincent, Meyer, Godet, Barrett, Sanday & Headlam, Murray)은 이 구절에서의 '의(義)'를 그리스도인들 사이의 상호적 '의(義)'로 해석하며 '평강'은 그리스도인들 사이의 상호적 '조화'로 해석하기도 한다.

18 이로써 그리스도를 섬기는 자는 하나님께 기뻐하심을 받으며 사람에게도

칭찬을 받느니라

"그리스도를 섬기는 자는"이라는 것은 그리스도를 섬기는 자세 혹은 태도에 관한 말씀이기도 하고 그리스도인들의 삶의 원리 혹은 원칙이기도 하다. 그리하여 그리스도인들은 첫째, 성령 안에서 의와 평강과 희락을 누리게 되며 둘째는 하나님께 기뻐하심을 받게 되고 셋째는 교회 밖의 사람들에게도 칭찬을 받게 된다. 그러나 때로는 하나님과 사람의 인정 사이에서 양자택일(兩者擇一)의 순간(행 4:19, 5:29)이 올 때도 있음을 알아야 한다. 사람의 칭찬이나 시선, 그들의 평가에 너무 얽매이지 말라는 것이다.

19 이러므로 우리가 화평의 일과 서로 덕을 세우는 일을 힘쓰나니

"화평의 일(τὰ τῆς εἰρήνης)"이란 성도 간의 조화와 친교적인 노력으로서 교회공동체 내에서의 화합과 단결(딤후 2:22, 벧전 3:11)을 말한다.

"덕을 세우는 일(τὰ τῆς οἰκοδομῆς)"이란 본래 '집을 짓는 과정으로서의 건축'을 의미하나 여기서는 '영적인 독려(spiritual strengthening)'를 가리킨다. 결국 그리스도인의 지혜와 덕과 거룩함이 자라나게 하는 일(building up)을 의미한다(Bauer).

"힘쓰나니"의 헬라어는 디오코[255](διώκω, v)인데 이는 사본상 2가지 독

---

[255] 디오코(διώκω, v)는 to put to flight, pursue, by implication to persecute/properly, aggressively chase, like a hunter pursuing a catch (prize). 1377 (diṓkō) is used positively ("earnestly pursue") and negatively ("zealously persecute, hunt down"). In each case, 1377 (diṓkō) means pursue with all haste ("chasing" after), earnestly desiring to overtake (apprehend)이다.

법으로 읽힌다. 첫째는 디오코멘(διώκομεν)인데 이는 시내산 사본(א), 알렉산드리아 사본(A), 바티칸 사본(B)에 있으며 직설법으로서 '우리는~힘쓴다'라고 번역된다(Eberhard, Nestle). 한편 디오코멘(διώκωμεν)으로 번역된 사본은 에브라임 사본(C), 베자 사본(D), 아도스 사본이며 라틴어 벌게이트(Vulgate)에 있는데 가정법으로서 '우리가 ~힘쓰자'라고 번역된다(Westcott, Hort, Denny, Robertson, KJV).

20 식물을 인하여 하나님의 사업을 무너지게 말라 만물이 다 정하되 거리낌으로 먹는 사람에게는 악하니라

"하나님의 사업(τὸ ἔργον τοῦ Θεοῦ)"이란 믿음이 연약한 형제 속에서 이루어지는 구원의 역사(Murray), 연약한 형제가 구원 받게 된 구원 사건(Michel, TEV what God has done, 새번역, '하나님의 하신 일'), 하나님이 세우신 교회공동체(Barrett, Kasemann) 등으로 해석할 수 있다.

"만물이 다 정하되 거리낌으로 먹는 사람에게는 악하니라"는 것은 음식 자체는 악하지 않으나 어떤 특정한 상황이나 그 음식을 남용할 경우에는 악한 결과를 초래할 수도 있다라는 의미이다.

14절의 "속되니라"와 20절의 "악하니라", 그리고 23절의 "죄니라"는 단어는 모두 다 동일한 의미로서 21절에서 사용된 "아름다우니라"의 반대말이다. 결국 가르침이라 할지라도 사랑으로 행치 아니하는 모든 것은 속되며 악하고 그로 인하여 형제가 근심하게 되면 그것은 하나님의 은혜

로 주신 믿음으로 행한 것이 아니기에 죄가 된다라는 것이다.

곧 사랑으로 행하면 하나님의 보시기에 "좋았더라(토브)"가 되고 '아름다운' 것이 된다. 반대로 아름답지 못하다'라는 것은 '악하다, 속되다, 죄다'라는 것으로 창세기 2장 18절에서는 "좋지 못하다(로 토브)"라는 말씀을 사용하고 있다.

21 고기도 먹지 아니하고 포도주도 마시지 아니하고 무엇이든지 네 형제로 거리끼게 하는 일을 아니함이 아름다우니라

"고기"의 헬라어는 크레아스(κρέας, nn, flesh; plur: pieces of flesh, kinds of flesh)인데 이는 희생제사를 드리고 난 동물의 고기(고전 8:1)로서 이 구절에서는 우상제물을 가리킨다.

"포도주"에 관하여는 고기와 더불어 우상에게 바쳐진 음식으로 간주(Hendriksen)되었으나 한편으로 포도주는 구약에서 경건한 행위를 위해 금지되는 것(단 1:3-16, 10:3)이기도 했다.

"거리끼다"의 헬라어는 프로스콥토(προσκόπτω, v, to strike against, to stumble)인데 이는 '길에서 돌이나 다른 방해물에 걸려 넘어지는 것'으로 죄에 빠지게 하는 행위(be induced to sin)를 말한다(Thayer).

22 네게 있는 믿음을 하나님 앞에서 스스로 가지고 있으라 자기의 옳다 하는 바로 자기를 책하지 아니하는 자는 복이 있도다

"네게 있는 믿음"이란 '네가 가진 바로 그 믿음'이라는 의미로 '참된 믿음'은 하나님 앞에서 곧 하나님의 심판대 앞에서 부끄러움이 없는 스스로의 판단에 대한 확신과 책임의식을 말한다(Denny).

"옳다"의 헬라어는 도키마조[256](δοκιμάζω, v)인데 이는 충분한 진위(眞僞) 시험을 거친 후에 인정받다라는 의미이다.

"복이 있도다"의 헬라어는 마카리오스[257](μακάριος, adj)인데 이는 영적 번영(spiritual prosperity)를 가리킨다(Denny).

23 의심하고 먹는 자는 정죄되었나니 이는 믿음으로 좇아 하지 아니한 연고라 믿음으로 좇아 하지 아니하는 모든 것이 죄니라

"의심하다"의 헬라어는 디아크리노[258](διακρίνω, v)인데 이는 '한편은 옳고 한편은 옳지 않다'라는 편파적인 생각을 가리킨다. 한편 "정죄하다"의 헬라어는 카타크리노(κατακρίνω, v)인데 이는 '판단 아래 둔다'라는

---

256 도키마조(δοκιμάζω, v)는 (from 1384 /dókimos, "approved") - properly, to try (test) to show something is acceptable (real, approved); put to the test to reveal what is good (genuine). See 1384 (dokimos)이다.

257 마카리오스(μακάριος, adj)는 (from mak-, "become long, large") - properly, when God extends His benefits (the advantages He confers); blessed)이다.

258 디아크리노(διακρίνω, v)는 (from 1223 /diá, "thoroughly back-and-forth," which intensifies 2919 /krínō, "to judge") - properly, investigate (judge) thoroughly - literally, judging "back-and-forth" which can either (positively) refer to close-reasoning (descrimination) or negatively "over-judging" (going too far, vacillating). Only the context indicates which sense is meant)이고 카타크리노(κατακρίνω, v)는 (from 2596 /katá, "down, according to" intensifying 2919 /krínō, "judge") - properly, judge down, i.e. issue a penalty (exactly condemn); to judge someone "decisively (decidedly) as guilty.")이다.

의미이다.

상기의 두 단어에 공히 사용된 판단하다(크리노, κρίνω)라는 헬라어는 수사학적 구문을 통한 '의심의 해악성'을 가리킨다.

"믿음으로 좇아 하지 아니한 연고라"는 것에서 '믿음'은 절대적 믿음이라는 의미보다는 '분별력'을 가리킨다.

믿음은 그리스도를 구주로 고백하는 것과 실생활에서 하나님의 뜻을 확신하고 정확하게 분별하여 실천하는 것을 가리킨다. 그렇기에 성령으로 말미암은 내적 확신이 결여된 모든 행동은 죄에 해당한다(Cranfield).

로마서 16장 25-27절은 로마서 전체를 마감하는 '송영(頌榮)'이라고 칭한다. 일부 사본(레기우스 사본(L), 아도스 사본)은 14장 말미에 송영(頌榮)이 있어야 한다고 주장한다. 알렉산드리아 사본(A)과 풀피리안 사본(P)은 두 군데에 다 있어야 한다라고 말한다.

이런 사실에 근거하여 로마서는 14장으로 끝난다고 추측하는 견해(Crysostom, Cyril, Theodoret, Denny, Hoffmann, 초기의 Barth)와 개역성경처럼 16장 말미에 두어야 한다라고 추측하는 견해(Tischendorf, Alford, Meyer, Bengel)가 있다.

나는 둘 다에 줄을 섰다. 왜냐하면 16장 25-27절은 로마서의 엑기스이자 복음의 핵심적 요약이기 때문이다.

하나님의 의가 드러난 십자가 복음

．
．
．
．
．

괴짜 의사 Dr. Araw의
쉽고 바르게 읽는 로마서 장편(掌篇) 강의

레마이야기 15

소망의 하나님(15:13)

"소망의 하나님이 모든 기쁨과 평강을 믿음 안에서 너희에게 충만케하사 성령의 능력으로 소망이 넘치게 하시기를 원하노라"_롬 15:13

그리스도인이건 불신자건 간에 모든 인간은 한번 인생 동안에 저마다의 소망(엘피스)을 가지고 있다. 물론 각 개인에 따라 많은 차이가 있겠지만……. 유한된 한 번의 직선 인생에서 소망이 없는 사람은 단 한 사람도 없을 것이다. 그렇게 보이더라도 소망이 없는 것처럼 여겨진 것일 뿐이다. 그렇지 않다면 현실이 너무 버거워 소망을 추스릴 여유조차도 없는 것일 게다.

인간에게 소망이 없다라는 것은 최악이다. 그런 인생은 살아있는, 살아가는 것이 아니라 살았으나 죽은, 죽음을 향해 달려가는 것이다. 길지 않은 유한된 인생을 살며 소망(所望)이 희미해지다 보면 처음에는 실망(失望)하다가 낙망(落望)으로 빠지게 되고 절망(絶望)으로 헤메이다가 종국적으로는 사망(死亡)에 이르게 되고 만다.

감사하게도 모든 그리스도인들에게는 예수 그리스도라는 '소망'이 있고 예수 그리스도를 통한 '소망(엘피스, 미래형 하나님나라에로의 입성과 영생)'을 가지고 살아간다. 그들이 가진 소망은 선명하고 확실하며 분명하다.

예수, 그리스도, 생명을 통해 영적 죽음에서 부활한 후 모두가 한 번은 맞게 되는 육적 죽음(히 9:27) 후 다시 부활함과 동시에 미래형 하나님나라에로의 입성이 이루어져 영생을 누리게 된다. 나는 이를 가리켜 '희미한 확실함'이라는 말로 설명한다. 확신하며 분명히 있고 분명히 볼 수는 있으나 지금은 거울로 보는 것같이 희미할 뿐이라는 것이다. 그러나 그날에는 얼굴과 얼굴을 맞대어 보는 것 같이 선명할 것이다.

삼위하나님과의 영원한 동거!
영생!
그것은 생각만 해도 힘이 솟는 '소망(所望, 엘피스)'이다.

거룩한 성 새 예루살렘에서 12가지 보석처럼 다양하게 거룩한 성 예루살렘으로 살아가는.
그것은 생각만 해도 힘이 솟는 '소망(所望, 엘피스)'이다.

하나님의 영광의 빛을 받아 매사 매 순간에 귀한 보석 같고 벽옥과 수정 같이 맑은.

그것은 생각만 해도 힘이 솟는 '소망(所望, 엘피스)'이다.

하나님과 어린 양의 보좌로부터 흘러나오는 생명수를 마시며 그 생명수를 통하여 달마다 맺히게 되는 12가지 실과를 먹고 만국을 소성케하는 무성한 잎사귀들을 상상하는.

그것은 생각만 해도 힘이 솟는 '소망(所望, 엘피스)'이다.

다시 저주가 없고 사망, 애통, 아픈 것, 곡하는 것이 없으며 모든 눈물을 그 눈에서 씻기시는.

그것은 생각만 해도 힘이 솟는 '소망(所望, 엘피스)'이다.

하나님의 영광이 비취고 등불이신 예수님이 계시기에 밤이 없고 햇빛과 등불이 필요없는 그 곳.

그것은 생각만 해도 힘이 솟는 '소망(所望, 엘피스)'이다.

"소망(所望, 엘피스)의 하나님(Θεὸς τῆς ἐλπίδος, the God of Hope)"이 모든 기쁨(πάσης χαρᾶς, with all joy)과 평강(εἰρήνης, peace)을 믿음 안에서(ἐν τῷ πιστεύειν) 너희에게 충만케하사(τὸ περισσεύειν, Art-ANS V-PNA) 성령의 능력으로(ἐν δυνάμει Πνεύματος Ἁγίου in the power fo the Holy Spirit) 소망(ἐν τῇ ἐλπίδι, 所望, 엘피스)이 넘

치게 하시기를 원하노라" _롬 15:13

15-1 우리 강한 자가 마땅히 연약한 자의 약점을 담당하고 자기를 기쁘게 하지 아니할 것이라

"약점"의 헬라어는 타 아스데네마타(τὰ ἀσθενήματα, N-ANP, the weaknesses/ἀσθένημα, nn, weakness, infirmity, doubt, hesitation/(from 770 /asthenéō) - without strength (used only in Ro 15:1). See 772 (asthenēs))인데 이는 '육체적 연약함과 더불어 정신적 연약함'까지를 포함한다.

"담당하다"의 헬라어는 바스타조(βαστάζω, v, (a) I carry, bear, (b) I carry (take) away)인데 이는 '무거운 것을 지다'라는 의미로 '십자가를 지다(눅 14:27)'라는 것을 가리킨다. 즉 철저한 자기희생을 함의하고 있는 단어이다. 이는 15장 7절의 "받으라(용납하라)"와 14장 1절의 "받되"라는 의미로 상대를 판단하지도 업신여기지도 말라는 것을 가리킨다(14:3, 10).

"자기를 기쁘게 하지 아니할 것이라"는 것은 고린도전서 10장 33절의 "나와 같이 모든 일에 모든 사람을 기쁘게 하여 나의 유익을 구치 아니하고 많은 사람의 유익을 구하여 저희로 구원을 얻게 하라"는 말씀과 상통한다. 참고로 로마서가 AD 57경 고린도에서 쓰여 졌다면 고린도전서는 그 이전의 AD 55년경에 쓰여진 것이다.

2 우리 각 사람이 이웃을 기쁘게 하되 선을 이루고 덕을 세우도록 할지니라

이 구절은 '이타적인 사랑'을 말하는 것이지 이웃의 모든 것을 다 들어주어야 한다라는 것이 아니다. 결국 구원에 이르는 믿음이 성장(growth)하고 성숙(maturity)할 수 있도록 배려해준다라는 의미이다.

"선(ἀγαθός, adj)"이란 유익(benefit)이라는 의미이다(Meyer).

"덕을 세우다"의 헬라어[259]는 오이코도메오(οἰκοδομέω, v/οἰκοδομή, nf)인데 이는 오이코스(οἶκος, nm)와 도마(δῶμα, nn)의 합성어이며 '집을 세우다'라는 의미로서 '지체의 신앙 성숙을 도운다'라는 것을 말한다.

결국 선을 이루고 덕을 세우는 일은 14장 19절의 "화평의 일과 서로 덕을 세우는 일"을 가리키고 있다. 이러한 삶을 가리켜 14장 18절에서는 "하나님께 기뻐하심을 받으며 사람에게도 칭찬을 받느니라"고 하셨다.

3 그리스도께서 자기를 기쁘게 하지 아니하셨나니 기록된 바 주를 비방하는 자들의 비방이 내게 미쳤나이다 함과 같으니라

그리스도께서는 자기의 기쁨을 구하지 않고 하나님에 대한 열심으로

---

259 오이코도메오(οἰκοδομέω, v/οἰκοδομή, nf)는 (a) the act of building, (b) a building, (c) met: spiritual advancement, edification/properly, a building (edifice) serving as a home; (figuratively) constructive criticism and instruction that builds a person up to be the suitable dwelling place of God, i.e. where the Lord is "at home." See 3618 (oikodemeō))인데 이는 오이코스(οἶκος, nm, (a) a house, the material building, (b) a household, family, lineage, nation)와 도마(δῶμα, nn, (from demō, "to build a house") - the roof-area of a flat-roof house. Flat housetops were ideal on hot summer nights for sleeping and passing on information "from one housetop to another.")의 합성어이다.

자신에게 맡겨진 영혼들을 기쁘게 하기 위해 성육신과 더불어 골고다 십자가에서의 수치, 핍박과 고난, 죽음까지 감수하셨다는 것이다.

이 구절의 후반부는 시편 69편 9절의 말씀으로 하나님을 성실히 섬겼던 이스라엘 백성의 고난을 묘사하고 있다.

"주의 집을 위하는 열성이 나를 삼키고 주를 훼방하는 훼방이 내게 미쳤나이다" _시 69:9

4 무엇이든지 전에 기록한 바는 우리의 교훈을 위하여 기록된 것이니 우리로 하여금 인내로 또는 성경의 안위로 소망을 가지게 함이니라

"전에 기록한 바"라는 것은 구약성경(Bruce)을 가리키는 것으로 구약의 기록을 구속사(救贖史, Redemptive history)의 점진적인 과정과 더불어 당시의 시대 상황과 잘 연결하고 있다.

한편 "소망"이란 미래형 하나님나라에로의 입성과 영생을 가리키는 것으로 소망이 견고하려면 믿음 가운데 주야로 말씀을 상고함으로 힘을 얻어야 한다. 모든 그리스도인들은 말씀의 힘으로 모든 고난을 돌파해나가야 한다. 결국 인내는 성경을 통해 얻게 되는 소중한 열매인 것이다. 곧 인내할 수 있어야 지속적인 성경의 안위를 얻을 수 있다라는 것이다.

5 이제 인내와 안위의 하나님이 너희로 그리스도 예수를 본받아 서로 뜻이 같게 하여 주사

"인내와 안위의 하나님"이란 '하나님이 바로 인내와 안위의 근원이다'라는 의미로서 12장 1절의 "하나님의 모든 자비하심"을 가리키는데 이 말 속에는 예수 그리스도의 성육신, 수동적 입장을 취하심, 십자가 수난과 죽음, 부활, 승천, 재림까지도 함의되어 있다.

"그리스도 예수를 본받아"라는 것은 일상 가운데 인내와 안위를 실천하라는 것으로 성도들의 실천적 삶에 대한 제시이다. "서로 뜻이 같게 하여 주사"라는 것은 그리스도 안에서 한 지체로서 하나님의 뜻(델레마 데우)을 따라 실천하며 살아가는 것을 말한다.

6 한 마음과 한 입으로 하나님 곧 우리 주 예수 그리스도의 아버지께 영광을 돌리게 하려 하노라

"한 마음과 한 입으로"라는 것에서의 '한 마음'이란 내적 신앙의 동질성을, '한 입'이란 외적 신앙고백의 일치성을 말하는 것으로 그리스도 안에서(in Christ) 하나되는 연합(Union with Christ)을 가리킨다(Murray, 행 1:14, 2:46).

7 이러므로 그리스도께서 우리를 받아 하나님께 영광을 돌리심과 같이 너희도 서로 받으라

"받아"라는 것은 15장 1절의 "담당하고(십자가에서 우리의 죄를 담당하고)"라는 의미로 그 헬라어는 프로셀라베토(προσελάβετο, V-AIM-3S)이다.

후반부의 "받으라"는 것은 '용납하라(고전 8:1-13)'는 의미로서 그 헬라어는 프로스람바네스데(προσλαμβάνεσθε, V-PMM-2P)인데 이는 로마서 14장 1절의 "받되"와 동일한 헬라어로서 프로스람바노[260] (προσλαμβάνω, v)의 활용이다. 이는 프로스(πρός) 곧 '가까이로'라는 의미와 람바노(λαμβάνω, v) 곧 '취하다'라는 의미인 두 단어의 합성어이다. 결국 '동질성을 인정함으로 구성원의 하나로 여기라'는 의미이다.

8 내가 말하노니 그리스도께서 하나님의 진실하심을 위하여 할례의 수종자가 되셨으니 이는 조상들에게 주신 약속들을 견고케 하시고

로마서 14장 1절에서 15장 7절까지가 믿음이 강한 자와 약한 자 간의 문제라면 15장 8-13절은 유대인과 이방인 간의 문제를 다루고 있다.

"하나님의 진실하심(ἀληθείας Θεοῦ, the truth of God)"이란 하나님의 언약의 불변성 곧 하나님은 변개치 않으신다라는 의미이다.

"할례의 수종자가 되셨다"라는 것은 할례를 받은 사람들 곧 유대인을 섬기는 종(마 15:24)이 되었다라는 의미(공동번역)이다. 더 나아가 "이는 조상

---

260 프로스람바노(προσλαμβάνω, v)는 (a) I take to myself, (b) I take aside, (c) I welcome/(from 4314 /prós, "towards, interactively with," intensifying 2983 /lambánō, "lay hold of with initiative") – properly, aggressively receive, with strong personal interest))의 활용이다. 이는 프로스(πρός, to, towards, with/(a preposition) – properly, motion towards to "interface with" (literally, moving toward a goal or destination, 가까이로)와 람바노(λαμβάνω, v, (a) I receive, get, (b) I take, lay hold of/(from the primitive root, lab-, meaning "actively lay hold of to take or receive," see NAS dictionary) – properly, to lay hold by aggressively (actively) accepting what is available (offered). 2983 /lambánō ("accept with initiative") emphasizes the volition (assertiveness) of the receiver, 취하다)의 합성어이다.

들에게 주신 약속들을 견고케 하시고"라는 문장이 이어지는 것으로 보아 마치 혈통적 유대인을 향한 약속(창 12:1-3)인 듯 보이기도 한다. 그러나 나는 '할례를 받은 사람들'이란 복음을 받아들인, 만세 전에 택정된 모든 사람들을 의미하는 것으로 표면적 유대인이 아닌 이면적 유대인 곧 '영적 이스라엘'을 가리키는 것으로 해석한다.

9 이방인으로 그 긍휼하심을 인하여 하나님께 영광을 돌리게 하려 하심이라 기록된 바 이러므로 내가 열방 중에서 주께 감사하고 주의 이름을 찬송하리로다 함과 같으니라

이 구절을 통해 알 수 있는 것은 유대인은 하나님의 도구로서 복음의 통로일 뿐이며 하나님의 긍휼하심은 열방을 향한, 택정된 자들을 향한 부르심임을 알 수 있다.

10 또 가로되 열방들아 주의 백성과 함께 즐거워하라 하였으며

신명기 32장 43절의 인용으로서 이 구절은 모세가 유한된 한 번 인생을 마무리하기 전에 불렀던 마지막 찬양이다.

"너희 열방은 주의 백성과 즐거워하라 주께서 그 종들의 피를 갚으사 그 대적에게 보수하시고 자기 땅과 백성을 위하여 속죄하시리로다" _신 32:43

결국 구약시대의 언약에 이미 약속했던 이방인에 대한 구원이 이제는 예수 그리스도의 복음과 십자가로 성취되었다라는 것을 말씀하고 있다.

11 또 모든 열방들아 주를 찬양하며 모든 백성들아 저를 찬송하라 하였으며

　10절에서는 "열방들아 주의 백성과 함께 즐거워하라"고 하였으나 이 구절에서는 "모든 열방들아 주를 찬양하라"고 하시며 유대인과 이방인 간의 차별성을 없애고 있음을 볼 수 있다. 한편 "모든 열방들"이나 "모든 백성들"은 둘 다 이방인을 가리킨다.

12 또 이사야가 가로되 이새의 뿌리 곧 열방을 다스리기 위하여 일어나시는 이가 있으리니 열방이 그에게 소망을 두리라 하였느니라

　"이새의 뿌리"란 나단의 신탁(예언)을 통한 다윗 언약(삼하 7:11-17)을 함의하고 있는 표현으로서 다윗의 혈통에서 메시야가 탄생하실 것이라는 의미이다. 한편 "열방을 다스리기 위하여 일어나시는 이"가 있는데 이는 온 인류의 구속을 이루시는 예수 그리스도를 가리키는 것으로 모든 인간의 소망은 오직 예수 그리스도뿐이다.
　"그 날에 이새의 뿌리에서 한 싹이 나서 만민의 기호로 설 것이요 열방이 그에게로 돌아오리니 그 거한 곳이 영화로우리라" _사 11:10

13 소망의 하나님이 모든 기쁨과 평강을 믿음 안에서 너희에게 충만케 하사 성

령의 능력으로 소망이 넘치게 하시기를 원하노라

이 구절은 로마서 핵심 구절 중의 하나로서 특별히 저자가 애용하는 말씀이기도 하다. 내가 오너로 있는 '소망(엘피스)' 정형외과 병원의 이름은 나의 선친이자 멘토이신 이윤화 목사가 이 구절을 통해 지어주셨다. 진정한 '소망(엘피스)'이신 예수 그리스도를 붙들고 미래형 하나님나라에의 입성과 영생이라는 '소망(ἐλπίς, nf)'을 확신하며 길지 않은 유한된 한 번 인생을 복음과 십자가로 살아가며 복음과 십자가를 자랑하며 살아가라고 지어주신 것이다.

특히 14장 1절-15장 13절의 말씀은 그리스도인들의 실생활에 관한 교훈으로서 인간의 연약함을 알고 부패하고 타락한 본성을 지닌 인간으로서는 혼자 힘으로는 그렇게 윤리적 도덕적으로 살아가기 힘들기에 지체와 함께하라는 말씀이다. 그렇기에 매사 매 순간에 예수 그리스도와 십자가를 붙들어야 한다라는 것이다. 결국 우리의 삶에 소망이 넘치게 되는 원동력은 "성령의 능력"에 있음을 잊어서는 안 된다.

한편 기쁨(χαρά, nf)과 평강(εἰρήνη, nf)은 소망(엘피스)을 붙들고 살아가는 모든 그리스도인들에게 주신 하나님의 선물임을 잊어서는 안 된다. 특히 평강이라는 히브리어 샬롬(שלום)은 하나님과의 바른 관계와 교제라는 의미를 담고 있다. 그렇기에 내주하시는 성령님께 온전한 주권을 드리고 그분의 질서, 통치, 지배 하에서 살아갈 때에만 기쁨 충만할 수 있음을 명심해야 한다.

소망의 주체이신 하나님은 믿음 안에서 샬롬 가운데 풍성한 은혜를 주셔서 넘치는 기쁨과 감사를 누리게 하신다. 이를 행하시는 분이 바로 성령하나님이다. "성령의 능력으로(15:13, 18)" 소망이 넘치게 되어 우리는 종말 시대(교회시대)를 지나 미래형 하나님나라에로의 입성과 영생이라는 소망을 완성하게 되는 것이다.

14 내 형제들아 너희가 스스로 선함이 가득하고 모든 지식이 차서 능히 서로 권하는 자임을 나도 확신하노라

"선함"의 헬라어는 아가도쉬네[261](ἀγαθωσύνη, nf)인데 이는 도덕적인 선을 가리키는 것이라기 보다는 예수를 믿은 후 성령의 내주하심으로 그분의 통치, 질서, 지배 하에서 살아가는 그리스도인의 삶이라는 의미가 더 가깝다. 즉 "선함이 가득 차서"라는 것은 '성령 충만함'이라는 말로서 성령님을 온전한 주인으로 모시고 그분의 통치, 질서, 지배 하에 들어가는 것을 말한다.

"지식"의 헬라어는 그노시스[262](γνῶσις, nf)인데 이는 구원의 비밀에 관한 바른 이해(고전 8:1, 7)를 가리킨다. 즉 "모든 지식이 가득 차서"라는 것은 '말씀 충만'으로 하나님의 말씀이 앞서 가고 하나님의 말씀으로 가득 채우는 것을 말한다.

---

261 아가도쉬네(ἀγαθωσύνη, nf)는 (from 18 /agathós, "inherently good," see there) - properly, intrinsic goodness (especially as a unique quality and condition, note the -synē suffix); as relating to believers, the goodness that comes from God (Souter) and showing itself in spiritual, moral excellence (virtue)이다.

262 그노시스(γνῶσις, nf)는 (a feminine noun derived from 1097 /ginóskō, "experientially know") - functional ("working") knowledge gleaned from first-hand (personal) experience, connecting theory to application; "application-knowledge," gained in (by) a direct relationship. See 1097 (ginōskō)이다.

"선함이 가득하고"라는 것은 내주하시는 주인(주권자)되신 성령님의 온전한 지배, 질서, 통치를 가리키며 "모든 지식이 차서"라는 것은 오직 하나님의 말씀이 앞서 가며 그 말씀을 기준과 원칙으로 살라는 것이다. 한편 "서로 권하는 자가 되라"는 것은 '사랑 충만, 자비 충만'을 가리키며 14-15장 전체를 아우르는 것이다. 한마디로 상대에 대한 자비(상대를 먼저 생각하고 배려하는 마음)와 사랑(12:9, 13:10, 14:15)으로서 서로를 '먼저' 담당하고 용납하며 선을 이루고 덕을 세우라는 것이다.

15 그러나 내가 너희로 다시 생각나게 하려고 하나님께서 내게 주신 은혜로 인하여 더욱 담대히 대강 너희에게 썼노니

"생각나게 하려고"의 헬라어[263]는 에파나밈네스콘(ἐπαναμιμνήσκων, V-PPA-NMS/ἐπαναμιμνήσκω, v)인데 이는 '마음에 되새기게 하다(call back to mind again)', '반복하여 상기시키다'라는 의미(Robertson)이다.

"내게 주신 은혜(χάρις, nf, (a) grace, as a gift or blessing brought to man by Jesus Christ, (b) favor, (c) gratitude, thanks, (d) a favor, kindness)"라는 것은 바울의 소명과 사명 곧 바울이 이방인의 사도로 부르심과 보내심을 받은 것을 가리킨다.

찰스 스윈돌의 로마서 강해에는 낙타 이야기가 있다. 낙타는 긴 속눈썹

---

263 에파나밈네스콘(ἐπαναμιμνήσκων, V-PPA-NMS/ἐπαναμιμνήσκω, v, to remind again/(from 1909 /**epí**, "on, fitting" intensifying 363 /**anamimnḗskō**, "remind") – properly, appropriately (aptly) remind, i.e. in a suitable, effective way (used only in Ro 15:15). Note the force of the prefix, epi ("upon, aptly")

과 귀 주위에 긴 털을 가졌다. 콧구멍은 자유롭게 개폐(開閉)할 수 있다고 하며 사막의 모래 먼지를 막아주기에 적당하다. 두 개의 발가락과 넓은 발바닥은 빠지지 않고 사막의 모래 위를 잘 걸을 수 있게 한다. 무릎은 굳은 살로 되어 있어 사막의 열에 강하다고 한다. 10%의 쌍봉낙타와 90%의 단봉낙타가 있으며 등의 그 혹에는 지방이 저장되어 사막을 지나갈 때 오랫동안 물 없이도 견딜 수 있다고 한다.

"사막에 있어야 할 우리가 왜 동물원에 있나요?"

낙타 새끼가 그 엄마에게 질문한 것이다. 이는 찰스 스윈돌이 그리스도인의 소명과 사명을 비유로 얘기하며 소명과 사명에 따라 있어야 할 그곳에서(소명) 바로 그 일을 잘 감당해야 함(사명)을 설파한 것이다.

16 이 은혜는 곧 나로 이방인을 위하여 그리스도 예수의 일꾼이 되어 하나님의 복음의 제사장 직무를 하게 하사 이방인을 제물로 드리는 그것이 성령 안에서 거룩하게 되어 받으심직하게 하려 하심이라

"이 은혜"란 15절의 "하나님께서 내게 주신 은혜"를 가리키는 것(빌 2:17, 딤후 4:6, 고후 5:18)이다.

"일꾼"의 헬라어는 레이투르고스[264](λειτουργός, nm)인데 이는 공적

---

264 레이투르고스(λειτουργός, nm)는 (a masculine noun derived from leitos, "belonging to the people" and 2041 /érgon, "work") - properly, an official servant (minister) who works for the good of the community. In the NT (and LXX), this root (leitourg-) is especially used for priestly-service given to God, impacting all who witness it)인데 이는 공적인 봉사(public service) 특히 종교적인 봉사를 수행하는 사람(religious service)을 가리킨다(Bauer, TDNT).

인 봉사(public service) 특히 종교적인 봉사를 수행하는 사람(religious service)을 가리킨다(Bauer, TDNT).

"이방인을 제물로 드리는 하나님의 복음의 제사장"이란 이사야 66장 20절의 이방인의 회심에 관한 예언의 말씀과 고린도후서 5장 18-21절의 말씀과 상통한다.

"나 여호와가 말하노라 이스라엘 자손이 예물을 깨끗한 그릇에 담아 여호와의 집에 드림 같이 그들이 너희 모든 형제를 열방에서 나의 성산 예루살렘으로 말과 수레와 교자와 노새에 약대에 태워다가 여호와께 예물로 드릴 것이요" _사 66:20

"모든 것이 하나님께로 났나니 저가 그리스도로 말미암아 우리를 자기와 화목하게 하시고 또한 우리에게 화목하게 하는 직책을 주셨으니 이는 하나님께서 그리스도 안에 계시사 세상을 자기와 화목하게 하시며 저희의 죄를 저희에게 돌리지 아니하시고 화목하게 하는 말씀을 우리에게 부탁하셨느니라 이러므로 우리가 그리스도를 대신하여 사신이 되어 하나님이 우리로 너희를 권면하시는 것 같이 그리스도를 대신하여 간구하노니 너희는 하나님과 화목하라" _고후 5:17-20

"성령 안에서 거룩하게 되어"라는 것은 이방인이든 유대인이든, 할례를 받든 아니든, 의식을 행하든 아니든 간에 전혀 관계없이 성령님으로 인해 거룩하게 된다(ἡγιασμένη, V-RPM/P-NFS, having been sanctified, 완료형 수동태 분사구분)라는 의미이다.

17 그러므로 내가 그리스도 예수 안에서 하나님의 일에 대하여 자랑하는 것이 있거니와

"자랑하는 것"이란 첫째, 하나님의 일에 대하여(τὰ πρὸς τὸν Θεόν, in the things pertaining to God)이고 둘째는 그리스도 예수 안에서(ἐν Χριστῷ Ἰησοῦ, in Christ, Jesus)이다. 한편 '하나님의 일'이란 복음의 제사장 역할을 감당하게 함으로 현재형 하나님나라의 확장을 하도록 나를 부르신 것과 보내신 것을 말한다.

'예수 안에서'라는 것은 그 예수님을 나의 구주 나의 하나님으로 입으로 시인하고 마음으로 믿어 그 예수님을 삶의 주관자요 주인(Lordship)으로 모시고 그분의 통치, 질서, 지배 아래에서 살아가는 것이 못내 자랑스럽다라는 것을 의미한다.

결국 이 구절에서 바울은 하나님의 일(구속 계획)이 그리스도 예수 안에서 (구속 성취) 이루어진 것에 대하여만 자랑할 뿐임을 강조하고 있다.

18 그리스도께서 이방인들을 순종케 하기 위하여 나로 말미암아 말과 일이며 표적과 기사의 능력이며 성령의 능력으로 역사하신 것 외에는 내가 감히 말하지 아니하노라

"이방인들을 순종케 한다"라는 것은 이방인들을 하나님께 드릴 흠 없는 제물로 바친다라는 의미이다.

"말"이란 복음 전파를 위한 설교를, "일"이란 바울이 겪은 고난과 선포된 말을 따라 그 자신이 먼저 솔선수범하며 살아낸 것을 가리킨다. "표적

(σημεῖον, nn)"은 인간에게 보여지는 이적을, "기사(τέρας, nn)"는 자연법칙을 초월한 자연계에 일어나는 이적을 가리킨다(행 13:7-12). 이 모든 것들은 성령의 능력으로 일어난 것들이다[265].

19 이 일로 인하여 내가 예루살렘으로부터 두루 행하여 일루리곤까지 그리스도의 복음을 편만하게 전하였노라

"이 일로 인하여"라는 것은 '예수 그리스도께서 이방인과 임금들과 이스라엘 자손들에게(행 9:15) 복음을 전하라고 사도직을 주셨기 때문에'라는 의미이다.

"두루 행하여"의 헬라어는 퀴클로스(κύκλος, nm, around, a circle, ring)인데 이는 '동그랗게 가득 채웠다'라는 뉘앙스로 쓰인 말이며 동시에 '하나도 빠지지 않고 전부 복음을 전했다'라는 것을 가리킨다.

"편만하게 전하였노라"에서 '편만하게'의 헬라어는 페플레로케나이[266] (πεπληρωκέναι, V-RNA, to have fully proclaimed/πληρόω, v)인데

---

265 "표적(σημεῖον, nn, a sign (typically miraculous))은 given especially to confirm, corroborate or authenticate. 4592 /sēmeíon ("sign") then emphasizes the end-purpose which exalts the one giving it. Accordingly, it is used dozens of times in the NT for what authenticates the Lord and His eternal purpose, especially by doing what mere man can not replicate of take credit for)"으로서 인간에게 보여지는 이적, "기사(τέρας, nn, a miraculous wonder)는 done to elicit a reaction from onlookers; an extraordinary event with its supernatural effect left on all witnessing it, i.e. a portent from heaven to earth)"로서 자연법칙을 초월한 자연계에 일어나는 이적을 가리킨다(행 13:7-12).

266 페플레로케나이(πεπληρωκέναι, V-RNA)는 to have fully proclaimed/πληρόω, v, (from plērēs, "be full," see 4130 /plḗthō) – properly, fill to individual capacity, i.e. to the extent it is "meet" (appropriate). See 4130 (plēthō)인데 이는 완전하게 채우다라는 의미이다.

이는 '완전하게 채우다'라는 의미이다.

"예루살렘으로부터 일루리곤까지"라는 것은 복음 전파에 대한 예수님의 명령으로 사도행전 1장 8절의 말씀을 실천한 것을 가리킨다. 복음의 발상지 예루살렘에서 시작하여 현재 유고슬라비아 영토인 당시 아드리아해 동쪽 연안에 위치한 일루리곤까지 라는 의미로서 일루리곤은 로마가 있던 이탈리아 반도가 바라다보이는 그리스의 서쪽 끝이었다. 결국 예루살렘에서 로마를 제외한 모든 땅끝까지 복음을 전했다라는 의미를 담고 있는 것이다.

20 또 내가 그리스도의 이름을 부르는 곳에는 복음을 전하지 않기로 힘썼노니 이는 남의 터 위에 건축하지 아니하려 함이라

이 구절에서는 바울의 목회 윤리와 선교관(고전 3:6)을 잘 볼 수 있다. 결국 바울의 복음 전파 사역지는 '미개척지'라는 것을 밝히고 있는 것이다. 그만큼 바울은 항상 사도행전 1장 8절의 말씀을 마음에 품고 다녔으며 이방인의 사도라는 자신의 정체성을 잊지 않았다.

더 나아가 로마서의 수신자인 로마 교회를 향하여는 그들의 영적인 문제와 바른 믿음에 관해 로마에 가서 세세하게 말하는 대신 이 서신을 통해 자신의 마음을 알리려 한다는 의도를 밝히고 있다.

동시에 로마를 방문한 후에는 그곳에 머물 계획이 아니라 진정한 미개척지인 서바나(Spain)로 갈 것을 밝히고 있다. 즉 바울은 로마에 들러서 성도들과 교제한 후에 그들의 파송을 받아 서바나(Spain)에 가고 싶다는 속내를 드러내고 있는 것이다.

사도 바울은 '터를 닦는 자(고전 3:10)'이기는 하였으나 남의 터 위에는 건축하지 않겠다는 것을 밝힘으로 '터를 넓히는 일'보다 더 많은 이방인들에게 '예수 그리스도를 전하는 일'이 최고의 가치이자 우선순위임을 분명하게 밝히고 있다.

21 기록된 바 주의 소식을 받지 못한 자들이 볼 것이요 듣지 못한 자들이 깨달으리라 함과 같으니라

이사야 52장 15절의 70인역(LXX)의 인용이다. 주의 소식을 받지 못했고 듣지 못했던 이방의 나라들(열방)과 그 왕들(열왕)이 고난받는 종 메시야가 높아지는 것을 보고 놀라 그들도 메시야를 높이게 되며 그들 또한 메시야이신 그리스도 예수를 높이게 될 것을 말씀하고 있다.

"후에는 그가 열방을 놀랠 것이며 열왕은 그를 인하여 입을 봉하리니 이는 그들이 아직 전파되지 않은 것을 볼 것이요 아직 듣지 못한 것을 깨달을 것임이라 하시니라" _사 52:15

22 그러므로 또한 내가 너희에게 가려 하던 것이 여러 번 막혔더니

"여러 번"이란 로마서 1장 13절에서 이미 밝혔다. 많은 일들이 여러 번 끼어들어 바울의 로마 방문을 훼방함으로 막혔다라는 것을 가리킨다. 결국 로마 방문을 갈망하던 바울에게 '의도적이며 돌발적인 많은 방해가 여러 번 있었다'라는 것을 내포하고 있다.

바울이 밝히고 있는 로마 교회에 갈 수 없었던 이유 중에는 첫째, 미전도지에 대한 개척 전도와 함께 그들에 대한 양육의 미완료(Hendriksen) 때문이었고 둘째, 바울 자신의 목회 윤리와 선교 원칙 때문이며 셋째, 자신이 정해놓은 것들이 완료되지 않고 남아 있었기(15:25-27) 때문이었다.

23 이제는 이 지방에 일할 곳이 없고 여러 해 전부터 언제든지 서바나로 갈 때에 너희에게 가려는 원이 있었으니

"이제는 이 지방에 일할 곳이 없고"에서의 '이 지방'이란 고린도 지역을 가리킨다. 또한 '로마'라는 제국의 중심 지역에 가려는 이유는 로마 제국전체(Pax Romana)를 복음화 하려는 열망 때문이었다라는 것이다. 더 나아가 지금까지의 선교나 선교 사역이 이제는 거의 다 완료되었기에 또 다른 복음 전파 지역 혹은 미개척지를 찾는 일에 합당하게 당시 땅끝으로 생각되었던 서바나로 가기 위한 경유지 혹은 선교의 전진기지를 확보하려는 의도임을 밝히고 있다.

"서바나"는 구약의 다시스(욘 1:3)와 동일한 지역으로 오늘날의 스페인을 말한다. 당시 주요 무역항이었다. 니느웨로 가라는 하나님의 명령을 뒤로 하고 선지자 요나가 도망가려 했던 바로 그곳 다시스를 가리킨다.

24 이는 지나가는 길에 너희를 보고 먼저 너희와 교제하여 약간 만족을 받은

후에 너희의 그리로 보내줌을 바람이라

"지나가는 길"이란 서바나로 지나는 여행길(ὡς ἂν πορεύωμαι εἰς τὴν Σπανίαν, whenever I may go to Spain)이라는 의미이다.

"만족을 받은"의 헬라어는 엠플레스도(ἐμπλησθῶ, V-ASP-1S, I should be filled/ἐμπίπλημι)인데 이는 '충분한 양을 채우다'라는 의미로 예수 그리스도 안에서 한 지체 된 로마 교인들과 교제한 후에 서바나로 가기 위해 영적, 정신적, 물질적 만족을 받고 스페인에로의 파송을 받고 싶다라는 것이다.

"보내줌"의 헬라어는 프로펨프데나이(προπεμφθῆναι, V-ANP, to be equipped/προπέμπω)인데 이는 전송과 아울러 음식비, 교통비 등 여행에 필요한 만반의 준비를 갖추어 보낸다라는 의미이다(행 15:3, Bauer, Hendriksen).

25 그러나 이제는 내가 성도를 섬기는 일로 예루살렘에 가노니

당시 예루살렘으로 가는 것은 아주 위험했다. 왜냐하면 팔레스타인 땅에는 폭력 신학을 정당화하는 '열심당(熱心黨, Zealot, 셀롯(눅 6:15, 가나나인 혹은 가나안인, 마 10:4), 셀롯인(행 1:13), 아람어 '칸나'를 음역한 것, 요 16:2)'이 있었기 때문이다. 그들은 구약의 비느하스(민 25:6-15)에 기원을 두고 마카비 시대에 이방인들과 이방에 협조하는 유대인들에게 위해를 가하고 처형까지 자행함으로 그 피를 통해 하나님께 제사를 드린다라고 했던 무리들이다. 그렇기에 15장 31절은 "나로 유대에 순종치 아니하는 자들에게서 구원을 받게 하고"라고 기록하고 있는 것이다. 바울이 예루살렘에 가서 생명의 위협을 받는 일은 사도행전 21장 27-39, 23장 12-22절에 잘 나타나 있다.

다시 부언하자면 바울이 예루살렘에 가고자 한 목적은 다음과 같다.

첫째, 당시 성도를 섬기는 일 곧 구제하는 일(행 24:17)이 시급하고 중요하기에 예루살렘에 가려고 했으며 예루살렘 사도들에게서도 요청을 받았던 일(갈 2:10)이다. 곧 바울은 복음 전파와 함께 구제 사역에도 많은 힘과 노력을 다하곤 했던 것이다(행 11:30, 12:25).

둘째, 이방 교회의 헌금을 가지고 예루살렘으로 가려는 것은 말세에 이방인들이 예루살렘으로 제물을 가지고 순례하여 하나님께 영광을 돌린다라는 예언의 성취이기도 하다(사 66:20). 그렇기에 인류 보편적 구원의 성취를 이루는데 바울과 동행하고 있는 이방인들의 존재가 예언의 성취임을 보여주고자 함이다(사 66:21. 행 21:27-29).

셋째, 유대주의적 기독교인들에게 이방 그리스도인들을 드러냄으로 복음의 정당성을 인정받으려 함이다. 이미 예루살렘 공의회(행 15장)를 통해 할례와 율법 준수 및 유대적 종교 규례를 강요하지 말 것을 결정했음에도 불구하고 여전히 갈라디아교회와 고린도 교회에서는 은근한 강요가 있었기 때문이다.

26 이는 마게도냐와 아가야 사람들이 예루살렘 성도 중 가난한 자들을 위하여 기쁘게 얼마를 동정하였음이라

"마게도냐와 아가야 사람들"이란 마게도냐에는 빌립보 교회가, 아가야 지역에는 고린도 교회가 대표적 교회였는데 그 교회공동체의 지체들을 가리킨다.

"동정하였음이라"에서 '동정'의 헬라어는 코이노니아(κοινωνία, nf, (lit: partnership) (a) contributory help, participation, (b) sharing in, communion, (c) spiritual fellowship, a fellowship in the spirit)인데 이는 교제(고후 6:14, 갈 2:9, 빌 2:1), 헌금(고후 9:13, 히 13:16)이라는 의미이다. 결국 '전인격적인 상호교류'를 가리키는 것으로 영적인 측면과 물질적인 측면까지의 상호교류가 있어야 진정한 교제인 것이다.

27 저희가 기뻐서 하였거니와 또한 저희는 그들에게 빚진 자니 만일 이방인들이 그들의 신령한 것을 나눠 가졌으면 육신의 것으로 그들을 섬기는 것이 마땅하니라

이방인들에게 '복음의 빚진 자' 된 사도 바울은 본인의 정체성에 대해 은근히 고백하고 있다. 선민으로 유대인들에게 먼저 주어졌던 구원에 이방인들 또한 동참하게 되었다. 하나님의 하나님 되심에 대한 도구로 유대인들이 먼저 선택되기는 하였으나 그들이 자신들의 역할을 거부함으로 이방인들에게로 그 역할이 건너가게 된 것을 두고 채무변제의 원리를 적용하면서 '빚진 자'라고 표현하고 있는 것이다.

유대인이었던 사도 바울은 이방인인 그들에게 복음을 전해주었다. 그리하여 이방인들은 유대인인 바울에 대하여 복음에 대하여 빚진 자가 되었다. 이후 유대인들이 어려울 때 최고의 가치인 복음을 전해 받은 이방인들은 당연히 물질적인 것을 나누는 것이 마땅하다라는 것이다. 이는 복음에 빚진 자가 마땅히 취해야 할 태도이다.

28 그러므로 내가 이 일을 마치고 이 열매를 저희에게 확증한 후에 너희에게를 지나 서바나로 가리라

"이 일을 마치고 이 열매를 저희에게 확증한 후에"라는 것은 예루살렘 교회에 헌금을 확실하게 전달한 후에라는 의미이다.

한편 바울이 서바나에 갔느냐 아니냐를 두고 갑론을박(甲論乙駁)이 심하다. 교부 크레멘트(Clement of Rome)는 고린도 교회에 보낸 서신에서 바울이 서방의 끝에 도달했다라고 했다. 이 서신을 보면 아마 바울은 로마 1차 투옥(AD 61-63)후 다시 2차 투옥(AD 67-68)에 이르기까지 약 4년 여의 시간이 있는데 이때 서바나에 다녀온 듯하다(Murray, Hendriksen, Dodd). 신약성경의 라틴어 사본인 무라토리 정경으로 불리우는 무라토리 단편(Muratiorian Canon)에서는 사도 바울의 서바나행을 암시하기도 한다. 이는 무라토리(L.A. Muratoir, 1672-1750, 사서, 기록보관인, 역사가, 문헌학자)가 밀라노의 암브로시우스 박물관에서 발견한 것으로 중간 부분은 떨어져 나가고 현재 첫 부분과 끝 부분만 남아있는 단편을 말한다.

나의 견해는 이렇다. 순교(AD 68년) 전 바울의 말년에 해당하는 시기가 AD 63-66년경이다. 그는 AD 35년 다메섹에서 부활의 주님을 만난 후 즉시로 복음을 전했다(행 9장). 그러면서 1차(AD 46-48), 2차(AD 50-52), 3

차(AD 53-37) 전도 여행을 했다. 각각의 메인 시티(main city)는 수리아의 안디옥과 고린도, 에베소였다. 그러다가 AD 61-63년까지 2년 동안 로마의 감옥인 상옥(上獄)에 1차로 갇히게 된다(행 28:30). 이후 풀려나 그동안 다녔던 모든 곳을 재차 방문한다. 이때 서바나에 갔을 수도 있다라는 것이 나의 생각이다. 사도행전 20장 24절을 볼 때 바울은 복음 전파를 위해서라면 전 세계 어디든지 물불을 가리지 않았음을 보면 가능성이 크다.

그러다가 노년에 몸이 급격히 안 좋아지자 니고볼리(Νικόπολις, nf, "victorious city", Nicopolis, a city in Achaia/νῖκος, nn, victory/πόλις, nf, city)로 내려갔다가(딛 3:12) 그곳에서 잡혀 로마로 후송된다. 2차 로마 감옥(AD 67-68년)은 사형수가 갇히던 하옥(下獄)이었다. 그 다음 해(AD 68년)에 로마 시민권자였던 바울은 목이 잘려 순교했다고 전해진다.

이러한 역사적 사실을 통한 바울의 행보를 보면 복음에 목숨을 걸었던 바울의 전도 여행지를 쉽게 연상할 수가 있다. 그런 바울을 두고 서바나에 갔느냐 아니냐를 왈가왈부하는 것 자체가 쑥스러운 논란임을 알아야 한다. 성경이 명확히 말하지 않으니 나는 모른다라고 대답하면 된다. 훗날 천국에 가서 바울을 만나 물어보면 될 일이다.

중요한 것은 '오직 복음' 곧 '하나님의 은혜의 복음(τὸ εὐαγγέλιον τῆς χάριτος τοῦ Θεοῦ, the gospel of the grace of God)'을 증거하는 일뿐이다.

29 내가 너희에게 나갈 때에 그리스도의 충만한 축복을 가지고 갈 줄을 아노라

"그리스도의 충만한 축복"이란 모든 성도의 머리 되신 그리스도께서 그 지체가 된 모든 성도들에게 풍성하게 나누어주는 복을 가리킨다(Murray). 이것에는 교제의 기쁨도 포함한다. 레기우스 사본(L)과 아도스 사본에는 '그리스도'라는 말과 함께 '복음'이 있어 '그리스도의 복음의 충만한 축복'이라고 되어 있다. 한편 알렉산드리아 사본(A)과 바티칸 사본(B)에는 없다. 그러나 그리스도 곧 복음은 그 자체가 충만한 복이므로 나는 전자를 지지한다.

사족을 달자면, 축복(祝福)이라는 단어와 복(福)이라는 단어의 구별이 있어야 한다는 것이다. 인간과 인간 사이에 복을 빌어주는 것을 축복(祝福)이라고 한다면 그것을 보시고 하나님이 인간에게 주시는 것을 복(福)이라고 한다.

30 형제들아 내가 우리 주 예수 그리스도로 말미암고 성령의 사랑으로 말미암아 너희를 권하노니 너희 기도에 나와 힘을 같이하여 나를 위하여 하나님께 빌어

"주 예수 그리스도로 말미암고"와 "성령의 사랑으로 말미암아", 그리고 "하나님께 빌어"라는 말을 통하여 우리는 삼위일체 되신 하나님의 존재론적 동질성(Essential Equality)과 기능론적 종속성(Functional Subordination)인 '다른 하나님, 한 분 하나님'을 선명하게 이해할 수 있다.

"주 예수 그리스도로 말미암고"라는 말에는 교회의 주인 되시고 세상의 주관자 되신 예수님의 충만한 능력과 존재성이 내포되어 있다.

"성령의 사랑으로 말미암아(διὰ τῆς ἀγάπης τοῦ Πνεύματος, by the love of the Spirit)"라는 말에서의 소유격은 주격적 소유격으로 해석하는데 이는 '성령이 주시는 사랑'이라는 의미이다.

한편 성도들 간의 기도의 교제는 물질적 교제보다 훨씬 앞서야 한다. "나와 힘을 같이하여"의 헬라어는 쉬나고니사스다이 모이(συναγωνίσασθαί μοι, to strive together with me, V-ANM)이다. 이는 운동장이나 경기장에서 목숨을 건 사투에서 상호협력하여 싸우는 것을 가리킨다. "나를 위하여 하나님께 빌어"라는 것은 다음 구절인 31-32절에의 3가지 기도제목을 가리킨다.

31 나로 유대에 순종치 아니하는 자들에게서 구원을 받게 하고 또 예루살렘에 대한 나의 섬기는 일을 성도들이 받음직하게 하고 32 나로 하나님의 뜻을 좇아 기쁨으로 너희에게 나아가 너희와 함께 편히 쉬게 하라

31-32절을 통하여는 바울의 3가지 기도제목을 볼 수 있다. 첫째는 폭력도 불사하는 유대인 적대 세력인 극렬 유대인(열심당, Zealot)으로부터의 안전이다. 당시 극우적인 유대인은 이방 세력들에 대하여는 단호했고 순수성을 유지한다는 명목으로 변절한 유대인들을 죽이기까지 했다.

둘째는 율법에서 완전히 자유롭지 못했던 예루살렘 교회의 유대인 개종자들이 엉뚱한 자존심으로 이방인 신자들과 그들의 헌금에 대하여 거절하지 않고 잘 수용하도록 간구했던 기도이다. 동시에 이방인 신자들 또한 예루살렘 교회를 위한 헌금을 터부시(행 15:5, 21:20-21)하거나 배격하지 않도록 기도를 부탁했다.

셋째, 그렇게 고대하던 로마에 가게 되면 그곳 성도들과 함께 은혜와 기쁨, 감사를 나눌 수 있도록 성령하나님의 선하신 인도를 부탁했다.

"하나님의 뜻을 좇아"라는 것에서는 모든 성도들의 기도에 대한 바른 태도를 내포하고 있다. 이미 예수 그리스도께서는 공생애 동안 그렇게 본(本)을 보여주셨다(마 26:39, 막 14:36, 눅 22:42).

"편히 쉬다"의 헬라어는 쉬나나파우소마이[267](συναναπαύσωμαι, V-ASM-1S, I may be refreshed with/συναναπαύομαι, v)인데 이는 쉰(σύν)과 아나파우오(ἀναπαύω)의 합성어로 '함께 쉬다(rest together)'라는 의미이다. 곧 '너희와 함께 편히 쉬게 하라'는 말이다.

33 평강의 하나님께서 너희 모든 사람과 함께 계실지어다 아멘

이곳 15장 33절 후에 연이어 16장 25-27절을 붙여서 로마서의 종결로 보는 부류가 있는가 하면 이 구절의 "아멘"을 빼고 16장 25-27절을 붙여 로마서의 종결로 보기도 한다(P46 사본).

한편 인내와 안위의 하나님(15:5), 소망의 하나님(15:13), 평강의 하나님

---

267   쉬나나파우소마이(συναναπαύσωμαι, V-ASM-1S)는 I may be refreshed with/συναν απαύομαι, v, (from 4862 /sýn, "identified with" and 373 /anapaúō, "pause completely") - properly, pause together, i.e. when people enjoy God's unique rest together which only results from first fighting God's battles in the unity of the Spirit. It only occurs in Ro 15:32 in reference to the Roman Christians coming alongside Paul to "struggle together" against those opposing his important mission to help the suffering saints in Jerusalem))인데 이는 쉰(σύν)과 아나파우오(ἀναπαύω)의 합성어로 '함께 쉬다(rest together)'라는 의미이다.

(15:33)이라고 표현한 것은 '하나님의 다양한 속성'을 의도적으로 드러낸 것으로 각각을 묵상하게 되면 풍성함을 더할 수 있다.

하나님의 의가 드러난 십자가 복음

.
.
.
.
.

괴짜 의사 Dr. Araw의
쉽고 바르게 읽는 로마서 장편(掌篇) 강의

레마이야기 16

선한데 지혜롭고
악한데 미련하기를 (16:19)

로마서는 16장 433구절(1:1-16:27)로 되어 있다. 이제 바야흐로 대단원의 막을 내리려는 마지막 장이다. 바울은 말년에 인생을 되돌아보며 하나님의 은혜에 지극한 감사와 더불어 자신의 삶을 마무리함에 있어서 평생에 이루어 온 자신의 업적보다는 소중한 동역자들을 축복하는 것으로 끝을 맺고 있다. 모든 사역자들이 눈여겨 볼 부분이다.

이곳 16장에는 바울의 인생 여정에, 그리고 선교 여정에 매 순간 동행하며 힘이 되어주었던, 정말 귀하고 소중했던 동역자들의 이름을 하나씩 호명해가며 그들을 마음껏 축복하고 있는 것을 볼 수 있다. 특별히 나는 이 부분에서 깊은 도전과 감명을 받았다.

우리 부부는 지난 삼십여 년을 동일하게 청년 사역자, 성경 교사로 지내 왔다. 대자연이 수차례 변하기까지 청년들을 양육하며 지속적인 멘토링을 해 왔다. 그리하여 지금까지 약 300여 명을 키워냈다. 그중 반은 떠나가 버렸기에 아픈 상흔(Scar)으로 남았고 반(半)은 아직도 우리 부부의 인생 곁에 남아있어 기쁨이 되고 있다.

아픔이라는 상흔(Scar)과 기쁨이라는 열매가 혼재되어 있는 내게는 떠나간 그들 때문에 가슴이 시리도록 아프고 숨이 막혀 답답할 때가 있다. 그러나 아직도 우리 부부 곁에 남아 있는 이들로 인해 힘이 다시 솟고 회복이 되곤 한다. 우리 부부를 멀리 떠났던 혹은 아직도 곁에 있던 간에 그들 모두는 우리 부부의 인생을 가득 채운 삶의 궤적(Πράξεις, 프락세이스, 발자취)이다. 물론 떠난 그들에게 섭섭한 것은 인지상정(人之常情)이지만……

바울은 1절에서 "뵈뵈"를 언급한다. 그녀는 교회의 여러 사람들과 바울에게 보호자가 되었던 고린도 교회의 소중한 일꾼이다. 로마서를 로마에 전달하기도 했던 두려움없는 인물이기도 하다. 우리 부부에게는 아직도 뵈뵈 같은 자매들이 제법 있다. 지금까지 남아있는 그런 소중한 자매들에게 그저 감사할 뿐이다.

3절에서 바울은 "브리스가와 아굴라"를 언급한다. 그들 부부는 바울의 목숨을 위하여 자신들의 목을 내어 놓았다고 했다. 내게도 그런 형제가 있었다. 처음에 그 형제는 기이한 모습으로 독특하게 만났다. 훗날 더 독특하게 헤어졌다. 지금은 아예 소식을 끊었다. 웬일인지 그는 아무 말없이 일방적으로 내게서 떠나갔다.

5절에서 바울은 "에배네도"를 언급한다. 그는 아시아에서 그리스도께 처음 익은 열매이다. 내게도 북미와 남미에, 중국과 동남아시아에, 유럽과 아프리카에 그런 지체들이 있었다. 오랜 기간 함께 했다가 지금은 연락이 끊어졌다.

6절에는 "마리아"를, 7절에서는 바울보다 먼저 성도가 되었던, 그리하여 사도로부터 인정을 받았던 "안드로니고와 유니아"를 언급했다. 8-9절에서는 "암블리아"와 "우르바노, 스다구"를 언급했고 뒤이어 10절에는 "아벨레와 아리스도블로의 권속"을, 11절에는 "헤로디온과 나깃수의 권속 중에 주안에 있는 자들"을 언급하고 있다.

12절에는 주 안에서 많이 수고하고 신실했던 "드루배나, 드루보사, 버시"를 언급하고 있다.

13절에서는 바울을 어머니처럼 보살폈던 "구레네 시몬의 아내"와 그의 아들 "루포"를 언급하고 있다. 한편 루포의 형제인 알렉산더(막 15:21)가 언급 안 된 이유를 알 수가 없어 답답하기도 하다. 성경에는 '알렉산더'라는 이름이 여러 명(행 4:6, 19:33, 딤후 4:14, 딤전 1:20)있는데 하나같이 부정적이어서 이 구절에서 '루포'만 언급된 것이 더 궁금하다.

14-15절에는 가정교회 멤버인 "아순그리도, 블레곤, 허메, 바드로바, 허마"와 그의 형제들, 그리고 또 다른 가정교회 멤버인 "빌롤로고, 율리아, 네레오와 그 자매와 올름바와 저희와 함께 있는 모든 성도"들을 언급

하고 있다.

21-23절에는 "디모데, 누기오, 야손, 소시바더, 더디오, 가이오, 에라스도, 구아도"를 마지막으로 소개하며 그들에게 문안하라고 언급하고 있다.

결론 부분인 16-20절까지에서는 사도 바울의 진심어린 권면으로 끝을 맺는다. 구약의 인물 중 다니엘처럼 '선한 데'에는 민첩하기를, 반면에 '악한 데'에는 물들지 않기를 간절히 구하며 자신의 인생에서 소중했던 동역자들과 예수 그리스도 안에서 한 지체된 모든 이들에게 축복과 더불어 애정이 담긴 권면을 하고 있다.

"선한 데 지혜롭고 악한 데 미련하기를" -롬 16:19

16-1 내가 겐그레아 교회의 일꾼으로 있는 우리 자매 뵈뵈를 너희에게 천거하노니 **2** 너희가 주 안에서 성도들의 합당한 예절로 그를 영접하고 무엇이든지 그에게 소용되는 바를 도와줄지니 이는 그가 여러 사람과 나의 보호자가 되었음이니라

겐그레아는 아가야 지방에 있는 해상 무역 도시이며 고린도에서 동남쪽 10Km에 위치한 항구로서 겐그레아 교회란 고린도 교회를 말한다. 한편 여성 신자인 뵈뵈는 로마로 여행하는 길에 로마서를 로마 교회에 전달했다.

"뵈뵈(Φοίβη, nf, Phoebe, a Christian woman in the church at

Cenchreae)라는 말은 '달의 여신의 이름'으로 로마의 다이아나(Diana) 여신을 말하며 그리스의 아르테미스(Artemis) 여신을 말하는데 이는 '빛나다, 밝게 비추다'라는 의미이다. 그녀의 이름으로 보아 뵈뵈는 개종자인 듯하다.

초대교회에는 나그네들이나 순회 여행자들에게 숙식을 제공하는 관례가 많았다. 이는 당시 성적 타락의 온상이었던 공공 숙박시설이나 공중목욕탕을 피하기 위한 그리스도인들의 자구책이기도 했다.

3 너희가 그리스도 예수 안에서 나의 동역자들인 브리스가와 아굴라에게 문안하라

"동역자"의 헬라어는 쉬네르고스[268](συνεργός, adj)인데 이는 쉰(함께, σύν, with)과 에르곤(일하는 자, ἔργον, nn)의 합성어이다.

이들 부부는 로마의 4대 황제 글라우디오(Claudius)의 나사렛칙령(AD 49-50년)시 로마에서 추방되어 고린도로 갔던 인물이다. 그곳에서 바울을 만나 천막을 깁는 일(tentmaker)에 동업하며 바울로부터 정확한 복음을 배우고 훗날 복음을 전하는 자가 되었던 사람들이다. 후에 바울이 에베소로 갈 때에도 동행했던 인물이다.

---

268 쉬네르고스(συνεργός, adj)는 a fellow worker, associate, helper)인데 이는 함께 (σύν, with, together with (expresses association with))와 일하는 자(ἔργον, nn, work, task, employment; a deed, action; that which is wrought or made, a work/(from ergō, "to work, accomplish") - a work or worker who accomplishes something. 2041 /érgon ("work") is a deed (action) that carries out (completes) an inner desire (intension, purpose))의 합성어이다.

4 저희는 내 목숨을 위하여 자기의 목이라도 내어 놓았나니 나뿐 아니라 이방인의 모든 교회도 저희에게 감사하느니라

"자기의 목이라도 내어 놓았나니(τὸν ἑαυτῶν τράχηλον ὑπέθηκαν)"라는 것은 '도끼아래 자신들의 목을 내어 놓았다'라는 의미이다(행 19:29-41, 고후 23:23-33). 예언적인 말이기라도 하듯 전승에 의하면, 바울은 AD 68년에 목이 잘려 죽었다(순교)고 전해진다.

5 또 저의 교회에게도 문안하라 나의 사랑하는 에배네도에게 문안하라 저는 아시아에서 그리스도께 처음 익은 열매니라

"저희 교회"란 가정교회를 가리키는 것으로 고린도전서 16장 19절에 의하면 친교와 예배, 기도를 하던 하나님의 집 곧 브리스가와 아굴라의 집을 가리킨다.

"에배네도"란 에파이네토스('Επαίνετος, nm, "praiseworthy", Epaenetus, a Christian of Rome)로서 헬라식 이름이며 '칭찬을 받는'이라는 의미이다. "아시아"란 터키의 영토인 소아시아의 서쪽을 말한다.

"그리스도께(εἰς Χριστόν, for Christ)"란 그리스도의 피로 말미암아 그리스도에게 속한(소속된) 상태(Hendriksen)를 말한다.

6 너희를 위하여 많이 수고한 마리아에게 문안하라

"마리아(요 19:25의 5명과 Μαρία, Mary, Miriam, (a) the mother of Jesus, (b) of Magdala, (c) sister of Martha and Lazarus, (d) wife of Cleopas, (e) mother of John Mark(행 12:12), (f) a Christian woman in Rome, 본절의 여인 등 7명의 마리아가 등장)"의 경우 알렉산드리아 사본(A), 바티칸 사본(B)에는 히브리식 이름인 마리안(Μαριάν)으로, 시내 사본과 베자 사본(D)에는 헬라어 형태인 마리암(מִרְיָם)으로 되어 있다.

7 내 친척이요 나와 함께 갇혔던 안드로니고와 유니아에게 문안하라 저희는 사도에게 유명히 여김을 받고 또한 나보다 먼저 그리스도 안에 있는 자라

"안드로니고[269](Ἀνδρόνικος, nm)와 유니아(Ἰουνιᾶς, nf)"는 둘 다 헬라식 이름이다. 그러므로 그들이 이방인이었을 수도 있다. 그러나 친척임을 감안한다면 유대인일 것으로 예상한다. 한편 "사도에게(가운데, among the apostles) 유명히 여김을 받고"라는 말로 보아 둘 다 남성일 가능성도 있다. 그런데 유니아라는 이름이 여성적 이름으로 보여 애매하기는 하다.

"함께 갇혔던(συναιχμάλωτος, adj, a fellow captive or prisoner)"이란 '전쟁에서 함께 사로 잡힌'이라는 의미로 '영적인 동역자'라는 말

---

269 안드로니고(Ἀνδρόνικος, nm, "man of victory", Andronicus, a Jewish Christian/Andronicus, a member of the Roman church, and a kinsman or fellow-tribesman of Paul)와 유니아(Ἰουνιᾶς, nf, Junias, a kinsman of Paul, unia, Junias, a Roman Christian/of Latin origin)"는 둘 다 헬라식 이름이다.

이다.

"사도"라는 것은 열 두 사도(12사도)라는 좁은 의미의 사도가 아니라 넓은 의미의 사도 곧 그리스도의 복음 전파 명령을 수행하던 전도자들(고후 8:23, 빌 2:25)을 가리킨다.

8 또 주 안에서 내 사랑하는 암블리아에게 문안하라

"암블리아270(Ἀμπλίας, nm)"라는 것은 '큰, 확장된'이라는 의미로서 당시 노예들 가운데 흔했던 이름이다(William Sanday & Arthur C. Headlam271, Hendriksen).

9 그리스도 안에서 우리의 동역자인 우르바노와 나의 사랑하는 스다구에게 문안하라

"그리스도 안에서(ἐν Χριστῷ, in Christ)"라는 것은 "주 안에서(ἐν Κυρίῳ, in the Lord)"와 동의어이다.

"우르바노(Οὐρβανός, nm, Urbanus, a Christian in Rome, fellow-worker of Paul)"는 노예들에게 흔한 이름으로 이는 '도시에서 자라난,

---

270 암블리아(Ἀμπλίας, nm)는 Ampliatus (Amplias), a male member of the church at Rome, probably of the imperial household/of Latin origin이다.

271 William Sanday, 1843-1920와 Arthur C. Headlam, 1862-1947 참조

세련된'이라는 의미로 영 단어 urban의 어원이기도 하다.

"스다구(Στάχυς, nm, Stachys, a Christian man at Rome/στάχυς, nm, a head of grain)"는 '이삭 한 알'을 의미하는 헬라식 이름으로 '나의 사랑하는' 이라는 수식어로 보아 바울과 각별한 사이였던 듯하다.

10 그리스도 안에서 인정함을 받은 아벨레에게 문안하라 아리스도불로의 권속에게 문안하라

"인정함을 받은"에서 인정함의 헬라어는 도키모스[272](δόκιμος, adj) 인데 이는 '연단 후에 인정받다(approval after trial)'라는 의미이다. 이로 보아 아벨레(Ἀπελλῆς, nm)는 극심한 어려움을 믿음으로 극복했던 동역자인 듯하다.

"아리스도불로의 권속(τοὺς ἐκ τῶν Ἀριστοβούλου, those of the household of Aristobulus)"이란 '아리스도불로의 집으로부터 나온 사람들'이라는 의미이다. 한편 아리스도불로는 헤롯대왕의 손자로서 헤롯 아그립바 1세의 동생으로 추측한다(Sanday & Headlam, Lightfoot, Bruce).

---

272 도키모스(δόκιμος, adj)는 tested, approved, acceptable, tried/ (an adjective, derived from 1209/dexomai, "to receive, welcome") – properly, what passes the necessary test (scrutiny); hence acceptable because genuine (validated, verified)/ [1384 (**dókimos**) is the root of: 1381 (**dokimázō**), 1382 (**dokimé**) and 1383 (**dokímion**). 1384 (**dókimos**) was used for the proving (testing) of coins, i.e. confirming they were genuine (not counterfeit, corrupted)이다.

참고로 헤롯 가문을 '대충' 살펴보면 다음과 같다. 헤롯의 가계는 너무 복잡하여 성경을 이해하는 데 꼭 필요한 부분만 나누려고 한다.

헤롯 안티파터(헤롯 가문의 원조, 이두매(Ἰδουμαία, nf, Idumea, Edom, a district of Arabia, immediately south of Judea) 곧 에돔(אֱדֹם)에게는 파사엘루스와 헤롯대왕이라는 두 아들이 있었다. 형 파사엘루스는 동생을 위해 사연 있는 목숨을 바친(안티오쿠스 앞에서 자결) 후 헤롯을 살린다.

이가 바로 우리가 익히 들어 알고 있는 그 못된 헤롯대왕이다. 그에게는 갈릴리 동쪽을 다스리게 했던 H. 빌립 2세(이는 살로메와 결혼), 서쪽을 다스리게 했던 H. 안디바(H. 빌립 1세의 처 헤로디아를 뺏고 그 딸 살로메로 인해 세례요한을 참수했던 인물), 나머지 지역의 분봉왕인 H. 아켈라오(마 2:19-23)가 있었다.

세례요한이 참수된 후 H. 대왕의 손자인 H. 아그립바 1세[273](행12:23, 충이 먹어 죽음을 당했던 왕)가 H. 빌립 2세 지역을 다스렸다. 그 다음으로 분봉왕이 된 헤롯왕가는 H. 아그립바 2세이다(행 25:13).

참고로 사도행전 12장 23절의 "충이 먹어 죽으니라"라는 것을 요세푸스는 "심한 통증이~그의 배에서 일어났으며 5일 후에 죽었다"라고 기술했다. 브리스톨(Bristol)대학의 외과교수 랜들 쇼트(Rendle Short)박사는 그의 저서 〈성경과 현대의 약(The Bible and Modern Medicine)〉이라는 책에서 헤롯은 회충이 장에서 단단한 공 모양으로 뭉쳐져서 급성 장폐

---

273 요세푸스는 "심한 통증이~그의 배에서 일어났으며 5일후에 죽었다"라고 기술했다. 브리스톨(Bristol)대학의 외과교수 랜들 쇼트(Rendle Short)박사는 (는 그의 저서 〈성경과 현대의 약(The Bible and Modern Medicine)〉이라는 책에서 헤롯은 회충이 장에서 단단단 공모양으로 뭉쳐 급성 장폐색증으로 죽었다고 했다. 사도행전 강해(땅 끝까지 이르러), 존 스토트지음/정옥배 옮김, IVP, 2017, p322-324

색증으로 죽었다고 했다[274].

11 내 친척 헤로디온에게 문안하라 나깃수의 권속 중 주 안에 있는 자들에게 문안하라

"헤로디온"은 헤롯 집안의 사람으로 그 가문의 이름을 물려받은 것이다. "나깃수의 권속"이란 '나깃수의 집으로부터 나온 사람들'이라는 의미로서 그의 노예 중 로마 교회의 일원이 있었다고 전해진다. 나깃수는 노예였으나 글라우디오 황제 때 공을 세워 노예로부터 해방된 듯하다. 그의 이름은 디베료 글라우디오 나깃수(Tiberius Claudius Narcissus)라고 한다(sanday & headlam, Denny, Calvin, Murray, Bruce). 간악한 수완가였던 글라우디오 황제(4대)의 제위는 그리 오래가지 못했다. 5대 황제였던 네로 시절 그의 아내 아그리피나의 미움을 사 처형되었다.

12 주 안에서 수고한 드루배나와 드루보사에게 문안하라 주 안에서 많이 수고하고 사랑하는 버시에게 문안하라

"수고한"의 헬라어는 코피사스[275](κοπιώσας, V-PPA-AFP/κοπιάω, v)

---

274 사도행전 강해(땅 끝까지 이르러), 존 스토트지음/정옥배 옮김, IVP, 2017, p322-324)

275 코피사스(κοπιώσας, V-PPA-AFP/κοπιάω, v, (a) I grow weary, (b) I toil, work with effort (of bodily and mental labor alike)/ (from 2873 /kópos, "exhausting labor") – to labor until worn-out, depleted (exhausted). See 2873 (kopos)

인데 이는 현재 시제로서 '지금도 계속 수고하고 있다'라는 의미를 담고 있다.

"많이 수고하고"의 헬라어는 에코 피아센(πολλὰ ἐκοπίασεν, much toiled, V-AIA-3S)인데 이는 과거시제로 현재는 고령이나 질병으로 더 이상 사역을 못한다는 의미를 담고 있다.

"드루배나(Τρύφαινα, nf)"는 '섬세한'이란 의미이고 "드루보사(Τρυφῶσα, nf)"는 '고상한'이라는 의미로서 둘 다[276] 동일한 어근을 가진다. 이로 보아 둘은 자매(Dunn)이거나 쌍둥이(Robertson, Bruce) 혹은 고상한 가문(Harrison, Hendriksen)의 여인이었을 것으로 추측한다.

"버시(Περσίς, nf, Persis, name of a Christian lady in Rome)"는 '페르시아 여자'라는 의미인데 이는 아마도 출신을 의미하는 것으로 추측된다.

13 주 안에서 택하심을 입은 루포와 그 어머니에게 문안하라 그 어머니는 곧 내 어머니니라

---

276 드루배나(Τρύφαινα, nf, Tryphaena, a Christian woman in Rome/ τρυφή, nf, softness, daintiness, luxuriousness/ (from **thryptō**, "to break down due to over-indulgence, i.e. living in excessive luxury") – properly, feebleness brought on by self-indulgence (luxury); (figuratively) moral and spiritual breakdown ("enfeeblement") from over-indulging in dainty ("delicate") things, i.e. "dainty living" that deteriorates soul and body)"는 '섬세한'이란 의미이고 "드루보사(Τρυφῶσα, nf, Tryphosa, a Christian woman in Rome, perhaps a sister of Tryphaena/ τρυφή)"는 '고상한'이라는 의미이다.

"루포[277]('Ροῦφος, nm)"는 '붉다'라는 의미이다. 알렉산더와 루포의 아버지는 구레네 시몬(막 15:21)일 것으로 추측(Vincent, Meyer, Godet, Bruce, Murray, Sanday & Headlam)한다.

한편 루포의 형인듯 보이는 알렉산더에 대한 언급이 없는 것이 궁금하나 정확한 이유는 알 수가 없다. 나는 이 둘에 대해 뜬금없이 야곱과 에서를 대입하여 상상해 보았던 적이 있다. 야곱은 '붉은 것(팥죽)'으로 형 에서(에돔, 붉음, 창 25:30)를 속였다. 하필이면 알렉산더의 동생인 루포라는 이름의 의미가 '붉다'라는 것에 빗대어 혼자 멋대로 상상해 본 것이다.

"주 안에서 택하심을 입은"에서의 '택하심'의 헬라어는 에클레크토스[278] (ἐκλεκτός, adj)인데 이는 '탁월한'이라는 의미로 다른 사람보다 뛰어난 우월성을 말한다.

"그 어머니는 곧 내 어머니니라"에서의 루포의 어머니[279]는 첫째, 바울의 유모로서 바울이 어릴 적 예루살렘에 유학왔을 때 그를 돌보았던 여인(Godet)이라고 한다. 그런데 바울은 길리기아 다소 출신으로 청소년(10-15세)때에 예루살렘으로 유학을 왔기에 약간 어색하기는 하나 상관관계를

---

277 루포('Ροῦφος, nm, "red", Rufus, a Christian man in Rome, probably to be identified with the brother of Alexander and son of Simon of Cyrene)"는 '붉다'라는 의미이다.

278 에클레크토스(ἐκλεκτός, adj)는 chosen out, elect, choice, select, sometimes as subst: of those chosen out by God for the rendering of special service to Him (of the Hebrew race, particular Hebrews, the Messiah, and the Christians)/ (an adjective, derived from 1586 /eklégomai, "to select, choose," also used as a substantive/noun) – properly, selected (chosen from, out of), especially as a deeply personal choice – literally "chosen, out of a personal preference (intention)."이다. See 1586 (eklegomai)

279 그랜드 종합주석 14, p976-977

유추해볼 수는 있을 듯하다. 둘째, 바울의 안디옥 생활 동안(행 11:25-26) 니게르('피부가 검은')라는 시므온(행 13:1)의 집에 머물렀는데 그가 바로 구레네 시몬이라는 것이며 그의 부인이 루포의 어머니였는데 바울을 어머니처럼 돌보아 주었다라는 것이다(Dodd, Bruce). 셋째, '어머니'란 단어는 문자적 의미가 아니라 일반적인 의미로서 하나님의 영광과 바울의 공궤를 위해 봉사하던 여인이라는 것(Hendriksen)이다. 나는 둘째 해석에 줄을 섰다.

14 아순그리도와 블레곤과 허메와 바드로바와 허마와 저희와 함께 있는 형제들에게 문안하라

"아순그리도(Ἀσύγκριτος, nm)", "허메(Ἑρμῆς, nm)", "바드로바(Πατρόβας, nm/파테르(πατήρ, nm)와 비오스(βίος, nm)의 합성어)", "허마(Ἑρμᾶς, nm)"등 상기 모두는 다 노예의 이름들[280]이며 "블레곤(Φλέγων, nm, Phlegon, a Roman Christian man/φλόξ, φλογός,

---

280 "아순그리도(Ἀσύγκριτος, nm, "incomparable", Asyncritus, a Christian at Rome)", "허네(Ἑρμῆς, nm, (a) Hermes, the messenger and herald of the Greek gods, or rather the corresponding Lycaonian deity, (b) Hermes, a Roman Christian), "바드로바(Πατρόβας, nm, "father's life", Patrobas, a Christian in Rome) 파테르(πατήρ, nm, father, (Heavenly) Father, ancestor, elder, senior/father; one who imparts life and is committed to it; a progenitor, bringing into being to pass on the potential for likeness.)와 비오스(βίος, nm, (a) life, (b) manner of life; livelihood/properly, God's gift of physical life, animating all creation "to live and move and have its being" (cf. Ac 17:28); (figuratively) the way a person invests (or spends) the gift of physical life)의 합성어이다. "허마(Ἑρμᾶς, nm, Hermas, a Christian at Rome/from Ἑρμῆς)는 모두 다 노예의 이름이다.

nf, a flame)은 '불길, 불꽃'이라는 의미이다.

이들이 누구인지는 정확하게 알 수가 없다. 그러나 블레곤을 제외하면 모두가 다 노예의 이름으로 남성이었으며 일정한 지역에 거주했거나 동일한 직업에 종사했을 가능성이 크다.

"저희와 함께 있는 형제들"이란 가정교회 공동체의 지체들을 가리킨다.

15 빌롤로고와 율리아와 또 네레오와 그 자매와 올름바와 저희와 함께 있는 모든 성도에게 문안하라

"빌롤로고(Φιλόλογος, nm)와 율리아(Ἰουλία, nf)"는 왕실 노예나 후에 자유인이 된 자들 가운데서 아주 흔한 이름들이며 부부[281]일 것으로 추측한다(Godet, Bruce, Murray, Hendriksen).

"네레오(Νηρεύς, nm, Nereus, a Christian in Rome/of uncertain origin, name of a mythological sea god)와 그 자매"는 빌롤로고와 율리아 부부의 자녀들이며 "올름바(Ὀλυμπᾶς, nm, Olympas, a Christian man in Rome)와 저희와 함께 있는 모든 성도"란 그 가정교회 공동체에 속한 가족 혹은 성도를 가리킨다.

---

281 빌롤로고(Φιλόλογος, nm, "student, scholar", Philologus, a Roman Christian/fond of words, i.e. Talkative (argumentative, learned, "philological"))와 율리아(Ἰουλία, nf, Julia, a Roman Christian, probably a slave or freed from the Imperial household)는 부부로 추정한다.

16 너희가 거룩하게 입맞춤으로 서로 문안하라 그리스도의 모든 교회가 다 너희에게 문안하느니라

"거룩하게 입맞춤으로 서로 문안하라"는 것은 사랑과 평화의 입맞춤(고전 16:20, 살전 5:26, 벧전 5:14)을 가리키는 것으로 서로 서로 복음으로 문안하라는 말이다. 이 부분을 문자적으로 해석하여 동성 간에 혹은 이성 간에 입맞춤을 했다는 식으로 성적 문란을 은근히 비꼬는 류의 자유주의적 태도는 온전히 버려야 한다. 곧 복음을 나누고 복음으로 서로를 견고케한 것을 입맞춤에 비유한 말씀이라는 것이다.

"그리스도의 모든 교회"란 그리스도 안에서 모든 교회들의 일체감(엡 2:13-14)을 강조한 것으로 예수님 안에서 한 피 받아 한 몸 이룬 지체들의 공동체를 가리킨다. '하나님의 교회'라고 부르기도 한다(고전 1:20, 11:22, 고후 1:1, 갈 1:13, 딤전 3:5, 15).

17 형제들아 내가 너희를 권하노니 너희 교훈을 거스려 분쟁을 일으키고 거치게 하는 자들을 살피고 저희에게서 떠나라

16장 1-16절까지가 로마 교회에 대한 바울의 문안이라면 21-23절은 동역자들에 대한 문안이다. 한편 17-20절은 교회를 파괴하는 거짓 교사 즉 악의 세력들에 대해 강력하고도 강경하게 대처할 것을 권면한 것이다.

"너희 교훈(τὴν διδαχὴν ἣν ὑμεῖς ἐμάθετε, the teaching that you have learned)"이란 '너희가 지금까지 배운 바 바로 그 교훈(현대어 성경)'

을 말한다.

"분쟁"의 헬라어는 디코스타시아[282](διχοστασία, nf)인데 이는 '분리, 틈'이라는 의미로 교회가 분열하도록 성도 상호 간에 다투게 함으로 틈이 생기게 하는 짓을 말한다.

"거치게 하는 자들"에서의 '거치게 함'의 헬라어는 스칸달론[283](롬 14:13, σκάνδαλον, nn)인데 이는 '걸려 넘어지게 하는 장애물, 죄에 빠지게 유혹하는 사람들'을 가리킨다.

분쟁을 일으키고 거치게 하는 자들(τοὺς τὰς διχοστασίας καὶ τὰ σκάνδαλα, those divisions and obstacles)이라는 말 앞에 정관사가 붙어 있는 것은 이미 잘 알려진 로마 교회의 폐단을 지적한 것이다.

"살피고"의 헬라어는 스코페오(σκοπέω, v, to look at, contemplate)인데 이는 '관찰하다, 집중하다' 혹은 '잘 살펴 피하다(mark & avoid, Sanday & Headlam)'라는 의미이다.

"저희에게서 떠나라"에서 '저희'가 어떤 부류를 가리키는가에 대하여는 다양한 견해가 있다.

첫째, 유대교의 잔재를 벗지 못한 그리스도교 지도자들(Godet,

---

282 디코스타시아(διχοστασία, nf)는 division, dissension, standing apart/(from dixa, "separately" and 4714 /stásis, "a standing, stance") – properly, separate-standings ("standing apart"), used of divisions which wrongly separate people into pointless (groundless) factions)이다.

283 스칸달론(롬 14:13, σκάνδαλον, nn)은 a stick for bait (of a trap), generally a snare, a stumbling block, an offense/properly, the trigger of a trap (the mechanism closing a trap down on the unsuspecting victim); (figuratively) an offense, putting a negative cause-and-effect relationship into motion)이다.

Sanday & Headlam, Hendriksen)이라는 견해와 둘째는 골로새 교회에 나타났던 영지주의의 부류에 속한 거짓 선생들(Dodd, Murray), 셋째는 빌립보 교회(빌 3:19)에 나타났던 반(反) 율법주의(律法主義)자들(Bruce)이라는 것이다. 나는 어느 것이 맞냐 틀리냐라는 것보다는 이런 모든 것들에 주의함은 물론이요 그것들로부터 뒤도 돌아보지 않고 떠나는 것이 필요하다라고 생각한다.

18 이같은 자들은 우리 주 그리스도를 섬기지 아니하고 다만 자기의 배만 섬기나니 공교하고 아첨하는 말로 순진한 자들의 마음을 미혹하느니라

"자기의 배만 섬기나니"에서의 '자기의 배'란 자신들의 사리사욕(私利私慾)만을 챙기는 것으로 지극히 이기주의적인 성향(Denny)을 말한다.

한편 거짓 선생들이란 "공교하고 아첨하는 말"을 하는 무리들을 가리키고 있다. 한편 '공교하다(χρηστολογία, nf, smooth speech, a kind address; in a bad sense: plausible speaking)' 라는 것은 아름다우며 선을 자극하는 유용한 듯한 말(Wuest)을 하는 것을 말하며 '아첨하다(εὐλογία, nf, adulation, praise, blessing, gift)' 라는 것은 듣기 좋은 말 혹은 훌륭하고 세련된 말(Thayer)을 가리키는데 이에는 둘 다 진실성(眞實性)이 결여되어 있다. 오늘날 한국의 정치지도자들에게서는 공교하고 아첨하는 말을 내뱉는 이런 유의 사람들이 너무 많고 흔하다. 그들에게서는 전혀 진실성(眞實性)을 찾아볼 수가 없다.

"순진한 자"에서의 순진한(ἄκακος, adj, innocent, guileless, simple) 이란 분별하는 능력이 없는 단순 사고(simple-minded, RSV)하는 사람들을 가리키는 말로서 그들의 특징 중 하나는 귀가 얇아 미혹되기 쉬운 것이다.

19 너희 순종함이 모든 사람에게 들리는지라 그러므로 내가 너희를 인하여 기뻐하노니 너희가 선한 데 지혜롭고 악한 데 미련하기를 원하노라

"순종함(16:26, 1:5, 6:16, 15:8)"은 당시 로마 교회의 미덕이었다. 그들은 믿음으로 굳게 서서 요동치 않을 뿐만 아니라 적극적으로 그리스도의 기쁘신 뜻을 따라 순종함으로 신앙생활을 했다.

"선한 데 지혜롭고 악한 데 미련하기를"이라는 것은 거짓 선생들을 잘 분별하면서 바른 신앙생활을 하라는 것이다. 한편 "지혜롭고"의 헬라어는 소포스(σοφός, adj, wise, learned, cultivated, skilled, clever)인데 이는 '영적인 민감성과 재치(Hendriksen)'를 의미한다. 나는 다니엘의 민첩함(단 6:3)으로 해석한다.

"미련하기를"의 헬라어는 아켈라이오스[284](ἀκέραιος, adj)인데 이는 마태복음 10장 6절의 "순결하라"는 의미이다. 즉 악한 데에는 섞이지 않고

284　아켈라이오스(ἀκέραιος, adj)는 (lit: unmixed) simple, unsophisticated, sincere, blameless/(an adjective, derived from 1 /A "not" and 2767 /**keránnymi**, "mingled") – properly, not mixed (mingled); not a destructive mixture because not tainted by sinful motives (ambitions); pure (unmingled)이다.

순수하라는 말이다. 공동번역은 "물들지 않기를"이라고 되어 있다.

20 평강의 하나님께서 속히 사단을 너희 발 아래서 상하게 하시리라 우리 주 예수의 은혜가 너희에게 있을지어다

"평강의 하나님"은 15장 33절의 "소망의 하나님"을 가리킨다.

이 구절에서는 17절의 분쟁을 잘 일으키는 사단의 멸망을 예언하고 있다. 이는 창세기 3장 15절에서도 익히 말씀하셨다. 계시록 19장 11-21절, 20장 4절에서는 성도의 발 아래 사단이 짓밟히게 될 것 곧 성도인 교회가 심판하는 권세를 받았다라고 말씀하고 있다.

한편 이 땅에서 현재를 살아가고 있는 그리스도인들은 예수님의 초림으로 인한 현재형 하나님 나라와 재림으로 인할 미래형 하나님나라 사이의 이미(already)와 아직(not yet)이라는 종말론적 긴장관계를 한순간도 잊지 말아야 한다. 더 나아가 성도의 바른 종말론적 삶에 대해 매사 매 순간의 점검이 필요하다.

21 나의 동역자 디모데와 나의 친척 누기오와 야손과 소시바더가 너희에게 문안하느니라

"디모데"의 헬라어는 티모데오스[285](Τιμόθεος, nm)인데 이는 티메(τιμή, nf, 경배하다)와 데오스(θεός, nf, nm)의 합성어이다.

'하나님을 경배하는 자'라는 의미를 가진 디모데는 비록 그의 아버지가 이방인이었으나 그의 할머니 로이스와 어머니 유니게의 살뜰한 신앙적 영향을 오롯이 받았다(딤후 1:5, 3:15). 그런 그는 훗날 바울의 동역자이자 믿음의 아들로 인정받았다(행 16:1-3, 17-18장, 빌 2:20-22).

"누기오[286](Λούκιος, nm)"에 대하여는 그가 누구인지 정확히 알기 어렵다. "야손(Ἰάσων, nm, Jason, a Christian of Thessalonica, perhaps the same as the relative of Paul)" 또한 데살로니가에서 바울을 도왔던 인물(행 17:5-7)일 것으로 보인다. "소시바더(Σωσίπατρος, nm, "of a safe father", Sosipater, a Christian)"는 베뢰아 사람 소바더와 동일인물(행 20:4)로 생각되며 예루살렘 교회를 위한 이방 교회의 헌금 전달자(롬 15:25-27, 고후 8:18)였다.

---

285   티모데오스(Τιμόθεος, nm, Timothy, a Christian of Lystra, helper of Paul)인데 이는 티메(τιμή, nf, a valuing, a price, honor/(from tiō, "accord honor, pay respect") - properly, perceived value; worth (literally, "price") especially as perceived honor - i.e. what has value in the eyes of the beholder; (figuratively) the value (weight, honor) willingly assigned to something, 경배하다)와 데오스(θεός, nf, nm, (a) God, (b) a god, generally/(of unknown origin) - properly, God, the Creator and owner of all things (Jn 1:3; Gen 1 - 3), 신)의 합성어이다.

286   누기오(Λούκιος, nm, Lucius)는 (a) of Cyrene, an early Christian, in the church of Antioch, by some identified with the evangelist Luke, (b) a Christian with Paul at Corinth, by some identified with (a)이다.

22 이 편지를 대서하는 나 더디오도 주 안에서 너희에게 문안하노라

위스트(Wuest)에 의하면, 바울이 대서자(대필자)를 두게 된 이유는 밤빌리아 땅에서 동양의 눈병(옵탈미아, ophthalmia)에 걸렸을 뿐만 아니라(갈 4:13-15) 다메섹 도상에서 강력한 빛을 본 때문(행 9:8, 18)이라고 했다. 한편 당시 대서(代書) 자(者)는 글을 쓴 후에 서명하거나 말미에 첨언을 했다(갈 6:11, 살후 3:17).

"더디오(Τέρτιος, nm, "third", Tertius, a Christian to whom Paul dictated Romans)"는 세번째(third)라는 의미의 로마식 이름으로 이미 로마 교회에는 잘 알려진 인물이다.

23 나와 온 교회 식주인 가이오도 너희에게 문안하고 이 성의 재무 에라스도와 형제 구아도도 너희에게 문안하느니라

"온 교회"란 가정교회 혹은 고린도를 방문하는 모든 신자들의 숙식 장소라는 의미이다(Murray, Hendriksen). "식주인(ξένος, adj, alien, new, novel; noun: a guest, stranger, foreigner)"이란 손님을 환대하며 대접하는 집 주인을 가리킨다.

"가이오(Γάϊος, nm, Gaius, (a) a Corinthian, (b) a Macedonian, (c) a citizen of Derbe, (d) an Ephesian)"는 바울이 고린도에서 세례를 준 두 사람 중의 하나(고전 1:14)로서 고린도에 살고 있던 로마 시민인 디도 유스도(행 18:7)와 동일한 사람인 듯하다. 그의 공식적 이름은 가이오 디도

유스도(이름, 가족명, 성)이다(Bruce). 이는 마케도니아 사람 가이오(행 19:29), 더베 사람 가이오(행 20:4)와는 다른 인물이다.

"성의 재무(ὁ οἰκονόμος τῆς πόλεως, the steward of the city)"란 고린도 시(市)의 재무 관리관이라는 의미로서 에라스도("Ἔραστος, nm, "beloved", Erastus, steward of Corinth, a Christian, the name of two Christians)는 사도행전 19장 22절, 디모데후서 4장 20절의 인물과는 다르다.

"형제 구아도(Κούαρτος, nm, Quartus, a Christian, brother of Erastus the Corinthian)"에서의 '형제'라는 것은 혈연이라기 보다는 예수 그리스도 안에서 한 형제라는 의미로 해석한다(Dunn, Godet, Hendriksen, Bruce, Murray).

24 [없음]

베자 사본(D), 보엘네리안 사본(G)에는 "우리 주 예수 그리스도의 은혜가 너희 모든 이에게 있을찌어다 아멘"이라는 내용이 포함되어 있다.

25 나의 복음과 예수 그리스도를 전파함은 영세 전부터 감취었다가

25-27절까지는 장엄한 송영이다. "나의 복음"이란 "하나님의 은혜의 복음(행 20:24)"으로서 예수, 그리스도, 생명을 말하는데 이의 핵심은 예수

그리스도의 대속적 죽음과 부활, 그 구원자 예수를 믿음으로 의롭다 함을 얻게 된다라는 것이다. 이는 다메섹에서 예수 그리스도의 계시로 말미암은 것(갈 1:12)이며 사도들이 전하는 복음과 동일한 진리의 복음(고전 15:1-11)이다.

"전파함"의 헬라어는 케리그마[287](κήρυγμα, nn)인데 이는 전파된 메시지인 복음을 가리키는 것으로 예수 그리스도가 주체이다. 동시에 그리스도께서 전파하신다라는 의미도 담고 있다.

"영세 전부터(χρόνοις αἰωνίοις, in time of the ages)'라는 것은 '영원한 시간 동안, 영원한 시간을 따라(Robertson)'라는 의미로서 창조시점(베레시트, רֵאשִׁית, nf)이 아니라 그 이전의 영원한 시간인 태초(올람, עוֹלָם, nm/아르케, ἀρχή, nf)를 가리킨다(딤후 1:9, 딛 1:2). 삼위하나님은 그리스도, 메시야를 통한 구속의 계획을 천지와 인간을 창조하기 전인 태초에 이미 계획하셨다. 그러한 하나님의 구원 계획은 예수님의 나타내심이 없었다면 인간은 전혀 알 수가 없었을 것이다.

"감춰었다가(σεσιγημένου, V-RPM/P-GNS, having been kept secret)"라는 것은 '침묵을 지키다'라는 의미로 구약시대에는 구원 계획이 상징과 예표로 주어졌고 하나님의 때(카이로스)까지 침묵으로 유지되다가 그 "때"가 되매 예수 그리스도의 오심(성육신, Incarnation)으로 모든 것은 드러나고 확연해졌다라는 것이다.

---

287 케리그마(κήρυγμα, nn)는 properly, proclamation, the preaching (heralding) of the Gospel – especially its fundamentals (like Jesus' life, death and resurrection, etc.)이다.

26 이제는 나타내신 바 되었으며 영원하신 하나님의 명을 좇아 선지자들의 글로 말미암아 모든 민족으로 믿어 순종케 하시려고 알게하신 바 그 비밀의 계시를 좇아 된 것이니 이 복음으로 너희를 능히 견고케 하실

앞 구절에서 이미 25-27절까지는 장엄한 송영이라고 밝혔다.

"나타내신 바 되었으며(φανερωθέντος, V-APP-GMS, having been made manifest)"라는 것은 '감취었던 것을 드러내다'라는 의미로서 파네로오(φανερόω, v)의 부정과거 수동태이다. 이는 감추시는 분도, 드러내어 계시하는 분도 오직 하나님이시다라는 것을 말한다. 부정과거인 것은 이미 그 계시가 드러났다라는 것으로 그리스도를 통한 구원이란 더 이상 비밀이 아님을 가리킨다(마 11:27). 즉 복음은 예수 그리스도로 말미암아 하나님에 의해 나타나고 드러난 '비밀(Mystery)의 계시'라는 말이다.

"영원하신 하나님의 명을 좇아"라는 것은 복음에 관한 모든 주도권은 하나님께 있다라는 의미이다.

"선지자들의 글로 말미암아"라는 것은 복음의 근원과 수단을 가리킨다. 선지자들의 글(Nebiim)이란 구약성경(TNK)을 말하며 그렇기에 복음이란 구약에 이미 예언되었다가 신약에 그 사실이 나타나고 드러난 것이라는 의미이다. 결국 구약은 복음이라는 비밀을 예언하고 있고 신약은 그 비밀의 계시를 드러낸 것이다. 그렇기에 신약에서 인용된 구약은 계시의 점진적인 확대 속에서 복음을 새롭게 명료하게 해석하는 것(벧전 1:10-12, Bruce)이다.

"모든 민족으로 믿어 순종케 하시려고 알게 하신 바"라는 것에는 3가지

중요한 사실이 있다.

첫째, 복음 전파의 대상은 특정 민족이 아니라 모든 민족이다(롬 15:10-12).

둘째, 복음의 효능 혹은 목적은 '믿어 순종케 하는 것'이다(롬 15:19, 1:5). 다시 말하면 복음의 목적은 "믿어 순종케 하심"과 '능히 견고케 하심'이다. 결국 믿음(피스티스)으로 믿음(피스튜오)에 이르게 되는 것으로 구원은 하나님의 미쁘심(피스토스)으로 인한 것이라는 말이다[288].

셋째, 복음의 주체는 언제나 하나님이시다. "알게 하신 바"의 헬라어는 그노리스덴토스[289]($\gamma\nu\omega\rho\iota\sigma\theta\acute{\epsilon}\nu\tau o\varsigma$, V-APP-GNS, having been made known)인데 이는 그노리조($\gamma\nu\omega\rho\acute{\iota}\zeta\omega$, v)의 부정과거 수동태 분사로서 복음은 인간이 스스로 알 수 있는 것이 아니라 하나님께서 가르쳐주셔야 알 수 있다(고전 12:3)라는 의미이다.

더하여 중요한 두 단어에 주목해야 한다. 바로 '믿음과 순종'이다. 이는 언제나 함께 간다는 사실을 알아야 한다. 그렇기에 로마서를 시작하는 1장에서도 믿음과 순종(1:5)을 강조했다. 야고보서 1장 22-25절에서도 '믿음과 순종'을 강조했으며 그 결과에 대하여 요한복음 3장 36절은 '영생'

---

288 〈오직 믿음, 믿음, 그리고 믿음〉, 도서출판 산지, 이선일, 이성혜

289 그노리스덴토스($\gamma\nu\omega\rho\iota\sigma\theta\acute{\epsilon}\nu\tau o\varsigma$, V-APP-GNS, having been made known)는 그노리조($\gamma\nu\omega\rho\acute{\iota}\zeta\omega$, v, to come to know, to make known/from $\gamma\iota\nu\acute{\omega}\sigma\kappa\omega$, v, properly, to know, especially through personal experience (first-hand acquaintance). 1097 /ginóskō ("experientially know") is used for example in Lk 1:34, "And Mary [a virgin] said to the angel, 'How will this be since I do not know (1097 /ginóskō = sexual intimacy) a man?'")의 부정과거 수동태 분사이다.

과 '하나님의 진노'라고 했다.

"비밀(롬 11:25)의 계시"라는 것은 '복음을 드러내다'라는 의미로 '비밀'이란 예수 그리스도의 비밀을 가리킨다. 그렇기에 하나님께서 인간 세상에 예수 그리스도를 계시하지 않았다면 복음은 여전히 비밀에 싸여있었을 것이다. 그 결과 복음을 알지 못하게 되어 모든 인간들의 구원은 요원(遙遠)했을 것이다. 그러나 때(카이로스)가 되매 성부하나님은 당신의 유일한 기름부음 받은 자이신 구원자 예수를 그리스도 메시야로 이 땅에 보내심으로 복음을 밝히 드러내셨다. 그리고는 십자가 보혈을 통해 우리를 구원하셨다. '계시' 즉 드러내신 것이다. 그러므로 바울은 '하나님의 은혜의 복음'에 올인할 수 있었던 것이다.

27 지혜로우신 하나님께 예수 그리스도로 말미암아 영광이 세세무궁토록 있을지어다 아멘

25-27절까지는 장엄한 송영으로서 27절로 로마서는 대단원의 막을 내린다.

"지혜로우신 하나님"이란 유일한 지혜의 하나님(μόνῳ σοφῷ Θεῷ, the only wise God, 모노 소도 데오)이라는 의미로 비밀을 계시하시고 당신의 언약을 성취하시고 당신의 때와 기한이 되면 장차 완성하실 하나님이라는 것을 가리킨다.

에필로그 (나가면서)

나는 로마서를 떠올릴 때마다 어거스틴(St. Augustine, AD 354-430, 북아프리카)과 그의 어머니 모니카(Monica), 그리고 암브로시우스(Ambrosius, 340-397, 독일) 주교가 상상되곤 한다. 그들을 한 번도 본 적이 없건만 웬일인지 그들의 얼굴이 선명하게 떠오른다. 사실(Fact)과는 별개이긴 하지만…….

간혹 그들의 음성도 들리곤 한다. 결국 나도 남이 보지 못하는 것을 보게 된 것인가? 남이 듣지 못하는 음성을 듣게 된 것인가? 지난날 이런 유의 사람을 가리켜 의학박사인 나는 정신분열병(Schizophrenia) 환자라고 놀려대곤 했었다.

그랬었는데…….

또한 로마서를 면밀히 읽으며 역사적 배경을 살피다 보면 마틴 루터(M Luther, 1483-1546, 독일), 얀 후스(Jan Hus, 1372-1415, 체코), 존 위클리프(John Wycliffe, 1320-1384, 영국), 윌리암 틴데일(William Tyndale, 1494-1536, 영국)의 삶이 그려지곤 한다.

그들은 하나같이 세상 속에서 세상과 타협하지 않고 살았으며 세상에 동화되지도 않았던 신앙 선배들이다. 오롯이 복음과 십자가로 살아가고 복음과 십자가만 자랑했던 나의 자랑스러운 선배들이다. 그런 그들과 비록 대면(對面)은 못했으나 책으로 접할 때마다 그들은 나를 살갑게 맞아주곤 했다. 그런 그들이 못내 고맙다.

나는 그들을 통해 로마서 14장 8절을 읊조리게 되었으며 그렇게 몸부림치며 살아가는 나 자신을 반복하여 발견하곤 한다.

"우리가 살아도 주를 위하여 살고 죽어도 주를 위하여 죽나니 그러므로 사나 죽으나 우리가 주의 것이로다" _롬 14:8

로마서 장편(掌篇) 주석을 쓰며 다양한 영적 싸움에 휘말렸다. 외적인 악재는 물론이요 내적인 피곤함과 고난의 파고(波高)가 너무 컸다. 파도는 연이어 덮쳤고 점점 더 거세어지기만 했다. 심지어 죽고싶다는 생각마저 들 때도 있었다.

매번 느끼는 것이지만 성경 말씀을 읽고 또 읽고 연구하고 글을 쓰려하면 꼭 찾아드는 것이 내우외환(內憂外患)이다. 최근 몇 년 동안에 십수 권의 책을 집필했기에 이제는 익숙해질 만도 한데…….

그래서 나는 성령님께 죽자고 매달린다. 그분의 인도하심을 바라며 그분의 음성에 보다 더 예민해지기 위해 안간힘을 쓴다. 나 자신이 앞서가지 않으려고 무던히 애를 쓰곤 한다. 이럴 때마다 규칙적으로 주어졌던 과정이 있었다. 그것은 글을 시작한 초기에는 항상 장애물 때문에 힘이

배나 들고 진도는 느렸다는 것이다. 그러다가 중반이 되면 탄력이 붙었고 끝맺는 즈음에는 그 다음 그분의 명령에 대한 기대와 열정으로 활활 타오르곤 했다.

이번 로마서 장편(掌篇) 주석 또한 마찬가지였다. 그러다보니 어느새 이런 고난을 약간씩 즐길 수 있게 된 듯하다.

앞서 모든 책의 에필로그에서 밝혔듯이 지금까지의 나의 삶은 늘 삼위하나님과 '함께'였다. 앞으로도 영원히 그럴 것이다. '다른 하나님, 한 분 하나님'이신 삼위하나님은 내겐 든든함이요 나의 뒷배이다. 그런 나는 언제 어디서나 삼위하나님만을 찬양하고 경배한다. 육신의 장막을 벗는 그 날까지 삼위하나님 한 분 만으로 만족하고 삼위하나님께만 영광 돌릴 것이다.

매사 매 순간 앞서가시며 인도하시는
나하흐(ἐξάγω, נָחָה)의 성부하나님!

매사 매 순간 함께하시는
에트(אֵת, עִמָּנוּאֵל, "with us is God", the name of a child/Ἐμμανουήλ, "God with us", Immanuel, a name of Christ)의 성자하나님!

매사 매순 간 뒤에서 밀어주시며 당신의 의도대로 가게 하시는
할라크(הָלַךְ)의 성령하나님!

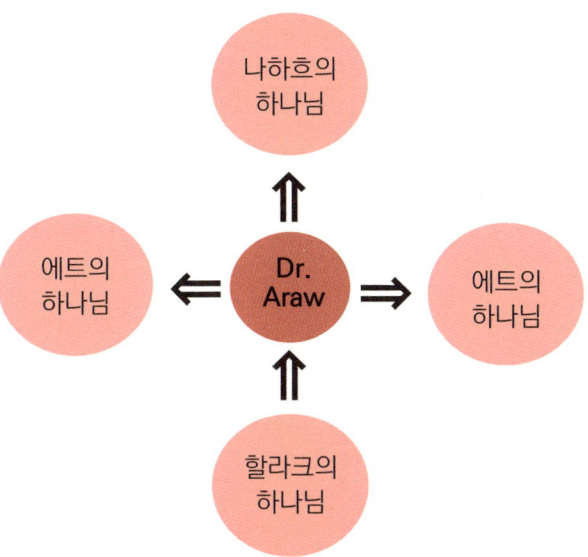

요한계시록에 이어 갈라디아서, 히브리서의 장편(掌篇) 주석을 쓰게 하셨다. 그리고 로마서까지.

이 모든 것은 전적으로 하나님의 은혜이다.

할렐루야! 할렐루야! 할렐루야!

나는 온갖 실수뿐만 아니라 수치스럽고 더러운 산더미 같은 허물로 범벅이 되어있는 복잡한 사람이다. 죄책감으로 오랜 시간을 시달렸다. 많이 눌리기도 했다. 지금도 가볍지는 않다. 그래서 매일 하나님의 은혜와 사랑에 감격하여 자주 운다.

나는 성경 교사로, 청년 사역자로 부르심과 보내심을 받았다. 그래서

"맡은 자들에게 구할 것은 충성이니라(고전 4:2)"는 말씀대로 목숨 걸고 충성된 청지기가 되려고 몸부림을 친다. "한 조각 심장만 남거들랑 깨어지고 부서지고라도(시인 이은상, 〈고지가 바로 저긴데〉)"라는 마음으로 매사를, 매 순간을 보내려고 몸부림친다.

'살아도 주를 위하여'
'죽어도 주를 위하여'
그러므로 나는,
'사나 죽으나 주의 것이다'

References ‖ 참고도서

1. 〈그랜드 종합주석〉, 성서교재간행사(14권), 1993. P641-991
2. 〈두란노 HOW주석 39〉, 목회와 신학 편집부, 두란노 아카데미, 2012(11쇄). P6-289
3. 〈로마서 주석〉, 조나단 에드워즈, 복있는 사람, 김귀탁 옮김, 2017
4. 〈마틴 로이드 존스의 로마서 강해시리즈 1권(속죄와 칭의)〉, 서문강 옮김, CLC(Christian, Literature Crusade, 기독교 문서 선교회), 2012
5. 〈마틴 로이드 존스의 로마서 강해시리즈 2권(확신)〉, 서문강 옮김, CLC(Christian, Literature Crusade, 기독교 문서 선교회), 2017
6. 〈마틴 로이드 존스의 로마서 강해시리즈 3권(새사람)〉, 서문강 옮김, CLC(Christian, Literature Crusade, 기독교 문서 선교회), 2015
7. 〈마틴 로이드 존스의 로마서 강해시리즈 4권(율법의 기능과 한계)〉, 서문강 옮김, CLC(Christian, Literature Crusade, 기독교 문서 선교회), 2007
8. 〈마틴 로이드 존스의 로마서 강해시리즈 5권(하나님의 자녀)〉, 서문강 옮김, CLC(Christian, Literature Crusade, 기독교 문서 선교회), 2007
9. 〈마틴 로이드 존스의 로마서 강해시리즈 6권(성도의 견인)〉, 서문강 옮김, CLC(Christian, Literature Crusade, 기독교 문서 선교회), 2005
10. 〈마틴 로이드 존스의 로마서 강해시리즈 7권(하나님의 복음)〉, 서문강 옮김, CLC(Christian, Literature Crusade, 기독교 문서 선교회), 2013
11. 〈마틴 로이드 존스의 로마서 강해시리즈 8권(하나님의 의로운 판단)〉, 서문강 옮김, CLC(Christian, Literature Crusade, 기독교 문서 선교회), 2007
12. 〈마틴 로이드 존스의 로마서 강해시리즈 9권(하나님의 절대주권의 목적)〉, 서문강 옮김, CLC(Christian, Literature Crusade, 기독교 문서 선교회), 2007

13. 〈마틴 로이드 존스의 로마서 강해시리즈 10권(이신칭의)〉, 서문강 옮김, CLC(Christian, Literature Crusade, 기독교 문서 선교회), 2007
14. 〈마틴 로이드 존스의 로마서 강해시리즈 11권(하나님의 영광을 위해)〉, 서문강 옮김, CLC(Christian, Literature Crusade, 기독교 문서 선교회), 2017
15. 〈마틴 로이드 존스의 로마서 강해시리즈 12권(그리스도인의 행실과 윤리)〉, 서문강 옮김, CLC(Christian, Literature Crusade, 기독교 문서 선교회), 2005
16. 〈마틴 로이드 존스의 로마서 강해시리즈 13권(두 나라와 그리스도인의 삶)〉, 서문강 옮김, CLC(Christian, Literature Crusade, 기독교 문서 선교회), 2017
17. 〈마틴 로이드 존스의 로마서 강해시리즈 14권(그리스도인의 자유와 양심)〉, 서문강 옮김, CLC(Christian, Literature Crusade, 기독교 문서 선교회), 2005
18. 〈메시지 신약〉, 유진 피터슨, 복 있는 사람, 2009
19. 〈게제니우스 히브리어 아람어사전. 이정의 옮김, 생명의 말씀사, 2007.
20. 〈스트롱코드 헬라어사전〉, 로고스편찬위원회, 로고스, 2009.
21. 〈로고스 스트롱코드 히브리어 헬라어사전(개혁개정4판)〉, 로고스편찬위원회, 2011.
22. 〈핵심 성경히브리어〉, 김진섭, 황선우 지음, 2012.

23. 〈핵심 성경히브리어〉, 김진섭, 황선우 지음, 크리스챤출판사, 2013.
24. 〈직독직해를 위한 히브리어 400 단어장〉, 박철현, 솔로몬, 2016.
25. 〈직독직해를 위한 헬라어 400 단어장〉, 박철현, 솔로몬, 2017.

26. 〈성경 히브리어〉, PAGE H. KELLEY, 류근상, 허민순 옮김, 크리스챤출판사, 1998.
27. 〈신약성경 헬라어 문법〉, S. M. BAUGH, 김경진 옮김, 크리스챤출판사, 2003.

28. 기타 참고도서
〈Oxford Learner's THESAURUS〉, A dictionary of synonyms, OXFORD, 2008.
〈아가페 성경사전〉, 아가페성경사전편찬위원회, 아가페출판사, 1991.
네이버 지식백과(라이프성경사전)
구글(위키백과)
Bible Hub app
〈복음과 하나님의 의(로마서 강해1)〉, 존 파이퍼지음, 주지현 옮김, 좋은 씨앗, 2013
〈복음과 하나님의 은혜(로마서 강해2)〉, 존 파이퍼지음, 주지현 옮김, 좋은 씨앗, 2013
〈복음과 하나님의 구원(로마서 강해3)〉, 존 파이퍼지음, 주지현 옮김, 좋은 씨앗, 2013
〈복음과 하나님의 사랑(로마서 강해4)〉, 존 파이퍼지음, 주지현 옮김, 좋은 씨앗, 2013
〈복음과 하나님의 주권(로마서 강해5)〉, 존 파이퍼지음, 주지현 옮김, 좋은 씨앗, 2013

〈복음과 하나님의 백성(로마서 강해6)〉, 존 파이퍼지음, 주지현 옮김, 좋은 씨앗, 2013

〈복음과 하나님의 나라(로마서 강해)〉, 존 파이퍼지음, 주지현 옮김, 좋은 씨앗, 2013

〈복음과 하나님의 나라〉, 그레엄 골즈워디, 김영철 옮김, 성서유니온, 1988

〈복음과 하나님의 계획〉, 그레엄 골즈워디, 김영철 옮김, 성서유니온, 1994

〈내가 자랑하는 복음〉, 마틴 로이드 존스, 강봉재 옮김, 복있는 사람, 2008

〈바이블 키(신약의 키)〉, 송영목 지음, 생명의 양식, 2015

〈바이블 키(구약의 키)〉, 김성수 지음, 생명의 양식, 2015

〈최신 구약개론(제2판)〉, 트렘퍼 롱맨,레이몬드 딜러드, 박철현 옮김, 크리스챤 다이제스트, 2009.

〈구약 탐험, 찰스 H〉. 다이어 & 유진 H. 메릴 지음, 마영례 옮김, 디모데, 2001.

〈성경 배경주석(신약)〉, 크레이그 키너, 정옥배외 옮김, IVP, 1998.

〈성경배경주석(창세기-신명기)〉, 존 월튼, 빅터 매튜스, 정옥배 옮김, IVP, 2000.

〈한권으로 읽는 기독교〉, 앨리스터 맥그래스, 황을호, 전의우 옮김, 생명의 말씀사, 2017

〈성경해석〉, 스코트 듀발-J.다니엘 헤이즈 지음, 류호영 옮김, 성서유니온, 2009

〈성경을 어떻게 읽을 것인가?〉, 고든 D 피-더글라스 스튜어트 지음, 오광만, 박대영 옮김, 성서유니온, 2014

〈책별로 성경을 어떻게 읽을 것인가?〉, 고든 D 피-더글라스 스튜어트 지음, 길성남 옮김, 성서유니온, 2016

〈성경파노라마〉, 테리 홀 지음, 배응준 옮김, 규장, 2008
〈넬슨성경개관〉, 죠이선교회, 2012
〈이 책을 먹으라〉, 유진 피터슨, 양혜원 옮김, IVP, 2006.
〈성경통독(통박사 조병호의)〉, 조병호 지음, 통독원, 2004, 2017
〈성경해석학〉, 권성수 지음, 총신대학출판부, 1991
〈현대신학연구〉, 박아론 지음, 기독교문서선교회, 1989.
〈기독교강요(상,중,하)〉, 존 칼빈 지음, 김종흡,신복윤,이종성,한철하공역, 생명의 말씀사, 1986.
〈프란시스 쉐퍼전집(1-5)〉, 기독교철학 및 문화관, 프란시스 쉐퍼, 생명의 말씀사, 1994.
〈바벨탑에 갇힌 복음〉, 행크 해네그래프 지음, 김성웅 옮김, 새물결플러스, 2010.
〈복음의 진수〉, 프란시스 쉐퍼 지음, 조계광 옮김, 생명의 말씀사, 2014
〈첫째는 유대인에게〉, 대렐보크-미치 글래이저 공동편집, 김진섭 옮김, 이스트윈드, 2009
〈한눈에 보는 성경 조직신학〉, 안명준 지음, 성경 말씀사관학교, 2014
〈순례자의 노래〉, 스탠리 존스 지음, 김순현 옮김, 복있는사람, 2007.
〈영성을 살다〉, 리처드 포스터, 게일 비비 지음, 김명희,양혜원 옮김, IVP, 2009.
〈하나님 나라를 욕망하라〉, 제임스 스미스 지음/박세혁 옮김, IVP, 2016.
〈성령을 아는 지식〉, 제임스 패커 지음, 홍종락 옮김, 홍성사, 2002.
〈쉽게읽는 진정한 기독교〉, 윌리엄 윌버포스 지음, 조계광 옮김, 생명의 말씀사, 2001.2009
〈세계개혁교회의 신앙고백서〉, 본문 및 해설, 이형기 교수, 한국장로교출판사,

1991, 2003
〈복음은 삶을 단순하게 한다〉, 이선일 지음, 더메이커, 2018
〈복음은 삶을 선명하게 한다〉, 이선일 지음, 더메이커, 2019 등등.
〈요한계시록 신학〉, 라챠드보쿰 지음, 이필찬 옮김, 한들출판사, 2013(7쇄). P15-133
〈요한계시록 어떻게 읽을 것인가〉, 이필찬 지음, 성서유니온, 2019(개정 2판 2쇄), P7-198
〈요한계시록 40일 묵상 여행〉, 이필찬 지음, 이레서원, 2018(4쇄)
〈신천지 요한계시록 해석 무엇이 문제인가?〉, 이필찬 지음, 새물결플러스, 2020(5쇄)
〈내가 속히 오리라〉, 이필찬 지음, 이레서원, 2006
〈평신도를 위한 쉬운 요한계시록 1〉, 양형주지음, 브니엘, 2020. P12-382
〈요한계시록 Interpretation〉, 유진 보링 지음, 한국장로교출판사, 2011
〈요한계시록〉, 이달 지음, 한국장로교출판사, 2008
〈만화 요한계시록 1, 2〉, 백금산 글, 김종두 그림, 부흥과 개혁사
〈히브리서 강해〉, 마틴 로이드 존스, 정상윤 옮김, 복 있는 사람, 2019, p7-327
〈히브리서(틴데일 신약주석 시리즈 15, D)〉. 거쓰리 지음/김병모 옮김, CLC, 2015, p5-415)
〈하나님나라〉, George Eldon Ladd, 원광연 옮김, CH북스(리스천 다이제스트), 2018
〈하나님나라〉, 헤르만 리델보스, 오광만 옮김, 솔로몬, 2012
〈하나님나라 복음〉, 김세윤, 김회권, 정형구 지음, 새물결플러스, 2017